THE FIRST PARISH REGISTER OF BELIZE
1794-1810

AND

THE FIRST FOUR CENSUSES
1816-1826

Compiled by
Sonia Murray

CLEARFIELD

Copyright © 2010 by
Sonia Murray

Printed for Clearfield Company by
Genealogical Publishing Company
Baltimore, Maryland
2010

ISBN 978-0-8063-5482-8

Made in the United States of America

TO

THE PEOPLE OF BELIZE -

PAST, PRESENT, AND FUTURE

Acknowledgements

This book would not have been possible without the love and support of my husband of 54 years, Gilbert L. Murray Jr., who accompanied me on many visits to Belize, waded with me in 1983 though then snake infested, badly overgrown Yarborough Cemetery to make an inventory and search for family graves, assisted with photographing records on more recent visits to the Archives at Belmopan, and patiently endured so many late and ill cooked meals while I transcribed the photographs at home. I owe a very great debt of gratitude to the staff of the Belize National Archives, most particularly to Lizet Hegar and Mary Alpuche, who could not have been more helpful, patiently answering innumerable questions about their holdings and suggesting avenues for future research. At the British National Archives, Geoff Baxter and Abi Husainy pointed me to many records I hadn't known existed, adding to my knowledge of the early settlers of Belize.

Due to the bad condition of the censuses - foxed, water damaged, and attacked by molds - my photographs were not all legible, and even after digital enhancement, transcription was a daunting task. In 1985, Edmundo A. Penate microfilmed these censuses for the LDS; film #1410786 was used to check my transcripts. I would like to thank Leon Chambliss, Beth Berry, Sheila Wood, and Al and Judy Gill, volunteers who keep the Gulfport Family History Library open for research, who craned their necks and strained their eyes again and again to help me to decipher illegible names on blackened pages. Al Gill, Mark Murray, and Kathryn Young provided invaluable assistance in formatting the typescript, and Eileen Perkins patiently made corrections and changes in the text. Inevitably, I have made mistakes in interpreting handwriting in the register and censuses; responsibility for any and all errors is entirely my own.

Introduction to the Register

The First Register of St. John's Anglican Church at Belize River's Mouth, British Honduras, was transcribed from photographs taken during visits to the Belize State Archives at Belmopan in 2004 and 2008, while gathering material for a history of the early settlement of the Mosquito Coast and Belize. Variant spellings, and the amount and arrangement of information given, were copied as found. As a finding aid, all surnames and surnames used as second given names are given in capitals.

While the register is in good condition, some words, names, and dates are unclear or illegible. When the Reverend's quill needed sharpening it picked up excess ink, forming letters that ran together. Words that are unclear are indicated by a query mark, words which are illegible are shown as ---?---, and the space where a name was not filled in, replaced by *(blank.)* Information drawn from other sources is italicized. The writer will be happy to send a digital photograph to any reader who would like to attempt to decipher a questionable word.

The register has been rebound. Abbreviations used are C & G = Church and Grave, funeral services held in the church and at the graveside; G = graveside service only; b. = born; Priv. = private baptism; Pub. = public baptism. Many baptisms of infants or children give the parentage, and in a few cases, grandparents are named. Baptisms of slaves often name the owner. Baptisms of adults, either inhabitants or members of the 2nd, 5th, 6th, and 7th West India Regiments or the Royal Artillery stationed in Belize, were recorded as such. Free Indians were described simply as Free or as Free Indians, distinguishing them from free Blacks, who were described either as Free Black or Free Negro.

Services marked C were conducted at St. John's, which was on Church Street before moving to its present location. A burial ground consecrated in 1787 on the north side of what is now Albert Street, between Church and Bishop Streets, was abandoned in 1792, when James D. Yarborough gave land for Yarborough Cemetery. Interments continued to take place on St. George's Key until that cemetery was washed away in the hurricane of 1931. The burials recorded in the register took place either at Yarborough or on the Key.

As some of the surviving MI's in Yarborough Cemetery show – "Native of Aberdeenshire," etc. - Belize was largely settled by Scots. These people brought the custom of the patronymic, by which women retained their maiden surnames throughout life, regardless of marital status. This is a blessing to genealogists, identifying women at a time and place in which many people died young, and quick remarriage was the rule. At a baptism the minister recorded the parents as they described themselves: by Scots custom, as John Doe and Sarah Roe, or by English custom, as John and Sarah Doe or John Doe and Sarah his wife.

The Rector, William Stanford, was authorized by the Magistrates to charge fixed fees, but occasionally charged more or less, according to ability to pay. The fees he listed are a good indication of the wealth or poverty (which often meant the social status) of inhabitants. He did not charge for services to the military stationed in Honduras, to Mosquito Indians, to the poor, and in some (but not all cases) for the funerals of leading citizens with whom he had so often dined.

While the register contains few marriages, a decade of censuses shows a very large number of stable families. Couples either married by public declaration, a method legal in Scotland, or set up households without declaration or benefit of clergy. Some wealthy heiresses in the Bay avoided marriage in order to protect their property and secure their right to bequeath it to their children. At that time – and until the Married Women's Property Act of 1882 – everything a woman possessed passed to her husband on the day of her marriage. The law required him to support her, but if he squandered or gambled away the property she had brought him, or bequeathed it elsewhere, she had no redress. Throughout all British colonies, the law was the same. A man had a legal right to beat his wife - and there was no divorce. The records cannot show how many couples in the Bay were happily married, but make it clear that some regretted the tie. While Edmond Meighan was married to Mary Hughes he had a son from an affair with Mary Hickey and a daughter from an affair with Bess Ewing. Edward Meighan married Ann Gapper, but had a child with Priscilla, a slave girl he had freed. Ann obtained a legal separation but could not divorce him, and he was unable to marry Priscilla. The heiress Mary Hickey never married, but lived as man and wife with a widower, Dr. Manfield W. Bowen, and had six children with him in the fifteen years before her death. She named him her executor, but her death unhinged him. He became a brute, and her mistreated slaves fled into the bush.

The writer had ancestors on the Mosquito Coast and in Belize by 1787 – Whites, Tilletts, Meighans, Wades, Bennetts, and Ewings, with connections to Ferrills, Potts, Longsworths, Ushers, O'Connors, and Handysides, and will be happy to exchange information on these and all the early families. Contact her at 407 Oaklawn Place, Biloxi, MS, USA 39530, 228-432-0856, happyman70@cableone.net.

Introduction to the Censuses

In 1807, after decades of pressure by abolitionists, the British parliament passed an Act making slavery in England illegal and outlawing the importation of African slaves into the Colonies. England's manufacturers did not need slaves; they had an ample supply of wage slaves who could be turned off to starve when unable to work. In Belize and the West Indies, however, labor had to be imported, the cost of passage in sailing ships was high, and many of the undernourished wage slaves brought from home succumbed to tropical diseases within weeks or months of arrival. Africans were needed. Coming from a similar climate, they had a degree of immunity to fevers, and the strength and stamina for work in subtropical heat. And so the Act was flouted. The Royal Navy was sent out to patrol and seize ships bringing human cargo to the Caribbean, but the trade was lucrative, and blacks continued to be smuggled in. Government devised a means to stop this evil: censuses of masters and the people held in slavery were ordered to be made.

In 1816, inhabitants of all British colonies were required to hand in a list of their families and slaves, if any, to the civil authority: in Belize, to George Westby, the Assistant Keeper of records. Westby then copied the lists he was given into an official census book. Each double page of the book has headings, columns, and lines: on the left side, Name of the householder, followed by three columns for the number of White men, women, and children; Coloured men, women, and children; Free Black men, women, and children; and Slave men, women and girls, and slave children aged 9 and under. The right hand page gives the names and ages of the slaves. For example, page 5 of the 1816 census shows George Westby, 1 0 0 – 0 1 2 – 0 0 0 – 1 1 1, Jack, 48; Integrity, 19; and Margaret, 2. This tells us that George Westby was a white man with one colored woman, two colored children, no free blacks, and three slaves, a man, a woman, and a child whose names and ages are given, in his household.

Heads of household and masters of slaves might be White, Coloured, or Free Black. The colored people were free Amerindians and people of mixed race – White/Indian, Black/Indian (known as Sambo,) White/Black, or White/Black/Indian. The slaves were Black, Mulatto, people of mixed Black/Indian/White ancestry, and also Amerindians and descendants of Amerindians who had been slaves on the Mosquito Shore before 1776, when enslaving Indians was outlawed but owning those already held was grandfathered. The 1823 census identifies Indian slaves because Superintendent Arthur was working to free them. A commission examined claims of Indian ancestry, some based on emancipations recorded in Jamaica prior to 1787 – resources for investigation by descendants today.

Unfortunately, census headings do not state the age at which a White, Colored, or Free Black teenager should be listed as a child or as an adult. From a genealogical perspective, the "Child aged 9 and under" column for slaves is both good and bad. It helps in determining the age of people found in other records, and in differentiating between individuals having the same name, but it is confusing because older children are enumerated as, and with adults. "2 women" could be two adult women, a woman and a teenaged girl, two teenaged girls, or two girls both aged 10. The writer's GGG-grandmother and her 13 year old daughter were both listed as women.

It will be noted that in the great majority of households the man and wife do not have the same surname. Most women used the Scots custom of the patronymic, retaining their father's name throughout life, rather than the English custom of taking their husband's surname. Couples who both owned slaves were listed consecutively rather than as a household, because the purpose of the censuses was identification of masters and slaves.

The 1816 and subsequent censuses, parish records, wills, applications for probate shown in Magistrates Minutes, and monumental inscriptions can all be used to put families together. The 1820 census, for example, shows the transfer of two slaves, Chance and Monimia, from William White to Mrs. Cunningham. Chance and Monimia appear in the household of John Moriss *(sic)* Cunningham, so we know the lady to whom they were transferred was Mrs. John Cunningham. The parish register shows the baptism in 1796 of John Maurice *(sic)* Cunningham to the late James Cunningham and Mary Hawkins, and the baptism of James, Mary, and William to John and Margaret Cunningham gives us Mrs. Cunningham's given name. James and Mary were clearly named for John's parents. From other sources showing White/Tillett/Cunningham links, it appears that William White transferred the slaves to a relative.

When the first censuses were taken, most slaves did not have surnames. So many shared a common given name – Tom, Betsey, John, Mary, etc. – that descendants will have little chance of identifying their Tom or Betsey among the crowd. Oral traditions may help. A number of slaves were distinguished by a prefix or suffix denoting African (Chamba, Congo, Coromantee, Eboe, Mandingo, Moco, Sambo, Tyger) or Indian (Buca, Buccatora) ancestry. There are other clues to origin: American, Creole, Jamaica. People were named for their occupation (Boatswain, Caulker, Hunter, Shoemaker, Butcher, Barber, Cook,) their age, size, or colour (Young, Old, Poppa, Long, Mulatto, Black,) character (Kindness, Friendship, Integrity,) or behavior or talent: one can visualize the ceaseless energy of a boy named Pelmell, the love of climbing of Monkey Jack, and the magnificent voice of Orpheus. Some slave names may show their masters' ancestry: Aberdeen or Glasgow would have been named by a homesick Scot, Limerick or Dublin by an Irishman, and Bristol or Liverpool by an Englishman. However, slaves may not have been named by the masters in whose families they were enumerated.

Due to heavy foxing of the paper and ink bleed-through from writing on the reverse of the pages, the microfilmed censuses are very difficult to read. Water damage to the bottom of the 1816 has blackened the paper so badly that the last two or three names and ages on many pages are uncertain or illegible. Names that cannot be made out were transcribed as *"illegible,"* and uncertain numbers or words replaced with a question mark.

It must be pointed out that these transcripts are only copies of copies. The original records, the lists turned in by householders, have not survived, so we cannot know how accurately the registrar copied those lists into his book. Many people were illiterate or barely literate, and may have given in their information orally, in accents open to interpretation, or asked a friend to make a list for them. There are many differences in the spelling of names in the registers and censuses. Spelling was fluid, and Westby must have scratched his head over some of the handwriting. While information about peers would have been accurately recorded, he would have had little knowledge of servants and laborers in the town, and less of families in the interior and slaves up the rivers at the various Works. He may have made errors in copying what he saw, or thought he saw, into the book – and his handwriting was not always clear. Is that an S or T? a or o? w or m? In cases of uncertainty, the reader is strongly advised to consult the record at the Archives, or order the film and view it on a high magnification reader with the additional help of a magnifying glass.

These records do not show where people lived. However, the census was announced in town before word spread up the rivers and to the interior. Merchants whose clerks could copy lists of slaves from ledgers, and townsfolk with small families, were probably among the first to make returns. People who had to go to considerable trouble to make lists would have been slower, and those in distant areas among the last to send in information. While nothing is certain, it is a reasonable supposition that people enumerated in the last few pages did not live in or near the town. The military stationed at Belize were not included in the censuses.

Though slaves were usually listed by gender in the censuses, males then females, it may be possible to pick out family groups. In 1816, for example, Patrick Waldron listed consecutively Nancy, 37; Fanny, 5; Louis, 4; Robert, 1; Margaret, 23; John, 4; James, 2; and William, 4 months. It is a reasonable assumption that Nancy was the mother of the first three children and Margaret of the last three – though there is no proof. Descendants will be very lucky if they can trace slave ancestry so far back in time. But by combining data from all the censuses with information in the parish registers and other sources, it is possible to identify those enumerated not only by gender, but by colour and by age.

The 1820 census gives much less information and is far more damaged than the 1816. It is extremely hard to read, with some pages so foxed and blackened by mold as to be virtually illegible. Only the head of household and slaves are named; no other family members are shown. Therefore, this census is not a prime source for genealogical research in Belize. Descendants are advised to find their ancestors in the 1826 census, work back through the 1823, look at the 1816, and then, and only then, fill sthe gap by locating their people in 1820.

While the 1823 census is in better condition than the 1826, which is badly foxed, both are legible. And both these censuses give fuller information, not only listing adults and children by gender and colour, with ages and names of the slaves, but also providing the names of all household members. The 1823 identifies Indian slaves. Unfortunately, the 1826 is incomplete: an index (to heads of households only) names people on pages 210-232, but the left half of page 209 is the last extant.

The writer is now transcribing the 1826 and 1829 censuses and Second Parish register - another treasure trove of information for researchers and descendants in Belize and in many other countries of the world today.

Table of Contents

1. Introduction to the Register, p. iii
2. Introduction to the Censuses, p. v
3. Table of Contents, viii
4. The First Parish Register, p. 1
5. The 1816 Census, p. 52
6. The 1820 Census, p. 87
7. The 1823 Census, p. 113
8. The 1826 Census, p. 185
9. 1826 Heads of Household Index, p. 255
10. Index to the Censuses, p. 263

BELIZE
BRITISH HONDURAS
FIRST PARISH REGISTER
1794-1810

Mar 1794: The Inhabitants of Honduras appointed the Rev. Wm STANFORD, A.M., Clergyman of Honduras.

July 10th The Magistrates established the Restored Fees as follows:
For Marriage, £1. 6. 8. Publishing the Banns three times and the Certificate, £1. 6. 8. Purification (or Churching) of women, £1. 6. 8. Baptism £1. 6. 8. Burial Service at the Grave £1. 6. 8. Burial Service in the Church £1. 6. 8.
All Free people of colour and others who do not subscribe for the support of the Rector shall pay £2. 15. 0 for each of the above services. Signed by the following Magistrates Thos. POTTS, Elisha TYLER, George TOMPSON, Henry JONES, Peter HUMPHREYS, F. R. OBRIEN, J. D. YARBOROUGH.

Title page:
Register of Baptisms, Weddings, and Funerals at Honduras since the appointment of a Clergyman in 1794. Wm G. STANFORD, A.M.

The following is written on the opposite page, upside down at the bottom: £ s d
POTTS Esq. for Certificate and Seal of Birth of J. P. son of T. POTTS   ? 15. 4
    Mrs. BURNS *(or BOWEN?)* 3 notations? and 1 Certificate   4. 1. 8

Baptisms in 1794:

Mar 17th Ann HOME BRUCE, b. Aug 4 1790, dau of Capt.n James Frazer Cromarty BRUCE and Sarah TUCKER.

Apr 27th Hagar HARRIS, about 25 years of age, a Free Black woman.

"   Judy GRIZZLE, ab.t 9 years, daughter of Hagar HARRIS

"   Henry MURRAY, b. Sep 19 1792, son of George Wm. MURRAY by Hagar HARRIS.

May 24th Eliz.th LAWRIE aged 7 weeks, dau of Jas. LAWRIE by Jane HEWLETT, a free Black woman.

Jun 1st   Frances TRAPP, about 3 years old, dau of Maria FLOWER, a free woman, and Quashee TRAP, a Slave.

Jun 24th Fanny HART, aged about 3 years, dau of John HART, Merch.t in Kingston, by Maria DAVIS, a free mulatto.

Jul 5th   Thomas CLARKE, aged 8 years)
"   Hannah CLARKE, aged 5 years) Children of Thos. and Mourning CLARKE.
"   Charlotte CLARKE, aged 2 years)

Aug 1st Elizabeth BRITTON, a free black Woman.

Aug 31st Ann Elizabeth VERNON, b. March 14th 1794, dau. of Noel VERNON and Mary LONGSWORTH.

" " Benjamin LONGSWORTH, ab't 4 yrs old, son of William LONGSWORTH and Maria COONEY, a free woman.

<u>Funerals in 1794:</u>

May
10th   Donald CAMPBELL, Cooper, Brig *Frederick*, Capt'n BOYD.
23rd   James BEARD, Mariner, Ship *Boyd (sic,)* Capt'n FREW.

Jun
4th   Mr. Joseph JONES, Nephew of Henry JONES, Esq.
8th   William HILL, Mate, Brig *Fortune*, Capt'n SMITH.
"   Jacob BERRIAN SMITH - murdered.
15th   Peter PLUMBER, Chief Mate, Ship *Zephyr*.
17th   Mr. Charles PITT GAPPER, Cler Pacis.
25th   James BAKER, Turtler.
"   Fanny HART, an Infant.
28th   George BROMMELL, Turtler.
29th   Abigail KINGSTON, Widow of Nathl KINGSTON, dec'd.

July
1st   George William MURRAY
6th   Rob.t TRINBETH, Ship *Vigilent*, Capt'n RICHARDSON.
"   John CADDLE.
7th   John PATTINET.
8th   Thomas CLARKE.
"   Matthias GALE, Esq. In the Magistracy.
8th   William MURRAY, Chief Mate)
9th   David JONES, Apprentice   ) Ship *Vigilant*, Capt.n RICHARDSON.
10th   Charlotte CLARKE
10th   Cornelius JOHNSON, Turtler
"   John TRINBETH, Apprentice, Ship *Vigilant*, Capt.n RICHARDSON
11th   William BRIGGS, of Colour
23rd   David BEVERIDGE, Ship *Swan*, Capt.n HALL

Aug 4th   Mrs. Edward ESMOND

Nov 5th   Mrs. Sarah SHAW

Dec 24th   Jonathan WELLS, Carpenter.

The entries below are given. in chronological order. The page is out of order in the book.

Marriages in 1794:

Dec 1st   Henry STAYNER to   (blank)

Marriages in 1795:

May 11th   Ralph HARE, Pract'r in Physick, to Emelia HUMPHREYS, Widow.

There are no baptisms or funerals shown in the register in 1795. There are no pages missing, as the entries for 1796 are on the reverse of Funerals in 1794.

Clerical Register of Honduras – Baptisms 1796:

Jun 10th   Jane MAYNE b. 24th Oct 1794) daughters of James MAYNE and
           Margaret MAYNE b.   )   Elizabeth WALL.

Note: The writer has been told by a Meighan descendant that this name is now pronounced Mayne. Early records show Maynes and Meighans as separate families – but the names may have been written as they were heard, phonetically.

Dec 23rd   Mary b. May 3rd 1796, daughter of William JACKSON and Margaret his wife.

This page faces the page with 1796 baptisms. Misplaced in rebinding?

Baptisms in 1798:

Dec 8th   Sophia b. 18 Nov 1796, daughter of Capt'n Hyacinth Rich'd DALY of the
                                  6th West Indian Regt., and
                                  Mary his Wife.

" 31st   Nancy ROSS McKENZIE b. Jany 9th 1790, dau. of Mr. Rodk. McKENZIE and
                                  Kitty McKENZIE, a free Negress.

Baptisms in 1797:

Almost all dates of baptism on this page cannot be seen. Written in the inner margin, they were locked into the spine when the pages were rebound – from the appearance of the cover, probably in the late 19th or early 20th century.

    Jan 1st Margery Elizabeth KINGSTON, b. 19 Nov 1795, dau. of Stephen KINGSTON of America and Ann GEDDIES.

    James TUCKER, b. 1 Feb 1788, son of Chance TUCKER and Hannah TUCKER.

    Eliz.th Susan.h SULLIVAN JACKSON, b. 1 Jan 1786, and
Emily STANFORD JACKSON, b. 14 Jan 1788, daughters of James JACKSON and Sarah TUCKER.

    James SPINKS b. 15 Sept 1796, son of Capt'n Henry SPINKS and Sarah TUCKER.

    Eliza JOHNSON b. 29 Sept 1796, daughter of John JOHNSON and Martha TUCKER.

    Rachel TUCKER a free Girl aged about 24 years)
Jane JONES and her daughter Harriet TUCKER) Slaves to John JONES.
Harriet TAYLOR)

    Sarah TUCKER bapt. *(sic)* Apr 1 1791.

    Martha TUCKER -----------------) the property of
Benjn JOHNSTONE TUCKER) Miss Sarah TUCKER.

<u>Marriages in the Year 1797</u>:

This page is given. here in chronological order. It is out of order in the register.

    Dec 27th William RYAN, Serjeant in the 2nd Reg't. Irish Brigade, to Elizabeth COATS, widow, of the same Reg't.

(paper missing) from the Minutes of a Public Meeting of Magistrates & Inhabitants held at Belize Rivers Mouth Honduras January 22nd 1798: "Proposed that a Tax should be laid upon every Magistrate in this Settlement who shall in future exercise the Duties of a Clergyman either in Christenings, Marriages or Funerals, provided a Clergyman is present. Seconded by Mr. TYLER. Resolved that Mr. STANFORD's Motion be enforced, and that the Tax shall be the usual and accustomed Fees paid to the Clergyman on such occasions."

A true Extract from the Original Minutes, George TOMPSON, Cler. Ct. & Keeper of Records. Honduras, Jany 25th 1798."

One wonders how many Marriages the Magistrates had performed over the years - marriages of which we have no record!

Baptisms 1798:

Jan
23rd   Catherine POTTS b. Jul 10 1790, daughter of Thomas POTTS Esq and
                                                    Catherine POTTS.

Fees for Jan 1798 do not mention the baptism of Catherine Potts, and the "Mr. Sohaxiba" baptism in that list is not given. here. The names cannot be reconciled.

Feb
16th   Wm TILLETT b. Aug 11 1794   ) sons of William TILLETT and
       George TILLETT b. Jan 2 1797)   Mary TILLETT alias WHITE.

28th   Jane AUGUST, daughter of John AUGUST & Erstine? CATER.

Mar
7th   James USHER b. Feb 16 1792)   sons of James USHER Esq. and
       John USHER b. Apr 18 1793)   Jane TRAPP.

One would think that Thomas Trapp Usher, buried 8 Apr 1835 aged 54, i.e. born ca. 1781, was also a child of James Usher and Jane Trapp.

Mar 17th Catherine b. Sep 17 1797 daughter of Wm JACKSON and Margaret his wife.

There are no entries between March and July.

July
4th   John LOCK, son of John LOCK, Turtler, and Eleanor HAYOCK alias
                                                    FITZGIBBON.

12th   Michael LOCK, Infant, son of the same couple.

26th   Benjamin CRAFTS, b. Nov 9 1797, son of Wm CRAFTS and Jane PARKER,
                                                    Free people.
27th   Benjamin TURENNE, a free Indian.

"   Benjamin FOX an infant a free *(missing paper,)* son of Benjamin TURENNE and
                                                    DORINDA, free Indians.

"   Priscilla TIN *(paper missing)* ------ daughter of John TINKEM by an Indian.

"   Elizabeth MAYNE an Infant, daughter of James MAYNE and Elizabeth WALL.

29th Charles FRICK USHER, b. Dec 2 1797, son of Wm USHER Esq., P.M.G. of of Honduras, and Susannah WINTER.
(P.M.G. = Provost Marshal General.)

"   George HEWM b. Jun 30 1789)
    Jane   "   " Jul 31 1799)
    James   "   " Dec 18 1793)   children of Mr. James HEWM by
    William "   " May 20 1796)   Rebecca TYSON.
    Robert "   " Jun 10 1798)
"   Rebecca HEWM b. Sep 19 1797) daughter of Mr. James HEWM.

Sep
2nd Thomas SYMONDS, an infant, since dead.

12th Tina SUNDERLAND, aged about 8 years, son *(sic)* of Wm SUNDERLAND by a wench named VIOLET.

14th William YOUNG   )
      Charlotte YOUNG) children of Wm YOUNG, Turtler, by Ann BERRYAN.
      Sarah YOUNG   )
      Robert YOUNG   )

Oct
2nd John BROOKS b. 2 Dec 1797, son of Samuel BROOKS and Mary MEIGHAN.

Nov
8th William EMMERY b. Mar 13 1797, son of Dav'd EMMERY and Lavinia GLADDING.

"   Eleanor POYNDESTRE b. Mar 3 1795, daughter of Capt'n Jas. POINDESTRE by Mary BATES.

Dec
7th Susannah, b. 23 Sept 1790, daughter of Joshua GABOUREL and Eliz-----
                                                     (paper missing) his Wife.

Burials in 1798:

Jan
29th Juba MALCOLM, a free Sambo woman.
31st Elizabeth, daughter of Joshua GABOUREL & Elizabeth his wife.

Feb
2nd Rebecca REYNOLDS, a free black woman.
13th Thomas, son of John GARBUTT & Margaret his wife.

Mar
20th Edward MURPHY, an inhabitant.

Apr
9th Henrietta JEFFREYS, a free woman of Colour.

May
6th Thomas REDDEN, mariner, Ship *Sarah*.
16th Captain James McCALLY, Ship *Mars* of New York.

Jul
3rd George EALES, Purser of H.M.S. *Merlin*.
14th Michael LOCK, infant son of John LOCK and Eleanor FITZGIBBON.

Aug
7th Elizabeth HODSKINSON, daughter of R. HODSKINSON and Mary BARRETT.

Sep
9th Rebecca HAYLOCK   )
Oct   )   Sisters.
5th Eleanor FITZGIBBON alias HAYLOCK)
20th Alexander WHITE, a Cooper.
23rd James HERCULES.
25th Rodolphus GREEN, Inhabitant and Sworn Measurer.

Nov
25th Mrs. Margaret MILLER.
27th Eleanor POYNDESTRE, an Infant.

Dec
30th Mrs. Elizabeth GRANT, wife of Mr. Duncan GRANT, Quarter Master to the
                                          6th West India Regt.

Marriages in 1798:

Jan 1st John STOTT, a private in the 2nd Reg't Irish Brigades, to
         Eleanor TOOMY of the same Reg't.

Jun 31st Thomas PERRY, Acting Lieutenant of H.M.S. *Merlin*, to
          Margaret SNELLING, Spinster, of this Settlement.

Jul 27th Hugh McVEY, Doctor of H.M.S. *Merlin*, to
          Mary EALES, widow.

Baptisms in 1799:

Jan
1st Jane HODDLE b. May 16 1795) children of Mr. George HODDLE by

Mary HODDLE b. Jul 4 1797)   Sophia LAWRIE, a free negro.

15th Joseph GOFF, about 2 years old, son of Thomas GOFF and a negress named Flora.

17th Chance TUCKER, an adult. A free negro.

" Ann, b. Dec 7 1790, daughter of James POUSNAL, Serg.t 6th W. I. Regt., and Sarah his wife.

25th Elizabeth Mary, b. Aug 17 1797, daughter of Thomas JACKSON and Mary his wife.

Mar
16th Jeanet Adelaide VERNON, b. 20 Aug 1790, dau. of Capt. Noel VERNON and Mary LONGSWORTH.

" Susannah LONGSWORTH, b. 16 Nov 1796, dau. of David LONGSWORTH and Ann HAYLOCK.

17th Catherine Patricia FITZGIBBON, b. Feb 6 1797, dau. of Gerald FITZGIBBON and Lilis SNELLING.

Apr
9th Elizabeth HEWLETT, an elderly black woman.

May
5th Elizabeth PERRY aged ab't 15 months, dau. of Thomas PERRY, H.M.S. *Merlin*, and Hagar HARRIS, a free Black woman.

9th Henrietta POTTER, b. *(blank)* Aug 1790, dau. of Rob. POTTER, Sergt of the 5th W. I. Reg't., and Jane BODE.

28th Phebe TUCKER, about 4 weeks, dau. of Phebe CRAWFORD and *(blank)*.

Jun
2nd Richard JINKINGS b. 29 Apr 1799, son of Thomas PERRY, Acting Lieut. of H.M.S. *Merlin*, and Margaret his wife.

(The entry above is on the opposite page, marked Omission, *with a line placing it here in chronological order.)*

13th Joseph SWASEY b. 12 Sep 1793, son of Emanuel SWASEY and Nancy SMITH.

Jul
29th   *(blank)*   daughter of Capt. Julius STARK of the 6th W. I. Reg.t.
(the mother is not named.)

Sep
29th   Daniel, b. 26 Sep 1799, son of Sergt Peter STEWART 6th W. I. Reg't and Eliza'h his wife.

Oct
5th   Ebanezr HOUGHTON)
       Benjamin RICHARDS)
       Simon SWEATON)   Moskito men
       Benjamin McPHERSON)

20th   Elliot LAWRIE CHILCOTT, Infant son of Captain William CHILCOTT of H.M.S. *Albicore* and Miss BONATTA.

Nov
20th   Warly Pickering MURPHY, b. Apr 3 1799, son of George MURPHY, a Serg't in the 5th W.I. Regt. and Diana MURPHY.

Dec
14th   Jos. GRANT, an old man,   )   Formerly the property of Mr. GRANT,
         formerly called Cudjoe GRANT)   but left free with all his other Slaves
         Richard GRANT aged about 25 years)   by will.

The two pages which follow have been moved into chronological order.

A Mistake. The Register of Marriages for 1799 (contained in the next page but one) should come in here, viz

John O'CONNOR to Miss M. MEIGHAN.
R. CARROTHERS to the Widow RADCLIFFE.
J. RAMPENDORFF to the Widow FROST.
J. TOWNSON to Miss R. ENGLISH.
R. ELLRINGTON *(sic)* to Miss A. LAWLESS.

Clerical Register of Honduras Marriages 1799:
(Mistake - to be 2 pages back)

Feb 26th   John O'CONNOR, Esq., to Miss Marcia MEIGHAN, Spinster, both of this Settlement. *(Jan.y is written, but lined out.)*

Mar 6th   Robt. CARROTHERS, Serg.t of the 6th W.I. Regt, to Jane RADCLIFFE, Widow of the same Regt.

Apr. 27th   John RAMPERDOLPH, Mariner - has A Wife living – to Morning FROST, Widow.
          ("A Wife living" must have been added after this Marriage took place!)

May 4th   Mr. Joseph TOWNSON to Miss Rachel ENGLISH, both of this Settlement.

Oct 27th Robert ELRINGTON *(sic)*, Lieut in the 6th W.I. Regt., to Miss Ann LAWLESS of this Settlement.

Burials in 1799:

Jan
10th Mrs. Elizabeth MURRAY, Wife of Lieut. Thomas MURRAY 5th W.I. Regt. and Dep.y Adjut.t Gen.l of Honduras
16th William TUCKER, a free Lad of colour.
18th Chance TUCKER, a free negro man.

Feb
25th Mary JACKSON, dau. of W'm JACKSON & Marg't his wife.

Mar
3rd James GORDON, Esq. In the Magistracy.

Apr
8th Mary MEIGHAN, an Inhabitant.
18th Jean BLYTHE, dau. of Peggy BLYTHE.
22nd Susannah, infant dau. of Josh'h GABOUREL & Elizabeth his wife.
28th David ELY, of the State of New York, N.A.

May
27th Phebe CRAWFORD, a free woman.

Jun
12th Henry JONES, Esq.
30th John GARRAT, Masters Mate of H.M.S *Merlin*.

Jul
29th Olave RANDLE, a free woman.

Aug
18th John KENNEDY, M. Dr. of this Settlement. *(M. Dr =Medical Doctor.)*

(There must have been deaths in the remaining months of 1799. Was the Rector out of the country during this period? Who conducted burials in his absence?)

Baptisms 1800:

Jan
9th Elizabeth, b. 28 Dec 1799, daughter of Wm JACKSON and Marg't his wife.

11th Elizabeth AUGUST, about 18 years old, a free woman.

" Samuel Frederick AUGUST, b. 14 Oct 1798, son of Mr. John AUGUST by
                                         Elizabeth AUGUST, a free woman.

Feb
6th Margaret CARR, daughter of John GARBUTT Esq., P. M. G. of Honduras, by
                        Margaret his wife.

Mar
5th Hannah LUTHER TYLER, b. Mar 6 1795, dau. of Elisha TYLER by
                                         Elizth. THURSTING.

28th Jean ANDERSON   b. 15 Apr 1795)
      Robert ANDERSON " 17 Jan 1798) children of Alexander ANDERSON, Esq by.
      Ann ANDERSON   " 6 Jan 1800)   Grace TUCKER.

30th Eliza b. *(blank)*   dau. of John O'CONNOR Esq. and
                                               Marcia his wife.

Marcia was the daughter of Laurence Meighan Sr. and Marcia Davis Meighan. She married 1) Capt. John O'Connor and 2) Capt. Alexander Alexander. Her sibs were Capt. Laurence Meighan Jr. (who with John O'Connor and Allan Courtney captured a Spanish ship at the Battle of St George's Key in 1798;) Edward, who married Ann Gapper and became a magistrate; Margaret, who died at Athlone, Ireland ca. 1815; and Catherine, single in 1813 when her uncle Edmond mentioned her in his will.

May
7th Mary LEWIS b. 30th Apr *(blank)* dau. of Wm. LEWIS and Mary HAWKINS.

Jul
15th Admiral Wm. ST. JOHN   )
      Col. Marshal WYAT   ) Mosquito Chiefs
      Robt ST.JOHN, son of the Admr.)
      Richard RICHARDS   )
      Dapper JORDAIN   )
      George HUME HAMET   )
      Brennel SANTA   )
      Benjamin SMITH   )   Mosquito Men
      Bryan NOBLE   )
      Berry WYAT, Col. Son)
      Peter DUETT   )

Oct
26th *(blank)* WYNTER, dau. of David WYNTER deceased, and *(blank)*.

27th Anna Elizabeth, b. Aug 31 1800, dau. of Lieut. Robert ELRINGTON of the

                                                    6th W.I. Regt. & Ann his wife.
Nov
6th   *(blank)* son of Catherine HEYLOCK.

Dec
27th *(blank)* son of Wm. ELMSLEY and Sarah ASKEW.

30th Caroline TUCKER, aged about 17, daughter of Mary TUCKER.

"   Susannah NEAL, aged about 12, daughter of the late J.n NEAL and Jane PARKER.

"   William James CRAFT, aged 5 months, son of William CRAFT and Jane PARKER.

Dec
31st Jane DARLINGTON, an adult, a free black woman.

"   Elizabeth JEFFRIES, b. 8 Nov 1798) children of Charles JEFFRIES and
"   William JEFFRIES, b. 18 Sep 1800)   Rachel TUCKER.

"   Ja.s ANDERSON, b. Jun 9 1797, son of Rachel TUCKER.

"   Sophia GARRETT, b. 19 Dec 1798, son *(sic)* of Isaac GARRETT and
                                                       Mary MOYER.

"   Elizth. BROWN aged about 2 years, supposed daughter of Mr. Jas. HEWM by his
                                              negro slave ANN *(illegible)*, free.

Slaves baptized 1790 – Owners names:

July
29th Francis   ) Mother no children *(sic)* - Mr. Hugh WILLSON – no fee.
"   Hagar   )
"   Ann   ) WILLSON
"   Alexander)

30th William ESMOND A Sambo Child   )
"   Catherine MEIGHAN ESMOND the Mother) Edmond MEIGHAN, no fee.

"   Maria HOME   ) Miss Ann HOME, no fee.

"   Benjamin JOHNSON TUCKER   ) Miss Sarah TUCKER, no fee.

"   Lawrence MEIGHAN, an Adult   )
"   Edward MEIGHAN - A boy -   ) Mrs. CAMPBELL, fees.

" Marcia MEIGHAN. A negro child.)

The Meighans were named as three white children in the household of Laurence Meighan Sr. and his wife Marcia in the list returned to the Superintendent in October 1790, three months after their baptism. Laurence Jr. was probably in his late teens, as he was described by his father as a child and by the minister as an adult. Mrs. Campbell paid the fees, an indication that she was their godmother. Was she related to them, and if so, how?

Baptisms of Slaves in 1800:

Jan 19th Ann TOWNSEND, about 12 months old, daughter of Thos. TOWNSEND,
                               belonging to the Rev. Wm. STANFORD, and
     ROSE, belonging to G. GRAHAM.   No fee.

May 4th Wm STANFORD and) belonging to the Rev. Wm. STANFORD.
     Richd DOBSON   )

Baptisms of Slaves in 1801:

Jan 19th Charles GRAHAM   belonging to T. GRAHAM Esq.   Fee.

Fees in 1798:

The dates are fully or partially hidden in the binding. Ink from the reverse has bled through, making this page very difficult to read.

Jan

	£. s. d.
A soldiers child, baptized – no fee.	
Baptism of Mr. SOHAXIBA, now a resident	1. 6. 8
Registering and certification	4. 3. 6
Juba MALCOLM's funeral, service at the house	1. 6. 0
at the grave	6. 0
Funeral of Josh. GABOUREL's daughter	6. 4
Service at the grave	4. 6. 0
(*illegible*)	6. 0
Soldiers wedding, no fee.	
Feb	
Rebecca REYNOLDS buried	1. 10. 0
Funeral of J. GARBUTT's son, service at the house	1. 6. 8
service at the grave	1. 6. 8
Baptisms of William TILLETT and George TILLETT	2. 12. 4
Bapt. Jane AUGUST dau Jn AUGUST and Ernstne CATE	1. 6. 0
Mar	
Baptisms of James and John USHER	9. 0. 0
Ditto of Catherine, dau of Wm JACKSON	1. 5. 0

Funeral of Edw. MURPHY, service church and grave	5. 10. 0
Apr	
Funeral of Thos. JEFFREYS, " " " "	5. 10. 0
Funeral of T. REDDON? Grave service	2. 13. 0
Funeral of Capt. McCULLY, church and grave	5. 10. 0
Jun	
Marriage of Lt. PERRY	5. 12. 4
July	
George EALS – funeral, grave service	2. 15. 0
Baptism of John LOCK	-
Ditto of Michael LOCK	-
Funeral of Michael LOCK	-
Baptism of Benjamin CRAFT)	
Do. Benj.n TURENNE)	
Do. Benj.n FOX)	0. 0. 6
Do. Tin? TINKUM)	
Marriage of Dr. McVEY	7. 13. 0
Baptism of Eliza.th MAYNE	
Do. Charles Frick USHER	
4 paid, 1 not paid,	
(in binding) -----? in all	

Baptisms in 1798:

July	
Baptisms of six of Mr. HEWM'S children	?. 0. 0
Aug	
Funeral of E.D. DOCKINSON? Church & Grave service	2. 12. 4
Baptism of Thomas SYMONDS	
Funeral of Rebecca HAYCOCK, Church and Grave service	2. 12. 4
Baptism of Tina SUNDERLAND	1. 6. 8
Oct	
Baptism of 4 of Wm YOUNG's children	
Funeral, Eleanor FITZGIBBON Church & Grave service a fee forgiven.	
Funeral A. WHITE, C. & G Service	2. 15. 0
Funeral Ja.s HERCULES, C & G Service	2. 15. 0
Funeral Rodk GREEN, C & G Service	5. 10. 0
Baptism of John BROOKS	2. 15. 0
Nov	
Baptism of Wm CONNERY	1. 6. 8
Baptism of Eleanor POYNDESTRE	1. 6. 8
Funeral of Mrs. MILLER, C & G service	2. 13. 4
Dec	
Funeral of Elen.r POYNDESTRE, C & G service	2. 13. 4
Baptism of Susan. GABOUREL	1. 6. 8

Baptism of Sophia DALY)		
Purification of Mrs. DALY)	1. 13. 4	
Funeral of Mrs. GRANT	5. 6. 8	
Baptism of Nancy McKENZIE	1. 6. 8	

Fees in 1799:

Jan
1st	Baptism of G. HODDLE's two children	-
10th	Burial of Mrs. MURRAY, C & G service	5. 0. 0
"	Burial of Mr. TUCKER, G service	
15th	Baptism of Joseph GOFF	0. 0. 0
17th	Baptism of Chance TUCKER	
17th	Baptism of a Soldiers child & purification of his wife	0. 0. 0
18th	Burial of Chance TUCKER, C & G Service	
25th	Baptism of Mr. Thos. JACKSON's PHILA	3. 0. 0

Feb
25th	Marriage of J. O'CONNOR	9. 15. 0
25th	Burial of Mary JACKSON, C & G service	2. 12. 4

Mar
3rd	Burial of J. GORDON, C & G service	5. 10. 0
6th	Marriage of Sergt. CARROTHERS	0. 0. 0
14th	Baptism of N. VERNON's daughter	
"	Baptism of Dd. LONGSWORTH's daughter	2. 15. 0
17th	Baptism of G. FITZGIBBON's child	

Apr
9th?	Burial of Mary MEIGHAN C & G	2. 15. 0
9th	Baptism of Elizth. HEWLETT	2. 15. 0
18th	Burial of Jeane BLYTHE C & G service	2. 12. 4
27th	Marriage of Mrs. FROST	2. 15. 0
28th	Burial of S.? GABOUREL, C & G Service	2. 12. 4
28th	Burial of David ELY	2. 12. 4

May
4th	Marriage of Mr. TOWNSON	5. 0. 0
5th	Baptism of Eliz.th PERRY	0. 0. 0
9th	Baptism of Sarah POTTER's child	0. 0. 0
27th	Burial of Sarah CRAWFORD, C & G service	5. 10. 0
28th	Baptism of Phebe TUCKER	
"	Baptism of Lieut. PERRY's son	
"	Baptism of Jos.a SWASEY	1. 6. 8

Jun
30th	Funeral of J. GARRET, G service	0. 0. 0

July
9th	Funeral of Olave RANDLE, C & G	<u>5. 10. 0</u>
		<u>£60. 0. 0</u>

1799 – 5th W.I. Regt:
Baptism of Sergt POTTER's child
Funeral of Ensign EASTERBROOK

1799 – 6th W.I. Regt:
Baptism of Jas POUSNAL's child at the Church
Marriage of Surgn CARROTHERS
Furn.l of Elizabeth CHAPMAN
Funeral of her son John RILY, drowned
Baptism of Capt STARKE's child and
Churching Mrs. STARKE.
David CARNEY, Private.
Joseph WILLIAMS, Pr.
Baptism of Sergt STEWART's Child. Returned, his wife.
Baptism of Sergt MURPHY's child.
Marriage of Lieut. Rob.t ELLRINGTON. *(sic)*
Marriage of Lieut. TATE.
Funeral of Lieut. SNAPE.
Funeral of Ann CUTLER, wife of Sergt CUTLER.
Baptism of Sergt HONEYCUTT's child.
Churching of Mrs. STEWART.
Funeral of Ensign RICHARDSON's child.

Royal Artillery:
Funeral of Serg.t WELLFORD's wife.

Fees in 1799:
July 29th Baptising Captn STARKE's child
        Churching Mrs. STARKE.
Aug 18th Funeral of Doct.r KENNEDY, C & G service   5. 0. 0
        Marriage of Lieut ELLRINGTON   0. 0. 0

Fees in 1800:
Jan
Baptism of Wm. JACKSON's daughter   1. 6. 8
Baptism of E. AUGUST   2. 15. 0
Baptism of T. AUGUST's son   2. 15. 0
Baptism of Capt. GARBUTT's daughter   5. 6. 8
Marriage of Lieut. MITCHELL   5. 6. 8
Marriage of Doctr. STEWART   5. 6. 8
Baptism of E. TYLER's daughter   5. 6. 8
Baptism of Mr. ANDERSON's 3 children   12. 0. 0
Baptism of Mr. O'CONNOR's daughter   2. 15. 0
Marriage of Lieut. TAITE *(sic)*   0. 0. 0
Baptism of Mr. LEWIS's? daughter   2. 15. 0

Marriage of Elisha BIRD	2. 15. 0
Baptism of 2 Mosquito Chiefs and 13 of their People	0. 0. 0.
Funeral of Mr. Rob't O'CONNOR, C & G	2. 15. 0
Funeral of Mr.T's HEWM, C & G	5. 10. 0
Funeral of Mrs. WELLFORD, C & G	0. 0. 0
Funeral of Fanny GLIYN? C & G	0. 0. 0
Funeral of Lieut. SNAPE, C & G	0. 0. 0
Funeral of Ann CUTLER 6th W. I. Regt	0. 0. 0
Funeral of David WYNTER, C & G	5. 6. 8
Baptism of *(blank)* WYNTER	2. 13. 4
Baptism of Lieut. ELRINGTON's child	0. 0. 0
Baptism of Catherine HELSELM's child	1. 6. 8
Funeral of Miss COLQUOHOUN	0. 0. 0
Funeral of Miss Mary RUNNEL	0. 0. 0
Funeral of Jos.h HINKS	5. 10. 0
Baptism of Wm ELMLY'S son	2. 13. 4
Marriage of Mr. WALL	5. 5. 0

Baptisms 1800:

Baptism of Mr. TOMPSON's daughter	-
" " Cathrn TUCKER	0. 0. 0
" " Susan NEALE	0. 0. 0
" " W. J. CRAFT	0. 0. 0
" " Jane DARLINGTON	2. 10. 4
" " Elizth JEFFREYS and)	
" " Wm. JEFFREYS)	2. 10. 4
" " James ANDERSON	1. 6. 8
" " Sophia GARRETT	0. 0. 0
" " Eliz.th HEWM	0. 0. 0

Fees in 1801:

Jan

1st Baptism of Mr. TOMPSON's daughter	
" " " Thomas PARK (*the name* John *written and lined out*).	1. 6. 8
" " " Joshua GABOUREL	1. 6. 8
3rd " " John TALBOT CARD	2. 5. 0
15th " " Capt. SWASEY's two children	4. 0. 0
" Funeral of Mr. HEWM, C & G	1. 0. 0
19th Baptism of Mr. GRAHAM's Charles	1. 6. 8
22nd Funeral of Mrs. WYNTER, C & G	5. 6. 8

Feb

4th Baptism of Dr. STEWART's child	0. 0. 0
", Funeral of Mrs. GODWIN, C & G - Poor -	0. 0. 0
8th Baptism of John YOUNG's three children	8. 5. 0
12th " of Lieut. TATE's son	0. 0. 0

25th	Funeral of Mr. HAMILTON's child C & G	2. 15. 0
Mar		
10th	Funeral of Lieut. RICHARDSON's child C & G	0. 0. 0
"	Baptism of 5 more of John YOUNG	8. 5. 0
"	" of Dr. CUMMIN's child	2. 15. 0
12th	" of 8 of Mr. BENNETT's negroes	5. 6. 8
14th	" of G. HYDE	5. 6. 8
May		
10th	Funeral of Louisa SLUSHER, G. S.	2. 10. 0
13th	Funeral of Lieut. GOULD, C & G	5. 6. 8
15th	For Marriage, Bapt., Churchg (& the funr'l of R.O'C) from J.O'C (= John O'Connor Esq, Marcia, and Robert O'Connor.)	13. 0. 0
24th	Baptism of Margaret JONES	2. 15. 0
"	Funeral of Wm WHITE, C & G	5. 5. 0

This was Capt. William White (father of Mary White Tillett,) described at a Meeting on 26 Aug 1801 as the "old inhabitant and mahogany cutter… recently shot to death with arrows by Indians at his works far up the River Belize." His estate was probated when his widow, Elizabeth, died in 1803.

25th	Baptism of Sergt. STEWART's child	0. 0. 0

This ends a page, with events starting 1 October on the reverse. No services were recorded in the five months from March 25 to Oct 1. Perhaps Mr. Stanford was out of the settlement and a magistrate acted in his stead.

Oct		
1st	Churching Mrs. STEWART	0. 0. 0
"	Baptism of Emily O'CONNOR) Churching of Mrs. O'CONNOR)	5. 6. 8
"	Marriage of Mr. PITZEL	5. 0. 0
	Funeral Major VISSCHER, C & G	10. 13. 4
Nov		
15th	Baptism of two children of C. SLUSHER	2. 10. 0
"	" of Maria COONY	2. 13. 4
Dec	*(interlined)* no charge	
10th	Baptism of two children for Miss L. Mc A (= McAULAY)	0. 0. 0
24th	Funeral of Mrs. CAMPBELL, C & G	5. 6. 8
"	Marriage of D. EMORY	5. 6. 8

Fees in 1802:

Jan – Baptism, Miss HICKY's child		5. 6. 8
Feb		
6th	" Wm LONGSWORTH's child	2. 15. 0

			Alex.r ABRAHAM's child		2. 15. 0
	"	"	Miss GORDON's 2 nephews		0. 0. 0
Jul					
30th	"		Mary ARMSTRONG		1. 13. 4

Jul
30th   "   Mary ARMSTRONG   1. 13. 4
Aug
5th   "   E. TRAPP's child   1. 6. 8
7th   "   3 for Jas. GLADDING   8. 0. 0
9th   Funeral, Mate of the Ship *Perseverence*   5. 0. 0
11th   "   E. TRAPP's child   in part 15. 4. 0   1. 13. 4
12th Baptism & Funeral Thos. GOUGH's child   3. 6. 8
15th Baptism of Phebe TUCKER   3. 6. 8
14th Funeral of C. P. FITZGIBBON, C & G
16th Baptism of s. Matty ERNEST   1. 6. 9 remains due.
      (The entry above has been moved into date order –
      it is out of order in the register.)
Sep
5th   Baptism, Cecilia ALEXANDER   1. 13. 4
7th   "   six Soldiers 5th W. I. Regt   8. 0. 0
26th   "   of 3 for DOMINGO   4. 0. 0
Oct
6th   "   Mr. HUNT's child   2. 10. 0
Nov
14th   "   Mr. W. JACKSON's child   2. 15. 0
18th   "   Capt. MacDONALD's child   2. 15. 0
Dec
18th   "   Sue BURRELL's child   1. 13. 4
  "   "   Wm WHITE's child   3. 0. 0
28th   "   Dr. BELL's child   1. 13. 4
29th   "   Miss KEITH 's slave Marina   1 13. 4

Fees in 1803:
Jan
1st   Baptism, Joanna BONNER   1. 13. 4
  "   "   Ann BODE   1. 6. 8
  "   "   Brian MEIGHAN   1. 6. 8
  "   "   William MEIGHAN   1. 6. 8
  "   "   *(blank)* WAGNER   1. 6. 8
2nd   "   Jas. WAGER   1. 6. 8
3rd   "   Mr. LEWIS's child   2. 13. 4
  "   "   2 *(blank)*   3. 6. 8
6th   "   Jonath.n CARD's child   2. 13. 4
  "   Burial of Sergt. WALSH's Sebastiana, G. service   0. 0. 0
  "   "   Doct.r Mc'COUSLAND, C & G   5. 8. 6
  "   "   Sergt WALSH   0. 0. 0
  "   "   of Jenny TAYLOR, G. service   2. 12. 0

Did Sergeant Walsh, his Sebastiana, and Jenny Taylor die of the same disease, and Doctor McCousland attend them and catch it?

Mar		
7th	Baptism of Thomas DURING	2. 13. 4
13th	Baptism of Thomas BAILEY	1. 15. 4
"	Funeral Mrs. CLARK, Ship *(blank)* C & G	4. 0. 0
"	Marriage Thos. QUIN and Mary TOMPSON	5. 6. 8
Apr		
8th	Baptism John WILTON - Sue BURRELL	1. 15. 4
"	Baptism of Mr. FRAZER's child	2. 15. 0
"	Purification of Mrs. FRAZER	1. 5. 0
"	Baptism of Mr. MAYNE's child	2. 15. 0
"	Funeral of Mr. MITCHEL C & G Cler Ct (= Clerk of Court)	0. 0. 0
"	Funeral of Seaman, Ship *Calypso*	0. 0. 0
"	Private baptism, Miss C.. HEWM's child	2. 15. 0
May		
3rd	Private baptism, Mr. PITZOL's child	
10th	Baptism of David DUNDAS and John BAILEY Soldiers	1. 0. 0
11th	Funeral of Eve HOARE, C & G	
12th	Baptism of Rodr.k McKINZIE	
20th	Funeral of Mrs. RAMPERDOLPH, C & G	
22nd	Purification of Mrs. PITZOL	
22nd	Purification of Mrs. REYNOLDS)	0. 0. 0
"	Baptism of Matilda, child of Lieut REYNOLDS)	0. 0. 0
23rd	Baptism of Joseph GRANT, a man of Gr't Estate	1. 3. 4
24th	Funeral of a Sailor H.M.S. Pelican	0. 0. 0
27th	Funeral of Jane LOVELL	
28th	Baptism of Alexander ANDERSON	5. 6. 8
29th	Funeral of Jane LOVELL, C & G	-
29th	Funeral of Jobie MASON, an American, Form'n to F.G.n. C & G	2. 12. 4
	(= FITZGIBBON)	
Jun		
3rd	Baptism of Frances ABRAMS	2. 12. 4
8th	Funeral of John CAMPBELL, Lt. 5 W. I. Reg.t, C & G	5. 6. 4
"	Baptism of John LONGSWORTH	0. 0. 0
12th	Baptism of Wm. GRANT	1. 13. 4
12th	Funeral of David EVANS, C & G	1. 13. 4
16th	Funeral of Mrs. SUFA	0. 0. 0
18th	Baptism of Biron BAILEY	1. 13. 4
24th	Funeral of John JOHNSON, Ship *Portland*, G	2. 15. 4
25th	Baptism of J. K. and J. M. GUNN and Cath. EVANS	5. 0. 0
Jul		
2nd	Baptism of H. GRANT	1. 13. 4
3rd	" Martha SMITH 11 Feb? 1803, H. S. and Hannah CLARK	2. 15. 0
6th	" Henrietta GODFREY	1. 13. 4

10th	"	John BURNHAM	2. 15. 0
15th	"	5 GOFF's and 2 BONNER's	8. 6. 8
16th	"	Harry GRANT	1. 13. 4
17th	"	Thos. HARRIS	2. 15. 8
	"	Mary WILLIAMS TUCKER	0. 0. 0
18th	Baptism of Aurelia Jane TRAPP		1. 13. 4
"	Funeral, Lieut. ELLIS, 5th W.I. Regt., C & G		5. 6. 8
23rd	Baptism of Peachy WHITE		1. 13. 4
24th	Baptism, Tina FITZGIBBON and 5 slaves		14. 0. 0
25th	Funeral *(blank)* SYMONDS, C & G		3. 6. 8
27th	Funeral, Capt. NEVILLE, H.M.S. *Port Mahon*, C & G		5. 6. 8
31st	Marriage, Ensign SAFE, 5th W.I. Regt.		0. 0. 0
"	Baptism, Samuel GRANT		1. 13. 4
"	Funeral, Thos. ROBERTSON, C & G		5. 10. 0

Aug
6th	Funeral, Anthony WILKINS, C & G	5. 10. 0
8th	Baptism, W. H HAMILTON	5. 0. 0
14th	Baptisms, John and Archibald GRANT	3. 6. 8
21st	Funeral, Robert SHARP, C & G	5. 10. 0
26th	Funeral, Jn.o BENNETT, (BRISTOL,) C & G	0. 0. 0
28th	Baptism, Ann CRAPPER	2. 13. 4

Sep
8th	Baptism, Abby GODFREY and 2 children	4. 0. 0
22nd	Funeral, Nathaniel JONES – Dr. SPROAT -	
"	Baptism, private, Margaret McCRUSLAND *(or* McCUSLAND	2. 13. 4

Oct
7th	Baptism Maria LAWRIE, formerly DOMINGA	
11th	Baptism Mary GRANT, Grant's estate	1. 13. 4
12th	Funeral, Wm BULL, G	3. 6. 8
16th	Funeral, Mary GRANT, C & G	3. 6. 8
24th	Baptism, Wm LEWIS	2. 13. 4
29th	Funeral, Catherine GREEN, C & G	3. 10. 0
"	Funeral, David LAMB, C & G	5. 6. 8

Nov
5th	Funeral, Wm USHER Jr., C & G	
11th	Baptism, Patience Susannah SPROAT	
"	Funeral, Francis HURRY, Ship *Wm*, C & G	5. 6. 8
13th	Funeral, John JONES, a slave, C & G	3. 6. 8
14th	Marriage, MURRAY HAMILTON and Ann HINKS	5. 10. 0
18th	Marriage, Wm. WHITE and Lucretia HAMILTON	5. 10. 0
20th	Baptism, Wm MAYNE, Since dead. C & G	5. 10. 0
21st	Funeral, Elizabeth WALL, C & G	5. 10. 0

Dec
17th	Funeral, Timothy BAGLEY, Ship-wright, C & G	5. 10. 0
"	Baptism, Sus.h BURRILL BLANDFORD	

"	Baptism, Eliza BURRILL		2. 13. 4
"	Baptism, Edward CADE		2. 13. 4
"	Baptism, Daniel SEBASTIAN		2. 13. 4
"	Funeral, Mr. Peter YOUNG, C & G	in acct. T. YOUNG	

John Purcell Usher copied the following MI in Yarborough Cemetery:
Here lieth the body of Peter Young, son of John Young of Cumberland in North Britain, who departed this life 18 Dec 1803 aged 79? years and four months.

25th	Baptism, Malvina Mary TOMPSON		0. 0. 0
27th	" Joseph LAMB, a slave		0. 0. 0
31st	" Marg.t JONES		1. 13. 0
"	" Maria Clemina CADDLE		1. 13. 0
"	" Eliz.th SNOWDEN		0. 0. 0
"	" Francis DAVIS		1. 13. 4

Fees in 1804:
Jan

1st	Baptism, Abigail HELMSLEY	)	
"	" Jane EDWARDS	)	
"	" Ann EDWARDS	)	
"	" Wm EDWARDS	)	
"	" Harry EDWARD GRANT	)	10. 0. 0
"	" Thomas EDWARDS	)	
"	" John EDWARDS	)	
"	" James TOXEY	)	
"	" James EDWARDS) 9 paid by Capt. EDWARDS		
"	" Mary HUGHES, Abig.l GODFREY's dau		1. 13. 4
"	" Uriah TRAPP		1. 13. 4
"	" James Ephraim TRAPP		1. 13. 4
"	" John LOVELL		
"	" Eliza CHRISTOPHER		1. 13. 4
2nd	" ELIZA		
"	" Sarah TRAPP		
"	" Phebe TRAPP		
3rd	" Mary Ann STANFORD BEVANS		0. 0. 0
"	" Joseph COURTNEY BEVANS Aug 29 1804		0. 0. 0
"	" Margaret JAMES		0. 0. 0
"	" Joseph FERRAL		0. 0. 0
"	" Richard GOFF		
5th	" Wm JONES		2. 15. 0
9th	Funeral, Wm JONES, C & G		5. 10. 0
11th	" Wm JACKSON's dau. Eliz.th, C & G		5. 6. 8
18th	" Samuel RIGHT, C & G		5. 10. 0
25th	" Sergt HURDY's (R. A.) dau.		0. 0. 0

26th " Gerald FITZGIBBON, C & G	A watch	5. 0. 0

(No entries in February.)

Apr
25th Funeral *(blank)* 5th W. I. Reg.t		0. 0. 0
27th Baptism " W. LONGSWORTH		2. 15. 0
28th Funeral of ditto		2. 15. 0
" Mary Ann DAVIS, free woman of colour		0. 0. 0

May
15th Baptism, James SMITH		2. 15. 0
16th Funeral of Jas. SMITH		5. 10. 0
29th Baptism, Mary JONES, slave to John JONES		0. 0. 0
Baptism, *(blank)* Soldier of Lieut.		2. 15. 0

Jun
1st Funeral, Mr. BARNES, Poor		0. 0. 0
2nd Funeral, Kenneth McKENZIE, P.M. of the 5th W. I. Reg.t		
4th Baptism, George Frederick Gen. Gov. King of the Mosquitos		0. 0. 0
" " Prince James Emanuel) sons of Prince Stephen, Regent		
" Prince Augustus Jeremy) of the Mosq.s		0. 0. 0
" " Count William STANFORD, natural Uncle to the King		0. 0. 0
" " Count Charles COLVERT)		
" " Count George NUGENT) Nephews to Prince Stephen		0. 0. 0
" " John BROWN, an Infant slave to Miss G. WHITE		
10th Baptism, Lucretia CARD		
12th Funeral, Mr Morgan LEWIS		2. 15. 0
17th Baptism, Helena YOUNG		1. 13. 4

Jul
7th Priv.t Baptism, Eliza HILL		
8th Funeral, Church service, Eliza HILL		
21st Funeral, Ja.s VAUGHAN, C & G	Mr. BENNETT	2. 15. 0
" Funeral, Mrs. Jane FITZPATRICK, C & G		
22nd Baptism Sarah HILL)		
" " Rich'd HILL) J. E. HILL and A.g? ARM'G		
27th " John PATTINNETT, slave to Miss A. P.		1. 6. 8

Aug
3rd Funeral, Benjamin Michael HOARE, C & G in acc't with A. A.		
6th Baptism John THOMAS, Apr 14th 1803, Edwd T. & Ann SEDDON		2. 15. 0
9th Funeral, Charles WITTICK, Capt. GUNN.? C & G		2. 15. 0
12th " *(blank)* ROSS, C & G in acct S. YOUNG		

A note folded in between 1808 fees reads:
Eliza, daughter of P. C. WALL & Mary his wife, b. 13 Aug 1804.
The date of Eliza's baptism is not given.

14th " Dr. SPROAT, M.D., C & G		
16th " Rob.t BROWN, C & G		0. 0. 0
17th " Capt. VEALE, Ship *(blank)* C & G		5. 10. 0

19th Funeral, Mrs. GORDON, C & G   no charge   0. 0. 0
Sep
6th   Marriage, R. DOUGLAS Jr. to Charlotte KEEF   5. 6. 8
16th Baptism, Thos. BURKE, a slave
Oct
8th   Baptism, Joseph JONES
10th   "   Maria ROBINSON   1. 6. 8
12th   "   Eleanor WALL   no charge   0. 0. 0
 "   "   Rosa WALL   )
 "   "   Thomas WALL) children of Elen.r WALL   3. 14. 4
15th Marriage, Captain ALEXANDER to Widow O'CONNOR   10. 13. 4

Marcia Meighan and John O'Connor married in January 1799, and had three known children, Eliza, b. March 1800; Robert, who died shortly after birth, the funeral billed to John's account in March 1801; and Emily, bapt. October 1801. Where and when did John O'Connor die? There is no funeral or burial fee recorded for him in St. John's register. Marcia remarried to Captain Alexander on 15 Oct 1804; they had sons Henry, b. in Jan 1806 (see correction in the register) and Benjamin, b. Jan 4 1807. On 26 Dec 1805, a slave freed by John O'Connor's will was baptized.

17th Baptism, Bazil JONES, heretofore Richmond   to B.J.   0. 0. 0
Dec
7th   Baptism, Amba LAWRIE   1. 6. 8
10th   "   Nancy LAWRIE and Funeral do., C & G
12th Funeral, Tho.s RUMBOLE   5. 6. 8
23rd Marriage, Edward MEIGHAN to Ann GAPPER   10. 13. 4
27th Funeral, Philip NICOLE, C & G
28th Baptism , William GIBBON *(sic)*, Nov 28th 1800   5. 6. 8
 "   "   Joseph GIBSON *(sic)*, a slave to W.G.   1. 6. 8
 "   "   Colin JONES, July 3rd 1802, D.r J. & HESTER, p. in acct
 "   Funeral, *(blank)* GREEN, 1st Lieut H.M.S *Fly* , C & G   5. 6. 8
29th Baptism, Claudia LEWIS 2 years S. to   *(blank)*   1. 13. 4
31st Baptism, Joseph GOFF, Sla. to BASSOY A. GOFF,) since Free W.S.   1. 13. 4
      "since Free W.S." is a later addition, in darker ink.
 "   Baptism, Rosanna WALL, slave to Mr. M. WALL   1. 13. 4
 "   "   Jos.h GEDDIES, aged 4 (lined out) Baptised in 1805   1. 13. 4
amount lined out.

(X) shows to whom certificates have been given.
Mem.m *(= memorandum)* omitted, no charge.

    William, 16)
X Sarah, 14   ) YOUNG – Children of William YOUNG, Turtler, and Ann BERRYON
    Robert, 10)
    & Charlotte, 20th Nov 1793.)

Fees in 1805:
Jan 1st

X	Baptism Eliz.th EWING – free		)	
X	"	Dan.l EWING Oct 6th 1789)	Children of Jn. EWING	)
X	"	Marcus do. Jun 30th 1793)	and the above Eliz.th EWING	)
X	"	Abigail do. Sep 11th 1795)		)
X	"	Cath.n MEIGHAN)	Ed.m M. & E. EWING	)

A list made in the settlement in the summer of 1798 included slaves belonging to the Estate of Ewing. It appears that John Ewing died no later than January 1798, and Kitty Meighan was born no earlier than late 1799. Amelia Longsworth was born 11 Jul 1805 and bapt. 18 Aug 1805 to Wm. Longsworth & Eliz.th Ewing. On 1 Feb 1808 William and Elizabeth had an unnamed child – from census information, probably Jane - baptized. The register does not show another child baptized to this couple, but in 1823 (census p. 182, #207) Amelia Ewing and Jane & Ann Longsworth were in James Usher's household

X	"	Dav.d LONGSWORTH Jun 17 1804 = Dd L. & Ann HAYLOCK)		
X	"	Francis SMITH – Oct 11 1803) = Jn S. & Ellen HAYLOCK	)	5. 6. 8
X	"	Margaret WALL, a free negress		2. 0. 0
X	"	Maria WILLIAMS		2. 13. 4
X	"	Tho.s HICKEY		1. 13. 4
X	"	Jane DAVIS		1. 13. 4
X 2nd	"	Wm ROTHERAM, Mar 31 1804, Rich. R. & Hag.r HARRIS		
X 3rd	"	Ellenor MEIGHAN		1. 13. 4
X "	"	Joseph GEDDIES June 17 1800, son of Ann GEDDIES		1. 13. 4
6th	"	Queen Ann HOARE		
"	"	Psyche HOARE		
"	"	Lydia "		
"	"	Delse "		
"	"	Rebecca "		
"	"	George HINKS		
"	"	Amelia "		
"	"	Jonas "		
"	"	Clara "		
"	"	Adnay HINKS		
"	"	Daphney "		
"	"	Jane "		
X "	"	Rich.d Steph.n STAN, b. Mar 16th 1803		2. 13. 4
"	"	Priscilla THOMAS		
X "	"	Ralph (interlined, with caret under Tina) HOARE		2. 0. 0
X 13th	"	Penelope JONES free		
X "	"	Marg.t JONES, of Bazil and Pen. JONES		
X "	"	Leah GRANT		
"	"	Rob.t W. WHEELER	no charge	

25

X 14th Marriage, Jn. Zeph.h HOLWELL and Miss Martha JACKSON 10. 13. 4
X 15th Baptism, Sinclair BODE ANDERSON 2. 13. 4
   Names rearranged. The register gives the names S – A – B
   with numbers 1, 3, 2 underneath, indicating the surname is A.
X " Baptism, Peter DERRIXON of Abrm. D. & Nancy MEANEY 2. 0. 0
"   "   Nancy MEANEY, belong to "
22nd Funeral, Wm. DINGADERRY, G. service 2. 13. 4
23rd Baptism, Francis FLOWERS, 1 yr, Cesar F. and Joan TINE?)
26th Funeral of above F. FLOWERS, G. serv. – to Capt. CUNNINGHAM) 2. 13. 4
X " Funeral, Wm LAMBDEN, a Trans.t Mer't sudden death C & G 5. 10. 0
"   "   Ja.s EDWARDS Esq. Magistrate, C & G 5. 10. 0
Mar
23rd Baptism, John GARBUT CUNNINGHAM, a free B. Adult 2. 15. 8
26th Funeral, Amba LOWRIE, a free negress, C & G 2. 15. 8
Apr
12th Funeral, Mrs. ROBERTSON, C & G 5. 10. 0
16th Baptism, *(blank)* ALEXANDER, by Capt. A. & Miss NEAL no charge
24th   "   "
   "   "   MITCHELL no charge 0. 0. 0
25th Baptism, Adam SMITH, free, to Druly (= Drewry) SMITH 2. 15. 0
"   "   *(blank)*   Prue YOUNG and Capt. ROSS no charge
26th   "   Elizth GODFREY Mar 12 1795 to *(blank)* and
            Marg.t GODFREY 5. 6. 8
May
26th Funeral Mr. Henry MASCALL, C & G   no charge
" Marriage, Mr. Sam.l PRICE to Sarah PRICE 15. 0. 0
June
7th Baptisms, Wm STANFORD TEMPEST)
     WRIGHT GORDON) Mosquito Indians no charge 0. 0. 0
" Funeral of Sarah WALKER, C & G   in acct
31st Baptism, Peter YOUNG, S. of John YOUNG and Margt NEAL, in acct
July
6th Funeral, a child of Clemence   no charge
7th Baptism, James PRATT, 18 years old, a free lad 2. 0. 0
"   "   a son of Clemence since dead   no charge
  While Clemence could have had a child buried, and then another child baptized
  who died, it seems more likely that events were entered in the wrong date order.
July
7th Baptism, John, 5 yrs old) children of Wm YOUNG and
"   "   Catherine, 3 yrs) YOUNG, Ann BERRYAN
"   "   James, 1 yr old) 6. 0. 0
8th Funeral, Eliz.th GORDON, C & G 5. 0. 0
12th Baptism, Anna Maria SYMONDS, 1 month, Thos. S. and
           Dol.y HARRISON 2. 0. 0
"   "   Cath.ne. DICKSON, 3 yrs, David D. and Ann FORSTER 2. 0. 0

		Andrew ROSS, 28 Mar 1805, And.w ROSS and Ann FORSTER	2. 0. 0
		Abigail *(lined through)*	
		Marg't NEAL & T. YOUNG *(lined through)*	

Aug
12th	Baptism, James HEMSLEY, Feb 7 1804, Wm & Abig. HEMSLEY	2. 13. 4
14th	" Dorothy EMMERY, private	2. 15. 0
15th	" Lydia CADDLE, b. Jun 6 1805	2. 15. 0
"	" Maria TILLET`b. Feb 5 1805	
18th	" Amelia LONGSWORTH, July 11 1805 W. L. and Eliz.th EWING	2. 15. 0
"	" Eliz.th YOUNG, May 6th 1805	2. 15. 0
21st	" Jose.th HAMILTON	2. 15. 0

Sep
8th   NEAL *(No other information given.)*
Nov *(no dates given.; no October entries.)*
    Purification of Mrs. REYNOLDS   )
    Baptism of Captain REYNOLDS' child)   no charge
    " of 35 of Captn. REYNOLDS' Comp.y, 5th W. I. Regt, no charge.
    " Henrietta CARTER, dau of Mary WINTER & *(blank)* CARTER

29th	Funeral, Mrs. KELLY, C & G	5. 10. 0

Dec
23rd	Funeral, Eliz.th BRITTON, C & G	
26th	Baptism, DAMON BAILEY, b. 8 Dec 1804, Toney B.	2. 15. 0
29th	" Robert HAMILTON, an adult free black.	
"	" *(blank)* SILLICK *(blank)* Sylvia FOX no charge	
31st	" George FRAZER b. Mar 25 1804 of Gilb't FRAZER and Ell'r MYSEL	2. 15. 0
"	" Cathrn CARD, an Adult, Black, Slave Jno. CARD	1. 6. 8
"	" Eliz.th CARD, Adult, Black, ditto, no charge.	

Omitted
Dec 4th Funeral John CLARKE Esq., Atty at Law, of the J. of Jam.a, C & G
                    (= Judiciary of Jamaica)
    Mary LOWRIE   )
    Anne LOWRIE her child) charged to J. P. LOWRIE, Esq.
    (Sic – no dates, and does not state whether baptisms or funerals.)

26th Baptism, Joh.n STANFORD MIDDLETON, an Adult, about 35,
        left Free by his late master John O'CONNOR Esq.   no charge.

Fees in 1806:
Jan
1st   Louisa TIMONS, a free Mustee.
"   Baptism, Robert HAMILTON, adult, formerly George, slave to
                    Mrs. GARBUT.
"   "   Henrietta DRYDEN CULLUM, dau of Capt.CULLUM and

"   "   Ann GADDIES
"   "   Catherine TUCKER, slave to Hannah TUCKER
"   "   Juliana SMITH -   Robert HAMILTON SMITH and
"   "   Patience MOYER, children of the above Catherine TUCKER
                                                            no charge
All the above are bracketed together, with a diagonal line drawn across the entries. The word Baptism is written in the line below Louisa Timons.

"   "   John CURRANT, a free black.   )
"   "   Sarah CURRANT, do.   )
"   "   Celia CURRANT, do.   )
"   "   Eliza CURRANT   )   )
"   "   Jane CURRANT   ) Children of John C.   )   11. 0. 0
"   "   Frances CURRANT   )   )
"   "   Eve CURRANT   )   )
"   "   John CURRANT   )   Grandchildren of John and)
"   "   William CURRANT   )   children of his daughter   )
"   "   Susannah CURRANT)   Celia   )

Fees in 1806:
Jan2nd Baptism, Margt EMMERY TUCKER.
"   "   Anna Maria   2. 15. 0
"   "   Dorothea   2. 15. 0
                (Probably = Anna Maria and Dorothea Tucker. In other
                instances the Rev. made no charge for baptising the mother
                at the same time as her children.)
"   "   Daniel HEWLETT, an adult black   1. 6. 8
3rd   "   Harriett SHEERS aged 15   (blank)   SHEERS and
                                             Harriet COURTNEY   5. 6. 8
"   "   Frances GREATRICK COURTNEY May 15th 1805
                                             Allen C. & H. C.   5. 6. 8
                It appears that Harriet Courtney was formerly Mrs. Sheers.
"   "   Grace TUCKER alias ANDERSON an Adult, Free   5. 6. 8
"   "   John SMITH, Private.   Dead.   no charge
4th "   Cecilia BROSTER, Feb 19 1802, dau of Jos.h B. and
                                             Dorothy SMITH   3. 0. 0
5th "   Wm CARTER JEFFREYS, slave to Charles JEFFREYS   1. 6. 8
6th Funeral, a Sailor of H.M.S Serpent   no charge
12th Baptism, Joannah COLLINS , a Free Black Woman   2. 15. 0
"   "   Susannah TUCKER   )
"   "   Mary HEYLAND – To O'BRIEN's Estate   ) no
"   "   Amy JONES – to JEFFREY's Estate) Grandchildren to) charge
"   "   Maria O'BRIEN – to O'B's Estate   ) Mary HEYLAND
13th "   Richard ANDERSON, of A. A. & G. A., b. (blank)   2. 15. 0
14th "   Affy JAMES, an Old free black woman

15th   "   Sam.l WHITE an Infant, slave to Billy WHITE, son to MARY - Bad
*"Bad" is in the fees column, in darker ink, suggesting it was added later.
This page is signed* Wm STANFORD A.M. Clergyman of Honduras

On reverse:
This Register was corrected upon decl. *(= declared)* information by me, J. ARMSTRONG.
Henry Leslie, born Jany 4th 1806, the son of Capt. Alexander ALEXANDER (5th West India Regt.) and Marcia his wife, was baptized Jany 25th 1806 by Mr. Stanford.

This identifies another child of Marcia Meighan O'Connor Alexander, daughter of Laurence Meighan Sr. and Marcia Davis Meighan. In the baptismal record below, the given. names of the child are illegible.

17th Funeral, Matilda, dau of Capt. REYNOLDS and   *(blank)*   no charge
18th Baptism, Mary GRANT, formerly Molly MOYER, Free Mulatto   "
20th   "   Ellenour LOWRIE, adult, slave to J. P. L.   "
25th   "   ?ri----? ALEXANDER, son of Capt. A. A., 5th W.I. Regt, and
                                    Marcia his wife   5. 6. 8
The given. name is illegible, but is not Henry or Leslie. Was it changed to Henry Leslie? Ssee the correction on the opposite page, given above.

"   Baptism, Cecilia TOMPSON, a girl, slave to J. P. L. *(= James P. Lowrie)* 1. 6. 8
26th   "   Henrietta TUCKER   )
"   "   Sarah WALL   )
"   "   Henrietta DRYDEN CULLUM   ) slaves to Hannah TUCKER
"   "   Louisa TIMMONS   )   no charge
"   "   Cath.ne TUCKER   )
"   "   Juliana SMITH   ) children of
"   "   Rob. HAMILTON SMITH   ) Catherine TUCKER no charge
"   "   Patience MOYER   )
"   "   Rob.t HAMILTON – belongs to Mrs. GARBUT   "
"   "   Benjm.n ROBINSON, slave to Mrs. C. ROBINSON   1. 6. 8
"   "   Tamia ROBINSON – free - Mother   1. 6. 8
"   "   Jane ROBINSON – free - daughter   1. 6. 8
Mar
10th   "   Mary PRICE, Adult, a Free Negress   2. 15. 0
13th Marriage, Archibald COLQUHOUN to Mary KERR   10. 13. 4
X 14th Baptism, Elizth. Helena DUN, of late Lieut. DUN 5th W. I. Reg.t and
                   Elizth. LOWRIE *(on opposite page)* X – b. Oct 11 1803. no charge
18th   "   Sarah BREWER, b. 13 March *(blank)* Hattn? CLEAVER   "
"   "   *(blank)* to *(blank)* and Syl. FOX   "
"   Funeral, W. USHER, C & G   "

There are no entries between Mar 18th and Aug 23rd.

29

Aug
23rd Baptism, Sarah HEWLET, 9 y 4 ms, dau. of Daniel H. & Mary LEE no charge
" Funeral, Mrs. MOODY, C & G "
" " Rob.t ELRINGTON, C & G "
" " Mrs. HEYLEY, C & G "
Oct
20th " David LONGSWORTH, C & G –
" Baptism, Francis LONGSWORTH b. 8 Dec 1805 son of Daniel L. and Ann HAYLOCK

(no dates given., reverse page of above)
Baptised Richard GRAHAM
       Thomas GRAHAM
       Ben. GRAHAM

25th Funeral, Capt. MOODY, 5th W.I.R., C & G   no charge
" " Mrs. Henry HEWELL, C & G   5. 6. 8
26th " Mr. COLLINS PARSONS, Blacksmith, to? Am.n? CULP?
                                                      in account   5. 6. 8
27th Baptism, Thomas SNELLING, Infant, Slave to Mrs. S.
Nov
4th Funeral, Wm MEIGHAN, an Infant, C & G   5. 10. 0
5th " Dorothy EMMERY, an Infant, C & G   Pd?   0. 0. 0
7th " H.y COLLUM, Inf. of Capt. C. & A. GEDDIES, C & G no charge
10th " P.r WHITE, Free Black, C & G   settled in acct J. Y.   3. 18. 0
                 (J. Y. = James Yarborough)
" " Mary MAJOR, dau. Cath.ne WHITE, C & G   P in acct   5. 10. 0
Dec
1st " Tho.s LEWIS, son of Wm. LEWIS, C & G   2. 15. 0
3rd " Char.s FLOYD Form.n to T. POTTS, an American, C & G
                                                Poor no charge
12th " Eliz.th EVANS, aged 13, dau of Rd? E. & S. GOFF, C & G   2. 13. 4
" Baptism, Peter Robt. Saml. PRICE, aged 2 months, son Mary PRICE
                                               Both free
14th " Isabella GRAHAM to T. G. Esq. P. for? Self   1. 6. 8
X " " Andrew GRAHAM to T. G. Esq. P for? Self   1. 6. 8
23rd " Limius GRAHAM, Old and Free, Pd for? self   1. 6. 8
" " Sylvia GRAHAM, Old and Free, Ditto   1. 6. 8
" " Prince GRAHAM, Adult, property of T. GRAHAM Esq.
23th " Thos. GRAHAM, Adult   )
" " Sarah GRAHAM   )
" " Saml. GRAHAM her son   ) Property of Thos GRAHAM, Esq.
" " Mary GRAHAM   )
" " Amy GRAHAM   )
26th " Eliz. JACKSON
" " Wm. JACKSON
" " Olive JACKSON

"	"	Stephen JACKSON	
"	"	Aurelia JACKSON	
"	"	Mary JACKSON	
29th	"	Cath.ne STAINE, b. Mar 6 1806 to Wm S. & Elizth CARD, no charge	
"	"	John HAMILTON, about 10 yrs, to Murray H. & Dominga	
30th	"	Cath.ne JEFFREYS Mar 5 1790, Olive CRAWFORD)	2. 18. 0
"	"	Jane JEFFREYS, Nov 30 1808))	2. 18. 0
"	"	John JEFFREYS, Sep 17 1806) Rachel JEFFREYS)	2. 18. 0
		and Charles JEFFREYS	

Fees in 1807:
Jan

1st	Baptism,	Wm. BIVANS	)	
"	"	Arabella GOUGH	)	no charge
"	"	Cathr.n DICKSON	)	
2nd	"	Louisa FISHER)		
"	"	Mary FISHER) the property of Mr. FISHER		
"	"	Mary DAVIS	)	
"	"	Maria DAVIS	)	no charge
"	"	Louisa BENNETT	)	
"	"	Mary Ann BENNETT	)	
3rd	"	Clara HICKEY – belongs to Mary HICKEY		no charge
	"	Louisa Maria FERRINGTON BROMLEY, Mar 21 1806		
		by Fran.s USHER		no charge
"	"	George William HOLWELL (blank) by Mary USHER. Dead		"
"	"	Thos. STANFORD, Free, aged about 35 yrs		"
"	"	Jos. BEVANS, Free, abt. 25 yrs		"
X 4th	"	Ric.d ALEXANDER, son of Capt. ALEXANDER and		
			Marcia his wife	5. 6. 8

On the opposite page, between an X and the X above:
Privately baptized Jan 25th 1806, Henry Leslie.
    The 1806 entries identify Henry L. as a son of Capt. Alexander and
    Marcia (= Meighan, the widow of John O'Connor Esq.)

"	Funeral, Mary BARRETT, Free, C & G, in acct with S. HYDE			5. 10. 0
"	Baptism, Margaret Celia FERRAL, b. 19 Apr 1805, J. F. and (blank)			2. 13. 4
5th	"	Susan BURKE) belongs to the estate	)	
"	"	Eliz.th BURKE) of the late Bridg.t BURKE deceased	)	
"	"	Sabina BURKE)	)	
"	"	Susan ROBINSON)	)	
"	"	Peter ROBINSON an Infant her son) slaves belonging to)		0. 13. 4
"	"	Elizth. ERNEST) Mrs. Catherine	)	
"	"	Sibella ERNEST) ROBINSON	)	
"	"	Cloe ERNEST)	)	
24th	"	John BROSTER, b. 27 Jan 1798 of Jno. BROSTER and		
"	"	James BROSTER, b. 9 Jul 1806 Dorothy SMITH rec'd in part		2. 6. 8

Memo. When at the Bay in 1791, among many Baptisms at St. George's Key I baptized Daniel CAMPBELL, b. the 29th of Dec 1790, son of Mr. Daniel CAMPBELL and Mary BATES. (signed) W. STANFORD.

One wonders if there is a register of baptisms for this period in the archives of Jamaica!

X Feb 20 Baptised Emilia SWASEY b. 29 Jan 1807.

Jan
5th Baptism, Abby WINTERS to S. WINTERS Estate.   no charge.
" " Anna LAMB to David LAMB'S Estate "
24th " John KENNEY? HAMOND? (overwritten) b. Mar 1 1790   1. 6. 8
" " Adriana POINDEXTER b. Apr 24 1801.
28th " Harr.t QUARL? SMITH, Nov 16 1806 dau. Jn.o Q. and
               Ell.r HAYLOCK no charge
" Funeral, Miss Betsy NEAL, C & G   5. 10. 0
" " M.y FISHER, infant Neg. child to Mrs. FISHER, G nothing

Feb
1st Baptism, Mary ARMSTRONG, b. Nov 6th 1803, ARMSTR.G
                       & M.y? BLIGH   2. 15. 8
" Funeral, Jas. MOODY, C & G   5. 10. 0
3rd " Elenor JOSEPH, slave to B. BAGLY, C & G   2. 13. 4
13th Baptism Cathr.n McCULLOCK, dead   nothing
20th " Emilia SWASEY, b. 29 Jan 1807 (lined in from left hand page)   2. 15. 8.
X 26th " Cathr.n McKENZIE, Sergt M. McK. & Jane BOWEN) paid in full
               & Funeral, C & G

Mar
1st " Eliz.th RAN, Aged Free Negress   2. 13. 4
8th " Edwd. MORGAN LEWIS, Feb 3 1805) Children of Wm. LEWIS   2. 15. 0
" " Sarah LEWIS, b. Sep 29 1806) and Mary HAWKINS   2. 15. 0

Apr
5th " Orinthia ARTHUR, Aged F. Slave to Emelia ARTHUR no charge
" " Jos.ph CASEY, b. Nov 3 1806, son of Wm CASEY and
                   Mary TONEY in acct   2. 15. 0
21st Purification of Mrs, REYNOLDS)
" Baptism, (blank) Son of Capt. R.) no charge
" " George Edward, son of Lieut. SAFE and Jane his wife

May
4th Funeral, Frances TRAPP in acct. A. CUNNINGHAM   2. 12. 0
7th Baptism, Annie SMITH, 4 Sept 1805, dau of Wm S. & Hannah CLARK   2. 12. 0
14th " Jane Frances WALDRON, dau of Ja.s WALDRON and
                 Cath.rn HUME
15th Burial of the above J. F. WALDRON, C & Grave.
17th Baptism, Thos. BURROWS TEMPEST, Mosquito man   no charge

20th Burial of G. TOMPSON, Esq., Clr of Ct., C & G   5. 6. 8
30th   "   Ensign MUNRO, 5th W.I. Regt, C & G   nothing
Jun
16th   "   John FISHER, Esq. C & G   5. 6. 8
22nd Purification of Mrs. COLQUHOUN
Jul
12th Marriage, John DECENCY to Martha EAST, both of Colour   2. 15. 0
16th Baptisms, Frank STANFORD)
 "   "   John McMURDOCK) Mosquito Indians   no charge
20th Funeral, Al.n JAMIESON, C & G   5. 10. 8
25th Baptism, Jane YOUNG, b. 21 Sep 1806, to Wm and Nancy YOUNG   2. 15. 8
31s Funeral, James BROSTER, an Infant, C & G   3. 5. 0
Aug
3rd?   "   Sar.h LEWIS, infant Dau. of Wm LEWIS, C & G disputed
                                                        but..(illegible)
18th   "   John MUCKELHANY, C & G   5. 6. 8
Aug 24th Omission - Funeral, Lachlan DUFF Corporal, C & G
               (lined in from the opposite page) nothing   Mr. HYDE
26th   "   Sutton BIRD, C & G   no charge
27th Funeral, Anna Maria EMORY, Infant, C & G   5. 6. 8
Sep
7th Baptism, Catherine HEWM, Adult, slave to Mr. HEWM
7th Funeral, Cornel.s CARTY, Mate, Brig George, Ameri.n, C & G   5. 10 8
      in margin of the above entry: Mr. HEWM.
10th Fun'l Dan.l BULL, Master of the Ship Eliza, " att? with J.H.
10th Baptism, Dav.d LONGSWORTH, Inft. Of D.d L. & Ann HAYLOCK
12th Funeral, Dav.d LONGSWORTH, the foregoing, C & G
 "   "   Catrh.rn HEWM, above mentioned, C & G
13th   "   Sibella ERNEST, slave to Mrs. ROBINSON, C & G   2. 13. 4
20th Baptism, Margaret, infant D.r of John FRAZER and (blank)   2. 15. 0
 "   "   Hester HILL, Adult, Slave to J. E. HILL Esq.   1. 6. 8
21st Funeral, Mr. FRAZER's child Marg.t, C & G   5. 10. 0
Oct 2nd Baptism, Jasper HALL, a Mosquito Chief   0. 0. 0
5th   "   Wm FRANCIS, slave of Edm. MEIGHAN Esq. C & G in acct   2. 13. 4
3rd (5th lined out) Funeral, Mr. Duncan THOMPSON, C & G   Settled with J. H.
5th Funeral, Mr. Archibald WILSON, C & G   5. 6. 8
12th   "   Antonio MANUEL, C & G) Mr. ERNEST (fee overwritten.)   3. 15. 0
16th Baptism, George McDALLE? GRANT, Free, GT. Estate   Pd in Provisions
 "   "   Edm. LOVELL, Ab.l HEMSLEY and   (blank.)
17th Funeral, Mary ARMSTRONG, free Negress, C & G   L? JONES
18th   "   Mrs. HUNT, wife of H. W. Esq. Clk. Ct., C & G
29th Baptism, Mary, Old free Negress, poor   no Charge
30th   "   Monimia ALLEN, infant, property of A.n BODE
Nov
8th   "   Robt. WADE, private, P. A. WADE and Eliz.th TILLET

11th Funeral, Rob.t LILE,   to Mr. HILL C & G
16th   "   Robt. ALEXANDER, Carpenter, to A. ANDERSON
                                                         in acct C & G
26th   "   Mrs. ROBSON, W. Eben.r R.   C & G   5. 10. 0
Dec
11th   "   Mr. Jos.h BROSTER   settled in acct J. H.   C & G
Baptised same time:
27th Baptism, Judy TOXEY, Free Negress, mother of   )
              John TOXEY, b. 3rd March 1788   )
              Wm. TOXEY, b. 3 Oct 1790   )   5. 6. 8
              Benj.m TOXEY, b. 12 May 1806   )
              Sarah FAIRWEATHER b. 22 Apr 1804 dau of John T.   )
29th   "   Eliza Adrianna BROSTER, Inf., dau of J. B. and Ann BODE
                                        A. HOME, Sponsor, no charge.
  "   "   Marg.t BODE   )
  "   "   Harriet BODE) Slaves of Ann BODE
  "   "   Venus BODE   )
         "   Edward MEIGHAN, boy slave to Edm. MEIGHAN, Esq.   1. 6. 8
30th   "   Cynthia KEEFE, Adult, Sl. to Sarah KEEFE   no charge
  "   "   Grace CUNNINGHAM b. 10 Feb 1805   )
  "   "   Campbell Douglas CUNNINGHAM 14 May 1806) Children of
  "   "   Sarah CUNNINGHAM b. 26 Sep 1807   ) Andrew
                   CUNNINGHAM Esq. and Miss Sarah KEEFE)   paid

Baptisms in 1808:

Baptism of slaves belonging to Marshal BENNETT, Esq
Jan 3rd 1808 -   Ages   Bapt Oct 9 1808?
Philip BENNETT   35y   Richard BENNETT 6 yrs   Jn Charles BENNETT
Aaron   "   4   Juba   "   6   Wm. ABEL   "
James   "   3   Henry   "   5
Mary   "   5   Simon   "   3
Bristol   "   ½   Alexander "   ¾
Helena   "   3   Thomas   "   26
Edward   "   1   Henry   "   21
Francis   "   1   Marshal   "   33
Diana   "   1   Pd by M.B. in full.

Baptisms Jan 3th 1808
Eliz.th OBRIEN aged 14 yrs   )
Morris OBRIEN   "   8 yrs   ) Children of MIDDLETON, no charge.
Middleton Francis OBRIEN aged 4   )
John O'CONNOR, aged 3   )
John   (blank) 3 ½yrs)
Thomas   "   2 ½yrs) property of Henry MARTIN, no charge

Fees in 1808:
Jan
1ˢᵗ Baptism, Sarah BURNS, Inf.t, Sam.l B. & Martha TUCKER.
2.   "   (blank)
3ʳᵈ "   Eliz.th WALL, Infant, Slave to Jacob WALL   1. 6. 8
"   "   Anna NEAL, Adult, Slave to Mr. John NEAL   1. 6. 8
5ᵗʰ "   Joseph McAULAY, Adult, property of G. McA. Esq. no charge
6ᵗʰ Funeral, Sambo GOFF, Adult – to Sarah GOFF, C & G
7ᵗʰ Baptism, Ann MASKALL, Old and Free   1. 6. 8
9ᵗʰ "   Francis Valent.n HICKEY, Old and Free   1. 6. 8
10ᵗʰ "   Tamia BAYLY, Inft. of Amelia SMITH and Tony B.
"   Funeral, Sergt. MERCER, 5ᵗʰ W. I. Regt., G service   nothing
11ᵗʰ "   John JONES, C & G   5. 6. 8
12ᵗʰ Baptism Henry HOME   ) slaves the property of Ric.d W. S.
"   "   John STANFORD) and in reversion the property of   X
"   "   John DAWKINS) of Miss A. HOME by purchase.
"   "   Fatima Judy GUTHRIE, Child of R.d G. prop.
                         Miss Leah MacAULAY   no charge
X " Funeral, Elisha TYLER Esq., C & G   5. 10. 0
Feb
1ˢᵗ Baptism, (blank) Wm. L. and Eliz.th. EWING
         (=William Longsworth. Baptism of Jane or Ann?)
3ʳᵈ Funeral, Jos.h OLIVARES, a Portuguese, C & G   5. 10. 0
"   Baptism, Providence HICKEY, a free *(lined through)* negro, old 1. 6. 8
"   Married, John DURAND E. McKAY to Mary MASKALL   no charge
"   "   Thomas MURRAY to SARAH   "
"   "   Robert WATT to ANN   "

A letter folded into the register concerns these couples:

Raglan Barracks
Davenport
12 November 1877

Dear Sir

I trust you will excuse my trespassing on your kindness if I ask you to procure for me, if possible, a copy of the register of the following Marriage; I of course will defray any expense that you may be put to in doing so.

At Belize Honduras about the year 1815 (certainly before 1820) a Doctor Thomas MURRAY of the 5ᵗʰ West India regiment was married, in a private house, to a Miss MASCALL, daughter of a merchant in Belize, by the Rev. Mr. STANFORD (or a name very like it.) I am very anxious to get a copy of the register of this Marriage, especially noting the name, profession, and country of Dr. Murray's father, if it is mentioned.

To guide you in making enquiries I may add that Dr. MURRAY, Captain MACKAY and a Mr. HAZELGROVE, all of the 5th West Indian Regiment, were married to three Misses MASCALL on the same day and at this same place.

I would esteem it a great favour if you would let me have the information as soon as possible. Hoping I am not putting you to any inconvenience in making this request, I remain, yours truly, W. A. J. MURRAY, Lieut., Adjt. 1/11th Regiment.   To the Rector of the Parish Church, Belize, British Honduras.

The Parish register and other records show that three Maskall (Mascall, Maskal) girls married on the same day, but the fourth, who became Mrs. Hazelgrove, married the following year. Capt. John Durand E. McKAY married Mary, Thos. MURRAY married Sarah, and Robert WATT married Ann on 3 Feb 1808. Lt. HAZELGROVE married Rebecca on 9 Aug 1809. On 26 Dec 1808 the wife of Lieut. McKay was purified - this was a ceremony following childbirth, but no baptism or funeral was recorded - and in May 1810 the late Capt. McKAY and Mary his wife had a child b. 12 March 1810 baptized. Lt. HAZELGROVE and M.t (= Margaret) MITCHELL had a child baptized on 11 Nov 1808, nine months before he married Rebecca Maskal; he died before 16 Aug 1809, when "the late" Lieut. HAZELGROVE and Rebecca his wife had a child baptized.

A list of inhabitants in 1790 showed the following household: Henry MASKALL, Ralph HUME, David Mc'VIE, George GRANT, white men; Mary MASKALL, white woman; Eliza. MASKALL, Mary MASKALL, Nancy MASKALL, and Sarah MASKALL, white children; and several slaves. *It appears that Nancy = Ann, and Rebecca was born ca. 1790-93. On Oct 1 1801, Elizabeth married John Pitzol, Capt. of H.M.S Rattler. Their father, the merchant Henry Mascall, died in May 1805.*

13th Baptism, JAMES PITT, Free and Old   2. 15. 0
17th Funeral, G. K. WARREN, C & G   )
"   Baptism, George KNOX WARREN, of G. K. W. and A. ELRINGTON) in acct
 (Who died, the father or the newly baptized child?)
23rd Funeral, Mrs Mary LONG GOURLIE, C & G   Miss A. H.
27th Baptism, Mary YARBOROUGH, Negress, free and Old   2. 15. 0
Mar
11th Funeral, Chas. GRAHAM, Slave to T. G. Esq., C & G
13th Baptism, G. HEWLET, 4 years old, Estate of G. H. dec'd   0. 0. 0
"   "   Sarah LAWRIE, Adult, to J. P. L.   1. 6. 8
14th Funeral, Thos. ELKIN, 2.d Gun.r R.A. (=Royal Artillery) nothing   0. 0. 0
19th   "   Eliz.th NESBIT, Slave to Jac.b WALL, C & G   2. 13. 4
20th Baptism, Marshal BENNETT, slave to M. B. Esq. settled in acct with M.B.
26th Baptism, Benj.n DOUGLAS, Slave to R. D. Esq.   1. 6. 8
X 28th Funeral, Ebenezer ROBSON, C & G

30th Baptism, Sarah FERRAL (since dead) J.n F. & Flora GOUGH.
X 31st Funeral, *(blank)* ROBSON, dau of Eben.r ROBSON dec'd, C & G
Apr
5th Marriage, James HARDY, Surg.n R.A. to Mary MERCER, Widow   5. 10. 0
6th Baptism, Louisa HILL, b. Jan 26 1805, dau. J. E. H. and A. ARMSTRONG
7th Funeral, Catherine EVANS, C & G   5. 10. 0
8th Baptism, Maria McKAY, 2 1/2yrs, Dau. Lieut McKAY   )
"   "   Wm. Charles KERR, b. Mar 21 1808, Lt. KERR) Dor. DAVIS
                                                                                                                                  nothing
X 19th Funeral, Lieut. McDONALD, 5th W. I. Regt., C & G   nothing
"   "   Jas. HAMOND, Gun.r, R.Art.y, C & G   nothing

From his repeated writing of the word "nothing," it appears that Mr. Stanford was very tired of providing free services for military officers!

20th Baptism, Francis WALKER, slave to Mrs. PERRY - Dead
21st Funeral of the foregoing slave F.W., C & G
May
17th Baptism, John HOSMER, son of Aza H. & Ann SWASEY.

Azariah HOSMER was the heroic American captain who took command of gunboats at the Battle of St. George's Key and fought off a flotilla of invading Spaniards.

22nd Baptism, John YOUNG, son of Wm YOUNG and
                             Norah FITZGIBBON   2. 13. 4
Jul
19th Baptism, Eliz.th BLACK, dau of G. H. B. and Jane HUME.
         (Jane HUME is in very faint ink - apparently written in later.)
29th Funeral of the foregoing child, C & G.
"   Baptism, Samuel SAVORY, aged 16, S. of F. S. and
                             Cath.n LAWRIE   no charge
Aug
X 2nd Funeral, David GOULD of Commerton near Bath, E.d (= England)
                                                  C & G   5. 10. 0
3rd   Baptism, Annie FLOWERS, a free Negress   )
"   "   Wm. WHITE, inft son of Wm WHITE and) Settled in acct
              the above A. FLOWERS   ) with Mr. KING

6th Baptism, Sarah PURCELL, born 23 Dec 1803, dau of Capt. P. and
                                                    Elizth. TILLETT

"   "   Rob.t Forsyth WADE, born May 7 1806, son of P. A. W. and
                                                     Eliz.th TILLETT

Capt. Peter Adolphus Wade was a son of Capt. Peter Wade (d. 1802 in Bristol, England and Susanna Forsyth, a daughter of Robert Forsyth. Peter A. Wade and Elizabeth Tillett were parents of Robert Forsyth Wade who married Jane Braddick, William Wade who married Mary Craig, daughter of Charles Craig, and Elizabeth Ramsay Wade who m. 1) the widower George Runnels and 2) Marcus Charles Bennett, a son of Marshal Bennett Jr. and Catherine "Kitty" Meighan. Elizabeth Tillett, her mother Mary White Tillett, and her children Robert F. Wade and Elizabeth Ramsay Wade Bennett all have legible MI's at Yarborough Cemetery. Elizabeth Tillett's MI names her children by Capt. Purcell, Capt. Wade, and John Potts Jr.

Sarah Purcell, later known as Sarah Wade, married John Usher. A tablet in St. John's Cathedral reads, "Sacred to the Memory of John USHER, Esq., who was born at St. George's Key and died at Belize on the 23rd April 1869 aged 74 years. For many years a member of the Public Meeting and Assistant Judge of the Supreme and Summary Courts of British Honduras. Sarah his wife who died on the 16th July 1859, aged 56 years, and of Jane Elizabeth, their second daughter, who died on the 26th December 1867 aged 41 years. Thy will be done."

7th Baptism, Sally GORDON, Negress)
   "   "   Monday GORDON, 6 years old) Children of
   "   "   Patty GORDON Mar 4 1805) Jn.o GORDON and
   "   "   Grace GORDON Oct 9 1806) Sally GORDON   8. 0. 0
X 9th Funeral Phill.pa DURELL, C & G   B.x in acct   5. 10. 0
X 10th "   (blank)   AXE, C & G   5. 10. 0
   "   "   "   WOOD, C & G   B.x in acct   5. 10. 0
14th Baptism, Emily BELISLE, Sl. to M. B.   )
   "   "   Mary BELISLE) children of Chatham BENNETT and)
   "   "   Marg't BELISLE)   Emily BELISE, property of M. B.)   2. 13. 4
" Churched Eliz.th Sus. Sul.n JACKSON   )
X 20th Funeral, Miss Helen LAWLESS, C & G   in acct P. C. W.   5. 10. 0
22nd Baptism, Hannah Frans. DAVILA, b. 22 Sep 1807, F. D. and
                                    M.y JACK.N   2. 15. 0
   "   "   Franc.s JACKSON, b. 12 Jun 1808 dau W. J. and Eliz.th J., free
23rd Funeral, John HOSMER, Inft of Aza. H. & Eliz.th S., C & G
Sep
4th "   (blank) DUNN, Prent. (=apprentice) to Mr. HICKEY, C & G   5. 10. 0
5th "   Thos. JOHNSON, Gun.r R.A., G   nothing
8th Baptism, Josh GEDDIES Dyer (= occupation)   nothing
9th Marriage, Lieut. Charles Wm. HAZLEGROVE, 5th W. I. Regt, to
             Miss Rebecca MASKAL of this Settlement   nothing
10th Baptism, Louisa McAULAY, b. 18 Feb 1803) Children of Mr. G. McAULAY
   "   "   Ann HUME McAULAY b. 13 Apr 1807) and Mary HUME   no charge
11th "   Wm CADLE, son of (blank)   and CLIMENE
   "   "   Flora CAMPBELL, dau of Duncan C. & CLEMANE
X 13th Funeral, Mr. Peter WARREN of North America, C & G   5. 10. 0

" Baptism, Sarah TOOTH, b. 2 Jul 1808, Wm T. and
       E. S. JACKSON no charge
On the opposite page adjacent to the above entry: Private.
16th Baptism, Richard BATES, b. 17 Dec 1807 of D. EMERY and
       Maria his wife
Priv.t, 16th, Baptism George McKENZIE Inf.t son *(blank)* 2. 15. 0
10th Funeral, Wm HURST, Gunner, Royal Artillery, G nothing
23rd Baptism, Peter HEWM, infant, Slave to the estate of HOARE nothing
26th Funeral of the above infant, G. McKENZIE, C & G 5. 10. 0
Oct
9th Baptism, John Chatham BENNETT, Adult) slaves to
" " Wm. Abel BENNETT, Adult) M. BENNETT, Esq.
12th Baptism, Jane MAUGER, Aged) Slaves to the Estate
" " Wm. MAUGER, Aged) of G. MAUGER
13th Funeral, Jane EDWARDS, Free, C & G
14th " Jane MAUGER, Slave, G service
16th Funeral, Wm. MAUGER, to G. MAUGER's Est.t, C & G
X 28th " Ensign CAMPBELL, 5th W. I. Regt, C & G nothing
30th Baptism, Henry MERCER, Son of late Sergt M. & Mary HARCY "
Nov
1st Baptism, Hanah (sic) GORDON, Mother to) Slaves to Jas. GORDON,
" " Jenny Hannah GORDON, infant) Esq. 2. 13. 4
X 7th Funeral Thos. JACKSON, Esq., C & G nothing
X 9th " Captain BROMLEY, 5th W. I. Regt. C & G nothing
11th Baptism, Richd. HAZELGROVE, Infant son of Lieut H. and
       M.t MITCHELL nothing
12th Funeral of the foregoing infant, G. Service nothing
17th Baptism, Jonath.n PRATT, b. Apr 11 1807, of Jas. P. &
       Jane EDWARDS 1. 15. 0
21st Funeral, John McCULLOCH, C & G, Poor, no charge nothing
23rd " Mrs. JOHNSON, wife of *(blank)* C & G 5. 10. 0
Dec
3rd " Agnes Eliza HUGHES, dau of E. Hs. & C.n HUME C & G 5. 10. 0
5th Baptism, John, son Captn. MORGAN Pay M.r 5th W. I. Regt and *(blank)* 5. 6. 8
" Purification of Mrs. MORGAN, W. of C.pt. M., P. M. 5th W. I. Reg.t.
6th Funeral, Child of the late Sergt. MERCER 5th W. I. Regt. Grave nothing
16th Baptism, Robt Wm GAPPER, Inf.t, Slave to Mrs. A. GAPPER, no charge
20th Purification of Mrs. COLQUHOUN, W. of Arch. COLQUHOUN
" Baptism, Mary JANE, b. 17 Nov, Inf.t dau of Arch. COLQUHOUN and
       Mary his wife 2. 15. 0
23rd Funeral, Peter YOUNG, Inf.t son of J. YOUNG & Mary NEAL, C & G 5. 10. 0
" Purification of Mrs. McKAY, W. of Lieut McK., 5th W. I. Regt nothing
28th Purification of Charlotte FERRAL 2. 15. 0
" Baptism, Franc.s WILLSON, Inf.t, Slave to Mr. H. WILLSON 1. 6. 8
29th " John ANDERSON, Inf.t, son of A. ANDERSON Esq. and

"	"	Grace A. Helena POTTS, Adult, dau of late Thos P. and Sus.a BURRELL	2. 15. 0 2. 15. 0
30th	"	George LEANDER, son of John LEANDER and Judy TOXEY	2. 15. 0

Fees in 1809:
Jan
1st Baptism, Ellen ROBINSON and her 3 child.n, viz.,
Emelia, Ann, & Mary ROBINSON   no charge
"   "   Eliz.th POTTS) children of the late Thos. POTTS and
"   "   Sarah POTTS)   Susan.h BURRELL Pd in work
"   "   Mary PATTINET a free Brown woman   2. 15. 0
"   "   Isabella HICKEY, formerly called THISBE,
                        slave to Miss M.y HICKEY   1. 6. 8
3rd   "   Eliz.th DAVIS, Slave to Sarah HARRINGTON   no charge
"   "   Sam.l BURNS, child of Mr. Sam.l BURNS and
                        Martha TUCKER   "
"   "   Ann GRAY, Slave to   *(blank)*
"   "   Caeser KENNEDY, Adult   )
"   "   Harriet BEST, Adult   )   Rec'd in part £4
"   "   Jane BEST, aged 10 yrs, dau. of H. BEST) Free - Paid in full   8. 0. 0
"   "   Melsy KENNEDY, 3 yrs old, dau of C. KENNEDY and)
                        H. BEST   )
"   "   Henry BAILY, about 14 yrs, son of C. KENNEDY and
                        Augusta BAILY
"   Funeral, Rich'd EMERY, son of David E. and Mary his wife, an infant, C & G
5th Baptism,   *(blank)*   John YOUNG and Mary NEALE   2. 15. 0
18th "   Flora GOUGH, an Adult, Free
"   "   Ann GOUGH, aged abt. 16 yrs, dau of Flora GOUGH
20th "   Elizabeth Mary GRANT, dau of Q.M.r GRANT 6th W.I. Regt and
                        Mary HICKEY   2. 15. 0
"   "   William Manfield BOWEN, son of Doctor BOWEN and
                        Mary HICKEY   2. 15. 0
"   "   Sophia SEARLE BOWEN, dau. of Doctor BOWEN and
                        Mary HICKEY   2. 15. 0
John Purcell Usher copied the following MI at Yarborough Cemetery: Sacred to the memory of Sophia Searle BOWEN, who departed this life 6th December 1840.
Feb
X sometime *(an omission entered on the opposite page, with a line to the X)*
Baptism, Thomas *(Thomas lined though)* COLLIN JONES, b. Jul 3 1802,
                        property of Duncan JONES and Hester JONES.
3rd   "   Frances FERRAL GRAY, dau of Dr. F. GRAY and   )
                        Charlotte FERRAL,)
        Purification of Charl.t FERRAL   )   5. 10. 0

" Baptism,Wm. James HOLWELL, infant son of J. Zeph. HOLWELL,
Esq. and Mary USHER   5. 6. 8
"   "   Sophia Susannah BROMLEY, infant dau of the late Capt.n
BROMLEY 5th W.I.R. and Sus.h Fran.s USHER   5. 6. 8
18th Funeral, Dan'l YOUNG, a negro slave belonging to Mrs. E. ROBINSON,
C & G   2. 13. 4
20th   "   Eliza.th HEWLETT, a slave belonging to HEWLETTs Estate,
C & G   2. 15. 0
Mar
6th Baptism, Wm CASEY, infant son of Wm. CASEY and Mary TONEY,
b. Aug 14 1808   2. 15. 0
12th   "   Jonathan ROLIND, son of Capt.n J. ROLIND and *(blank.)*
15th   "   Adriana, b. Nov 15 1808, dau of Capt.n J. D. McRAY 5th W.I.R.
& Mary his wife   nothing
17th Funeral, Doct.r Franc.s. GRAY, C & G   5. 10. 0
21st Baptism, Catherine Patricia WHEELER, dau of *(blank)*
22nd Funeral, Thisbe, slave to Miss Tina FITZGIBBON   1. 6. 8
28th   "   Quarter Master WALKER, H. M.'s 5th W. I. Reg.t, C & G
nothing
30th   "   Serg.t JOHNSON, 5th W. I. Reg.t , G   nothing
Apr
2nd Purification, Mrs. MURRAY, wife of Doct.r MURRAY 5th W. I. Reg.t
nothing
Jun
10th Baptism, Simon HYDE, slave to Miss A. BROSTER - Mr. HYDE
Jul
8th Funeral, Edinburgh TONYA, Old, C & G – Mr. HYDE
11th Baptism, William BAILY, Free, son of Louisa BAILY
12th Funeral, Susan SUTHERLAND, C & G   5. 10. 0
25th   "   a Seaman (name unknown) belonging to the Ship *Star*, Capt.n
McARTHUR, settled by Mr. HYDE   2. 15. 0
"   Baptism, a Negro child, Mr. HYDE
"   Pub. "   Mr. WALL's daughter x   2. 15. 0
(x is faint, not in the same ink as the entry – possibyly pencil added later?)
31st Funeral, the Negro child – Mr. HYDE
"   Pub. Baptism, Mary WINTER's child, Henrietta CARTER, b. Oct 25 1805
Aug
13th Funeral, Charles USHER, C & G   lost
15th Baptism, Charles William, son of late Lieut HAZELGROVE 5th W. I. Regt.
and Rebecca his wife   nothing
16th   "   Annie JONES, Infant, slave to Hann.h HUDSON alias
GOODCHEAR   1. 6. 8
24th Funeral, Hannah BURGESS, Old and poor, C & G – no charge

"   Baptism, John COLLINS, Old, slave to Mrs. WALL, father of
                                Mary ARMSTRONG   1. 6. 8
                (TONY? or TERRY? *lined out*, COLLINS *written above*.)
Sep
3rd   Funeral, John COLLINS, C & G   2. 13. 4
10th Baptism, John POTTS GORDON, b. Jun 26 1809, son of
                                James GORDON Esq.   1. 6. 8
        (An omission, written on the left hand page, moved here into date order.)

17th Funeral, Capt.n MORRISON, Ship *Brilliant*, C & G, Mr. HYDE
                    (*Mr. HYDE lined through*) by Mr. SMITH   5. 10. 0
"   Marriage of Thomas HOOPER, Ens., 5th W.I. Regt, to Jane SAFE,
                                Widow   5. 6. 8
Oct
3rd   Baptism, Sarah HOARE   ) belonging to the Estate of HOARE
"   "   Eleanor D'BRION   ) and mother of the 2 children
"   "   Thomas Oswald EAVES) b. Sep 1 1808 son of Thomas EAVES
                                                            J.H. 5. 6. 8
25th "   Anne COLE b. Aug 13 1809, dau of BRADFIELD COLE and
                                Cathrine JEFFREYS   1. 6. 8
Nov
1st   Baptism, Sydney FLOWERS, a Free Negress   2. 13. 4
9th   "   Abraham LAWRIE, heretofore called SAND-FLY,
                                an elderly free black man   2. 13. 4
10th Funeral, Sarah WALL, dau of C. P. WALL and Ann GEDDIES C & G Pd 5. 10. 0
12th "   Sarah BRINSLEY TOOTH   0. 0. 0
14th Baptism, Benj.m DARLING, a free Black man   2. 13. 4
Dec
8th   Funeral, a Private of the Royal L.t Artillery, Grave service   no charge
"   Baptism, Juba LAWRIE, An Adult, property of J. P. LAWRIE   1. 6. 8
9th   Funeral of the foregoing Juba LAWRIE, Grave Service   1. 6. 8
16th Baptism, Emma Maria GRAY, dau of John GRAY and
                                Emily JACKSON   in acc't   2. 15. 0
26th "   Ellenor YOUNG, dau of Wm. YOUNG Jr. and
                                Nor.ah? FITZ.G. (=FITZGIBBON)   2. 15. 0

27th "   Wm WYNTER an Adult, property of Sus.h WYNTER alias
                                USHER   1. 6. 8
"   "   John WYNTER, an Adult, same property   1. 6. 8
"   "   William MOYER, Mar 19 1801   )
"   "   Benjamin MOYER, May 27 1803) Children of Antony MOYER
"   "   Ellener MOYER, Sep 5 1805   )   and Sarah BURRELL
"   "   Peter MOYER, Dec 4 1807   )
"   "   George HEWLETT, Adult, property of Miss Eliz.th HEWLET
                                                            no charge

28th	"	Ann DOUGLAS, Adult, property of Robert DOUGLAS Esq.		
		P.T (= Public Treasurer)	1. 6. 8	
"	"	Sarah ARTHURS, Adult, property of Pat. WALDRON, Esq	1. 6. 8	
30th	"	Grace WYNTER, Adult, property of Susann.h WYNTER		
		alias USHER	1. 6. 8	
31st	"	Amanda NEALE	2. 15. 0	
"	"	James DILL NEALE, Feb 2 1807 Ja.s D. NEALE and		
		Sarah DILL	2. 15. 0	
"	"	Henry FLOWERS, on request of Capt.n STANFORD no charge		
"	"	Eliz.th YOUNG, Aged, Free	2. 15. 0	
"	"	Prue YOUNG, Adult, Free	2. 15. 0	
"	"	Catalina YOUNG, Adult, Free	1. 6. 8	
"	"	Henry HILL, Adult, Estate of J. E. HILL	1. 6. 8	
"	"	James RODNEY)		
"	"	Thomas DUNBAR)		
"	"	Phillip GORDON) Property of James GORDON, Esq.	6. 13. 4	
"	"	Thomas GORDON)		
"	"	William GORDON)		

Fees in 1810:
Jan
1st Baptism, John CARD, Adult, property of Mr. Jon.n CARD   1. 6. 8
"   "   Joseph GLADDING   )
"   "   Samuel CUNNINGHAM) Adults, property of Miss Sarah KEEFE
"   "   Penelope PRICE
"   "   Mary Barbara PRICE   Samuel PRICE no charge
2nd   "   Catherine STAN, b. Dec 27 1807   2. 15. 0
"   "   Elizabeth PRATT, b. Mar 11 1809   2. 15. 0
"   "   Maria WHYTE, Infant dau of CRETIA, property of
                                          Miss Mary WHYTE   1. 6. 8
5th   "   Janet FRAZER   )
"   "   Marg.t FRAZER)
"   "   George FRAZER) Slaves of Gilbert FRAZER   no charge
" Funeral,   Martha DUNCAN, Free, C & G   to Mr. HYDE
6th   "   George GREAVES SAVORY, Free, C & G   no charge
7th Baptism, Maria STAN, dau of Pet.r STAN & Betsy CARD   nothing
Feb
5th   "   John JOSEPH, b. Nov 22 1809, son of Corp. Daramatha LARNER?
                (or LARUSA?) 7th W. I. Regt. & MIMMY   nothing
8th   "   Eliz.th ABRAHAMS, b. in Apr 1804, dau of A. ABRAHAM
                                          & Cath. HEYLOCK
12th   "   Mary JOHN, 14 months old, Free, dau of Jane CATOR   2. 15. 0
20th   "   Hester CAMPBELL, Adult   )
"   "   Samuel CAMPBELL   ) The Property of
"   "   Elizabeth CAMPBELL, the mother of) Duncan CAMPBELL,

		Mary ARMSTRONG, an Infant) a free Man	
25th	"	Patience)	
"	"	Sophia)	
"	"	Henrietta) MacAULAY	
"	"	Samson)	

Mar
6th " Margaret NICHOLSON, Adult, to A. CUNNINGHAM's Estate   1. 6. 8
8th Funeral, William COOPER, Apprentice to the Ship *Welton*, C & G   5. 10. 0
12th Baptism, John BRUNTON, Adult, property of Mr. John BRUNTON,
                         H. Const. (= High Constable)   no charge
21st " John MOYER, Adult, Free
22nd Funeral, John MOYER, C & G
24th " Cathrine HEWM, the property of Miss C. HEWM, C & G, no charge
25th " Mrs. HARDY, wife of Sergt HARDY R. L. Art.y G. service   "
" Baptism, William DOUGLAS, b. Aug 24 1803)
"   "   George DOUGLAS, b. Sep 23 1805) Children of William
"   "   James GORDON, b. Jul 11 1807   ) BURNS, Esq.,
"   "   Anne GORDON, b. Oct 24 1809   ) & Jane his wife.
"   "   Wm. VISCHER STANFORD, b. Dec 2 1809, son of ROSA and
         Pr.vt V., 5th W.I. Rt., property of Miss A. HOME   no charge
26th   "   & Funeral of Araminta, a Child, the property of Violet SMITH "

Apr
10th Funeral, James AKERSLY, Gunner, Royal Artillery   no charge
20th Baptism, Mary GARBUT, b. Dec 17 1809, dau of Francis GARBUT and
                         Ann HEYLOCK   2. 15. 0

May
8th " John Joseph, son of the late Captn. McKAY 5th W. I. Reg.t and
                Mary his wife, b. March 12th 1810
The birth date is an addition, in large letters and heavy ink, not in Stanford's writing.
26th " Ann YOUNG, infant dau of Wm. YOUNG, Turtler and
                    Ann *(blank)*
27th Funeral of the foregoing infant Ann YOUNG.
28th Baptism, Richard Jupiter FLOWERS, Free
29th Funeral of the foregoing Boy   5. 10. 0

Jun
9th Funeral, John HAMILTON, C & G
12th Baptism, Josiah JEM, son of Serg.t JEM 7th W. I. Regt. and
                    Dorothy GEORGE   no charge
14th " Francis FORTE, b. Dec 1793   2. 13. 4
"   " Ann DAWSON
"   " Daniel Rhoderick DAWSON
16th Marriage, Leonard GURINOT, Private, 7th W.I. R. to
         Sarah HARRISON, Free Woman of Col.r, of this Settlement no charge

Jul
1st Funeral, Sarah BLAKE, Inf.t Dau of G. W. BLAKE, Clerk of Court, and

		Jane HEWM, C & G	
2nd	Baptism,	Emily BRINSLEY TOOTH, child of W. B TOOTH and	
		E. S. JACKSON	2. 13. 4

Aug
5th   "   George HENSLEY, b. Jan 3 1808, son of Wm. and
                                Abigail HENSLEY   2. 15. 0
12th   "   John HARRISON, an Adult, the property of Miss Eliz.th LAWRIE
Sep
10th   "   (blank) HOARE, belonging to the Estate of HOARE – Dead.
13th   "   Eliza Ann GRIZLE, an Adult Girl of Colour
15th   "   (blank) READ a free child, son of Jas. READ
 "   Funeral, Phineas HAWES, C & G
25th Baptism, Eleanora PARKER, funeral of the same, C & G
26th Funeral, Miss Ann TROY, C & G
30th Baptism, Margaret SEBASTIAN, b. Nov 5 1809.

Clerical Register of Honduras, Funerals in 1800:

Mr. Robert O'CONNOR
Mr. John HEWM - son of Miss Jane TRAP
Mrs. WELLFORD - wife of Sergt WELLFORD Royal Artillery
Frances GLYNN - a poor Woman
Oct 15th Mr. David WYNTER – a man of Colour
Nov 12th Miss (blank) COLQUHOUN – a Stranger
 "   16th Miss Mary BURREL – of the Mosquito Shore

John Purcell Usher copied the following MI at Yarborough Cemetery: "Sacred to the memory of Mary BURRELL, who died two hours after delivering a daughter who survived her... in the 43rd year of her Age, leaving to lament her a numerous kindred but no one to feel her loss equally with the mournful writer of this, Robert SPROAT, M.D. Also of Elizabeth L'ESTRANGE GRAY her daughter, who died ... on 3 Nov in the 26th year of her Age, and of James Robert, son of said Elizabeth, who d. 29 Nov in the 6th year of his Age."

17th – Joseph HINKS – an Inhabitant

Everything on the following page is lined through except the words, A Mistake, and Wm. Stanford's initials.

Clerical Register of Baptisms 1801:

Jan 1st   (blank) Dau of George TOMPSON Esq. and Catherine WHITE
 "   Joshua GABOUREL, son of Joshua GABOUREL, deceased, and
                                Catherine WHITE
 "   Thomas PARK   son of (blank)
Jan 3rd   John TALBOT CARD aged about 7 years, son of Jonathan CARD
                                & Lucretia CARD.

A Mistake. *(initialed)* WS.

Clerical Register of Marriages in Honduras, 1800:

Mar 2nd George MITCHELL, 1st Lieutenant to H.M.S *Albacore*, to Miss Margaret THOMPSON of this Settlement.

" " Robert STEWART, Doctor, H.M.S. *Albacore*, to Miss Mary THOMPSON of this Settlement.

Mar 31st John TATE, Lieut. Of the 6th West India Regt. to Miss Mary McHARG of this Settlement.

July 7th Elisha BIRD to Hannah CLARKE, both of this Settlement.

Dec 27th Mr. Peter C. WALL to Miss Mary KELLY, both of this Settlement.

On opposite page:
Eliza, dau of P. C. WALL and Mary his wife was b. 13 Aug 1804.

Clerical Register of Baptisms in Honduras, 1801:

Jan
1st Catherine TOMSON born *(blank)* dau of George TOMPSON Esq. and Catherine WHITE.

" Joshua GABOUREL, son of Joshua GABOUREL deceased and Catherine WHITE.

" Thomas PARKER, son of *(blank)*

3rd John TALBOT CARD aged about 7 years, son of Jonathan CARD and Lucretia CARD.

13th Jannett SWASEY b. 20 Dec 1796) Children of Capt. Eman.l SWASEY by
William SWASEY b. 7 Nov 1799)   Ann SMITH.

Note: Janette Swasey and Philip Meighan, son of Edmond Meighan, had three known children, Rebecca, Laurence, and Jane E. Meighan.

Feb
4th FOSTER BOURKE b. 23 Dec 1800, son of Doct.r Robert STEWART of H.M.S. *Albicore* and Mary his Wife.

8th John YOUNG b. 15 Oct 1796
Christina YOUNG b. 23 Oct 1798   Children of John YOUNG Esq. and
Francis YOUNG b. 3 Sep 1800   *(blank)*

12th John ALEXANDER b. *(blank)* son of Lieut John TATE 6th W.I. Regt and Mary his Wife.

Mar
9th   *(blank)* Children of John YOUNG, Esq.
     (blank) Daughter of Doctor J.n CUMMING
12th James BENNETT, a man-boy, heretofore BRISTOL
     James BENNETT   ) heretofore LANCASTER
     Susannah BENNETT) Adults
     John BENNETT   )   Slaves the property of
     Eve BENNETT   )   Marshal BENNETT, Esq.
     Johnson BENNETT) Children
     Judith BENNETT   )
     Catherine BENNETT)
     James BENNETT   ) Heretofore BOB
14th George HYDE b. 7 Apr 1795, son of James HYDE Esq. and
                                    Adney BROSTER.
May
24th Margaret JONES *(blank)*
"   Dorothy SYMONDS b. 18 Jun 1800, dau of Thos. SYMONDS and
                                Dorothy HARRISON
Sep
25th Hugh, b. 18 Sep 1801, son of Peter STEWART, Serg.t, 6th W. I. Regt. and
                        Elizabeth his wife.
Oct
1st   Emily, b. Aug 23 1801, dau of Mr. J.n O'CONNOR and
                        Marcia his wife.
Nov
10th Maria COONEY, b. Nov 28 1762, a Free Woman.
15th   *(blank)*   Children.
Dec
10th Daniel McAULAY BUCKNOR, aged 5 years, Property of Miss Leah McAULAY.
"   Rachel JONES McAULAY, aged 7 years, Property of Edward JONES Esq.

Clerical Register of Honduras, Marriages in 1801:
Oct 1st   John PITZOL, Master of H.M S. Rattler, to
         Miss Elizabeth MASKAL of this Settlement.
Dec 24th David EMERY to
         Maria CARD, Free People of Colour, of the Settlement.

Clerical Register of Honduras, burials in 1801:
Jan
15th Mr. James HEWM, of this Settlement.
22nd Mrs. WYNTER, wife of Stephen WYNTER, Conv. Town.
Feb
4th   Mrs. GOODWIN, an Inhabitant, Poor.
25th Wm. HAMILTON, the infant son of Mr. Ja.s HAMILTON.
Mar

12th Hannah RICHARDSON, infant dau of Lieut. RICHARDSON, 6th W. I. Regt.
May
10th Louisa SLOSHER, a free Negress.
13th (blank) GOULD, Lieut. 5th W. I. Regt.
Jun
1st John NICHOLSON, 2nd Mate of the *Aurora*.
    Verdict of the Inquest, Accidental death.
Oct
25th Major J. VISOCHER, 6th W. I. Regt.
Dec
24th Mrs. Marcia CAMPBELL, of the Settlement.

Clerical Register of Honduras, Baptisms 1802:
Jan
30th Elizabeth GRANT b. 21 Dec 1801, dau of Duncan GRANT, Quarter Master
                        6th W.I. Regt. and Miss Mary HICKY   pd.
The date of birth is in larger writing and different ink, not in Stanford's handwriting.
Feb
2nd William LONGSWORTH b. Jan 10 1802, son of David LONGSWORTH and
                                        Nancy HEYLOCK   pd
" Martha ABRAHAMS b. Apr 1 1796, dau of Alexander ABRAHAMS and
                                        Catherine HEYLOCK   pd
12th Joseph HILL b. 8 Aug 1798   ) sons of Philip and Charlotte HILL
" Daniel HILL b. Dec 17 1800   )   of Schenectody in North America
                               Free   no charge
In the left margin, beside Joseph and Daniel, is written Miss GORDON.
Jul
30th Mary ARMSTRONG A free woman   pd.
Aug
5th (blank) Child of E. TRAPP   pd.
7th Three Children for Jas. GLADDING, said assumed by E. T.
9th Child of Thos. GOUGH – in funerals –   both fees pd.
13th Phebe TUCKER   pd.

Clerical Register of Honduras, Marriages in 1803:
Jul 31st   Daniel SAFE, Ensign H.M.'s 5th W. I. Regt to
        Jane WALSH, Widow.[

Clerical Register of Honduras, Baptisms in 1803:
Jan
1st Joanna BONNER b. Aug 30 1792, dau of George BONNER and
                                          Dorcas his wife
" Ann BODE, a Adult, free woman of Colour.
" Brian MEIGHAN
" William MEIGHAN

" (blank) WAGNER.
May
10th David DUNDAS)
    John BAILEY   ) soldiers of the 5th W. I. Reg't.
12th Roderick McKENZIE b. *(blank)*
22nd MATILDA, b. *(blank)*
" Thomas BAILEY b. Oct 2nd 1793, son of Anthony and Augusta.
23rd Joseph GRANT, an Adult, belonging to GRANT's Estate, esteemed Free.
27th Jane LOVELL, dead since.
28th Alexander ANDERSON b. *(blank)* son of Alexander ANDERSON and
                          Grace TUCKER.
Jun
5th Frances ABRAMS b. *(blank)*
8th John LONGSWORTH, b. Jan 16 1803, son of John LONGSWORTH and
                          Hellen LEAVER
12th William GRANT, an Adult, belonging to GRANT's estate, esteemed Free.
18th Biron BAILY, an Adult, a Free Black man.
25th James MOYER CUNNINGHAM, b. Apr 24 1795) sons of the late James
" John Maurice CUNNINGHAM, b. Dec 7 1796   ) CUNNINGHAM and
                          Mary HAWKINS.
" Catharine EVANS, b. Dec 29th 1795, dau. of David EVANS and Sarah GOFF.
Jul
2nd Harriet GRANT, an Adult, belongs to Jos. GRANT's Estate, esteemed Free.
3rd Martha SMITH, b. Feb 22 1803, dau. of Wm. SMITH and Hannah BIRD.
5th Henrietta GODFREY, an Adult, b. *(blank)* dau. of John GODFREY by
                          Abigail GODFREY.
10th John BURNHAM b. Nov 9 1802.
15th Samuel Wm. GOFF aged about 43 years.
" Joseph GOFF aged about 23 years.
" Richard GOFF aged about 18 years.
" George BONNER.
" Thomas BONNER.
16th Harry GRANT, an Adult, GRANT's Estate, esteemed Free.
23rd Peachy WHITE, an Adult, a Free Woman of this Settlement.
27th Tina FITZGIBBON, an Adult, a Free Woman of this Settlement.
" Hariet STAINER)
" Phebe STAINER)   Slaves the property
" Bicce STAINER)   of the foregoing
" Cornelia STAINER) Tina FITZGIBBON.
" Francis STAINER)
31st Samuel GRANT – Ja.s GRANT's Estate, esteemed free.
Aug
8th Wm. Henry HAMILTON, aged about 3 yrs, son of the late Ja.s HAMILTON and
                          Sarah NEAL.

Clerical Register of Honduras, Burials 1803:

Jan
4th Sebastiana WALSH, dau of Serg.t WALSH 5th W. I. Regt.
Doct.r Alexander M. COUSLAND, Surgeon 5th W. I. Regt.
Serg.t WALSH, 5th W. I. Regt.
Jane TAYLOR, Free Black Woman.

Mar
13th Mrs. CLARKE, wife of (blank)
George MITCHELL Esq., Cler. Court
(blank)   Ship Calypso.
Eve HOARE, Free Black woman.
20th Mrs. RAMPENDOLPH, an Inhabitant.
24th A Sailor of H.M.S. Pelican.
29th Jane LOVELL.
" Jabes MASON, an American, foreman to T. GRAHAM, Esq.

Jun
8th John CAMPBELL, Lieut. Of H. M. 5th W. I. Regt.

Jul
27th Capt.n NEVILLE, Commander of H.M.S Port Mahon.
(the word Omitted is on the left hand page, with a line to the X below)
X 31st Thomas ROBERTSON, Esq, an Inhabitant

Aug
6th Anthony WILKINS, of Jamaica.
14th John GRANT, an Adult   ) Belonging to the Estate of Jas. GRANT,
" Archibald GRANT, an Adult) esteemed free.
28th Ann CRAPPER, dau of (blank) CRAPPER and Cath.ne PARSONS.

Sep
8th Abigail GODFREY, an Adult.
" Catherine GRIZZLE, b. Oct 14 1799, dau of Dav.d GRIZZLE by Ab.l GODFREY.

" Ann GODFREY, b. Oct 20th 1802, dau of John GODFREY by Ab.l GODFREY.

Honduras
The following is an extract of a Book in the hand writing of the late Thos. POTTS Esq. of this Settlement, and entered in the Parish Register of Honduras at the request of the family by
Belize   H. STANFORD, Clergyman of Honduras.

Ann Grace POTTS, b. on St. George's Kay the 29th day of July 1779, & Baptised at the village of Wonomchael in the Island of Cuba being then a Prisoner.

James POTTS b. in the College of St. Peter in the City of Merida the 18th day of June 1781, and baptized at the villAge of Wonomcheal in the Island of Cuba at the same time his Sister was.

Mary POTTS b. at Tower Hill Bank in the New River the 1st day of July 1784.

John POTTS b. at St. Georges Kay on Monday the 26th day of June 1786.

Robert POTTS b. April 1788 St. Georges Kay.

Belize, Aug 28th 1806. H. STANFORD, Clergyman of Honduras.

The will of Thomas POTTS, Merchant, dated 1806 and proved in England on 12 Jun 1807 at the P.C. London, is available on line at the British National Archives. The will, which was recorded on 21 Nov 1809 at the Probate Registry of Chester, Cheshire, and also recorded in Pennsylvania, mentioned Thomas' friend Peter WADE. Thomas's wife Catherine FERRILL POTTS, the mother of the children entered in the register, was buried on St. George's Key on Sep 23 1823 (St John's records, p. 110, #875.) Thomas' son John POTTS, b. 26 Jun 1786, described in the will as aged 20 and living in Leipzig, Germany, was bequeathed property to be delivered to him when he turned 25; John Potts became the third husband of Elizabeth TILLETT and had two children by her, Catherine FERRILL POTTS (m. James Alexander WILLS) and Mary Ann POTTS (m. James ROBERTS.) Thomas Potts was interred on St George's Key; the Archives has a photograph of his highly elaborate tomb, which was lost when a hurricane washed away the cemetery in 1931.

The First Parish Register of Belize ends in 1810; an MI at Yarborough Cemetery, copied by John Purcell Usher, shows an event that took place the following year: In loving memory of Alexander ANDERSON, Esq., who was born at MuirSide in the County of Forfax, North Britain, and died in this Settlement respected and regretted on the 1st of May 1811 aged 44 years.

--------------------oOo---------------------

1816 CENSUS OF BELIZE

The registrar began by numbering the left and right sides of each page of the census book consecutively, then gave the left a number two less than the right: for example, 8 at top left and 10 at top right. The page numbers below are those at top right. The book has water damage; the bottom lines on some pages are blackened and illegible.

p. 2:
Margaret NEAL, 0 0 0 – 0 1 0 – 0 0 0 – 3 3 4:
    John, 50 or 60; Tom, 18 or 19; John, 14 or 15; Venus, 50; Old Sally, 50; Mary, 25 or 27; Robert, 4 or 5; Quashie, 5 or 6; Cordelia, 3 or 4; Jennett, 4 months.

p. 3:
Catherine ROBINSON, 0 1 0 – 0 0 0 - 0 0 0 – 11 12 4:
    Billy, 8; Chance, 31; Quamino, 25; Jose, 22; Tom BURKE, 33; York, 22; Malaga, 20; Waterford, 70; Devonshire, 15; Peter, 12; Thomas, 10; Grace EARNEST, 50; Maggy, 32; Nancy, 28;

p. 4: Louisa, 60; Mary, 22; Susannah, 28; Fanny, 24; Bessy, 18; Chloe, 14; Kate, 50; Matilda, 60; Joan, 60; Henry, 4; Edwin, 2; Little Kate, 6; Betty, 2.

Mary THOMPSON, 0 2 2 – 0 0 0 – 0 0 0 – 7 5 3:
    Simon, 50; Isaac, 80; Billy, 30; Dennis, 30; Charley, 27; Orpheus, 19; Ned, 14; Phoebe, 50; Prescilla, 40; Jenny, 23; Gomer alias Maria, 16; Jennett, 14; Grace, 8; Eve, 7; Phoebe, 5.

p. 5:
Bridget Isabella SKELTON, 0 1 1 - 0 0 0 – 0 0 0 - 0 2 0:
    Bess or Betsy, 24; Cordelia, 16.

William HUNT, 1 0 0 – 0 0 0 – 0 0 0 - 5 3 4:
    Nelson, 40; William, 35; Hunter, 35; Jack, 60; Mary, 55; Callista, 25; Honor or Anna, 30; Prince, 10; Horatio, 9; Mimba, 8; Anna, 6; Betsy, 4.

George WESTBY, 1 0 0 – 0 1 2 – 0 0 0 – 1 1 1:
    Jack, 48; Integrity, 19; Margaret, 2.

Richard D. BULL, 2 0 0 – 0 1 3 – 0 0 0 – 5 3 3:
    Jacob, 36; Joe, 36; Edmond, 25; Thomas, 18; James, 12; Ben, 9; William, 7; Bessy, 11; Anney?, 11; Sarah, 1; Prue?; Venus?.

p. 6:
John W. WRIGHT, 3 0 0 – 0 1 2 – 0 0 0 – 13 2 3:
    Smart, 35; Philip, 21; July, 22; Prince, 19; Michael, 23; Sidney, 21; Jonathan, 21,

William, 26; Jack MORTEN, 32; Friday, 20; Caeser, 20; Ireland, 35; Joe, 16; Lucy, 40; Elizabeth, 6; Diana, 4; William, 2; Esther, 22.

Patrick WALDRON per attorney, 0 0 0 – 0 0 0 – 0 0 0 - 21 3 7:
John, 26; Hector, 36; Homer, 33; Sam, 33; Walker, 37; Socum, 40; Ben, 30; Jem (Coromantee,) 22; Jem (Mongola), 25; Jack, 24; Port Royal, 25;

p. 7: Frank, 25; John (Mungola,) 28; Tom, 28; Ireland, 29; Guildford, 45; Jasper, 18; Scotland, 31; London, 32; Nancy, 37; Fanny, 8; Louie, 4; Robert, 1; Margaret, 28; John, 4; James, 2; William, 4 months; Charlotte, 45; Dick, 25; George (Congo,) 47; Henrietta, 8.

Note: Patrick Waldron's will was probated 12 Feb 1819 at the P.C.C. London, and is available on line from the British National Archives. The will mentions among others, his brother John Waldron of Athlone in Ireland, and his nephew James Waldron of Belize. Patrick had been employed by Edmond Meighan, Esq., who also had links to Athlone.

Elizabeth STANN, 0 0 0 – 0 3 2 – 0 1 0 – 1 1 0:
Ned, 37; Cuba, 26.

Estate of GIBSON, see page for additional return: 0 0 0 – 0 0 0 – 0 0 0 - 4 1 1:
Frank REMINGTON, 28; John, 18; George, 12; John-John, 10; Nelson, 8; Old Violet; *illegible. (Page number is not given – it is #45.)*

p. 8:
James HYDE per his attorney George HYDE: 0 0 0 – 0 0 0 - 1 0 0 - 102 11 7:
Will, 28; Quaw, 28; Daniel, 32; Quamino, 34; Jack HODSKINSON, 30; Bonny Peter, 30; Captain, 30; Robert, 22; Duke, 28; Mondingo Quashie, 29; Sambo Dick, 20; Nicholas, 26; Cupid, 28; Jamaica Jack, 17; Davey, 30; Devonshire, 21; Blandford, 26; Moco Tom, 35; Fortune, 18; Simon HODSKINSON, 50; Eboe Tom, 40; Chamba Jem, 40; Duncan, 30; Joe GREEN, 30; Edward WALL, 30; Hercules, 30; Strephon, 35; Marcus, 30; Boatswain, 30; Bluff, 40; Toney, 30;

p. 9: Jem O'BRIEN, 35; Philip, 40; Coromantee George, 30; John GARNETT, 35; Cuffee LISTER, 45; London, 45; Young Prince, 26; Poppa George, 26; Andrew, 29; Black Dick, 24; Cudjoe, 26; Monkey Jack, 35; Breechie, 45; Caeser, 35; Peter SPROAT, 40; Nelson, 35; Nago Hazard, 25; Moco Boatswain, 40; William HYDE, 24; Quashie, 26; Brown, 26; Little John, 18; Tom, 18; Bob GAPPER, 45; Townsend, 40; Cato, 50; King John, 45; Creole George, 22; Peter HUGHES, 26; Mamba?, 26; Alaric?, 24;

p. 10: Munroe, 26; Trim, 28; Adam GRAHAM, 24; Quashie BANGER, 26; James BELISLE, 24; Daniel BELISLE, 50; Michael BELISLE, 40; Sam BELISLE, 46; Toney BELISLE, 29; Bacchus BELISLE, 41; Captain Charley, 40; Joe JONES, 40; Cuffee GIBSON, 50; Creole Prince, 40; Aberdeen, 26; Hunter, 46; Jack

COLLINS, 30; Jem WALLIS, 50; Rodney, 19; Tommy, 18; Congo George, 18; Dick LISTER, 55; Greenwich, 50; Bonny Prince, 60; Sharper, 38; McLachlan, 26; Harry, 26; illegible, 18; Hazard No. 1, 18; Hazard No. 2, 28; James, 20;

p. 11: Charles, 20; Robert, 40; Hamlet, 22; John, 22; Adam, 19; Daniel, 16; Moco Ned, 30; Jose, 20; Ned, 30; Peter, 20; James, 20; Fanny, 26; Sabina, 3; Tattina, 1; Florence, 26; Memba, 8; John, 4; Tobey, 2; Charlotte, 20; James DON, 3; Sarah, 45; Rum & Water, 4; Moll, 30; Tiggy, 40; Rose, 40; Juba, 40; Nancy, 40; Patience, 50; Susannah, 19.

p. 12:
George HYDE, 0 0 0 - 1 0 0 - 0 0 0 - 6 3 1:
Davey, 26; Thomas, 18; Prince, 20, Bogle, 24; Charles, 17; William 13; Ellen, 30; Silvia, 35; Sue, 16; Caroline, 8.

John ARMSTRONG, 0 0 0 - 1 1 1 - 0 0 0 - 10 2 0:
Charles, 26; London, 28; Peter 27; Nelson, 28; Harry, 23; George, 21; Jem, 30; Phillip, 26; William, 18; Edward, 13; Sukey, 35; Jennett, 22.

Estate of James HUME, dec'd, 0 0 0 – 0 0 0 – 0 0 0 - 28 0 1:
Cuffee, 20; Blandford, 25; Robert, 25; George, 27; Marcus, 28; Chance, 28; Tom, 30;

p. 13: Toby, 31; Youghal, 31; Pompey, 31; Guy, 33; Quaw, 34; Warrick, 35; Guy, 37; Anthony, 38; Peter, 40; Tom, 40; Breechie, 40; Dick, 40; Collins, 35; Charlie, 35; Frank, 42; Apollo, 42; Sampson, 42; Brittain, 50; Seaborn, 60; Cuffee, 70; Dolly, 3.

Estate of George McAULAY, 0 0 0 – 0 0 0 – 0 0 0 - 26 3 3:
Laurence, 16; Henry, 19; Richmond, 24; Frank, 24; Barrow, 27; Robert, 29; Lord, 30; King, 30; *illegible*, 34; Ma..*illegible*, ?; American J..*illegible*, ?;

p. 14: Dick, 40; Quashie, 32; Knight, 32; Scotland, 36; Sampson, 40; Scipio, 40; Bacchus, 38; Jem, 36; Harry, 40; Peter, 34; Bob, 42; Tom, 55; Quashie, 40; Duncan, 37; Billy, 32; Countess, 36; Christiana, 29; Moll, 60; Sampson, 5; Henrietta, 5; Sophia, 5.

George HUME, 0 0 0 - 1 1 2 – 0 0 0 – 3 1 0:
Thomas, 21; England, 29; William, 30; Dolly, 28.

Estate of Ellen LAWLESS, dec'd, 0 0 0 – 0 0 0 – 0 0 0 – 0 4 0:
Sylvia, 34; Fanny, 14; Agnes, 12; Prue, 35.

James KELLY per his attorney Peter C. WALL, 0 0 0 – 0 0 0 – 0 0 0 – 1 1 0:
B..*illegible*; Dorcas?

p. 15:
Peter C. WALL, 4 2 1 – 1 0 0 – 0 0 0 – 32 7 0:
  Cambridge, 30; Cupid, 25; Augustus, 28; Ben, 32; Flex (sic,) 30; Henry, 30; Prince, 30; Cornwall, 40; Chance, 30; Caffee, 25; Hunter, 35; Jack, 30; George, 42; Will, 55; Dublin, 32; Prince, 35; Holland, 40; Priam, 35; Sam, 30; Charles, 28; Harry, 32; Richard, 45; Robert, 32; Charles, 50, George, 45; Tom DILL, 60; Sportsman, 45; Dick, 40; Nelson, 15; John, 25; Joe, 16; Simon, 16; Nelly, 50; Rose, 18;

p. 16: Leonora, 55; Matilda, 35; Sicily, 25; Rosett, 35; Ruth, 50.

James WALDRON, 1 0 0 – 0 1 0 – 0 0 0 – 16 4 1:
  Smart, 35; William WOOD, 46; Congo William, 36; Eboe Jim, 35; Peter, 40; Billey, 30; Ned, 32; Tom JACKSON, 36; Dick, 50; Liverpool, 20; Mongola Jem, 24; Isaac, 30; Bacchus, 26; Romeo, 24; Jack, 24; Joe, 46; Susannah, 26; Fanny, 24; Charlotte, 40; Winnea, 50.
  The child shown in the numbers is not in this list.

Ariadne BROSTER, 0 0 0 – 0 1 0 – 0 0 0 - 16 12 19:
  John, 36; Edward, 20; William, 26; Billy?, 28; Darcy, 36;

p. 17: Jem, 50; Charles, 36; Peter, 18; Glasgow, 28; Frederick, 24; Simon, 21; Daniel, 14; Fox, 12; Jackey, 12; James, 10; Morrison, 6; Richmond, 5; Richard, 6; Robert, 8; George, 6; Brown, 5; Hamlet, 4; Sampson, 6; Harry, 4; Outway, 3; Hector, 30; Mary, 40; Amelia, 30; Harriet, 26; Clarissa, 28; Eliza, 30; Sylvia, 30; Rossett, 26; Kitty, 26; Christian, 29; Susan?, 15; Nelly, 13?;

p. 18: Molly, 7; Diana, 4; Louisa, 7; Patience, 5; Arabella, 8; Betsey, 14; Margaret, 8; Emma, 5; Present, 5; Maria, 4.

Estate of Rebecca HUME, dec'd, 0 0 0 – 0 0 0 – 0 0 0 - 5 3 3:
  George, 18; Will, 30; Hawe, 35; Frederick, 35; Jack 21; Cecilia, 28; Leah, 36; Kitty, 23; James, 4; a Girl, 2; Sarah, 8.

John JOHNSTON, 1 0 0 – 0 1 3 – 0 0 0 – 1 0 0:
  Diego, 14.

William ROY, 0 0 0 – 1 2 1 – 0 0 0 - 1 0 0:
  Charles, 20.

Jane HEWLETT, 0 0 0 – 1 1 0 – 0 1 0 – 0 2 0:
  Bella, 30; Susannah, 17.

Elizabeth AUGUST, 0 0 0 – 0 0 0 – 0 0 0 – 5 2 1:

illegible, 22; Harry, 25;

p. 19: Minter, 28; Stephen, 35; Scotland, 23; Richard, 7; Chloe, 22; Jenny, 28.

John S. AUGUST, 1 0 0 – 1 0 0 – 0 1 0 – 26 1 0:
    Andy, 22; Aleck KIDD, 30; Aleck, 35; Antigua, 45; Bauldy, 22; Bristo, 20; Bob, 33; Charles, 30; David, 16; Duncan, 20; Daniel, 36; Frank, 23; John, 20; Hare, 24; Stephen, 38; Harry, 19; Kingston, 22; Primus, 40; Polidore, 45; Ned, 22; Ned SPROAT, 24; Neptune, 16; Harry MARTIN, 20; Robin, 25; *illegible*, 20; *illegible,* 25; *illegible.*

p. 20:
Samuel F. AUGUST, 0 0 0 – 0 0 0 – 0 0 0 – 4 1 0:
    Cork, 22; Nelson, 12; Tom, 25; William, 23; Charlotte, 23.

John LAWLESS, 0 0 0 – 0 0 0 – 0 0 0 – 4 1 0:
    Ulysses, 45; Clashmore, 24; Romulus, 50; Anthony, 40; Penelope, 45.

William NEAL, 0 0 0 – 4 0 3 – 0 0 0 – 0 0 0.

Anna HUNT, 0 0 0 – 0 0 0 – 0 0 0 – 2 8 6:
    Quamino, 40; John, 25; Juliet, 40; Marina, 15; Anna, 10; Diana, 8; Quasheba, 29; Maria, 3; Eve, 20; Diana, 25; Cuba, 10; Bathsheba, 20; Adam, 4, Monimia, 7; Quaw, 3½; Amelia, 4 months.

p. 21:
Estate of C. P. DeBRION, 0 0 0 – 0 0 0 – 0 0 0 - 6 3 1:
    Nicholas, 30; Ned, 32; Flint, 35; Bob, 28; Harry, 28; John, 30; Emma, 20; Clarissa, 18; a Child, 3 months; Louisa, 10.

Ann CHAMPAGNE, 0 0 0 – 0 1 6 – 0 0 0 – 0 0 0.

Leah MacAULAY, 0 0 0 – 1 0 1 – 0 1 0 – 6 10 5:
    Phoeba, 30; Patty, 45; Sue, 32; Charlotte, 45; Rose, 20; Harriet, 30; Lucy, 30; Mary, 14; Jessy, 13; Fortune, 14; Joe, 15; Jim, 28; Ned, 30; Bill, 40; Fife, 30; Frank, 12; Sarah, 4, Rodney, 7; *illegible*, 5; *illegible, 6?; illegible.*

p. 22:
Estate of Mary HAWKINS, dec'd, 0 0 0 – 0 0 0 – 0 0 0 – 4 3 7:
    Billy, 36; Quashie, 34; Marcus, 35; Frank, 18; Jean, 23; Jenny, 23; Claudia, 14; Billy, 8; Becca, 7; Lewellen, 5; Sally, 4; Phillis, 4; Mary, 9 months; Aaron, 2 years.

Margaret BLYTH, 0 0 0 – 0 0 0 – 0 1 0 – 0 1 0:
    Jenny, 24.

Mary BLYTH, 0 0 0 - 0 1 0 - 0 1 0 - 0 1 0:
Molly, 25.

Simon McKENZIE, 0 0 0 - 1 1 2 - 0 1 0 - 14 5 5:
George, 70; Juno, 75; Louisa, 30; a Female Child, 2; a Female Child, 4; Clarissa, 35; Dinah, 30; Toby, 5; Kindness, 40; Mary, 15; Frederick, 9; Rodney, 5; Oliver, 50; *illegible*, 65; *illegible;*

p. 23: John, 30; Duncan, 40; Tom, 35; Portugal, 42; Nelson, 15; Jack, 37; Middleton, 30; Handy, 30; William JONES, 37.

Grace TUCKER ANDERSON, 0 0 0 - 1 0 2 - 0 1 0 - 88 15 16:
Ammons, 40; Aaron, a Creole, 6; Aaron, 20; Alfred GRAHAM, 35; Alfred, 28; Aberdeen, 19; Alick, 19; Abraham, 20; Adam, 50; Boatswain, 30; Bob, a Mocco, 35; Button, 28; Bill HOPE, 33; Bacchus, 30; Blackwell, 24; Bobby, 19; Cupid, a Mongola, 29; Cupid GRAHAM, 35; Cuffee GRAHAM, 30; Catto, 20; Cudjoe CAMPBELL, 30; Chatham, 30; Charles, 30;

p. 24: Cuffe, 28; Casar, 36; Cobus, 35; Duncan, 25; Fourblaw?, 26; Ferrydon, 26; Figuro, 38; Godfrey, 60; George, 30; Glasgow, 20; Harry GRAHAM, 21; Hero, 30; Henry, 26; Hope, a Mocco, 30; Harry TAYLER, 38; Ny, 19; Jemmy, 26; Jacob, 19; Job, 50; Joe GARNETT, 30; Jem CROOKLEY, 40; James, 30; Joe HARRIS, 60; Jem GRAHAM, 20; John, a Moco, 30; Jack, a Congo, 60; Isaac, 26; Johnson, 35; Kennedy, 60; Liverpool, 26; Murphy, 30; Mungola Jack, 21;

p. 25: Neal, 20; Neptune O'CONNOR, 36; Neptune GRAHAM, 50; Ned, a Mongola, 30; November, 28; Ned, 26; Prince, a Mocco, 30; Prince, 60; Pollydore, 50; Peter, 33; Port Royal, 28; Pompey, 60; Quashie, a Coromantee, 30; Quashie, a Mongola, 28; Quamino, 50; Quamino, 30; Rymas, 40; Robert, 28; Sandy, 30; Smart, 30; Scipio SPROAT, 30; Sam, 33; Scotland, 22; Simon, 19; Tom, a Mocco, 28; Tom, a Coromantee, 18; Tom LAWRIE, 18; Toby, 45; Will, a Mongola, 30; William, 18; Warwick, 30; Wattle, 30; Ben, 20?; *illegible,* 60;

p. 26: Phillis, 20; David, 1, Sarah, 35, Eleanor, 5; Amelia, 3; Jenny, 19; Maria, 19; Princess, 40; Molly, 30; Mary ELLIS, 30; Sophia, 25; Dianna, 5; Nelson, 3; Sarah, 5; Peggy, 26; Sam TUCKER, 12; Mary Ann, 25; Eliza, 7; Hannah or Henrietta, 3; Frederick, 2; Elizabeth, 30; Fanny, 10; Nancy, 8; Jessy, 5; Martha, 34; Peter, 12; Catherine, 8; Charles, 6; Daniel, 4; Susan, 1; Friendship, 1.

p. 27:
Mary TATE, 0 1 2 - 0 0 0 - 0 0 0 - 3 1 3:
Bob, 50; Marcus, 20; Philip, 10; Catherine, 35; Eliza, 7; Margaret, 3; Hermetia, 1.

George RABON, 3 1 1 - 0 1 3 - 0 0 0 - 3 0 0:

Limas, 50; Dick, 36; Thom, 26.

Adam FLOWERS, 0 0 0 – 1 0 0 – 1 1 1 – 1 0 0:
Prince, 27.

John YOUNG per his Attorney John W. WRIGHT, 0 0 0 – 0 0 0 – 0 0 0 – 38 7 9:
November, 38; Allick, 25; Cudgoe, 38; Berry, 45; Bob FOX, 40; Daniel, 42; Will, 43; Dick, 28; Kent, 44; Coromantee Bob, 55; Ben, 30; Billy, 30; Priam, 47; Goodman, 53; Jem COOTE, 25; Jack, 25; William, 30; Congo George, 29; James?, 22;

p. 28: Cyrus, 52; Jacob, 21; Glasgow, 32; Quaco, 27; Bat, 21; Patrick, 33; Peter, 23; Frank, 54; Coromantee Quaco, 37; Francis, 26; Parker 26; Moss, 52; Hall, 55; John, 28; Tom, 20; Prince, 30; George, 60; John, 30; Peggy, 40; Dorinda, 28; Bett, 30; Maria, 20; Rose, 55; Catalina, 32; Nancy, 8; Quashie, 4; Kate, 7; Adam, 4; Milly, 13; Charlotte, 9; Dick, 4; William, 10; Eleanor, 7; Betsey, 4; a Child, 2 months.

p. 29:
William GENTLE, 2 0 0 – 1 2 0 – 0 0 0 – 39 10 12:
George GLADDING, 28; January, 36; London, 25; Hawford, 25; Johny MEANY, 30; Quam, 30; Hercules, 26; Sandy, 30; Jacob, 18; Monday, 40; Romeo, 30; Bristoe SPROAT, 35; William LOVELL, *(age not given.)*; Ned GABOUREL, 25; Robert GENTLE, 28; William GENTLE, 20; Billy, 25; Edinburgh, 32; Long Ben, 35; Will, 28; Peter, 28; Bristo BRYAN, 42; Edward LEWIS, 20; Jack THOMAS, 28; Tom GENTLE, 25; Clark GRAHAM, 27; Middleton, 28; Primus, 28; Congo Edward, 28; Cardigan, 28; Harry, 26; Morgan, 40; *illegible*, 26;

p. 30: George LEWIS, 40; Mars JACKSON, 35; Hector, 40; Dick, 55; Tom, 55; Belford, 13; Betty, 30; Betsey, 11; Mary GRAHAM, 34; Camilla, 28; Polly, 28; Clemine, 17; Kitty MEANY, 26; Elsey, 26; Margaret, 25; Lettice, 50; Rebecca, 6; Tom, 4; Peggy, 3; Leonora, 1 ½; Sophia, 9; Jane, 5; Henry, 2; Juno, 9; Sutherland, 6; Ben, 3; a Child, 5 months; Helena, 9.

Mary MASKALL, 1 5 1 – 0 0 0 – 0 0 0 – 4 6 2:
George, 28; John, 27; *illegible*, 15;

p. 31: Tom, 30; William, 8; Mooney, 43; Sarah, 25; Maryann, 17; Ady, 11; Hannah, 19; Jennett, 1; Bessey, 13.

Amelia GORDON, 1 2 0 – 0 0 0 – 0 0 0 – 10 6 2:
Savory, 17, Dublin, 50; Dick, 50; Cork, 49; Warick, 28; Cato, 30; Davie, 32; Bill, 28; Ramsay, 26; Richard, 20; Old Sally, 60; Sally, 17; Lavenia, 28; Polly, 28; Kitty, 13; Bessy, 11; Jem, 2; Paddy, 2.

George CRAWFORD, 0 0 0 – 1 0 0 – 0 1 0 – 8 4 2:
    Dick, 40; George, 30; Bennett, 30; Frank, 40; Neptune, 45, *illegible*, 1;

p. 32: Delvett, 6; Robert, 2; Chelsea, 25; York, 30; Rose, 40; Patty, 25; Ann, 23; Jane, 10.

Elizabeth SMITH, 0 0 0 – 0 0 0 – 0 1 0 – 1 1 3:
    Diana, 28; Simon, 7; Jack, 3; Eve, 1; Quaw, 33.

Robert WAGNER, 0 0 0 – 1 0 1 – 0 1 0 – 8 0 0:
    Cheshire, 53; Peter, 30; Andrew, 40; Hazard, 30; Friday, 28; King, 50; Quaw, 60; Harry, 30.

Alexander RAMSAY, 1 0 0 – 0 0 0 – 0 0 0 – 1 1 0:
    Fanny, 30; Robert, 10.

Catherine TILLETT, 0 0 0 – 0 1 0 – 0 0 0 – 0 2 0:
    Catherine, 16; Elizabeth, 14.

Note: Alexander Ramsay left £500 to his housekeeper, Catherine Tillett, a daughter of Capt. William and Mary White Tillett. When did Capt. William Tillett die? Mary Tillett, below, was William's wife or widow.

Mary TILLETT, 0 0 0 – 1 1 0 – 0 0 0 – 16 9 3:
    Boatswain, 45; Handle, 40; Anthony, 34; Philip?, 48,

p. 33: Middleton, 40; Moco James, 48; George, 50; Peter, 40; Hercules, 40; Bill, 40; London, 21; Daniel, 21; Eboe James, 32; Will, 21; Jupiter, 60; James, 3; Quashie, 60; Mary, 38; Francis, 36; Jean, 20; Margaret, 25; Kitty, 13; Industrious, 40; Nancy, 30; Lucky, 46; Susannah, 60; Maria, 8; Mary, 3.
Note: The "i" in Francis is dotted, but "he" must be female to fit the numbers.

Daniel TILLETT, 0 0 0 – 1 1 2 – 0 0 0 – 2 0 0:
    George, 22; Jackie, 13.

Note: Daniel Tillett is believed to have been a son of Capt. William and Mary White Tillett.

Frances FORT, 0 1 0 – 1 4 0 – 0 0 0 – 0 2 4:
    Betty, 34; Dolly, 12; George, 8; Jane, 5; Maria 3; *illegible*, 1.

p. 34:
Joseph RABOTEAU, 0 0 0 – 5 1 8 – 0 1 0 – 1 0 0:
    Billy, 50.

Sarah KEEFE, 0 0 0 – 0 0 0 – 0 0 0 – 9 9 10:
    Julius, 35; Quashie, 50; November, 20; William, 18; Adam, 9; Brister, 4; Green, 15; Cumberland, 15; Frank, 14; Royal, 1; Stephen, 1; George Sambo, 4; George, 35; Johnny, 35; Sabina, 50; Venus, 20; Harriet, 18; Ariadne, 17; Diana, 12; Rebecca, 8; Moco Cynthia, 36; Bella, 5; Eve, 4; Patience, 2; Bellusa, 40; Margery, 25; Nancy, 3; Cynthia, 36.

George SPROAT, 0 0 0 – 1 1 3 – 0 0 0 – 4 1 0:
    Michael, 26; Tom, 24; Quashie, 19; Harry? 17; Peggy, 50.

p. 35:
Susannah TUCKER, 0 0 0 – 0 0 0 – 0 1 0 – 0 1 2:
    Franky, 26; Dan, 7; Sambo, 4.

Elizabeth DAVIS, 0 0 0 – 0 2 2 – 0 0 0 – 2 1 1:
    Cutto, 40; Tom, 25; Fanny, 50; Eleanor, 5.

John USHER, 0 0 0 – 1 0 0 – 0 0 0 – 7 1 0:
    George, 30; Prince, 25; Charles, 40; Peter, 23; Edward, 22; Scotland, 20; Ned, 18; Rose, 67.

Note: John and James Usher (enumerated below) were sons of James Usher Esq. and Jane Trapp. James Jr., born Feb 16 1792, and John, born Apr 18 1793, were both baptised on 7 Mar 1798 at St. John's. One would think that Thomas Trapp Usher, buried 8 Apr 1835 aged 54, i.e. born ca. 1781, was an older child of James Usher and Jane Trapp.

James USHER, 0 0 0 – 1 1 0 – 0 0 0 – 8 2 3:
    Curtis, 45; Richmond, 24; Toby, 23; Cyrus, 28; Louis, 27; Joe, 27; Alexander, 29; Simon, 65; Nanny, 22; George, 4; Phoebe, 2; Sabina, 6 months; Maria, 50.

Note: James Usher's wife was Abigail Ewing, born Sep 11 1795 to John and Elizabeth "Bess" Ewing. John Ewing died ca. 1798. Abigail, her sibs, and her half sister Catherine Meighan (daughter of Edmond Meighan) were all baptized at St. John's on 1 January 1805. James Usher appears with Abigail Ewing and two of her half sisters, Jane and Ann Longsworth (children of William Longsworth Sr.) on p. 182 of the 1823 census.

p. 36:
Jane TRAPP, 0 0 0 – 0 1 0 – 0 0 0 – 6 6 0:
    St. George, 60; Bob, 63; Tom, 18; Richmond, 18; Tammy, 29; Leith, 14; Hagar, 60; Sally, 50; Dianna, 29; Phoebe, 39; Elizabeth, 18; Cynthia, 24.

Salmon BURNSHAM, 1 0 0 – 0 0 0 – 0 0 0 – 23 0 0:
    Hero, 25; Peter, 22; Mulatto John, 30; Sampson LAWRIE, 35; Allick, 20; John, 20; Ben, 25; Monday, 14; Scotland, 14; George, 14; Frank, 23; Charles HYDE, 25; Mint, 25; Harry, 25; Sampson WALL, 40; America Joe, 30; Chamba Charles, 35;

illegible, 25;

p. 37: Bonny Jem, 30; Mocco Frank, 22; Old George, 45; Hunterman Jemmy, 45; Quashie KING, 50.

John H. STANN, 0 0 0 – 1 1 4 – 0 0 0 – 3 0 0:
Toney, 40; Allick, 40; Scotland, 26.

Elizabeth LAWRIE, 0 0 0 – 0 0 0 – 0 0 0 – 1 3 3:
Lucretia, 30; Juba, 16; Memba, 14; Quamino, 10; Pelmell, 8; Quashie, 5; Thomas, 2.

Note: The next three households are lined together. William Tillett was a son of Capt. William and Mary White Tillett; Sarah was William's wife. They are listed separately because both owned a slave. Was Thomas Salt related, and if so, how?

William TILLETT, 0 0 0 – 1 1 1 – 0 0 0 – 1 0 0:
Dan, 11.
Sarah JONES, 0 0 0 – 0 0 0 – 0 0 0 – 0 0 0 - 0 1 0:
Sally, 30.
Thomas SALT Senior, 1 0 0 – 0 0 1 – 0 0 0 – 0 0 0.

William USHER, 1 1 0 – 1 0 2 – 0 0 0 – 13 2 4:
Jim, 32; Mongola Billy, 32; Billy JONES, 32; William, 30; Alleck, 40; Port Royal, 38; Ben, 40; Jamaica Jack, 21; John, 45; Congo Tom, 31; illegible, 26;

p. 38: Cork, 50; James, 11; Joe, 7; Thomas, 1; Sally, 36; Samente, 17; Hannah, 5; Maria, 2.

George USHER, 0 0 0 – 0 0 0 – 0 0 0 – 1 1 2:
David, 33; Caroline, 36; Nancy, 4; Lucretia, 1.

Estate of Andrew CUNNINGHAM, 0 0 0 – 0 0 0 – 0 0 0 – 18 10 3:
Billy HARE, 30; Sampson, 35; Sam, 22; Rodney, 35; Robert, 35; Harry, 55; Jem, 32; Quaw, 36; Peter, 55; Tommy, 50; Radcliff, 20; Billy, 20; Sam, 18; Jonny, 10; Peter, 14; William, 14; Guilford, 12; *illegible,* 11?;

p. 39: Mary, 39; Quasheba, 40; Quasheba, 36; Sylvia, 40; Peggy, 50; Clara, 40; Dolly, 18; Patty, 15; Suckey, 14; Phoebe, 5; Venus, 12; Amelia, 8; Rachel, 4.

Estate of Capt. H. BRENNAN, dec'd, 0 0 0 – 0 0 0 – 0 0 0 – 0 2 2:
Mary, 35; Charlotte, 35; Tom, 8; a Child, 3.

John WILTON, 0 0 0 – 1 1 2 – 0 0 0 – 0 0 0.

Peter STANN, 0 0 0 – 1 0 2 – 0 0 0 – 2 0 0:
   Straphon, 26; Liverpool, 30.

Estate of Stephen STANN, 0 0 0 – 0 0 0 – 0 0 0 – 0 3 3:
   May *(or Mary?)*, 26; Dianna, 10; Rose, 8; Jane, 4; Peter, 6 months; Peggy, 50.

Tenah BEATTY, 0 0 0 – 0 1 0 – 0 0 0 – 3 3 0:
   William, 19; *illegible*, 17;

p. 40: Andrew, 11; Hannah, 40; Clarinda; 30; Sally; 30; Bessey, 8; Jenny, 9; Margaret, 2.

Duncan CAMPBELL, 0 0 0 – 0 0 0 – 1 1 1 – 3 1 0:
   Harry, 40; Betty, 45; Sam, 22; Leah, 50.

John McKENNY, 1 0 0 – 0 0 3 – 0 1 0 – 2 2 3:
   George, 35; Moses, 35; Alimenta, 21; Hannah, 20; Thomas, 4; Henry, 2; James, 6.

James PEEBLES, 2 1 2 – 0 0 0 – 0 0 0 – 3 3 3:
   Henry, 12; Damon, 40; Joe, 40; Mary, 25; Louisa, 18; Kate, 25; Robert, 7;
   Richard, 5; Francis, 4.

p. 41:
William LONGSWORTH Senr, 0 0 0 – 1 4 2 – 0 0 0 – 10 4 4:
   Will, 42; Bob, 40; Cym, 30; Jem, 21; Jack, 23; George, 19; Thomas, 15;
   Richard, 10; Benta, 10; William, 8; Joseph, 6; Julias, 2; Betty, 30; Judde, 28;
   Maria, 18; Phoebe, 11; Thisby, 4; Quamino, 70.

Note: Two of the women or girls in William's household were Bess Ewing and her daughter Catherine Meighan. The children were William and Bess's daughters, Amelia and either Jane or Ann Longsworth.

James STEBBINS, 0 0 0 – 1 1 3 – 0 0 0 – 0 0 0.

Elizabeth TILLETT, 0 0 0 – 1 2 4 – 0 0 0 – 2 3 1:
   Joe, 40; London, 55: Joe, 4: Present, 25: Patty, 22; Phoebe, 60.

Note: Was the man in Elizabeth's household John Potts Jr.? Capt. Peter Adolphus Wade, who probably died ca. 1815, was white. The females were Elizabeth Tillett and her oldest daughter Sarah Purcell; the children were Robert Forsyte Wade, William Augustus Wade, Elizabeth Ramsay Wade, and Mary Ann Wade.

POTTS & FERRILL, 0 0 0 – 0 0 0 – 0 0 0 – 56 18 13:
   Adam, 40; Haco, 50; Bachus *(sic,)* 30; Sharper, 40; *illegible*, 50;

p. 42: Moco Jack, 25; Toney, 28; Jack SNOWDEN, 36; Titus, 48; Glasgow, 25;

Chance, 48; Hercules, 35; Ben, 35; Eboe John, 30; Hector, 40; Prince, 36; Cudjoe, 30; Andrew, 45; Richmond, 30; Hamlet, 56; Ned, 40; Davy, 40; Tyger Joe, 30; York, 28; Ducan *(sic)* 50; Smart, 15; Charles, 15; Robert, 13; John PAPPOE, 8; Billy, 8; Darby, 7; Deptford, 24; John GUASE, 16; Mercury, 36; Cato, 36; Oceo, 40; Quamino, 50; *illegible, 8;*

p. 43: Jem, 9; William, 4; Scipio, 19; Tom, 15; Old Quashie, 45; Jack MACAM, 50; Succohanna, 50; London, 60; Billy, 55; Caulker Jack, 60; George PARKER, 36; Charles WASHBOURN, 40; Old Bob, 70; Jamaica, 40; Quashie, 60; Ceasar, 40; Scully QUASH, 70; Harry, 80; Kent, 75; Sidney, 36; Tyger Sam, 70; Tyger Jack, 80; America Charles, 65; Moco Dick, 50; Amelia, 40; Harriet, 50; Sally FRAZER, 50; Fedelia, 40; Sally WILSON, 25; Martha, 25; Violet, 10; *illegible,* 3;

p. 44: Clarissa, 4 months; Elena Maria, 2 years; Lissey, 80; Phoebe, 85; Carissa, 40; Cretia, 10; Mary, 25; Memba, 36; Peggy, 38; Letice, 36; Adeline, 2; Pheba, 6; Betty, 6; Elener, 3; Esther, 80.

John POTTS Senior, 1 0 0 – 4 3 0 – 0 0 0 – 0 0 0.
Catherine FERRILL, 0 0 0 – 0 0 0 – 0 0 0 – 5 11 15:
Sampson, 20; Hamlet, 18; Tom, 15; Britten *(or Butten?),* 95; London, 10; Toby, 2; Cork, 7; Josey, 3; Edward, 6 months; James, 8 months; Chloe, 80; Deanna, 36; Polly, 25; Prue, 18; Anna, 3;

p. 45: Betsey, 4; Abba, 60; Rosanna, 30; Betty, 25; Nancy, 8; Margitt, 7; Maria, 7; Ducanett, 1; Lucy, 40; Jenny, 15; Sarey, 14; Anny, 10; Mary, 7; Chloe, 6; Henrietta, 4; Melia, 6 months.

Note: Catherine Ferrill was the widow of Thomas Potts and the mother of John Potts Jr. Ferrill's Landing, a dock and warehouse, descended to John Jr's children and stepchildren by Elizabeth Tillett; in 1866 a Deed of Lease and Release showed Ferrill's Landing had burned.

Estate of John GIBSON, see Return of Slaves page 5: (sic) 0 0 0 – 0 0 3 – 0 0 0 – 0 0 0.

Dorinda POTTS, 0 0 0 – 0 0 0 – 0 0 0 - 3 1 1:
Bristow, 50; Ben, 36; Tom Carr, 45; Betsey, 28; Caroline, 3.

Estate of Cath'e PARSONS, 0 0 0 – 0 0 0 – 0 0 0 – 1 1 0:
George, 28; Delia, 36.

Edward BENNETT, 0 0 0 – 1 0 3 – 0 0 0 – 0 1 1:
Pheaba Bennett, 35; Sarah Bennett, 9.

William H. COFFIN, 1 0 0 – 0 1 0 – 0 0 0 – 6 1 2:
Brown? 35; *illegible,* 30;

p. 46: Peter, 30; Jack, 35; Sizoe, 35; Toby Neil, 25; Rose, 24; Lucretia, 3, Anthony, 1.

Elizabeth GOFF, 0 0 0 – 0 1 0 – 0 0 0 - 1 0 0:
  Richmond, 26.

Note: Elizabeth Goff and Alexander Mucklehany are lined together; they were enumerated separately because they both owned slaves.

Alexander MUCKELHANY, 0 0 0 – 1 0 0 – 0 0 0 – 5 2 4:
  Charles, 30; Jack, 40; Sam, 26; Quamino, 60; Sandy, 45; Morgan, 9; John, 7; Patience, 40; Patience LEWIS, 28; Latitia, 4; Satira, 6 months.

Daniel WAGNER, 0 0 0 – 2 1 0 – 0 0 0 – 1 0 0:
  Jack, 30.

Francis H. MEIGHAN, 0 0 0 – 1 1 0 – 0 0 0 – 15 1 3:
  Harry, 24; George, 35; John Freeman, 28; Nelson, 23; Desmond, 21; Scotland, 30; Ireland, 19; Moreland, 25; M. Harry, 45; *illegible*, 22;

p. 47: Quaco, 50; Green, 50; Old Harry, 60; Caeser, 25; Peter, 23; Eve, 28; Ben, 6; Abby, 7; Patty, 4.

Martha HOLWELL, 0 0 0 – 0 0 0 – 0 0 0 – 2 3 0:
  Tom, 50; Adam, 17; Sarah, 50; Sally, 42; Nancy, 19.

Estate of William JACKSON, 0 0 0 – 0 0 0 – 0 0 0 – 13 3 5:
  Chance, 18; Robert, 30; Quaco, 38; Philip, 34; George, 40; Jacob, 32; Cudjoe, 32; Jack, 24; John, 30; Joe, 32; Swift, 45; Harry, 30; Port Royal, 30; Christiana, 22; Mary, 26; *illegible*, 24;

p. 48: Antonio, 1½; Peter, 1½; Jose, 9 months; Rosetta, 3 months; Clarinda, 6 months.

Estate of Alexander PIRIE, dec'd, 0 0 0 – 0 0 0 – 0 0 0 – 3 0 0:
  Lindo, 32; Chappe, 32; Sam, 17.

Thomas FRAIN, 1 0 0 – 0 1 1 - 0 0 0 - 10 4 3:
  Cuffe, 32; Abraham, 26; London, 30; Quamino, 24; Will, 50; Quaco, 35; Derry, 32; Charles, 32; Ben, 45; Tom, 12; Betty, 32; Harriet, 28; Fanny, 25; Patty, 20; Eleanor, 5; Nancy, 3; Jenny, 2.

Elizabeth WALL (a Minor), 0 0 0 – 0 0 0 – 0 0 0 – 0 1 0:
  Clarissa, 30.

Rev'd. ARMSTRONG, 2 2 4 – 0 0 0 – 0 0 0 – 0 1 1:

Lucy, 35; *illegible*, 9.

p. 49:
William T. CHERINGTON, 1 0 0 – 0 1 3 – 0 0 0 – 6 0 0:
    Tom, 16; Sammy, 25; Will, 30; Colville, 30; Fortune, 30; Limerick, 45.

Martha SLOASHER (*sic, = SLUSHER*), 0 0 0 – 2 1 2 – 2 1 0 – 1 2 1:
    Sutherland, 29; Sukey, 29; Esther, 12; Joe, 7.

George GIBSON, 0 0 0 – 0 0 0 – 0 0 0 – 0 3 1:
    Perditta, 24; Patience, 22; Juliana, 11; Mark, 2.

William GILL, 0 0 0 – 1 1 2 – 0 0 0 – 0 0 0.
(lined together with)
Philip MEIGHAN, 0 0 0 - 1 1 0 – 0 0 0 - 1 0 0:
    Ned, 13.

Why were Gill and Meighan lined together? Philip's wife was Jeanette Swasey, daughter of Capt. Emanuel Swasey. Philip was the son of Edmond Meighan.

Edward MEIGHAN, 1 0 0 – 1 1 1 – 0 0 0 – 38 3 4:
    Prince, 50; Quaw, 27; Jim Murray, 56; Collin, 35; Scipio, 30; Sharper, 28;
    Peter, 28; Boatswain, 28; Charley, 50; Warwick, 46; Cato, 48; Mongala
    Jack, 28; Washington, 28; *illegible*, 54;

Note: Edward Meighan was the son of Laurence Sr. and Marcia Davis Meighan. Edward and Philip were first cousins. Edward's wife, Ann Gapper, had left him; the woman in his household was Priscilla, the freed slave with whom he had a child in 1816.

p. 50: Hector, 45; Venture, 36; Cupid, 52; Quam, 28; Bristow, 30; Toney, 30; Little
    Adam, 50; Cuffee, 50; Jemmy, 60; Jack, 45; Old Adam, 70; M. John*, 45;
    March, 25; Sam, 30; Joe, 35; Cheny *(or Cherry?)*, 29; Friday, 28; M. Ned,* 30;
    Jam.a *(= Jamaica)* Ned, 26; Hill, 20; Arthur, 35; Jemmy SMALL, 40; Nelson, 28;
    John, 28; Monday, 5; Eve, 23; Mary, 35; Hester, 40; Betsy, 7; Amelia, 3;
    Edward, 1½. *(*Did M. stand for Moco or Mongola?)*

Catherine MEIGHAN, 0 0 0 – 0 0 0 – 0 0 0 – 3 0 0:
    Guilford (sic,) 18; *illegible*, 25; Goodluck, 35.

Note: Catherine was Edward's sister. She may have been in Ireland in 1816: her sister Margaret died at Athlone between Nov 1813 and March 1816.

p. 51:
George UPINGTON, 1 0 0 – 0 0 0 – 0 0 0 - 4 1 0:
    Lindo *(or London?)*, 32; George, 35; Charles, 35; Guy, 70; Mary, 30.

Charles CRAIG, 1 0 0 – 0 1 3 – 0 0 0 – 7 1 0:
Sam, 30; Mingo, 40; Jupiter, 45; Moco Charles, 35; Boston, 35; Jem, 30; Charley, 17; Lucy, 50.

Agnes ARMSTRONG, 0 0 0 – 0 0 0 – 0 0 0 – 8 5 3:
Duke, 45; Daniel, 28; Jack, 30; July, 25; Ned, 25; Henry, 32; Drummer, 55; John, 18; Princess, 50, Nelly, 25; Jenny, 26; Hannah, 20; Stella, 22; Richard, 6; Samuel, 4; Sarah, 8.

William JACKSON, 0 0 0 - 1 0 0 – 0 1 0 – 0 0 0.

p. 52:
George D. HEWLETT, 0 0 0 – 1 1 1 – 0 0 0 – 2 4 6:
Rachel, 35; Prescilla, 18; Sylvia, 34; Leah, 16; Joe, 13; Dorset, 7; George, 2; John, 1½; Lucretia, 7; Alminta, 7; Mimba, 9; Alexander, 14.

John SMITH, 0 0 0 – 1 1 3 – 0 0 0 – 1 1 1:
Limus *(sic,)* 28; Sally, 26; John, 8.

Wm. B. TOOTH, 1 0 0 – 0 1 2 – 0 0 0 – 0 2 1:
Dolly, 30; Dorcas, 14; David, 1.

William ORD, 1 0 0 – 0 0 2 – 0 0 0 – 1 1 0:
Billy JONES, 26; Mary JONES, 50.

Mary HEMMINGS, 0 0 0 - 1 1 0 – 0 0 0 – 4 3 2:
Lewey, 30; Billy, 28; London, 23; Ben, 10; Jack, 2; Patience, 50; Phillis, 30; Jenny, 28; Eleanor, 5.

p. 53:
Margaret GREEN, 0 0 0 – 0 1 1 – 0 0 0 – 0 1 1:
Emelia, 27; Sophia, 7 months.

John HEMMINGS, 0 0 0 – 1 0 2 – 0 1 0 – 0 0 0.

William WHITE, 0 0 0 – 2 2 0 – 0 0 0 – 11 3 0:
John, 36; Bacchus, 39; Joseph, 75; Billy, 30; Barrett, 20; Chance, 23; Dublin, 18; Jack, 32; Adam, 34; Lambert, 18; Sammy, 13; Charlotte, 19; Monemia, 21; Luna, 50.

Note: William and his sister Mary White, who married Capt. William Tillett, were children of Capt. William White, killed by Indians in 1801, and his wife Elizabeth, who died in 1803. William White (1765 - 8 Jan 1818) and Mary (1766 - 7 Feb 1834) are interred at Yarborough Cemetery near Mary's children, Elizabeth, William, George, and Catherine Tillett. If their brother Daniel Tillett was buried there, his tomb has not survived.

James TUCKER, 0 0 0 – 0 0 0 – 1 2 2 – 0 0 0.

Thomas PARKS, 0 0 0 – 1 0 0 – 0 0 0 – 1 1 0:
   John, 45; Diana, 50.

Rachel HARRIS, 0 0 0 – 0 1 0 – 0 0 0 – 5 1 2:
   Thomas HARRIS, 48; Sam PORTER, 44; Sandy, 28; George HARRIS, 44; John HARRIS, 12; Henry, 9; Charles, 7; Quashba, 18.

Elizabeth SWASEY, 0 0 0 – 0 1 2 – 0 0 0 – 0 1 0:
   Sue, 18.

p. 54:
John FERRILL, 0 0 0 – 1 2 2 – 0 1 0 – 3 1 0:
   Bob, 36; Middleton, 44; Peter, 32; Old Flora, 48.

Note: The next six households are lined together, indicating a family group.

Prince GRAHAM, 0 0 0 – 0 0 0 – 2 1 0 – 0 0 0.

Joseph GRANT, 0 0 0 – 0 0 0 – 1 1 0 – 1 0 0:
   George, 28.

Chloe GRANT, 0 0 0 – 0 0 0 – 0 1 0 – 0 0 0.

Margaret JONES, 0 0 0 – 0 1 2 – 0 0 0 – 0 1 0:
   Molly, 35.

Jean SUTHERLAND, 0 0 0 – 1 1 0 – 0 0 0 – 0 0 0.

Ann SMITH, 0 0 0 – 0 1 1 – 0 0 0 – 2 4 6:
   Toby, 19; William 10; Tom, 8; James, 6; Mallego, 2; George, 3 months; Robert, 4; Charity, 30; Nancy, 26; Maria, 23; Eve, 13; Margaret, 3.

Joseph E. SWASEY, 0 0 0 – 1 0 0 – 0 0 0 – 0 1 2:
   Arrabella, 46; March, 2; Henry, 5.

The next two households are lined together:

Francis AVILLA, 1 0 0 – 0 0 2 – 0 0 0 – 0 0 0.

John PARKS, 0 0 0 – 1 0 4 – 0 1 0 – 2 0 0:
   Peter VENTURE, 48; Prince, 30.

Joseph HINKS, 0 0 0 – 1 1 1 – 0 0 0 – 1 1 0:
  Clarissa HINKS, 29; Jerry HINKS, 12.

p. 55:
Susannah BURRELL, 0 0 0 – 0 1 1 – 0 0 0 – 0 3 2:
  Mimba, 50; Harriet, 28; Jane, 26; Patience, 7; Anna, 4.

Leah GRANT, 0 0 0 – 1 0 0 – 0 1 0 – 0 0 0.

Celia WAGNER, 0 0 0 – 0 0 0 – 0 1 0 – 2 2 0:
  Mary, 53; Julina, 50; Fox, 35; Robert, 28.

Mary WAGNER, 0 0 0 – 1 1 1 – 0 1 2 – 1 2 2:
  Susannah, 50; Cudjoe, 12; Cecilia, 30; Adrianna, 4; Maria, 2.

William LONGSWORTH Jun'r, 0 0 0 – 1 0 0 – 0 0 0 – 0 0 0.

Edward & Thomas MOODY, 0 0 0 – 1 0 0 – 0 0 0 – 1 1 0:
  Charles, 50; Sarah, 25.

Edward MOODY, 0 0 0 – 1 0 0 – 0 0 0 – 0 2 0:
  Venus, 70; Olive, 18.

Thomas MOODY, 0 0 0 – 1 0 0 – 0 0 0 – 0 2 0:
  Fanny, 18; Cuba, 12.

Caeser KENNEDY, 0 0 0 - 0 1 0 – 2 2 0 – 3 1 0:
  Boatswain, 30; Daniel, 25; Davy, 40; Betsey, 35.

Charles JEFFRIES, 0 0 0 – 1 0 4 – 0 1 0 – 3 5 2:
  Billy, 28; Cuffee, 32; Adam, 28; Cuba, 59; Rachel, 47;

p. 56: Maria, 30; Nelly, 30; Sally, 23; Anthony, 6; Letitia, 1.

James COLQUHOUN, 1 0 0 – 0 1 1 – 0 0 0 – 8 1 0:
  Jack, 25; Cuffee, 30; Smart, 30; Dick, 25; Harry, 30; Louis, 35; Alick, 35; John, 13;
  Flora, 21.

Mary JACKSON, 0 1 0 – 0 0 0 – 0 0 0 – 3 3 2:
  March, 40; Prince, 18; William, 10; Tom, 8; George, 3; Mary, 14; Rachel, 12;
  Prescilla, 40.

Estate of John L. HOARE, dec'd: 0 0 0 – 0 0 0 – 0 0 0 - 19 9 8:
  Dublin, 60; England, 70; Toby, 50; Sam, 50; Sharper, 50; Jemmy, 40; Kinsale, 40;
  Tom FOOT, 40; Charles, 42;

p. 57: George, 46; Billy, 48; Jacob, 40; Philip, 43; Will, 45; Charles, 25; Stepney, 32; Robert, 19; Billy, 18; John, 17; Tom, 6; Arthur, 3; William, 5; George, 3 months; William, 2 years; Fanny, 58; Eboe Fanny, 50; Sally, 50; Mary, 38; Marina, 22; Lizzy, 20; Rachel, 22; Kate, 16; Tabia, 14; Maria, 2; Molly, 8 months; Elena, 3 months.

Phoebe LAWRIE, 0 0 0 - 1 0 0 – 0 1 0 – 0 0 0.

BENNETT & ALEXANDER, 0 0 0 – 0 0 0 – 0 0 0 – 5 0 0:
Charles, 30; Cupid, 30; George GORDON, 33; Prince DOUGLAS, 45; Andrew, 18.

p. 58:
John ALEXANDER, 1 0 0 – 0 0 0 – 0 0 0 – 2 1 0:
Frank, 40; Scotland, 41; Peggy, 24.

Estate of William BURN, 0 0 0 – 0 0 0 – 0 0 0 – 14 5 7:
Sampson, 50; Quamino, 50; Dick, 38; Sam, 35; George, 35; George, 40; Duncan, 30; Jacke, 35; Tom, 50; Charley, 30; Charley, 18; Edmond, 16; Duncan, 25; Philip, 30; Billy, 8; Ny, 4; James, 1; Cuffee, 2; Jane, 30; Maria, 35; Betsey, 25; Eliza, 28; Bessy, 12; Deffoe *(sic,)* 6; Sylvia, 4; Annie, 3.

Note: The will of William Burn was probated 17 Oct 1814 in the P.C.C. London, and is available on line at the British National Archives.

Samuel BURNS, 2 1 1 – 0 0 0 – 0 0 0 – 0 0 0.

Antonio LAUREANO, 1 0 0 – 0 1 1 – 0 0 0 – 0 0 0.

Caleb? TANDY? 0 0 0 – 1 0 0 – 0 0 0 – 0 0 0.

John SMITH, 1 0 0 – 0 0 0 – 0 0 0 – 0 0 0.

p. 59:
Richard D. BAPTISTE, 0 0 0 – 1 0 1 – 0 1 0 – 0 0 0.

William GRANT, 0 0 0 – 0 0 0 – 1 0 0 – 0 0 0.

Alexander GRANT, 0 0 0 – 0 0 0 – 1 0 0 – 0 0 0.

Ralph CUNNINGHAM, 0 0 0 – 1 0 0 – 0 0 0 – 2 0 0:
Britain, 25; Nago Billy, 30.

Maria YOUNG, 0 0 0 – 0 0 0 – 3 3 0 – 0 0 0.

John GRANT, 0 0 0 – 0 0 0 – 1 1 2 – 0 0 0.

Mary LONGSWORTH, 0 0 0 – 1 2 8 – 0 0 0 – 1 1 0:
 Dick, 45; Phoebe, 46.

Rachel JEFFRIES, 0 0 0 – 0 1 0 – 0 0 0 – 2 2 2:
 Ishmael, 70; Dick, 28; Thisbe, 30; Friendship, 25; Sylvia, 6, Rosetta, 2.

David EMERY, 0 0 0 – 2 3 0 – 0 0 0 – 2 3 5:
 David WILLIAMS, 35; John, 7; Quaw, 9; Joseph, 12; Richard, 4½; George, 7; Basheba, 33; Agnes, 9; Violet, 25; Cecilia, 23.

Note: The next nine households are lined together, indicating an extended family.

Joseph VERNON, 0 0 0 – 1 1 0 – 0 0 0 – 0 0 0.

Benjamin VERNON, 0 0 0 – 1 1 1 – 0 0 0 – 0 0 0.

Caeser FLOWERS, 0 0 0 – 0 0 0 – 3 2 2 – 1 0 0:
 Quamino, 35.

Thomas PARKER, 1 0 0 – 0 0 0 – 0 0 0 – 0 0 0.

Charles FLOWERS, 0 0 0 – 0 0 0 – 1 1 2 – 0 0 0.

William ORGALL, 0 0 0 – 1 0 1 – 0 0 0 – 0 0 0.

p. 60:
John NEAL, 0 0 0 – 1 0 2 – 0 0 0 – 0 0 0

William FLOWERS, 0 0 0 – 0 0 0 – 2 1 0 – 2 0 0:
 Peter WILLIAMS, 28; London WILLIAMS, 26.

Peggy MEANY, 0 0 0 – 0 0 0 – 0 1 0 – 0 1 0:
 Bella, 14.

Devonshire MEIGHAN, 0 0 0 – 0 0 0 – 1 1 5 – 0 0 0.

Stephen STANN, 0 0 0 – 1 0 2 – 0 1 0 – 5 4 1:
 Joe, 35; March, 46; Chelsea, 37; Irwin, 20; George Savory, 17; Eve, 36; Dido, 30; Polly, 21; Sarah, 39; Mimba, 5.

Benan BELISLE, 0 0 0 – 0 0 0 – 6 0 0 – 0 0 0.

John WARRIOR, 0 0 0 – 0 0 0 – 1 0 0 – 1 0 0:

James, 25.

Archibald GRANT, 0 0 0 – 0 0 0 – 1 0 0 – 0 0 0.

John MORRIS, 0 0 0 – 0 0 0 – 1 0 0 – 0 0 0.

Sam? William ROGERS, 0 0 0 – 1 0 0 – 0 0 0 – 2 1 1:
James, 22; John, 20; Betsey, 20; Charles, 2.

James PRATT, 0 0 0 – 1 0 2 – 0 0 0 – 0 0 0.

John FLOWERS, 0 0 0 – 0 0 0 – 1 2 0 – 0 0 0.

Mary C. DAVIS, 0 1 0 – 0 0 0 – 0 0 0 – 3 4 2:
Dick, 34; Charles, 17; Robert, 13; Mary, 34; Louisa, 35; Maria, 33; Mary Ann, 14; John, 3; *illegible*, 2.

Note: Was Mary Davis related to Marcia Davis Meighan and Edward Davis? Their mother, Margaret Davis, was living in Jamaica when Edward Davis made his will in Belize in 1787.

p. 61:
Marshal BENNETT, 3 2 0 – 0 0 0 – 0 1 0 - 153 32 26:
Note: The ages of the men are not given.
Phillip; Bob HIBBERT; Charles; George SLOASHER; George LONG; Bristol; Hercules; Joe CARD; Kingston; Bob; Nick; Isaac ELLIS; David WATSON; George ELRINGTON; Thomas Moco; Prince FOX; Quawin; Kingsale; Guildford; Murphy COURTNAY; Luke; Frank BOURKE; Greenock; Johnston; Simon Moco; Quacco; James BENNETT; Toby BUTCHER; George PRICE; Glasgow JONES; Frank TYLER; Aberdeen; Bristol MARTIN; Glasgow BOURKE;

p. 62: Rugby; Robert GORDON; Greenwich; Chance; John WILKS; Hamilton; Cato; Stern; George GRAHAM; Marshal; Thomas Indian; Stafford; Dorsit; George Jamaica; Duncan; Middleton; Frank Moco; Marcus; George Eboe; Monday; Ned COCHRANE; Peter Eboe; Prince Eboe; Glasgo GRENEL; Rhody; Caesar; London Moco; Greenwich TYLER; Thomas Mundingo; Quash; Limerick; Joe Congo; Archibald; Pompey; David? Eboe;

p. 63: William; Isaac; Smart; Joe Cook; Dunbarton; Harry; Jem; Shakespear; Bill; Devonshire; Ben; Moses; Jack Chamba; Nelson; Murphy; Thomas BENNETT; Prince Eboe; Toby GRAHAM; Titus; Rodney; Peter Moco; David GREEN; Julius; Mark; Hector; Paul; Adam; Daniel; Duckworth; William MARTIN; James Jamaica; George YATES; Jack LITTLE; Abel; John CHATHAM BENNETT;

p. 64: Billy O'BRIEN; July; Rodin; Quaw; Benjamin BENNETT; Sidney; Robin; Jervis; Allick; Duke; Giddy; Otway; Sampson; Richard YEATES; Thomas JOHNSTON; Jack CUNA; Pollydore; Devonshire MEIGHAN; Ben WHITE; Joseph ELLIOT; Jack CAULKER; John GINGER; Bristol McBEAN; John WALKER; Robin; John CASIMERE; Ned SHOEMAKER; Fortune; Jupiter; Jack Mongola; George SLATER; John GUEST; Richmond; York BOURKE; Ben SPROAT; *illegible* DOUGLAS?;

p. 65: John BENNETT; Richard; James; Johnston; Joseph; Aaron; Alexander; David; Francis; Richard; Thomas MARTIN; Robert WALLER; Robert GALIMERE; Alexander; Benjamin; James; George; Bristol; Thomas; Thomas HOARE; Joseph TRAPP; John MOODIE; Edward; London; Thomas; Alexander MARTIN; Michael MARTIN; Alexander; Mary, 60; Susannah, 65; Venus, 50; Honora, 50; Bennaba, 50; Sue O'BRIEN, 45; *illegible*, 45;

p. 66: Mary BARRETT, 42; Bell, 40; Juba, 40; Rhoda, 40; Mary MARTIN, 35; Eleanor YOUNG, 35; Nancy HOLLADAY, 30; Mimba, 25; Statira, 28; Delia, 31; Hannah, 26; Susannah, 24; Stella, 36; Jenny, 22; Betsy JONES, 22; Eve, 22; Eliza DAVIS, 32; Catharine, 17; Mary, 14; Lyddie, 16; Aurelia, 15; Eleanor, 10; Helina, 12; Sabina, 10; Nancy McVIE, 18; Jane SMITH, Margarett; Catharine; Tracy; Elizabeth; Eleaner; Anna; Eliza; Fanny; Mary JONES;

p. 67: Tom, 40; Bacchus, 55; Harry, 23; Bristo, 20; Billy, 20; Mary, 80; Betty, 45; Sarah, 40; Phidelia, 15; Andania, 28; Maria, 10; Sarah, 12.

Levi SMITH, 0 0 0 - 1 0 2 – 0 1 0 – 0 0 0.

John GOFF, 0 0 0 – 1 1 1 – 0 0 0 – 0 0 0.

Susannah BURRELL, 0 0 0 – 0 1 0 – 0 0 0 – 0 2 3:
Phoebe, 40; Clarissa, 35; Isaac, 6; France, 4; Peter, 2 months.

The next two households are lined together, indicating a family:

Richard BURRELL, 0 0 0 – 1 1 5 – 0 0 0 – 1 0 0:
Sandy, 30.

Henrietta TUCKER, 0 0 0 – 0 0 0 - 0 1 0 – 1 3 1:
Robert, 15; Thomas, 8; Patience, 12; Frances, 10; Kitty, 38.

William HUGHES, 0 0 0 – 0 0 0 – 1 0 0 – 4 4 5:
James, 30; Stott, 30; Quaco, 55; Tom, 30; Susannah HUGHES, 30; Delia, 50; Fanny, 28; Louisa, 22;

p. 68: Mimba, 6; Fibby, 4; William, 3; Present, 4; Nancy, 1 ½.

Joseph GIBSON, 0 0 0 – 0 0 0 – 1 1 1 – 1 0 0:
Catto GIBSON, 40.

Catherine LAMB, 0 1 0 – 0 0 0 – 0 0 0 – 20 15 3:
Bungie, 70; Toby, 50; Prince, 45; Damond, 42; James, 42; Collin, 40; Hamlet, 28; William, 27; Robert, 26; Tommy, 22; Dick, 23?; Cudjoe, 27; Nanny, 60; Kate, 65; Dydo, 52; Nancy, 44; Hannah, 46; Phillida, 41; Grace, 45; Edie, 43; Mary, 28; Peggy, 20; Sally, 14; Betsey, 12; Kate, 11; Dorrinda, 9; Susannah, 8; Diannah, 11; Minta, 15; Robert, 14;

p. 69: John, 12; Sam, 10; Tom, 12; George, 10; Hercules, 9; James, 10; Fortune, 14; Roderick, 12.

Catherine HUME, 0 0 0 – 0 0 0 – 0 0 0 – 5 2 1:
Sam, 35; John, 28; Robert, 30; Jack, 35; Lombard, 20; Venus, 36; Basilla, 17; Rosa, 8.

John WAGNER, 0 0 0 – 1 0 2 – 0 1 0 – 0 0 0.

Elizabeth GRANT, 0 0 0 – 0 0 2 – 2 5 1 – 0 0 0.

Arch'd COLQUHOUN, 1 0 0 – 0 1 1 – 0 0 0 – 13 6 0:
Harry IGUAL, 40; Quaw, 20; Tom SWASEY, 60; Pope, 26; Sterling, 28; Morgan, 23; Matty, 45; John, 35; Jack, 50; Caleb, 34; Cupid, 28; Robert, 26; Swift, 60; Edie, 19; Adelaide, 28; Daphne, 30; Nancy, 50; Sarah, 28, *illegible,* 11?

p. 70:
Patrick WALDRON, omitted by his attorney J. W. W., 0 0 0 – 0 0 0 – 0 0 0 – 1 0 0:
Dick, 22.

Harriet TENA *(sic,)* 0 0 0 – 0 0 0 – 0 3 1 – 0 0 0.

Mary WINTER, 0 0 0 – 0 2 0 – 0 0 0 – 0 2 0:
Fanny, 45; Margaret, 16.

Henrietta BAILEY CARTER, 0 0 0 – 0 0 0 – 0 0 0 – 1 0 2:
John, 50; Robert TUCKER, 5; Benjamin, 1.

Mary TUCKER, 0 0 0 – 0 0 0 – 0 1 0 – 0 2 3:
Fadelia, 26; Bahama, 25; Emelia, 3; Ann, 2; William, 7 months.

Addse FLOWERS, 0 0 0 – 0 0 0 – 1 0 0 – 0 0 0.

John BENJAMIN & James CRAFT, 0 0 0 –3 0 0 – 0 0 0 – 1 1 0:

Smart, 30; Clarinda, 60.

Elizabeth BELISLE, 0 0 0 – 0 0 0 – 0 1 4 – 0 0 0.

George HINKS, 0 0 0 – 1 0 0 – 0 0 0 – 1 1 0:
   Adsey HINKS, 16; Fill, 12.

Alice Jane GAPPER, 0 2 0 – 0 0 0 – 0 0 0 – 4 1 2:
   Joe, 60; Philip, 48; Charley, 42; Prince, 25; Henry, 5; Clarissa, 55; Maria, 2.

James NEAL, 0 0 0 – 1 0 1 – 0 1 0 – 0 0 0.

Henrietta GODFREY, 0 0 0 – 0 0 0 – 0 0 0 – 8 3 0:
   Dick GODFREY, 25; Billy GODFREY, 20; Dick, 38; Guy, 35; Ned, 22; Peter, 19; Edward, 22; Frank, 30;

p. 71: Lucy, 25; Sue, 17; Jessey, 20.

Sylvia FOX, 0 0 0 – 3 1 1 – 0 1 0 – 1 1 0:
   John, 30; Fanny, 20.

Thomas PICKSTOCK, 2 0 0 – 0 0 0 – 0 0 0 – 1 0 0:
   Jamaica, 26.

Catherine TOMPSON, 0 0 0 – 0 1 1 – 0 0 0 – 0 2 0:
   Patience, 37; Betsey, 23.

Catherine WHITE, 0 0 0 – 0 1 0 – 0 0 0 – 11 3 1:
   George, 26; John, 31; John, 32; Charles, 32; Scotland, 29; Ham?, 45; Bonaparte, 35; Jonny, 70; Cuffy, 65; Willy, 34; Dick, 66; Flora, 36; Esther, 50; Cleah, 38; Kitty, 6.

William JOSHUA and ANN GABOUREL, 0 0 0 – 2 2 4 – 0 0 0 – 17 5 4:
   Duncan, 26; Jack, 20; Adam, 19; Charles, 29; Jack, 27; Harry, 25; Billy, 24; Alick, 25; Adam, 29; Sampson, 28; James, 30; *illegible,* 36;

p. 72: Casar, 40; Joseph, 37; Joe Tate, 46; America, 27; Toney, 37; Venus, 32; Poeba, *(sic)* 30; Fillis, *(sic)* 34; Nelson, 8; Lucky, 40; Jenny, 11; Henry, 3; Anthony, 2; Maria, 1 month.

Joseph BELISLE, 0 0 0 – 1 1 2 – 0 0 0 – 0 0 0.

Robert JAMES, 0 0 0 – 0 0 0 – 1 0 0 – 1 0 0:
   Liverpool, 50.

Estate James GORDON, 0 0 0 – 0 0 4 – 0 0 0 – 1 2 0:

Hannah, 30; Sally, 30; William, 5; Toby, 24.

Cato GRANT, 0 0 0 – 0 0 0 – 1 0 0 – 0 0 0.

Hosea LENA, 0 0 0 – 0 0 0 – 1 0 0 – 0 0 0.

John FISHER, 0 0 0 – 0 0 0 – 1 0 0 – 0 0 0.

Elizabeth HEWLETT, 0 1 0 – 0 0 0 – 0 0 0 – 9 4 8:
Ben, 40; Jack, 31; George, 32; John, 29; Farrow, 19; Robert, 18; Anthony, 10; Peter, 11;

p. 73: George, 2; Richard, 12; Domingo, 38; Nancy, 60; Peggy, 18; Mary, 6; Norah, 4; Mimba; Siddy, Child; Darby, Ditto; Three Children names unknown.
After Norah, no ages are given.

Richard GRANT, 0 0 0 – 1 0 0 – 4 3 0 – 1 1 0:
Cuffee, 35; Grace, 25.

Moreland HUGHES, 0 0 0 – 0 0 0 – 2 1 0 – 0 0 0.

Thomas SLADE, 1 1 1 – 0 0 0 – 0 0 0 – 0 0 0.

Elizabeth POTTS, 0 0 0 – 0 0 0 – 0 0 0 – 4 1 1:
Charles, 30; Nicholas, 25; Robert, 25; Hector, 35; Elizabeth alias Love, 20; George, 6 months.

John BRINTON, 1 0 0 – 0 0 0 – 0 0 0 – 1 0 0:
Sam, 40.

William STANFORD, 0 0 0 – 0 0 0 – 1 1 0 – 3 0 0:
Chelsea, 14; John EDWARDS, 30; George, 30.

Eleanor LAWRIE, 0 0 0 – 1 1 4 – 0 0 0 – 0 2 0:
Sally, 20; Lucy, 30.

John FLINT, 1 1 1 – 0 0 0 – 0 0 0 – 0 0 0.

Robert LESLY?, 1 0 0 – 0 1 0 – 0 0 0 – 0 0 0.

Richard SMITH, 0 0 0 – 0 0 0 – 2 0 0 – 0 0 0.

John LEWIS, 0 0 0 – 0 0 0 – 1 0 0 – 0 0 0.

Wm. EDWARDS, 0 0 0 – 0 0 0 – 2 5 3 – 1 0 0:

George TILLETT, 0 0 0 – 1 1 6 – 0 0 0 – 0 1 2:
Jiranda?, 20; illegible, 4; illegible, 1.

Note: George was the son of William & Mary White Tillett, and the brother of William, Elizabeth, and Catherine Tillett.

p. 74:
John BROHIER, 0 0 0 – 0 0 0 – 1 1 1 – 0 0 0.

David TIMMONS, 0 0 0 – 1 1 0 – 0 0 0 – 0 0 0.

Samuel GRANT, 0 0 0 – 0 0 0 – 1 1 4 – 0 0 0.

Thomas FLOWERS, 0 0 0 – 0 0 0 – 3 0 0 – 0 1 1:
Bella, 12; James, 6.

Rose BELISLE, 0 0 0 – 0 0 0 – 0 2 1 – 0 0 0.

Aaron PITT, 0 0 0 – 0 0 0 – 3 1 5 – 0 0 0.

Lucretia MILES, 0 0 0 – 0 0 0 – 2 4 0 – 0 0 0.

Charles GRANT, 0 0 0 – 0 0 0 – 1 1 0 – 0 0 0.

John TEASEY, 0 0 0 – 0 0 0 – 1 0 0 – 0 0 0.

Eve BELISLE, 0 0 0 – 0 0 0 – 0 1 0 – 0 0 0.

Daniel McAULAY, 0 0 0 – 0 0 0 – 1 1 0 – 0 0 0.

Joseph JONES, 0 0 0 – 0 0 0 – 1 1 0 – 0 0 0.

John SMITH, 0 0 0 – 0 0 0 – 2 2 0 – 0 0 0.

Sarah GOFF 0 0 0 - 4 3 1 – 0 0 0 – 10 16 13:
(the slaves the joint property of Sarah GOFF, John EVANS & Wm. GIBSON:)
Quam, 40; G. BONNER, 29; Dick G, *(=GOFF or GIBSON?)* 29; Sammy, 18; Jack, 20; Sampson, 29; Somersett, 17; James, 9; Harry, 7; Sambo, 9; Toby, 8; William, 2; Tom, 5; Adam, 12; John, 2; John LOCK Junr, 7 months; Daniel, 18 months; James, 3 months; Harry, 38; Old Sarah, 69; Dorcas, 39; illegible, 36; Illegible must be the tenth man, as 9 men, 16 women and girls and 13 children are named.

p. 75: Deanna, 25; Rose, 30; Nelly, 20; Peggy, 17; Grace, 22; Sally, 23; Margaret, 23;

p. 75: Deanna, 25; Rose, 30; Nelly, 20; Peggy, 17; Grace, 22; Sally, 23; Margaret, 23; Molly, 16; Hannah, 15; Cynthina, 21; Agnes, 14; Clarah, 7; Elizabeth, 5; Mary, 15; Cleabeth?, 12; Fanny, 13; Sarah, 12 months.

Robert LAWRIE, 0 0 0 – 0 0 0 – 1 1 0 – 0 0 0.

Samuel BROOKE, 1 1 0 – 0 0 0 – 0 0 0 – 0 2 0:
Fanny, 25; Harriet, 32.

Francis GARBUTT, 2 0 0 – 0 1 2 – 0 0 0 – 2 1 0:
George, 40; Joe, 10; Chance, 50.

John ANTONIO, 0 0 0 – 0 0 0 – 1 0 0 – 0 0 0.

John COLLINS, 0 0 0 – 1 0 0 – 0 0 0 – 5 2 0:
Isaac, 60; Ben, 45; James, 28; Nelson, 25; Wm. Pitt, 25; Harriet, 55; Fanny, 24.

John LEWIS, 0 0 0 – 0 0 0 – 1 1 0 – 0 0 0.

James John MONK, 1 0 0 – 0 1 0 – 0 0 0 – 0 0 0.

p. 76:
Middleton O'CONNOR, 0 0 0 – 0 0 0 – 3 3 2 – 1 1 0:
Jack, 40; Lucretia, 35.

Sarah GUERNOT, 0 0 0 – 1 1 0 – 0 0 0 – 0 2 0:
Maria, 20; Kitty, 25.

Cumberland WINTER, 0 0 0 – 0 0 0 – 2 1 0 – 0 0 0.

Robert HAMILTON, 0 0 0 – 0 0 0 – 1 0 0 – 2 1 2:
James, 70; William, 29; Desdemonie, 30; Charlotte, 4 ¾; Susannah, 8 months.

Catherine SAVORY, 0 0 0 – 3 2 2 – 0 1 0 – 1 0 0:
Chelsea, 28.

Thomas GLADDING, 0 0 0 – 2 4 2 – 0 0 0 – 0 0 0.

Robert DOUGLAS, 0 0 0 – 2 1 0 – 0 0 0 – 2 5 2:
Duke, 40; James, 18; Marina, 30; Monimia, 13; Jennie, 17; Mary, 12; Eliza, 7; Pamela, 16; Leah, 5.

Francis DOUGLAS, 0 0 0 – 0 0 0 – 0 0 0 – 1 0 0:
Abraham, 16.

Robert DOUGLAS Senior, 0 0 0 – 0 0 0 – 0 0 0 – 3 0 0:
  Anthony, 50; Commodore, 45; Dewwater, 15.

John MANUEL, 0 0 0 – 0 0 0 – 1 1 0 – 0 0 0.

William THOMAS, 1 0 0 – 0 0 0 – 0 0 0 – 0 0 0.

John D. MYVETT, 0 0 0 – 1 0 0 – 0 0 0 – 1 0 0:
  William, 55.

William SMITH, 0 1 0 – 1 2 4 – 0 0 0 – 0 0 0.

Sarah TUCKER, 0 0 0 – 2 4 3 – 1 1 0 – 0 0 0.
Harriet SHEERS, 0 0 0 – 0 1 3 – 0 0 0 – 0 0 0.

Richard F. O'BRIEN, 0 0 0 – 0 1 2 – 1 0 0 – 0 0 0.

p. 77:
William LAWLESS, 1 0 0 – 0 0 0 – 0 0 0 – 0 0 0.

Liverpool EDWARDS, 0 0 0 – 0 0 0 – 1 0 0 – 0 0 0.

John ROBERTSON, 0 0 0 – 0 0 0 – 1 7 2 – 0 0 0.

Alexander FRANCE, 1 0 0 – 0 0 0 – 0 0 0 – 1 0 0:
  Martin, 14.

Hagar BROHIER, 0 0 0 – 0 0 0 – 0 2 8 – 0 0 0.

Lillias SNELLING, 1 3 2 – 0 0 0 – 0 0 0 – 1 3 1:
  Mary, 10; Sam, 8; York, 50; Phoeba, 65; Venus, 45.

Robert BROHIER, 0 0 0 – 0 0 0 – 1 1 1 – 0 0 0.

Ellen POTTS, 0 0 0 – 0 1 1 – 0 0 0 – 2 1 2:
  Johnston, 38; Robert, 20; Chance, 8; Mary, 30; Fanny, 7.

Daniel GRANT, 0 0 0 – 0 0 0 – 2 2 2 – 0 0 0.

Mary BAILEY, 0 0 0 – 0 0 0 – 0 2 2 – 0 0 0.

Abigail GODFREY, 0 0 0 – 0 1 1 – 0 2 0 – 0 0 0.

John PIERRE, 0 0 0 – 0 0 0 – 1 0 0 – 0 0 0.

Robert GLADDING, 0 0 0 – 1 1 2 – 0 1 0 – 0 0 0.

James GILLETT, 0 0 0 – 1 0 0 – 0 0 0 – 0 1 0:
Minebera, 17.

Keith CATTO, 0 0 0 – 1 1 2 – 0 0 0 – 0 0 0.

Geo. B. CARTER, 1 0 0 – 0 1 0 – 0 0 0 – 0 0 0.

James SUTHERLAND, 1 1 1 – 0 0 0 – 0 0 0 – 0 0 1:
Jane, 4.

Sarah ASKEW, 0 0 0 – 1 1 0 – 0 0 0 – 1 0 0:
Quashie, 25.

Fanny ROBINSON, 0 0 0 – 0 0 0 – 2 3 3 – 0 0 0.

Mary SMITH, 0 0 0 – 0 1 1 – 0 0 0 – 0 0 0.

Colin CRAWFORD, 0 0 0 – 0 1 0 – 0 0 0 – 0 3 3:
Mary CRAWFORD, 30; Behaviour CRAWFORD, 9; Judie CRAWFORD, 19; Patty CRAWFORD, 13; Eleanor CRAWFORD, 6; Betsy CRAWFORD, 3.

Joseph GOFF, 0 0 0 – 1 0 0 – 0 0 0 – 1 0 0:
Friday, 30.

p. 78:
Ann HOME, 0 0 0 – 0 1 0 – 0 0 0 – 13 3 3:
Thomas CROOKSHANK, 32; Wm. RODGERS, 48; Richard GUTHRIE, 33; Thomas TOWNSEND, 36; Prince CAMMEL, 24; Anthony DAWKINS, 20; William STANFORD, 31; Thomas RICHIE, 60; John DAWKINS, 22; Harry HOME, 25; John STANFORD, 42; Alex.r STANFORD, 20; James GRAY, 24; Wm. VESTER STANFORD, 7; James H. STANFORD, 4; Robert WELLINGTON, 2; Maria HOME, 38 *(or 30?)*; Rosa HOME, 23; Synthia HOME, 42.

James ROBINSON, 0 0 0 – 0 0 0 – 5 1 2 – 0 0 0.

Ann GADDES, 0 0 0 – 1 0 0 – 0 1 0 – 0 0 0.

Charles BULL, 0 0 0 – 0 2 2 – 0 0 0 – 1 0 0:
Bob, 45.

Jane HUME, 0 0 0 – 0 1 2 – 0 0 0 – 3 5 4:
Cheshire, 32; Quashie, 21; Chance, 38; Sarah, 26; Kate, 30; Elsey, 24;

p. 79: Eve, 18; Sophia, 15; Amelia, 8½; Josey, 2½; Agnes, 1; Anthony, 7.

Mary HUME, 0 0 0 – 0 1 1 - 0 0 0 – 1 7 11:
    Sampson, 36; Clara, 30; Johannah, 28; Margaret, 25; Maria, 40; Prescilla, 20; Dorinda, 17; Nanny, 21; John, 8; Edward, 6; Nelson, 6; Daniel, 3; Nicholas, 1½; Frederick, 10 months; Emma, 6; Eleanor, 8½; Agnes, 3½; Patience, 7½; William, 4.

Elizabeth HANES, 0 0 0 – 3 1 0 – 0 0 0 – 5 3 0:
    Lodiah, 70; Toney, 30; Dorsett, 26; Primus, 24; John, 23; Patience, 30; Fanny, 23; Rebecca, 20.

Elizabeth ENGLISH, 0 1 0 – 0 0 0 – 0 0 0 – 1 1 0:
    Celia, 25, Tom, 13.

Mary TUCKER, 0 0 0 – 0 0 0 – 0 1 0 – 0 0 0.

Violet SMITH, 0 0 0 – 0 0 0 – 0 1 0 – 1 1 0:
    Patience Brown, 30; John BROWN, 30.

Talesher TRAVER, 0 0 0 – 0 0 0 – 1 1 0 – 0 0 0.

Thomas SWASEY, 0 0 0 – 1 1 0 – 0 0 0 – 0 0 0.

p. 80:
Isaac BARNES, 0 0 0 – 0 0 0 – 1 0 0 – 0 0 0.

Mary PRICE, 0 0 0 – 1 0 0 – 0 1 0 – 0 0 0.

Harry GRANT, 0 0 0 – 0 0 0 – 1 2 3 – 0 0 0.

Harriet COURTENAY, 0 0 0 – 1 0 0 – 0 1 0 – 0 0 0.

John SMITH, 0 0 0 – 0 0 0 – 1 0 0 – 0 0 0.

Catherine SLOASHER, *(sic, = SLUSHER)* 0 0 0 – 0 1 0 – 0 0 0 – 2 2 2:
    Nora, 40; Charles, 25; William, 16; Silvia, 25; Richard, 7; Kindness, 4.

Note: The next five households are lined together, indicating an extended family.

Peter HUMPHREYS, 0 0 0 – 0 0 0 – 1 0 0 – 0 0 0.

Elizabeth CRAFT, 0 0 0 – 2 2 2 - 0 0 0 – 1 0 0:
    Smart 37.

William EDWARDS, 0 0 0 – 0 0 0 – 2 1 0 – 0 0 0.

John WILLIAMS, 0 0 0 – 0 0 0 – 1 0 0 – 1 0 0:
Bristol, 55.

Martha MEIGHAN, 0 0 0 – 0 0 0 – 0 0 0 – 0 2 3:
Peggy, 25; Harriet, 16; Molly, 2; Eugene, 1½; Harry, 4.

Phoebe MacAULAY, 0 0 0 – 0 0 0 – 1 1 0 – 0 0 0.

Ann BODE, 0 0 0 – 1 2 1 – 0 0 0 – 1 6 6:
Joe, 28; Mimba, 23; Elizabeth, 25; Emma, 25; Venus, 14; Eve, 20; Monemia, 10; Diana, 6; Jenny, 5; Kitty, 2; *illegible,* 5;

p. 81: Hamlet, 2; John, 4.

George MACKEY, 0 0 0 – 1 0 0 – 0 1 0 – 0 0 0.

Hannah SEDDONS, 0 0 0 – 0 1 0 – 0 1 0 – 2 1 0:
Toby, 22; Boatswain, 40; Mary, 25.

Jenny WILLIAMS, 0 0 0 – 0 0 0 – 0 1 0 – 0 0 0.

John GILES, 0 0 0 – 0 0 0 – 1 0 0 – 0 0 0.

Hannah MYVETT, 0 0 0 – 4 1 0 – 0 2 0 – 6 1 5:
Tom, 28; Bristow, 28; Bat, 22; Qaw, 65; Neptune, 52; Margaret, 27; Smart, 10; Amelia, 7; Arabian, 6; Patience, 5; Joan, 4; Margaret, 1.

Mary HICKEY, 0 0 0 – 2 2 0 – 0 0 0 – 48 15 7:
Tom COLLARD, 40; Joe, 35; Coromantee Harry, 35; Mondingo Harry, 65; Bob, 35; Coromantee Prince, 35; Mongola Prince, 35; Jemmy MURRAY, 40; Adam LAWRIE, 40; Mongola Adam, 40; Frazell, 30; Nimrod, 70; Mocco Quam, 45; Parker, 30; ....ence *(= Providence?),* 30;

p. 82: Duke, 30; Goodluck, 30; Sampson, 30; Peter, 26; Venture, 28; Barber Jack, 40; Primus, 32; Anthony, 40; Mocco Jack, 40; William PITT, 50; Charley, 30; Alick ANDERSON, 40; Ned WILSON, 56; Henry, 40; Richard, 30; James, 35; Will, 40; Sandy, 45; Commodore, 70; Cato, 75; London, 13½; Ben, 13½; Romeo, 56; Stepney, 58; Hazard, 40; Sam HICKEY, 60; Pompey, 90; Quamino, 80; Old Scotland, 75; Moco Scotland, 73; Philip, 90; Paddy, 90; Gunner Sam, 95;

p. 83: John, 5; Monday, 8; Tom, 2; Old Sarah, 60; Thisbe, 40; Clarinda, 45; Patience, 35; Nancy, 14; Sarah, 16; Peggy, 16; Hannah, 38; Diana, 35; Old Nancy, 60; Mary, 35; Old Lucy, 80; Jenny, 3; Mimba, 5; Esther, 5; Celia, 12; Louisa, 14; Norah, 4;

Prescilla, 50.

Manfield W. BOWEN, 1 0 0 – 0 0 4 – 0 0 0 – 14 3 0:
Frederick, 45; Thomas, 30; Fortune, 36; Limerick, 35; Romeo, 43; Simon, 35; William, 25; Jemmy, 55; Robert, 26; John, 25; Bill MEIGHAN, 43; Grenville, 46;

p. 84: James SMILEY, 60; Dennis KELLY, 38; Linda, 40; Molley, 40; Harriet, 40.

George HENDERSON'S Estate, 0 0 0 – 0 0 0 – 0 0 0 – 10 0 0:
George COLLINS, 40; Dick, 39; Moore, 36; James, 32; Prince, 38; Sandy, 30; Lucky, 29; Thomas, 24; Kelly, 40; Quashie, 42.

Grace LIVINGSTON, 0 0 0 – 0 2 1 – 0 0 0 – 0 3 0:
Quasheba, 70; Sally, 40; Fanetta, 12.

Hugh CAMERON, 1 0 0 – 0 0 0 – 0 0 0 – 0 0 0.

Hugh GARVEN, 1 0 0 – 0 0 0 – 0 0 0 – 0 0 0.

Susannah W. USHER, 0 0 0 – 0 1 0 – 0 0 0 – 5 3 0:
Adam 50; Bristol 48; Cato 35; Royal 33; Jack 28; Abbey 34; Grace 30; Nancy 14.

Amelia HINKS, 0 0 0 – 0 1 0 – 0 0 0 – 0 1 0:
Henrietta, 26.

Vachel KEENE, 2 1 3 – 0 0 0 – 0 0 0 – 76 2 2:
Sampson, 40; Joe PARKER, 40; Captain, 35; Frank, 25; Edinborough, 20; Jack, 30; Port Royal, 26; Syer, 40; John, 30; Cyrus, 28; Andrew, 20; Smart, 18; Charles, 26; George MANIBA, 20; Louis, 22; Gilford, 35; Coffee, 20; Dick, 18; Will, 28; London, 17; Kent, 21; Woodman, 32; Adam, 25; Jem, 25; William, 16; William DENNIS, 26; Joe NICHOLSON, 24; York, 45; Boatswain, 26; Harry FISHER, 25; Jem MYNOTT, 25; Andrew, 28; George, 26; Joe, 22;

p. 86: Tom ROSE, 20; John, 27; Charles, 25; Linder, 26; Peter FISHER, 20; John LEWIS, 24; Thomas, 22; Jamaica Harry, 24; Dick, 20; Big Peter, 28; York, 21; Steady, 23; Mayer, 21; Will, 24; Bristol, 21; Romeo, 23; Big Thomas, 50; Adam, 16; Carlisle, 24; Cuffee, 22; Success, 28; Bob WHITE, 32; Harry, 30; Phil, 22; Scipio, 80; Bryony, 30; Peter, 25; Gift, 19; Richard, 26; James, 18; Edward, 26; Ceaser, 25; Peter, 22; Moses, 38;

p. 87: Billy, 35; Draper, 24; Sam, 40; Dick, 20; James, 28; Charley, 12; Handy, 22; Middleton, 21; Hannah, 40; Sally, 20; Jane, 3; Mary, 1.

George CHENY *(or* CHERRY?*,)* 0 0 0 – 0 0 1 – 3 3 3 – 1 0 0:

Buck. *(age not given.)*

Edward GRAHAM, 0 0 0 – 0 0 0 – 1 0 0 – 0 0 0.

Elizabeth WILLIAMS, 0 0 0 – 1 1 0 – 0 1 0 – 0 0 0.

William HEMSLEY, 1 0 0 – 1 0 2 – 0 1 0 – 4 1 0:
    Rodney, 30; Cyrus, 30; Joe, 25; Goodluck, 30; Martha, 30.

John YOUNG (Black,) 0 0 0 – 0 0 0 – 2 1 0 – 0 0 0.

Anne GADDY, 0 0 0 – 0 2 2 – 0 0 0 – 0 0 0.

E. M. KINGSTON, 0 0 0 – 0 0 0 – 0 0 0 – 0 1 0:
    Juliana, 19.

Jean FLOWERS, 0 0 0 – 0 0 0 – 1 2 2 – 1 0 0:
    Jack, 40.

Prue YOUNG, 0 0 0 – 0 1 1 – 0 1 0 – 1 0 0:
    Quaco, 71.

Olive CRAWFORD, 0 0 0 – 1 2 1 – 0 0 0 – 0 0 0.

James JENNINGS, 0 0 0 – 0 0 0 – 1 2 2 – 0 0 0.

John NEAL, 1 0 0 – 0 0 0 – 0 0 0 – 0 1 0:
    Peggy, 22.

Louis the 2nd, 0 0 0 – 0 0 0 – 1 0 0 – 0 0 0.

Dixon TENA, 0 0 0 – 0 0 0 – 1 0 0 – 0 0 0.

Erskine A. CATTO, 0 0 0 – 1 2 0 – 0 0 0 – 0 1 0:
    Catherine, 28.

Mary ARMSTRONG, 0 0 0 – 0 0 0 – 0 1 0 – 1 1 0:
    Tom 21, Betty 30.

p. 88:
Elizabeth LAWRIE, 0 0 0 – 0 1 0 – 0 1 0 – 3 4 0:
    Harrison, 30; Cyrus, 40; Sam, 70; Nancy, 60; Helen, 30; Quasheba, 16;
    Emma, 15.

John COURANT, 0 0 0 – 0 0 0 – 3 6 7 – 5 1 0:

William COURANT, 30; Bluefield COURANT, 30; Mary COURANT, 35;
John COURANT, 30; Chance COURANT, 40; Franklin MEIGHAN, 35.

Note: The next four households are lined together, indicating an extended family.

Charles HAWS, 0 0 0 – 1 0 0 – 0 0 0 – 1 0 0:
John, 40.

Cork MEIGHAN, 0 0 0 – 0 0 0 – 1 1 1 – 0 0 0.

Celia COURANT, 0 0 0 – 0 0 0 – 0 0 0 – 1 0 0:
Lindo, 40.

Lucy PATTINETT, 0 0 0 – 2 1 3 – 0 0 0 – 3 0 0:
Sambo, 40; Will, 21; Joe, 55.

Ann PATTINETT, 0 0 0 – 0 1 0 – 0 0 0 - 5 4 1:
George, 40; Allick, 40; Chance, 30; John, 17; Jem, 20; Abraham, 8; Bessey, 50; Mary, 30; Tracer, 18; Harriet, 30.

Joshua JONES, 0 0 0 – 1 0 2 – 0 1 0 – 1 0 0:
Will, 40.

p. 89:
Andrew ROSS, 2 0 0 – 1 2 4 – 0 0 0 – 0 1 0.
Matilda, 30.

Samuel EDWARDS, 0 0 0 – 0 0 0 – 1 0 0 – 0 0 0.

John TINKUM, 0 0 0 – 1 0 0 – 0 0 0 – 3 0 0:
Peter, 40; Sampson, 30; Joe, 14.

Joshua PORAH?, 1 1 0 – 0 0 0 – 0 0 1 – 0 0 0.

Hannah CLARK, 0 0 0 – 0 0 0 – 0 0 0 – 1 1 4:
Sarah, 26; Jack, 10; Sampson, 8; Will, 5½; Ben, 3; Harry, 1½.

Thomas PASLOW, 2 0 0 – 1 1 0 – 2 1 0 – 62 21 7
Note: Only Blackwell's age is given.
Blackwell, 80; London; Tom; Hensley; Darby; Phillim; Rodney; Dryden; Toby; Davy; Milton; Neilson PASLOW; Neilson GRAHAM; Vincent; Melville; Barrow; *illegible;*

p. 90: Swift; Time; Nugent; Hercules; Robin; Frank GRAHAM; E. Harry; Harry SPROAT; Collin; Stern; Faithful; William; Dibden; Otway; Hardtimes;

Jemmy; Jessamy; Pollydore; Suwanow; Ned; Kingsale; Quaw; Isaac; Shakespeare; Buck; Joe; Smollet; Limus; Cronoke?; *illegible - possibly Richard;*

p. 91: Trim; Philip; Julius; Hood; Bristol; Punch; Pompey; Hamlet; Bricker; January; Mattocks; Old Julius (Ned); Limerick; Tom; Edward G.; Franky; Sophia; Amelia; Mulatto Mary; Sally PEACHY; Sarah; Mary; Peggy CORK; Macco Sally; Lizzy; Fanny Buca; Lucy; Lucy *(sic)*; Norah;

p. 92: Maria; Jeffrey; Friendship; Laurence.

Clarissa PASLOW, 0 0 0 – 0 0 0 – 0 0 0 - 2 9 1:
Ham; Robert; Present; Kitty; Sambo Bess; Mulatto Bess; Mary; Molly; Biddy; Mary; Rachel; Venus. *(ages not given.)*

Note: The next two households are lined together.

Wm. WALSH, 0 0 0 – 0 0 0 – 0 0 0 – 1 0 0:
John. *(age not given.)*

D. SMITH, 0 0 0 – 0 0 0 – 0 0 0 – 1 0 0:
Adam. *(age not given.)*

Rebecca GRAY, executrix to Estate Jno. O. GRAY, 1 2 0 – 0 0 0 – 0 0 0 – 2 4 4:
Ned, 25; Jack, 27; Sue, 40; Sabina, 24; Nancy, 24; Adelaide, 24; Emma, 4; James, 3; Mary Ann, 4; *illegible,* 1.

Note: Sabina, Emma, and illegible were probably Sabina, 28, Emma, 7, and Jem, 5, in the household of Cstherine Meighan in 1820.

p. 93:
Catherine TUCKER, 0 0 0 – 0 1 0 – 0 0 0 – 3 2 2:
Sam, 18; Ned, 16; Jose, 10; Judy, 40; Hannah, 70; Nancy, 5; Robert, 1½.

Samuel GRANT, 0 0 0 – 0 0 0 – 1 1 4 – 0 0 0.

James PITT, 0 0 0 – 0 0 0 – 1 0 0 – 3 2 0:
Lovell, 25; John, 30; Peggy, 25; Bessy, 28; Billy, 30.

Note: The next three households are lined together, indicating a family.

Anthony BAILEY, 0 0 0 – 0 0 0 – 2 0 2 – 4 1 0:
Hazard, 55; Charley, 40; Success, 30; Philip, 60; Maria English, 28.

Louisa Philida BAILEY, 0 0 0 – 0 0 0 – 0 0 0 – 1 0 0:

Long John, 35.

Sarah WINTER, 0 0 0 – 0 0 0 – 0 0 0 – 1 3 3:
  Will Betty, 40; Chance, 35; Priscilla, 3; Jane, 2 months; Maria, 14; Sylvia, 12; Glasgow, 2.

Timmah TUCKER, 0 0 0 – 0 0 0 – 0 1 0 – 0 1 0:
  Rosanna, 26.

p. 94: Daniel DAWSON, 0 0 0 – 1 1 4 – 0 0 0 – 0 1 0:
  Dolly, 12.

Mungola NANCY, 0 0 0 – 0 0 0 – 1 1 0 – 1 0 0:
  Tom, 40.

Sarah BURRELL, 0 0 0 – 2 2 4 – 0 0 0 – 0 0 0.

David THOMPSON, 1 0 0 – 0 1 1 – 0 0 0 – 0 0 0.

Totals: White: 83 men, 41 women, 25 children. Coloured: 157 men, 171 women, 234 children. Free Black: 128 men, 158 women, 85 children. Slave: 1645 men, 639 women, 458 children.

Truly recorded, *(signed)* Geo. WESTBY, Asst. Keeper of Records.

Recapitulation:
Whites, 149. Coloured, 562. Black, 371. Slaves, 2742.
Total population, 3824. December 1816. *(signed)* Geo. WESTBY.

p. 95: The number of slaves manumized in the British Settlement of Belize in the Bay of Honduras between the 1st day of January 1887 *(sic)* and the 11th day of October 1816, as appears by the public Records of the said Settlement:
  By last Will & Testament of their owners 78
  By Deed of Manumission...<u>95</u>
                                                                  <u>173</u>

Note: 1887 is clearly an error. Westby must have meant 1787, the year the settlers arrived from the Shore and Belize was officially recognized as a colony. Did the instructions sent from Whitehall require him to compile information on manumissions, or did the Magistrates ask him to do this?

1820 SLAVE CENSUS OF BELIZE
1st Day of December 1820
Conformable to a law passed 2 November 1819

This was a census of masters and slaves only; no family members were enumerated.

p. 1:
#1. Marshal BENNETT, 170 36 44:
Philip; Bob HIBBATT; Charles; George SLUSHER; George LONG; Bristol; Hercules; Joe CARD; Kingston; Bob; Alexander; Vick; Isaac ELLICE; David WATSON; George ELRINGTON; Thomas Moco; Prince FOX; Quamin; Kingsale; Gifford; Murphy COURTNAY; Luke; Frank BOURKE; Greenock; Johnson; Simon Moco; Quacco; James BENNETT; *illegible*; George?;

p. 2: Glasgow JONES; Frank TYLER; Aberdeen; Bristol MARTIN; Rigby; Robert GORDON; Greenock; Chance; John WILKS; George GRAHAM; Marshal; Thomas Indian; Stafford; Dorsett; George Jamaica; Duncan; Middleton; Frank Moco; Marcus; George Eboe; Monday; Ned COCHRAIN; Prince Eboe; Rhody; Caesar; London Moco; Greenwich TYLER; Thomas Mandingo; Pompey; David E......?;

p. 3: Tom Jones; Damon; Jem; Shakespear; Bill; Devonshire; Ben; Moses; Jack Chamba; Nelson; Murphy; Thomas Bennett; Eboe Prince; Toby GRAHAM; Titus; Rodney; Peter Mocco; David GREEN; Julius; Mark; Hector; Paul; Adam; Daniel; Duckworth; William MARTIN; James Jamaica; George YEATES; Jack LITTLE; Abel; John CHATHAM; Rhody?; Quaco;

p. 4: Benjamin BENNETT; Billy O'BRIEN; Robin; Allick; Duke; (100) Giddy; Sampson; Richard YEATES; Thomas JOHNSON; Pollydore; Devonshire MEIGHAN; Ben WHITE; Joseph ELLIOT; Jack CAULKER; John GINGER; Bristol McBEAN; Robert; John CASSIMERE; Ned SHOEMAKER; Fortune; Jupiter; Jack Mongola; George SLATER; York BOURK; Ben SPROAT; Thomas DOUGLAS; George CRAWFORD; Jack WINTER; Prince JACKSON; *illegible* BENNETT; *illegible* BENNETT;

p. 5: James BENNETT; Johnson BENNETT; Joseph; Adam; Alexander; David; Francis; Richard WALKER; Thomas MARTIN; Robert WALLAN; Will CRAWFORD; James N., *(sic)*; Bristol; Robert GALLIMORE; Alexander; Benjamin; James; George; Thomas; Thomas HOARE; Joseph TRAPP; John MOODIE; Edward; London; (150) Alexander MARTIN; Thomas; Michael MARTIN; Tom BRENNAN; Philip BRENNAN; Dalvet; Tom JACKSON; George JACKSON; Henry;

p. 6: John SMITH; Kinsale; Thomas TOWNSEND; David; Edinburgh, 24; Joel

PARKER, 44; Captain, 39; Frank, 29; Sampson, 44; Jack, 34; Port Royal, 36; Syce, 44; Cyrus, 32; Andrew, 24; Smart, 22; Charles, 30; George, 20; Lewes, 26; Dick, 22; Charley, 29; Billy, 39; Jack BELISLE, 38; Jonas, 39; Moses, 42; Kent, 25; Little Will, 28.

Old Superannuated Men: Quark; Limerick; Congo Joe; Archibald; Joe COOK; July.

p. 7: Debilitated: Hamilton; Jawes; Otway; Richmond.

Mary; Susannah; Bennaba; Honour; Sue O'BRIEN; (200) Jessy; Mary BARRETT; Juba; Rhoda; Stella; Eleanor Young; Mary MARTIN; Nancy HOLLYDAY; Memba; Satira; Delia; Hannah; Susannah; Jenny; Bessy JONES; Eve; Eliza DAVIS; Charlotte or Sally, *(sic)*; Ann CRAWFORD; Kitty FARRELL; Lydia; Ann McVIE; Anna;

p. 8: Catherine; Mary; Eleanor; Helena; Sabina; Mary JACKSON; Rachel; Nanny; Jane; Anne; Margaret; Catherine; Tracy; Elizabeth; Amelia; Eliza; Fanny; Mary JONES; Tabia; Sophia; Elizabeth; Henrietta; Rose; Patience; Jude; Betsy FARREL; Catherine FARREL; (250) Margaret FARREL.

#2. BENNETT & ALEXANDER, 6 0 0:
Dick, 40; Prince, 40; America, 23; Old Harry, 50; Cupid, 40; George, 40.

p. 9:
#3. The Estate of John S. HOME, dec'd, in care of M. BENNETT, 19 7 5:
Jemmy; Kinsale; Sam FOOT; Charles; George; Billy; Jacob; Philip; Will; Mulatto Charles; Stepney; Billy; Toby; Sam; Sharper; England; Robert; John; Tom; Arthur; William; George; James; Fanny; Mary; Monemia; Lizzy; Rachel; Kate; Tabia; Maria.

p. 10:
#4. Catherine LAMB, 15 9 12:
Bungay; Toby; James; Prince; William; Damon; Joe; Dick; Robert; Tommy; Hamlet; Fortune; Roderick; Jose; Little James; Robert; John; George; Sam; John; Joe; Dido; Fidelia; Eddie; Hannah; Grace; Peggy; Mary; Sally; Betsy; Kate; Diana; Judith; Fanny; Minta; Dorinda.

p. 11:
#5. John COUTQUELIN, 37 2 0:
George, 36; Bijou, 39; Andrew, 39; Joe, 37; John, 16; Charles, 41; Lindo, 35; Capt'n Harry, 30; Peter FISHER, 29; Tom, 30; York, 30; Gift, 26; Moco William, 32; Edward, 33; Richard HARRIS, 34; Big Peter, 32; Jamaica Harry, 30; Thomas, 27; John LEWIS, 25; Dick, 24; Steady, 26; Meyor, 25; Scipio, 60; Thomas GRENNEL, 50; Richard, 35; Adam, 24; Romeo, 26;

Caesar, 35; Bristol, 23; Phil, 30; Carlisle, 24; Success, 34; Coffee, 25; James, 21;

p. 12: Old Harry, 40; Bob White, 38; William Creole, 21; Belle, 30; Industry, 32.

#6. George GIBSON, 0 1 2:
Perditta, 30; Julianna, 8; Mark, 6.

#7. George RUNNELS, 1 1 0:
Adam BOARK, 46; Clarissa, 38.
Note: George Runnels' wife, Sophia Augusta --?-- (maiden name unknown) died in 1824.

#8. Francis MEIGHAN, 18 0 2:
Harry, 28; George, 39; John FREEMAN, 32; Nelson, 27; Desmond, 25; Scotland, 34; Ireland, 22; Moreland, 29; M. Harry, 49; Daniel, 26; Quaco, 54; Green, 54; Old Harry, 64; Cesar, 29; Peter, 27; Nelson COLLINS, 30; Moco Frank, 32; Ben, 10; *illegible*, 5; Cesar?, 3.

Note: Francis Hickey Meighan was the oldest child of Mary Hickey, heiress of Captain Francis Hickey. He is believed to have been the son of Edmond Meighan, who gave Mary a large tract of land in 1791. Edmond did not mention Francis in his will of 1813, but by that time Francis had inherited property from his mother, and was a wealthy man.

p. 13:
#9. James WOOD, 3 2 2:
Sam, 40; Port Royal, 30; Jasper, 20; Margaret, 31; Henrietta, 12; John HINKS, 8; William ORGILL, 4.

#10. Francis WOOD, 2 0 0:
James GRAY, 26; Billy, 28.

#11. Archibald COLQUHOUN, 13 6 2:
Harry, 44; Quaco, 24; Tom SWASEY, 64; Pope, 30; Sterling, 32; Morgan, 27; Matty, 49; John, 39; Caleb, 38; Cupid, 32; Robert, 30; Mattock, 35; Dick, 25; Edie, 23; Adelaide, 33; Daphne, 34; Nancy, 54; Tinah, 32; Kate, 15; Elizabeth, 5; Charles, 3.

p. 14:
#12. Henrietta GODFREY, 5 3 0:
Dick, 34; Peter, 23; Edward, 26; Frank, 34; Diego, 17; Lizzy, 29; Sue, 23; Jesse, 24.

#13. John YOUNG, 34 11 7:
November, 43; Alick, 42; Cudjoe, 43; Bob FOX, 45; Daniel, 47; William, 48; Dick, 33; Kent, 49; Ben, 35; Billy, 35; Brian, 52; Jem Coote, 30; Jack, 30; William, 35; Congo George, 34; Sampson, 27; Cyrus, 57; Jacob, 26; Glasgow, 37;

p. 15: Quaco, 32; Batt, 26; Patrick 38; Peter, 28; Frank, 59; Coromantee Quaco, 42; Frank, 31; Parks, 31; Moss, 57; Hull, 60; Tom, 25; Prince, 35; George, 65; John, 35; Peggy, 45; Nancy, 13; Quashie, 9; Dorinda, 33; Kate, 12; Adam, 9; William, 7; Bet, 35; Milly, 18; Charlotte, 14; Dick, 9; Anthony, 8; Maria, 25; Nancy, 5; Rose, 60; Catalina, 37; William, 15; Eleanor, 12; Betsy, 9.

p. 16:
#14. John W. WRIGHT, 18 3 4:
Prince, 23; John, 30; Michael, 27; Hector, 40; Ben, 34; Walker, 41; Sydney, 25; Jonathan, 25; Friday, 24; Ceasar, 24; Ireland, 39; Joe, 20; Jack, 36; Augusta, 32; Cuffee, 29; Prince CADLE, 19; Philip, 25; July, 26; Lucy, 44; Esther, 26; Elizabeth, 10; Diannah, 8; William, 6; Henry, 4; Louisa, 2.

#15. Edward CADDLE, 11 6 4:
Newton, 40; Joe, 38; Billy, 36;

p. 17: Christmas, 34; Harry, 32; Hector, 55; Jem, 25; George, 25; William, 14; James, 12; Rose, 60; Mary, 28; Peggy, 30; Jenny, 22; Kate, 46; Peter, 10; Betsy, 3; Phillis, 1; Peggy, 12; George, 8; Clemena, 6.

#16. George HYDE, 2 3 0:
Charles, 21; William, 17; Caroline, 12; Lavonia, 35; Sue, 20.

#17. James & George HYDE, 103 2 3:
Jem O'BRIEN, 39; Brown, 30; Edward WALL, 34;

p. 18: Duke, 32; William HYDE, 28; Joe GREEN, 34; McLauchlan, 30; Nelson, 39; Bonny Quashie, 44; Peter HUGHES, 30; Quaco, 32; Daniel ANDERSON, 20; Moco Hercules, 34; Nago Hazard, 29; Maurice, 28; Chamba Jem, 44; Quashie BANGOR, 32; Monroe, 30; Strephan, 39; Adam GRAHAM, 38; Trim, 32; Moco Boatswain, 44; Tommy, 22; Little John, 22; Cuffee LISTER, 49; Captain, 34; Eboe Tom, 44; Moco Daniel, 36; Boatswain GARNETT, 44; Philip GARNETT, 44; Coromantee George, 34; Papa George, 30; London, 49; Mondingo Prince, 30;

p. 19: Andrew, 28; Black Dick, 28; Cudjoe, 30; Breetchie, 49; Cesar, 39; Papa Quashie, 30; King JOHN, 49; Creole George, 26; Will, 32; Sambo Dick, 24; Congo George, 34; Cato, 34; Quamina, 38; Eboe Joe, 34; Nicholas, 30; Cupid, 32; Jamaica, 21; Eabo Davy, 34; Devonshire, 25; Michael BELISLE, 44; Sam BELISLE, 30; Toney BELISLE, 33; Bacchus BELISLE, 45; Jamaica Charly, 24; Charles, 44; Hunter, 50; Rodney, 23 *(or 33? – overwritten;)* Eabo Hazard, 26; Mongola Hazard, 22; Mongola Ned, 28; Adam ANDERSON, 23; Moco Ned, 34; Bogle, 28; John ANDERSON, 26;

p. 20: Old Simon, 54; Coromantee Cuffee, 54; Tom ROVER, 22;Old Dick, 59; Bob, 54; Monkey Jack, 39; Townsend, 44;Peter SPROAT, 44;

Joe Jones, 44; Mandingo Harry, 30; Jamaica Robert, 44; Old Daniel, 54; Tom NICHAL, 39; Duncan, 34; Jamaica James, 24; Jem alias Peter, 24; Aberdeen, 30; Bonny Peter, 34; Bob GAPPER, 49; Hamlet ANDERSON, 29; Bluff, 44; Toney, 34; Jack COLLINS, 34; Mongola James, 29; Old Prince, 44; Bonny Prince, 64; Daniel O'BRIEN, 30; Anthony, 29; John BURNAHM, 40; Peter BENNETT, 35; Congo Thomas, 22; Davy MEIGHAN, 30; M... *illegible*, 24; Mandingo *illegible*, 26; Henry, 20;

p. 21: Doll, 37; Charlotte, 12; Monday, 5; William, 3; Julian, 1.

#18. James HYDE, 3 11 7:
Sam GORDON, 44; Cesar, 35; Isaac, 36; Patience, 54; Peggy, 44; Rose, 44; Sarah, 44; Rum & Water, 8; Nancy, 44; Susannah, 23; Moll, 34; Sarah LAWRIE, 34; Fanny, 30; Sabina, 7; Fabina, 5; Charlotte, 24; James DON, 7; Joe, 3; Memba, 12; John, 8; Toby, 6.

#19. Estate Jonathan CARD, 8 4 1:
Hercules, 40; Cuffee, 44; Guy, 37; Bristol, 29; Adam, 20; Quam, 50;

p. 22: Hero, 40; Phillis, 29; Bob, 16; Peggy, 8; Kate, 40; Jenny, 28; Linda, 50.

#20. Manfield William BOWEN, 19 2 0:
Ben HICKEY, 17; Tom BOWEN, 33; Fortune, 39; Limerick, 38; Simon, 38; William, 28; Robert, 29; John WRIGHT, 28; Lord, 36; Robert McAULAY, 26; Robert POTTS, 33; Frederick, 43; Romeo, 48; Old Jemmy, 58; Grenville, 49; Duncan, 43; James SMILEY, 63; Dennis KELLY, 41; Bill MEIGHAN, 46; Linder, 43; Molly, 43.

#21. Estate Mary HICKEY, 42 11 11:
Calintine, *(sic)* 2; Grace, 2; Sam, 5; James, 8;

p. 23: London, 17; Nancy, 17; Louisa, 17; Peggy, 19; Sarah, 19; Peter, 29; Venture, 31; Shakespear, 33; Frizell, 33; Parker, 33; Providence, 33; Duke, 33; Goodluck, 33; Sampson, 33; Charley, 33; Richard, 33; Joe, 38; Quashie GOFF, 38; Coromantee Harry, 38; Bob, 38; Mongola Prince, 38; James, 38; Patience, 38; Mary, 38; Diannah, 38; Hannah, 41; Tom COLLARD, 43; Jemmy MEANY, 43; Adam LAWRIE, 43; Barber Jack, 43; Anthony, 43; Maco Jack, 43; Allick ANDERSON, 43; Henry, 43;

p. 24: Will, 43; Hazard, 43; Theasby, 43; Qualen, 43; Sandy, 48; William PITT, 53; Ned Wilson, 59; Romeo, 59; Stepney, 61; Nancy, 63; Mundingo Harry, 68; Nimrod, 73; Scotland, 78; Moco Scotland, 78; Cato, 78; Lucy, 83; Currie, 83;

Paddy, 93; Mongola Adam, 43.

Memorandum: The Slaves whose names are against the undermentioned Seven persons (children of the late Mary HICKEY dec'd) are returned in the list of her property, but with a remark that they are bequeathed by the will of the dec'd to her said children. *(signed)* G.W., K.R.

Francis MEIGHAN having retained the boy Cesar himself his number is not carried, 0 0 1.

Matilda BOWEN, 0 0 1.
  Jenny, 6.

James BOWEN, 1 0 1:
  William, 3; Monday, 11.

Francis MEIGHAN, - - -. Cesar –

Charles BOWEN, 0 0 1:
  Norah, 8.

Sophia BOWEN, 0 0 1:
  Memba, 9.

Catherine BOWEN, 0 0 1:
  Esther, 9.

Richard BOWEN, 1 0 0:
  John, 11.

p. 25:
#22. Property of George HENDERSON'S Children in Honduras, 9 0 0:
  George COLLINS, 44; Dick, 42; Moore, 40; James, 36; Sandy, 34; Lucky, 33; Thomas, 28; Kelly, 44; Quashie, 46.

#23. Marianne WALL, 1 0 0:
  Ned, 40.

#24. Clarissa PASLOW, 5 10 1:
  Bessy, 30; Sambo Bess, 8; Mary DIXON, 13; Biddy, 26; Mary, 10; Margaret, 35; her Child, 6 months; Celia, 28; Present, 24; Venus, 50; Tom, 12; Robert, 15; Jack, 50; Ham, 55; Joe, 38; Mary HUNT, 48.

p. 26:
#25. Thomas ILES, 7 0 0:

John HEMSLEY, 32; Hardtimes, 38; Robert, 26; Marcus, 26; Ceasar, 40; Billy, 50; Nelson, 44.

#26. Estate of John GIBSON, dec'd, 4 1 0:
John, 35; George, 20; Violet, 45; John, 18; Nelson, 16.

#27. Catherine FERRALL, 6 13 15:
Abba, 45; Rose, 30; Betsey, 20; Tom, 44; James, 13; Maria, 8; London, 14; Nancy, 10; Margaret, 8; Toby, 5; Dorcas, 2; George, 1; Chloe, 55; Deanna, 35; Polly, 20; Wonder, 8;

p. 27: (*continued, spelled* FERRELL) Olive, 14; Lucy, 45; Sampson, 25; Hamlet, 22; Jenny, 20; Sarah, 18; Emma, 16; Maria, 14; Cork, 12; Chloe, 9; Harriet, 8; Joseph, 7; Milly, 5; John, 3; Richard, 1; George, 3 months.

#28. William GENTLE, 39 14 9:
January, 40; London, 29; Johnny MEANY, 34; Quamina, 24; John HERCULES, 30; Sandy, 34; Jacob, 22; Monday, 44; Romeo, 34; Bristol SPROAT, 39;

p. 28: William LOVEL, 24; Ned GABOUREL, 29; Robert GENTLE, 32;William GENTLE, 24; Billy, 29; Edinburgh, 36; Long Ben, 39; Will, 32; Peter, 32; Bristo BRYAN, 46; Edward LEWIS, 24; Jack THOMAS, 32; Sam GENTLE, 29; Clark GRAHAM, 31; Middleton, 32; Congo Edward, 32; Cardigan, 32; Harry, 30; Morgan, 44; James GENTLE, 30; George LEWIS, 44; Mars JACKSON, 39; Hector, 44; Mars, 44; Tom, 59; Belford, 17; London Congo, 32; Sutherland, 10; Betty, 34; Betsey, 15;

p. 29: Juno, 13; Mary GRAHAM, 38; Camilla, 32; Polly, 32; Clemiana, 21; Kitty MEANY, 30; Elsey, 30; Margaret, 29; Lettice, 54; Rebecca, 10; Sophia, 13; Helenour, 13; Tom, 8; Judy, 1½; Peggy, 7; Cassandra, 3; Jane, 9; Ratchel, 7 months; Chloe, 4½; Abel, 1½; Eve, 10 mos.

#29. John POTTS, 15 12 6:
Clarissa, 50; Martha, 28; Deptford, 25; Scipio, 18; Cratia, 16; Moss, 8; Clarissa, 5; Sally, 1; Delia, 50; Smart, 25; Phoebe, 14;

p. 30: Peggy, 8; Nelly, 50; John Guy, 18; Robert, 14; Memba WILSON, 45; Trusty, 14; William, 7; Sabina, 18; Sally WILSON, 20; Venus, 60; Quamina, 60; Tyger Joe, 25; Billy COOPER, 30; Suchana, 50; Bristol, 30; Cato, 50; Mercury, 35; Corkie Jack, 50; Letice, 45; Quasheba, 8; Quash, 45; Ben, 45.

#30. John POTTS & Catherine FARRELL, 42 8 2:
Adam, 50; Sharper, 50; George, 35; Jack SNOWDEN, 45; Andrew, 50; Toney, 35; Bachus, 35; Ned, 50; Titus, 50; Charles, 55;

p. 31: Hamlet, 60; John, 14; Charles, 24; Billy, 20; Ben, 55; Iboe John, 35; Hercules, 35; James, 35; Jack, 35; Richmond, 35; Davey, 50; Hector, 40; Prince, 40; Cudjoe, 40; Duncan, 50; Jack, 65; Sam, 68; Harry?, 70; Hester, 50; Phebe, 60; Lizzy, 50; Quash, 50; Dick, 50; Seally, 60; London, 60; Bob, 60; Caeser, 50; Charles, 50; Peggy, 45; Violet, 18; Funchas, 14; Eleanor, 12; Darby, 8; Rose, 5;

p. 32: Jamaica, 50; Mary, 25; Harriet, 55; Chance, 45; Oceo?, 45; Toney, 30; Macaw, 50; Charles, 45.

#31. Elizabeth STAIN, 1 1 0:
Ned, 41; Cuba, 30.

#32. Anna HOME, 15 2 3:
Chelsea, 60; Billy RODGERS, 50; Old Dick, 50; John HUME, 40; Tho.s CRUCKSHANK, 38; Tho.s TOWNSEND, 38; Wm. STANFORD, 36; Richard GUTHRIE, 32; Anthony DAWKINS, 27; John DAWKINS, 28; Quaw STANFORD, 28; James GRAY, 26; Samuel HUME, 26; Sandy HUME, 24; Wm. HUME, 11; Henry HUME, 9; Wellington HUME, 6; Blucher HUME, 2; Maria HUME, 40; Rose HUME, 26.

p. 33:
#33. John Samuel AUGUST, 25 3 0:
Handy, 25; Alick KIDD, 38; Alick, 38; Antigua, 48; Bauldy, 25; Bristow, 23; Bob, 36; Charles, 33; David, 19; Duncan, 23; Frank, 26; John, 23; John HAW, 23; John STEPHEN, 41; Harry, 19; Primus, 43; Pollidore, 48; Ned, 25; Ned SPROAT, 27; Harry MARTIN, 23; Robin, 28; Tommy, 23; Taylor, 28; Simon, 20; Toby, 20; Rose, 23; Rosette, 38; Teasley, *(or Teasby?*, 35.

#34. John ALEXANDER, 1 0 0:
Patty, 22.

p. 34:
#35. William TOOTH, 1 1 0:
Dick, 50; Dolly, 40.

#36. Ann TOOTH, 0 0 1:
David, 4.

#37. Eliza TOOTH, 0 0 1:
Nelson, 2.

#38. George SPROAT, 7 0 0:
Michael, 30; Tom, 28; Quashie, 23; Harry, 21; Billy HARE, 34; Tommy, 50; Hercules, 55.

#39. John POTTS Junr., 10 0 0:
   Harry, 40; Glasgow, 40; James, 18; Ned, 17; Bob 45; Sam, 35; Charles, 30; Holland, 45; Jacky, 18; Neptune, 30.

#40. John ARMSTRONG, 12 4 0:
   Charles, 29; London, 31; Peter, 30; Nelson, 31; Harry, 26; George, 23; Tun, 32;

p. 35:   Philip, 28; William, 20; Edward, 15; Cupid, 22; Dick, 45; Sukey, 37; Jane, 26; Sally, 13; Margaret, 10.

#41. Charles JEFFEREYS, 6 5 3:
   Billy, 60; John, 60; Cuffee, 30; Adam, 28; Simon, 24; Cuba, 65; Rachel, 50; Marina, 35; Nelly, 30; Sally, 25; Anthony, 10; Joe, 1; Letitia, 4; Margaret, 1.

#42. Wm. T. CHERINGTON, 6 0 0:
   Tom, 19; Sammy, 29; Will, 33; Colville, 33; Fortune, 33; Limerick, 48.

p. 36:
#43. Elizabeth AUGUST, 6 3 0:
   Campbell, 25; Harry, 48; Minter, 31; Stephen, 38; Scotland, 26; Richard, 10; Chloe, 25; Jenny, 31; Penny, 10.

#44. James A. CARMICHAEL, 0 1 0:
   Celia, 16.

#45. Susannah GORDON, 1 1 1:
   Frankey, 30; Dan, 11; Sambo, 8.

#46. Salmon BURNAHM *(in other records, BURNSHAM,)* 22 0 2:
   Sampson; George PALINET; Bonny Jim; Quashie, all above 40; Simon; Charles; Allick; Eboe Frank; Scotland; Ben; Mandingo Frank; Mulatto John; Daniel; Jem; Peter; Harry; Jamaica Jem; Greenwich; Moco Sampson; Eboe Sampson; Marriot; Hero; all 40 and above 20;

p. 37:   Monday; George; 9 years or under.

#47. William USHER, 20 6 6:
   Jem GORDON, 36; Mongola Billy, 36; Billy JONES, 36; William, 34; Allick, 44; Ben, 44; Jamaica Jack, 25; Congo Tom, 35; Frank, 30; Will, 30; Jim, 40; Cuffee, 40; Dick, 40; Guilford, 38; James, 15; Joe, 11; Thomas, 5 months; George, 9 months; Henry, 2; Joe GOFF, 25; George FRAZER, 40; Quashie, 55; Billy ORD, 40; Sally, 40; Simantee, 21; Hannah, 9; Mimba, 40; Clarinda, 20; Mary, 45; Dolly, 35; Priscilla, 8; Leah, 6.

p. 38:
#48. USHER & ARMSTRONG, 5 0 0:
   Toby GORDON, 35; Ned, 36; Guy, 35; Jack WALDRON, 36; Cork, 50.

#49. James COLQUHOUN, 9 0 0:
   Harry, 35; Cuffee, 35; Smart, 30; Dick, 30; Jack, 30; Alick, 40; Nicholas, 30; Adam, 36; John, 17.

#50. Catherine TILLETT, 0 2 1:
   Bessy, 20; Kitty, 20; Alick, 2.

#51. Sarah GUERNOT, 1 2 0:
   Kitty, 26; Maria, 23.

#52. David DIXON, 3 2 0:
   Adam, 60; John, 22; Tom, 20; Maria, 36; Lucy, 15.

#53. James WALDRON, 18 6 3:
   Smart, 38; Ned, 32; Jackson, 36; Peter, 38; Billy, 40;

p. 39:   Jem, 37; William, 36; Liverpool, 23; Billy STEWART, 40; George, 42; William WOOD, 48; Mon. Jem, 28; Charlotte, 50; Susannah, 30; Winny, 56; Fanny, 26; Nancy, 32; Fanny, 12; Louis, 10; Robert, 7; George, 3; Pamela, 9 months; Joe HUME, 50; Bacchus, 26; Romeo, 20; Jack, 24; Isaac, 40.

#54. Catharine HUME, 5 3 0:
   Jack, 44; Sam, 40; Robert, 36; John, 30; Lumbard, 22; Venus, 38; Brasillea, 22; Rose, 13.

#55. Lucy PATTINETT, 3 0 0:
   Sambo, 44; Will, 25; Joe, 59.

p. 40:
#56. Ann PATTINETT, 6 3 1:
   George, 44; Allick, 44; John, 21; Jem, 24; Abraham, 12; Peter, 40; Bessy, 54; Tracer, 22; Harriet, 34; Ben, 3.

#57. Thomas FRAIN, 16 5 6:
   Cuffy, 36; Abraham, 30; London, 34; Quamina, 28; Will, 54; Quaco, 39; Derry, 36; Charles, 36; Lindo, 36; Jem, 36; Frederick, 33; Flint, 41; Homer, 46; Tom, 16; Alick, 15; Ben, 49; Betty, 36; Harriet, 32; Fanny, 29; Patty, 24; Charlotte, 29; Eleanor, 9; Nancy, 7; Dick, 1; Jenny, 6; Harry, 4; Mary, 6 months.

p. 41:

#58. Estate William JACKSON, dec'd, 12 3 6:
Chance, 22; Robert, 34; Philip, 38; George, 44; Jacob, 36;Cudjoe, 36; Jack, 28; John, 34; Joe, 36; Swift, 49; Port Royal, 34; Harry, 35; Cristianna, 26; Mary, 30; Peggy, 28; Antonio, 5; Peter, 5; Jose, 5; Manoel, 4; Rosette, 7; Eleanor, 4.

#59. Elizabeth WALL, 0 1 0:
Clarissa, 34.

#60. Alexander PRICE, Estate of, 1 0 0:
Sam, 22.

#61. Martha HOLWELL, 2 3 0:
Tom, 54; Adam, 21; Sarah, 54; Sally, 46; Nancy, 23.

#62. Thomas MOODY, 1 3 0:
Old Charles, 60; Sarah, 25; Fanny, 23; Cuba, 17.

p. 42:
#63. Hannah MYVETT, 5 2 3:
Batt, 38; Tom, 30; Bristol, 30; George, 40; Tom, 14; Amelia, 12; Arabian (a Guel,) *(or Geul or Giel?)* 10; Jonah, 8; Paelah, 6; Prince, 3.

#64. Violet SMITH, 1 1 1:
Peter BROWN, 36; Patience BROWN, 30; Rose BROWN, 3.

#65. Mary WHITE, 15 6 6:
Quashie, 26; Jupiter, George, Philip, Lucky, all above 40; Eboe Jem; Mocco Jem; Peter; Handel; Felix; Harry; Prince; London; Will; Schooner Jack; Nidey; Frances; Jane; Margaret; all 40 and above 20. Betsy, 29; Joseph, above 9; Kitty; Margaret; Maria; Nancy; Rose; 9 and under.

p. 43:
#66. Mary HEMMING, 4 3 3:
Lewy, 34; Billy, 32; London, 27; Ben, 14; Jack, 6; Pattima, 54; Phillis, 34; Jenny, 32; Eleanor, 9; William, 3.

#67. Margaret GREEN, 0 1 2:
Amelia, 30; Sophia, 4; Ann, 2.

#68. James USHER, 6 1 3:
Tobey, 25; Richmond, 27; Cyrus, 29; Lewey, 30; Alexander, 27; Joe, 26; Nanny, 27; Phebe, 5; Sabina, 4; Rose, 2.

#69. William WALSH, 3 0 0:
John, 19; Frank MASKALL, 35; Scotland, 30.

p. 44:
#70. Duncan CAMPBELL, 4 2 1:
   Sam, 26; Henry, 30; James, 40; Cesar, 42; Betsy, 22; Mary, 10; Thomas, 8.

#71. Richard D. O'BRIEN, 5 1 1:
   Joe, 45; Jacob, 43; Edmond, 25; Thomas, 19; Prudence, 33; Ben, 17; William, 8.

#72. Hannah CLARKE, 2 1 5:
   Sarah, 30; Jack, 13; Sampson, 11; Will, 9; Ben, 7; Harry, 5; Able, 2; Mary, 9 months.

#73. George USHER, 1 2 7:
   David, 28; Caroline, 35; Sophia, 28; Joseph, 3; John, 2; Joe, 1; Nancy, 6; Jean, 6; Lucretia, 51; Betsey, 5 months.

p. 45:
#74. William H. COFFIN, 5 0 2:
   Brown, 39; Harry, 34; Toby, 29; Peter, 34; Jack, 39; Anthony, 5; Lucretia, 7.

#75. Sarah ASKEW, 1 0 0:
   Quashie, 29.

#76. George TILLETT, 0 0 1:
   James, 8.

#77. William TILLETT, 1 0 0:
   Dan, 18.

#78. Elizabeth TILLETT, 4 5 1:
   London, 50; Charley, 40; Joe, 35; Hunter, 35; Phoebe, 40; Present, 30; Patty, 28; Hannah, 24; Darkys, 13; Joseph, 7.

#79. Daniel TILLETT, 1 0 0:
   George, 38.

#80. Hannah TUCKER, 2 4 1:
   Kitty, 42; Prince THAMES, 12; Robert, 19; Patience, 16; Frances, 14; Julianna, 23; Catherine, 2.

p. 46:
#81. Elizabeth LAWRIE, 2 3 5:
   Lucretia, 38; Juba, 22; Mimba, 19; Quamina, 16; Harry, 12; Quashie, 9; Thomas, 6; William, 2; Sarah, 15 months; Elizabeth, 5 months.

#82. Richard HARRISON, 1 0 0:
   Arthur, 29.

#83. Joshua GABOUREL, 5 0 0:
   Billy, 28; Allick, 29; Adam, 33; Cesar, 44; Ben, 35.

#84. William GABOUREL, 8 1 0.
   Charles, 36; Jack, 31; Harry, 29; America, 31; Toney, 41; Charles Mongola, 33; Prince, 35; Nelson, 22; Venus, 36.

#85. Wm. & Joshua GABOUREL, 4 1 3:
   Duncan, 30; Jack, 24; Adam, 23; Joe Tate, 50; Harry, 7; Anthony, 6; Pheba, 34; Phillis, 1.

p. 47:
#86. John USHER, 6 0 0:
   Edward, 24; Peter, 26; Prince, 30; George, 35; Charles, 46; Ned, 18.

#87. Estate of Betsy HARRIS, 5 3 0:
   Sodiah, 74; Toney, 34; Dorsett, 30; Primus, 28; John, 27; Patience, 84; Fanny, 27; Rebecca, 24.

#88. Sarah WINTER, 1 2 2:
   Chance, 39; Jane, 21; Maria, 18; Silvia, 16; Glasgow, 6.

#89. Peter STANE, 2 0 2:
   Strephon, 35; Liverpool, 44; Rose, 7 months; Jane, 5.

#90. Catherine WHITE, 13 4 0:
   George, 30; John, 36; Hair, 49; Buonaparte, 39; Johnny, 74; Cuffy, 69; Willy, 38;

p. 48:   Dick, 70; Bacchus, 54; Joe Parker, 64; Robert, 12; Simon, 10; Flora, 40; Bessy, 44; Martha, 64; Rebecca, 12.

#91. Mary HUME, 16 12 7:
   William, 35; Frank, 29; Laurence, 30; Charles, 29; John, 25; Richmond, 24; Sampson, 40; Knight, 36; Adam, 38; King, 34; Scipio, 44; Bacchus, 42; Am.n Joe, 48 *(=American Joe;)* John, 13; Sancho, 12; Edward, 10; Nelson, 9; Daniel, 7; Nicholas, 6; George Frederick, 4; William, 8; Joseph, 2;

p. 49:   Johanna, 32; Clara, 34; Dorinda, 31; Mary, 19; Nanny, 25; Eleanor, 12; Emma, 10; Patience, 12; Sophia, 11; Agness, 6; Christiana, 33; Margaret, 29; Priscilla, 24.

#92. Rachel JEFFEREYS, 2 3 2:
> William BEATTIE, 50; Ishmael, 65; Friendship, 25; Sue, 22; Sue's Child, 3 months, Sylvia, 11; Rosette, 6.

#93. Jane TRAPP, 7 6 0:
> George, 60; Tom, 25; Richmond, 22; Sammy, 33; Leith, 15; Bob, 50; Simon, 70; Phebe, 40; Hagar, 50; Dianna, 39; Sally, 40; Bess, 20; Cynthia, 25.

p. 50:

#94. Jane HUME, 18 6 5:
> Henry, 38; John alias Quashie, 25; Marcus, 32; Youghall, 35; Charles, 39; Guy HILL, 37; Chance, 42; Marquis, 40; Peter WILSON, 44; Cheshire, 36; Sampson, 40; Scotland, 40; Briton, 55; Cupid, 46; Sarah, 30; Kate, 31; Sophia, 19; Eve, 22; Elina alias Elsy, 28; Amelia, 13; Agnes, 5; Elizabeth, 6 months; Jane, 3 months; Anthony, 11; Joseph, 7; James, 3.

#95. Abigail BIRD, 0 1 0:
> Dolly, 15.

p. 51:

#96. Thomas FLOWERS, 0 1 0:
> Bella, 14.

#97. David BETSON, 5 0 0:
> John ELLICE, 30; William, 35; Cornwall, 35; Jack, 26; Chelsea, 40.

#98. Tinah BEATTIE, 3 3 1:
> William, 21; George, 23; Andrew, 20; Bessy, 18; Jeanny, 30; Margaret, 7; Hannah, 50.

#99. William WHITE, 7 2 0:
> John, 38; Barrack, 24; Jack, 36, X Chance, 27; Adam, 38; Lambert, 22; Dublin, 22; Lunar, 54; X Monimia, 25.
> Remark: Those Slaves with an X against their names in Mr. WHITE's list is mentioned as transferred to Mrs. CUNNINGHAM.

Note: William was a son of Capt. William White, who was killed by Indians in August 1801 and a brother of Mary White Tillett. Chance and Monimia appear in John Cunningham's household, #71.

#100: Estate James GORDON, dec'd, 2 2 0
> Sally, 36; Daniel, 7; Hannah, 35; Child of Hannah, 3.

p. 52:

#101. Sus.h W. USHER, 3 3 1.:
Adam, 54; George, 45; Cato, 39; Abba, 38; Grace, 34; Nancy, 18; Ben, 3.

#102. Amelia ARTHURS, 5 9 4:
Peter, 38; Prince, 28; John, 26; Billy, 12; Thomas, 10; Dinah, 60; Sarah, 40; Clara, 35; Mimba, 33; Castina, 24; Ruthe, 22; Bella, 20; Phillis, 16; Margaret, 14.

#103. Catherine TOMPSON, 2 2 0:
Scotland, 33; John, 35; Patience, 41; Bessy, 17.

p. 53:
#104. Nancy GABOUREL, 3 5 0:
James, 34; Sam, 40; Jose, 41; Lucky, 44; Phillis, 38; Sally, 34; Jeaney, 15; Kitty, 10.

#105. Martha MEIGHAN, 0 1 2:
Harriot, 20; Eugenius or Eugene, 5½; Harry, 8.

#106. John COLLINS, 4 2 0:
Isaac, 64; Ben 49; James, 32; William PITT, 29; Harriet, 59; Fanny, 28.

#107. Robert DOUGLAS Senr, 2 3 2:
Jeanie, 21; Mary, 16; Eliza, 11; Henry, 18; Robert, 2½; an Infant, 9 months; Toney, 65.

#108. Elizabeth LAWRIE, Elder, 3 4 1:
Samuel, 54; Harrison, 40; Ceres, 56; Chance, 3; Nancy, 60; Ellen, 36; Emea, 22; Quasheba, 25.

p. 54:
#109. Mary WAGNER, 1 2 4:
Susannah, 54; Cecelia, 34; Cudjoe, 16; Adrianna, 8; Maria, 6; Rachel, 2; Thomas, 3 months.

#110. Frances FORT, 1 1 4:
George, 11; Jem, 6; Daniel, 5 Mos; Betty, 30; Maria, 8; Nancy, 4.

#111. Margaret JONES, 0 1 0:
Molly, 39.

#112. John PARKER, 1 0 0:
Prince, 34.

#113. John PARKER & Sally PARKER, 1 0 0:

John, 49.

#114. George WESTBY, 2 2 2:
Jack, 52; Jem, 29; Integrity, 23; Mary, 34; Margaret, 6; Eleanor, 5 months.

#115. William S. EVE, 1 0 0:
Charles EVE, 17.

#116. Estate S. PRICE, 1 0 0:
Robert, 35.

p. 55:
#117. Chas. CUNNINGHAM, 4 3 3:
Robert, 35; Ratcliff, 22; Guilford, 18; Johnny, 17; Mary, 40; Quasheba, 35; her Child, *(blank)*; Amelia, 10; Rachel, 8; Helena, 3.

#118. George HUME, 21 1 0:
Thomas HUME, 34; Thomas REID, 25; Robert, 29; James, 24; William, 35; Guy HUME, 41; Jem BOGLE, 40; George, 22; Harry, 44; Seaborn, 64; Thomas H. *(= HUME)* Sen.r, 44; Peter HUME, 44; Howe, 39; Will, 35; Pompey, 35; Breachee, 44; Warwick, 39; Dick, 44; Anthony, 42; England, 33; Sampson, 11; Henrietta, 11.

p. 56:
#119. James Frederick AUGUST, 18 6 3:
Tom, 28; Ned ROBERTSON, 28; William, 26; Cork, 25; John, 34; Duncan, 44; William JONES, 41; Middleton, 34; Port Royal, 46; Jack, 41; Nelson, 19; Tom, 39; Sam, 49; Andy, 34; Oliver, 54; George, 49; Nelson, 15; Frederick, 13; Rodney, 9 months; Edwin, 3 Mos; Kindness, 44; Dinah, 34; Celia, 26; Charlotte, 26; Mary, 19; Rachel, 50; Anne, 5 months.

p. 57:
#120. Grace TUCKER ANDERSON, 83 16 16:
Aaron, 10; Aaron, 24; Alfred GRAHAM, 39; Alfred, 32; Aberdeen, 23; Alick, 23; Abraham, 24; Boatswain, 34; Bob Moco, 39; Button, 32; Bill HOPE, 37; Bacchus, 34; Blackwell, 28; Bobby, 23; Cupid Mongola, 33; Cupid GRAHAM, 39; Cuffee GRAHAM, 34; Cato, 24; Cudjoe CAMPBELL, 34; Chatham, 34; Charles, 34; Cuffee, 32; Ceasar, 40; Cobus, 39; Duncan, 32; Ferryden, 30; Figuro, 42; Godfrey, 64; George, 34; Glasgow, 34; Harry GRAHAM, 25; Hero, 34;

p. 58:
Henry, 30; Hope Moco, 34; Johnny, 23; Jemmy, 30; Jacob, 23; Job, 54; Jem GARNETT, 44; Jem CROOKLEG, 44; Jarvis, 34; Joe HARRIS, 64; Jem GRAHAM, 24; John (Moco), 34; Isaac, 30; Johnstone, 39; Kenedy, 64; Murphy, 34; Mongola Jack, 25; Neal, 24; Neptune O'CONNOR, 40;

Neptune GRAHAM, 54; Ned (Mongola), 34; November, 32; Prince Moco, 34; Prince, 64; Pollydore, 34; Peter, 37; Port Royal, 32; Pompey, 64; Quashie (a Coromantee), 34; Quashie (a Mongola), 32; Quamina, 54; Quamina, 34;

p. 59: Rymas, 44; Robert, 32; Sandy, 34; Smart, 34; Scipio SPROAT, 34; Scotland, 26; Simon, 23; Tom Moco, 32; Tom Coromantee, 23; Tom LAWRIE, 22; Toby, 49; Will (Mongola), 34; Warwick, 34; Wattle, 34; Ben, 14; Phillis, 24; David, 5; Sarah, 39; Eleanor, 9; Amelia, 7; Jenny, 23; Maria, 23; Princess, 44; Molly, 34; Mary ELLIS, 34; Sophia, 29; Diana, 9: Nelson, 7; Peggy, 30; Sam TUCKER, 16; Mary Ann, 29; Eliza, 11;

p. 60: Hannah or Henrietta, *(sic)* 7; Frederick, 6; Elizabeth, 34; Fanny, 14; Nancy, 12; Jessy, 9; Martha, 34; Peter, 16; Catherine, 12; Charles, 10; Daniel, 8; Susan, 5; Friendship, 5; Charlotte, 2; Lucretia, 2½; Rodney, ¾; George, 5 months; Agnes, 1 year; Bell, 40.

#121. Mary McKAY for herself and Sisters, 5 5 3:
George, 32; John, 32; Thomas, 30; Sarah, 29; Monie, 45; Honor, 20; Joseph, 18; Elizabeth, 16; Eddy, 13; William, 11; Jennett, 5; Henry, 3; Simon, 1.

p. 61:
#122. Wm. MASKALL, 1 2 4:
John DERIXON, 29; Adelaide, 35; Nancy, 23; Mary Ann, 8; Frances, 5; John, 2; Alfred, 3 months.

#123. John McKENNY, 1 0 0:
George, 39.

#124. James R. CUNNINGHAM, 2 1 4:
Marcus, 39; Jenny, 27; Billy, 12; Lewellen, 9; Archibald, 3, Sally, 8; Lucretia, 2.

#125: Jane PANTING, 0 0 1:
Eleanor, 2.

#126: Elizabeth HEWLETT, 9 3 2:
Ben, 44; Jack, 35; George, 36; John, 33; Farrow, 23; Robert, 22; Anthony, 14; Peter, 15; George, 6; Richard, 16; Domingo, 42; Norah, 8; Mary, 11; Peggy, 22.

p. 62:
#127. Geo. D. HEWLETT, 6 2 0:
Rachel, 39; Priscilla, 22; Silvia, 38; Joe, 17; Dorset, 11; George, 6; John, 5½; Lucretia, 11; Alminta, 11; Leah, 20.

#128. Mary WINTER, 1 2 2:
John, 50; David, 5; George, 2 1/2; Fanny, 40; Rose, 33.

#129. Jane HEWLETT, 0 2 0:
Chance, 45; Venus, 42.

#130. William GIBSON, 3 3 4:
Richard, 33; Harry, 42; Adam, 16; Sarah, 27; Grace, 26; Margaret, 27; Thomas, 9; Daniel, 4; Abel, 2; Rebecca, 6.

p. 63:
#131. Susanna BURRELL, 0 3 1:
Mimba, 50; Harriet, 30; Patience, 10; Jane, 3½.

#132. Ann SMITH, 4 3 7:
Tobey, 23; Charity, 34; Nancy, 30; Eve, 17; William, 14; Robert, 8; James, 10; George, 4; Malego, 6; Margaret, 7; Maria, 7 months; Tom or Christmas, 12; Henry, 1½; Charles, 10 months.

#133. Joseph E. SWASEY, 1 2 2:
Ireland, 39; Arebella, 50; Cordelia, 20; March, 6; Harry, 9.

#134. Mary TATE, 2 2 2:
Robert, 55; Catherine, 36; Phillip, 13; Eliza, 12; Belvie, 7; Harriat, 5.

p. 64:
#135. Elizabeth POTTS, 2 2 3:
Hector, 32; Charles, 30; Flora, 22; Lizzy, 21; Anna, 6½; George, 5½; Angelina, 2.

#136. Ariadne BROSTER, 23 12 16:
Joe, 60; Bill, 32; John, 40; Davey, 40; Glasgow, 32; Hunter, 39; Charles, 40; Simon, 27; Peter, 29; Daniel, 18; Adam, 25; Frederick, 28; Jackey, 16; Tom, 16; M. Sail, 15; Robert, 12; George, 10; Richard, 10; James, 14; Jacob, 40; Jack, 32; Edward, 25; Morrison, 10;

p. 65: Mary, 44; Eliza, 34; Silvia, 34; Rosette, 31; Harriot, 30; Kitty, 30; Lucy, 19; Arabella, 12; Betsey, 18; Nelly, 17; Louisa, 11; Molly, 11; Emma, 9; Brown, 9; Richman, 9; Harry, 8; Hamlet, 8; Patience, 9; Mary, 7; Diana, 8; Present, 9; Prudence, 4; Oatway, 7; Joe, 2; William, 2; Sam, 1; Florina, 3 months; Edward, 2 months.

p. 66:
#137. Eve BROSTER, 4 1 0:

Christian, 33; Bacchus, 38; Robert, 36; Samson, 10; Maria, 12.

#138. Estate C. P. DeBRION, 5 3 2:
Nicholas, 30; Ned, 31; John, 40; Harry, 29; Bob, 30; Anna, 23; Clarissa, 22; Louisa, 15; Alvera, 5; Frances, 6 months.

#139. Robert & CHARLOTTE DOUGLAS, 1 2 1:
X James, 22; X Pamela, 20; her Child, 8 mos.; Momenia, 17.
Those Slaves marked thus, X, all in this return, said to be Slaves during R. DOUGLAS' life time.

#140. Hannah SUTTON, 2 1 0:
Toby, 26; Boatswain, 44; Mary, 29.

#141. Amelia GORDON, 10 3 2:
John SAVORY, 21; Dick, 54; Cork, 53; Warwick, 32;

p. 67: Cato, 34; Davie, 36; Bill, 32; Ramsay, 30; Richard, 24; William, 27; Old Sally, 64; Kitty, 17; Bessy, 15; Dianna, 5 months; Mary, 18 months.

#142. James McDONALD, 5 2 1:
Jamaica, 32; Billy GOFF, 39; Joe, 29; Charles, 36; Peter, 30; Paddy, 6; Polly, 32; Janet, 15.

#143. Catherine ROBINSON, 11 13 9:
Billy, 32; Chance, 35; Quamina, 29; Jose, 22; Tom BOURK, 37; York, 26; Malaga, 24; Waterford, 74; Devonshire, 19; Peter, 16; Thomas alias Ben, 14;

p. 68: Priscilla, 44; Grace, 12; Grace EVERETT, 54; Moggy, 36; Nancy, 32; Louisa, 64; Mary, 26; Famey, 28; Bessy, 22; Chloe, 18; Kate, 54; Matilda, 64; Joan, 64; Phebe, 9; Henry, 8; Edwin, 6; Walter, 1; George, 2; Betty, 2; Mary Ann, 3; Maria, 1; John, 7 months.

#144. B. J. SKELTON, 2 3 0:
Bess, 28; Billy, 34; Dennis, 34; Jenny, 27; Evelina, 11.

p. 69:
#145. Sarah PARKES, 1 3 2:
Bob, 40; Sylvia, 30; Molly, 30; Bessy, 12; Richmond, 7; Eliza, 4.

#146. Sarah BIRD, 0 0 1:
Jane, 9.

#147. Isabella GRAHAM, 0 1 2:
Hannah, 24; Thomas, 9; Mary, 3.

#148. John SMITH, 1 1 0:
Sally, 30; Limehouse, 32.

#149. Charles CRAIG, 6 1 0:
Sam, 34; Mingo, 44; Charles, 39; Boston, 40; Jim, 34; Charley, 21; Lucy, 54.

#150. John COATQUELIN, further return, for particulars see it, 1 0 0:
Cambridge, 34.

#151. Charles BULL, further return, 0 1 0:
Bob, 49; Clarissa, 26.

#152. Chas. BULL Jun.r, 1 0 0:
Jack, 26.

#153. Robert WAGNER, 5 0 0:
Cheshire, 57; Hazard, 34; Friday, 32; King, 54; Glasgow, 30.

p. 70:
#154. Margaret GRANT, deceased, 2 0 0:
Peter, 34; Harry, 34.

#155. Elizabeth SMITH, 2 1 2:
Dianah or Dinai, *(sic)* 32; Simon, 11; Jack, 7; Eve, 5; Quaw, 37.

#156. Agnes ARMSTRONG, 7 5 1:
Duke, 50; Daniel, 32; Jack, 34; July, 29; Ned, 29; John, 22; Richard, 10; Samuel, 8; Princess, 54; Nelly, 29; Jean, 30; Stella, 26; Sarah, 12.

#157. Edward BENNETT, 0 4 0:
Fanny DAVIS, 45; Eliza DAVIS, 30; Sarah, 12; Phoebe, 35.

#158: Mary GADDES, 1 2 5:
Fidelia, 30; Behavior, 29; Robert, 10; William, 5; Frank, 2 ½; Amelia, 7; Anna, 6; Lucy, 3.

p. 71:
#159. John Morris CUNNINGHAM: 2 2 2:
Chance, 34; Frank, 22; John, 6 months; Monimia, 22; Clariella, 18; Phillis, 8.

Note: Chance and Monimia were transferred from William White to Mrs. Cunningham. The parish register shows children born to John and Margaret Cunningham; the family was intact in 1823, with Chance still in the household. In 1796, when John was baptised to the late James Cunningham and Mary Hawkins, his middle name was spelled Maurice.

#160. Ann BODE, 4 7 6:
  Bob, 74; Joe, 32; Joanna, 29; Memba, 27; Elizabeth, 29; Venus, 18; Eve, 24; Monimia, 14; Dina, 10; Kitty, 6; Lucy, 9; Fanny, 6; Celia, 4; John, 10; Hamlet, 6; Blanford, 5; James, 12.

#161. Stephen PANTING, 0 1 2:
  Bella, 34; Temple, 4; James, 2.

#162. Laurence CRAWFORD, 3 0 0:
  Neptune, 49; Bennett, 34; Chelsea, 29.

p. 72:
#163. Laurence & Ann CRAWFORD, 2 1 0:
  Elsea, 35; Peter, 28; Robert, 25.

#164. Mary WALL, 5 4 1:
  Dublin, 37; George, 43; Richard, 55; Charles, 53; Sportsman, 60; Eleanor, 60; Penelope, 52; Rosey, 43; Cecelia, 26; James, 3.

#165. Eliza WALL, 2 1 2:
  Clashmore, 25; Nelson, 19; Rose, 22; Edward, 3; Frederick, 5 months.

#166. Elizabeth KELLY, 2 1 1:
  Bat, 25; Chance, 36; Morris, 1½; Dorcus, 54.

#167: Elizabeth KELLY & Eliza WALL, 3 0 0:
  Anthony, 60; Romulus, 65; Ulysses, 35.

#168: Estate Elizabeth LAWLESS, 0 3 0:
  Prue, 46; Sylvia, 38; Agness, 18.

p. 73:
#169: Anna MEIGHAN, 4 1 2:
  Joe, 64; Philip, 52; Charley, 46; Clarissa, 59; Prince, 29; Henry, 9; Maria, 6.

#170: Lillias SNELLING, 1 3 0:
  Phebe, 69; Sue, 28; Mary, 14; Sam, 12.

#171: Thomas PASLOW, 69 11 5:
  London, 25; Tom, 28; Darby, 25; Isaac, 25; Nelson G., 26; Milton, 22; Collin, 22; William, 26; Toby, 28; Nelson, 26; Limas, 24; Barrow, 30; Time?, 32; Swift, 26; Pollydore, 22; Philim, 27; Vincent, 26; Shannon, 23; Stern, 26; Nugent, 25;

p. 74: Frank, 38; Dibden, 22; Davy, 28; Hercules, 36; January, 30; Faithful, 44; Jessamy, 48; Hamlet, 25; Robbin, 27; Harry, 33; Brechan, 44; Fortune, 38; Ned, 40; Blackwell, 34; Rodney, 26; Quaco, 38; Limerick, 36; Buck, 42; Kingsale, 32; Joe, 44; Trim, 54; Punch, 41; Hood, 48; Jemmy, 36; Ned, 58; Pompey, 62; Tom, 14; Laurence, 13; Philip, 25; Smollet, 22; Dryden, 22; Tom, 26;

p. 75: Peter, 23; Bob LOOSELY, 26; Mars, 32; Peter, 33; John Finley, 34; Murture, 32; Bob TYLER, 33; Will TYLER, 31; Bob BURRELL, 28; Hercules, 33; Teddy, 42; Newton, 35; Cudjoe, 45; How, 28; Abercromby, 26; Jem, 34; John, 34; Franky, 50; Sophy, 35; Amelia, 42; Fanny BRION, 30; Sally PEACHY, 23; Mary (Min.A), *(sic)* 28; Peg, 30; Sally Moco, 28; Mary (Mulatto), 44; Jenny, 10; Sappho, 36; her Children – unknown *(i.e., ages unknown)* - 6 Children: Maria; Grace; Clarissa; Clarissa; Geoffrey; William.

p. 76:
#172: Sarah GOFF, 9 9 10:
Quam, 44; George BONNER, 33; Sammy, 22; Sampson, 33; Somersett, 21; Sambo, 13; James, 13; Harry, 11; Toby, 10; Sarah, 40; Rose, 34; Nelly, 24; Peggy, 21; Molly, 20; Hannah, 19; Fanny, 17; Agnes, 18; Clara, 11; William, 6; John, 6; Edward, 3; James, 7; Adolphus, 17 months; Derry, 6 months; William, 3; Elizabeth, 9; Catherine, 2; Elenor, 10 months.

p. 77:
#173: William LEWIS, 0 1 3:
Dianna, 29; Sarah, 5; Nancy, 3; Elizabeth, 10 months.

#174: Dorinda POTTS, 2 2 2:
Bristow, 60; Betsey, 5; Caroline, 7; Bob, 4; George, 30; Delia, 45.

#175: Joseph GOFF, 0 5 0:
Judy, 20; Polly, 19; Behavior, 17; Eleanor, 15; Betsey, 10.

#176: William McKAY, 1 0 0:
Orpheus, 23.

#177: Dunkenet CAMPBELL, 0 2 0:
Amelia, 10; Susannah, 30.

#178: Eleanor BOURKE ILES, 0 1 0:
Molly, 22.

#179: Eleanor ROWAN and other, 0 1 0:
Kitty, 25.

#180: William HUGHES, 3 6 4:
Jemmy, 34; Tate, 44; Sam, 34; Eve alias Susannah, 34;

p. 78: Fanny, 32; Louisa, 26; Delia, 54; Phebe, 18; William, 7; Present, 8; Nancy, 6; Susannah, 2; Mimba, 10.

#181. Mary PRICE, 1 1 0:
Esther, 30; Tom, 30.

#182. Anne HUNT, 4 8 3:
Quamina, 40; John, 30; Dianna, 35; Quasheba, 35; Bashba, 26; Eve, 26; Marina, 20; Cubba, 15; Monimia, 13; Adam, 12; Jessey, 7; Amelia, 5; Dick, 2½; Anna or Honor, *(sic)* 40; Horatio, 14.

p. 79:
#183. John H. STAIN, 3 1 1:
Toney STAIN, 40; Alick, 40; Scotland, 36; Mary, 32; William, 4.

#184. William NEAL, 3 1 0:
Sam, 45; Charles, 17; Harry, 17; Eliza, 25.

#185. Estate of WILLIAM BURN, 13 9 6:
Billy, 12; Sampson, 54; Quamina, 54; Sam, 39; George, 39; Charley, 34; Duncan, 30; Edmond, 20; Charley, 24; George, 44; Tom, 59; Philip, 34; Johnne, 8; Cuffee, 6; James, 5; Jane, 34; Eliza, 32; Maria, 39; Venus, 60; Bessy, 16; Desdemonia, 34; Sarah, 12; Susannah, 4; Jennett, 13; Sylvia, 6 *(or 5?)*; Fanny, 5; Anne, 10.

p. 80:
#186. Margaret NEAL, 1 2 2:
John, 19; Venus, 54; Mary, 31; Robert, 9; Quashie, 9.

#187. Thos. PICKSTOCK, 0 3 1:
Clear, 42; Anna, 32; Mary alias Mimba, 13; Jenny, 9.

#188. J. B. EVERETT, 11 0 0:
London, 21; Boatswain, 30; William, 20; Jerves, 32; Adam, 29; Woodsman, 36; B. Charles, 39; Harry TAYLOR, 42; Joe NICHOLSON, 28; Moses, 42; York, 49.

#189. Geo. EVERETT, 1 0 0:
Jem, 30.

#190. Ann EVERITT, 0 1 0:
Deanna, 40.

#191. Ann HINKS, 1 2 1:
   Tom, 40; Sabina, 25; Hannah, 35; an Infant, 6 months.

p. 81:
#192. Leah MacAULAY, 6 10 8:
   Bill, 50; Patty, 50; Charlotte, 50; Harriot, 40; Sue, 40; Lucy, 35; Fife, 35; Ned, 32; Jim, 30; --bber *(hole in paper),* 30; Joe, 20; Mary, 18; Fortune, 18; Jessy, 16; Frank, 13; Fanny, 10; Betty, 9; George, 7; Sary 7; Maria, 3; Tom, 2½; Richard, 1½; Sophia, 1; Cate, 1.

#193. Elizabeth THURSTON, 5 9 0:
   Tom, 64; Harry, 32; George, 39; Boston, 24; Billy, 24; Mary, 84; Betty, 49; Sarah, 44; Philedea, 19; Andalla, 32;

p. 82:   Maria, 14; Sarah, 16; Anny, 15; Cecilia, 27.

#194. John WALDRON, 4 0 0:
   Will, 50; Charley, 21; Guy, 30; Antonio, 38.

#195. Ann CRAWFORD, 2 1 0:
   Frank, 44; York, 34; Jane, 14.

#196. George RAYBORN, 3 0 0:
   Limehouse, 54; Tom, 30; Dick, 34.

#197. James SAVORY, 1 0 0:
   Chelsea, 32.

#198. Celia COURANT, 1 0 0:
   Lindo MEIGHAN, 40.

#199. Lucretia CARD, 1 2 1:
   Eve, 21; Tom, 30; Nanny, 46; Cinderella, ¼ month.

#200. Elizabeth WILLIAMS, 1 2 0:
   Scotland, 30; Angelica, 45; Nancy, 45.

#201. E. SWASEY, 0 1 0:
   Sue, 22.

p. 83:
#202. Mary BLYTHE, 0 1 0:
   Molly, 29.

#203. Peggy BLYTHE, 0 1 0:
Jenny, 28.

#204. Lewis McLENAN, 2 0 0:
Guildford, 22; Goodluck, 39.

#205. Mrs. E. HARRIS, (Jamaica,) 1 0 0:
Fame, 35.

#206. Wm. HEMSLEY, 4 1 0:
Goodluck, 34; Cyrus, 34; Rodney, 34; Joe, 29; Patience, 37.

207. Edw.d MEIGHAN, 34 3 3:
Prince, 54; Quaw, 31; March, 29; Jem, 34; Cheny, 31; Peter, 32; Colin, 39; Boatswain, 32; Bristow, 34; Hector, 49; William, 50;

p. 84: Joe, 59; Scipio, 34; Dublin, 58; John HILL, 24; John S., 49; Robert, 28; Warwick, 58; Cupid, 56; Nelson, 32; Johnny, 44; Ned POWELL, 34; Venture, 48; Charley, 54; A. Jack, 49; Cuffee, 54; Adam, 54; Toney, 34; Old Jemmy, 64; Old Adam, 74; Jem MURRAY, 68; Mary, 39; Eve, 27; Betsy, 11; Amelia, 7; Monday, 9; Catherine, 2.

208. Catherine MEIGHAN, 0 3 3:
Hester, 48; Sell, 50; Sabina, 28; Emma, 7; Jem, 5; Louisa, 2.

Note: Catherine was Edward Meighan's cousin, the daughter of Edmond Meighan and Bess Ewing. Hester = Hester aged 40 in Edward's household in 1816 but not in his household in 1820. Sell cannot be identified. Sabina, Emma, and Jem, who were in the Gray estate in 1816, may have been purchased with the £500 Edmond Meighan bequeathed to his daughter. None of these slaves appear in the census of December 1823. Did they die in the epidemic resulting from the rescue of the fevered victims of McGregor's Poyaise scam?

p. 85:
#209: Silvia FOX, 1 1 0:
Fanny Crabb, 24; John Crabb, 34.

#210. Eliza COURANT, 1 0 0:
Franklin Meighan, 39.

#211. John COURANT, 4 1 0:
William COURANT, 34; Bluefield, 34; Chance, 44; Mary, 39; John COURANT, 34.

Slave Population agreeable to the Return for the years 1816 and 1820: 2472.

In 1816	1645	639	458	Total 2742
In 1820	1537	600	426	2563
	108	39	32	179

Manumitted from 11th Oct 1816, the total of the last return, to 31 Dec 1816: 5 Slaves. Since 31st Dec 1816 and up to 31 Dec 1820: 50.

Total manumitted from 31st Oct. 1816 to 31 Dec 1820, 55 Slaves.
    (signed) GEO. WESTBY,
    Keeper of the Records of the British Settlement Belize, Honduras.

1823 CENSUS OF BELIZE

The first page of this record is so badly foxed as to be almost illegible. The left side of each double page is numbered, commencing with #87: in some but not all cases, a consecutive number appears both on the right side and on the left side of the following page. To avoid confusion, only left hand page numbers are given below. Information from other sources is given in italics. A query mark or illegible indicates a name or number that is unclear or too blackened to be made out. Spelling variants are as found.

p. 87:
#1: Ann ELRINGTON, 0 1 0 – 0 0 0 – 0 0 0 – 2 2 1:
George, 0 0 1 – 0 0 0 – 0 0 0 – 0 0 0 – 0 0 0
William, 0 0 1 – 0 0 0 – 0 0 0 – 0 0 0 – 0 0 0
Frances WOOD, 1 0 0 – 0 0 0 – 0 0 0 – 0 0 0
James *illegible*, 1 0 0 – 0 0 0 – 0 0 0 – 0 0 0 – 0 0 0
illegible PRICE, 1 0 0 – 0 0 0 – 0 0 0 – 0 0 0 – 0 0 0
L? KNOX, 0 0 0 – 1 0 0 – 0 0 0 – 0 0 0
   Robert, 14; Dick, 12; Kate; Louisa; Francis; *ages illegible.*

Note: In 1826, Ann's household includes George E. Warren, a white man, and William J. Peeble, a white child, but no Price or Knox.

p. 88: *(no number given)*
Thomas PICKSTOCK, 1 0 0 – 0 0 0 – 0 0 0 – 2 6 0:
George L. PICKSTOCK, 1 0 0 – 0 0 0 – 0 0 0 – 0 0 0
Jane Elizabeth ROSS, 0 0 0 – 0 1 0 – 0 0 0 – 0 0 0
Mary Ann PICKSTOCK, 0 0 0 – 0 0 1 – 0 0 0 – 0 0 0
John Luce PICKSTOCK, 0 0 0 – 0 0 1 – 0 0 0 – 0 0 0
   Betsy PICKSTOCK alias Cloay, 45; Anna, 30; Mary alias Mimba, 16; Jenny, 12; Christian, 36; Maria, 15; Jack WALL, 37; Jack WHITE, 39.

#2: Prue YOUNG, 0 0 0 – 0 0 0 – 0 1 0 – 0 0 0:
Mary, 0 0 0 – 0 0 0 – 0 1 0 – 2 1 0
Hannah, 0 0 0 – 0 0 0 – 0 1 0 – 0 0 0
Ellena WALL, 0 0 0 – 0 1 0 – 0 0 0 – 0 0 0
   Guy, 50; Quaquo, 50; Catalina YOUNG, 40.

Note: In 1826, Hannah appears in Prue's household as Hannah MEANY, and Ellena as Ellen WALL.

#3: John YOUNG in charge of John W. WRIGHT, 15 0 0:
   Alick, 45; Cudjoe, 47; Dick, 36; Billy, 38; Jack, 33; Glasgow, 40; Patrick, 41;

Quacow, 45; Parks, 34; Moss, 60; Hull, 63; George, 68; Will, 60; Prince, 38; William, 51.

p. 89:
#4: John W. WRIGHT, 1 0 0 – 0 0 0 – 0 0 0 – 23 5 2:
Jervis HARRISON, 1 0 0 – 0 0 0 – 0 0 0 – 0 0 0
George NICHOLSON, 1 0 0 – 0 0 0 – 0 0 0 – 0 0 0
Anne YOUNG, 0 0 0 – 0 1 0 – 0 0 0 – 0 0 0
Ellenor YOUNG, 0 0 0 – 0 0 1 – 0 0 0 – 0 0 0
Maria WRIGHT, 0 0 0 – 0 0 1 – 0 0 0 – 0 0 0
   Prince, 26; John, 33; Michael, 30; Hector, 43; Ben, 37; Walker, 44; Sidney, 28; Jonathan, 28; Friday, 27; Caesar, 27; Joe, 23; Jack, 39; Augustus, 35; Cuffee, 32; Prince CADLE, 22; Philip, 28; July, 29; Boatswain, 33; Jervis, 35; March, 32; Quaw, 34; London, 24; William, 18; William, 9; Esther, 29; Milly, 21;

p. 90: Charlotte, 17; Elizabeth, 13; Diana, 11; Harry, 6/12.

#5: B. J. CROSBY, 0 0 0 – 0 0 0 – 0 0 0 – 1 3 0:
Billy, 37; Bess, 31; Jenny, 30; Coolina, 14.

#6: Elizabeth AUGUST, 0 0 0 – 0 0 0 – 0 1 0 – 6 4 0:
Campbell, 28; Harry, 51; Stephen, 38; Scotland, 29; Nelson, 30; Richard, 13; Chloe, 28; Jenny, 34; Penny, 13; Fanny, 20.

#7: Joseph E. SWASEY, 0 0 0 – 1 0 0 – 0 0 0 – 0 0 0 – 1 2 2:
Nesida SWASEY, 0 0 0 – 0 1 0 – 0 0 0 – 0 0 0
Emanuel SWASEY, 0 0 0 – 0 0 1 – 0 0 0 – 0 0 0
Jos. James SWASEY, 0 0 0 – 0 0 1 – 0 0 0 – 0 0 0
   Ireland, 38; Arabella, 49; Cordelia, 19; Henry, 8; March, 5.

p. 91:
#8: William McKAY, 0 0 0 – 0 0 0 – 0 0 0 – 1 0 0:
Orpheus alias James, 26.

#9: John ARMSTRONG, 0 0 0 – 1 0 0 – 0 0 0 – 14 4 3:
Martha ARMSTRONG, 0 1 0 – 0 0 0 – 0 0 0 – 0 0 0
Agness ARMSTRONG, 0 0 0 – 0 0 1 – 0 0 0 – 0 0 0
John ARMSTRONG, 0 0 0 – 0 0 1 – 0 0 0 – 0 0 0
   Charles, 32; London, 34; Peter, 33; Nelson, 34; Henry, 36; George, 26; James, 35; Phillip, 31; William, 23; Edward, 18; Cupid, 25; Titus, 47; Edward, 28; John, 30; Suckey, 40; Jenny, 33; Margaret, 38; Margaret, 13; Archibald, 1; Lucretia, 4; Dorcas, 2.

#10: David DIXON, 0 0 0 – 1 0 0 – 0 0 0 – 3 2 1:
Adam, 63; John, 25; Tom, 23; Maria, 39; Lucy, 18; Maria, infant.

p. 92:
#11: Manfield Wm. BOWEN, 1 0 0 – 0 0 0 – 0 0 0 – 2 1 2 0:
William A. FAGAN, 1 0 0 – 0 0 0 – 0 0 0 – 0 0 0
John E. HENDERSON, 0 0 0 – 1 0 0 – 0 0 0 – 0 0 0
Ben HICKEY, 20; Tom BOWENS, 36; Fortune, 42; Limerick, 41; Simon, 41; William, 31; Robert, 32; John WRIGHT, 31; Lord, 39; Robert McAULAY, 29; Frederick, 46; Old Jemmy, 61; Grenville, 52: Duncan, 46; Dennis KELLY, 44; Bill MEIGHAN, 49; Robert, 18; John SPROAT, 48; Toney, 40; Bob DE BRIEN, 42; Tom, 20; London, 46; Molly, 46.

p. 93:
#12: Estate of Mary HICKEY deceased, 42 16 8:
London, 20; Peter, 32; Venture, 34; Shakespeare, 36; Frazell, 36; Parker, 36; Providence, 36; Duke, 36; Goodluck, 36; Sampson, 36; Charley, 36; Richard, 36; Joe, 41; Quashie GOFF, 41; Coromantee Harry, 41; Bob JAN, 41; James, 41; Tom COLLARD, 46; Jemmy MEANY, 46; Adam LOWRIE, 46; Mongola Adam, 46; Barber Jack, 46; Anthony, 46; Moco Jack, 46; Allick ANDERSON, 46;

p. 94:
Henry, 46; Will, 46; Hazard, 46; Qualin, 51; Sandy, 51; William PITT, 56; Ned WILSON, 62; Romeo, 62; Stepny, 64; Mandingo Harry, 71; Eboe Scotland, 81; Moco Scotland, 81; Catto, 81; Currie, 86; Louisa, 20; Peggy, 22; Sarah, 22; Patience, 41; Mary, 41; Hannah, 44; Theasby, 46; Nancy, 66; Lucy, 86; Alminta, 30; Agness, 17;

p. 95:
Basheba, 40; Valentine, 5; Grace, 5; Tom, 8; James, 11.

Memorandum: The Slaves whose names are against the undermentioned several persons (children of the late Mary HICKEY, dec'd) are returned in the list of her property, but with a remark that they are bequeathed by the Will of the dec'd to her children, Matilda, Jemmy, Francis, Norah, Mimbar, Catherine, Jenny, and Dick:
Jenny, 9; William, 6; Caesar, 6; Mimbar, 12; Esther, 12; Monday, 14; John, 14; Thomas, 4; John, 1.

Note: This list confused Mary's children and slaves. See the 1826 census. Mimba and Jenny were probably the slave children of the same names. Norah of 1823 appears as Sophia in 1826. Thomas, 4 and John,1 are not listed in 1826.

#13: William WALSH, 1 0 0 – 0 0 0 – 0 0 0 – 2 2 1:
Thomas BLACKLEY, 1 0 0 – 0 0 0 – 0 0 0 – 0 0 0
Elizabeth WALL, 0 0 0 – 1 0 0 – 0 0 0 – 0 0 0
John, 22; Frank, 39; Mary, 44; Nancy, 13; Toby, 8.

p. 96:

#14: Property of George HENDERSON's children in Honduras, 9 0 0:
George COLLINS, 47; Dick, 45; James, 39; Sandy, 37; Lucky, 36; Thomas, 31; Holly, 47; Quashie, 49; Moore, 43.

#15: William GENTLE, 1 0 0 – 0 0 0 – 0 0 0 – 39 19 14:
Mary Ann GENTLE, 0 0 0 – 0 0 1 – 0 0 0 – 0 0 0
January, 43; London, 32; Johnny MEANY, 37; John HERCULES, 33; Sandy, 37; Jacob, 25; Monday, 47; Romeo, 37; William LOVEL, 27; Ned GABOUREL, 32; Robert GENTLE, 35; William GENTLE, 27; Billy, 39; Edinburgh, 39;

p. 97: Long Ben, 42; Peter, 35; Bristow BRYAN, 49; Edward LEWIS, 27; Jack THOMAS, 35; Sam GENTLE, 32; Clark GRAHAM, 34; Middleton, 35; Congo Edward, 35; Cardigan, 35; Harry, 33; Morgan, 47; James GENTLE, 33; George LEWIS, 47; Hector, 47; Moses, 47; Jem, 62; Belford, 20; Congo London, 35; Thomas, 18; John, 27; Harry alias D. WATER, 31; Rodney, 35; Betty, 37; Betsy, 18;

p. 98: Mary GRAHAM, 41; Camilla, 35; Polly, 35; Clemian, 34; Kitty MEANY, 33; Elsey, 33; Margaret, 32; Lettice, 57; Sophia, 16; Juno, 16; Elenora, 16; Jeanie, 24; Mary, 19; Eliza, 14; Rebecca, 13; Tom, 11; Judy, 4 ½; Peggy, 10; Cassandra, 6; Aaron, 1; Jane, 12; Rachel, 4; Phillip, 9 months; Sutherland, 13;

p. 99: Chloe, 7; Abel, 4; Caroline, 1; Eve, 3 ½; Frederick, 1; Robert, 5; Thomas, 3; James, 1 ½; Margaret, 10 months.

#16: Elizabeth SIDDONS, 0 0 0 – 0 1 0 – 0 0 0 – 3 2 0:
Toby, 29; Boatswain, 47; William, 33; Mary, 32; Maria alias Grun...a?, 23.

Note: The 1826 census and index to householders lists Elizabeth as Siddons or SEDDONS.

#17: Thomas FRAIN, 1 0 0 – 0 0 0 – 0 0 0 – 18 8 4:
Sarah FRAIN, 0 0 0 – 0 1 0 – 0 0 0 – 0 0 0
Harriet, 0 0 0 – 0 0 0 – 0 1 0 – 0 0 0 *(surname not given.)*
Cuffee, 39; Abraham, 33; London, 37; Quamina, 31; Will, 57; Quaco, 42; Donny, 39; Lindo, 39;

p. 100: Jem, 39; Frederick, 36; Homer, 49; Tom, 19; Alick, 18; Ben, 52; Ned, 40; Jack, 44; Charley, 20; Jem SMALL, 40; Betty, 39; Hannah, 35; Fanny, 32; Patty, 27; Charlotte, 32; Patience, 35; Eleanor, 12; Nancy, 10; Dick, 4; Jenny, 9; Harry, 7; Mary, 3 ½.

#18: Elizabeth WALL in charge of Thomas FRAIN, 0 1 0:
Clarissa, 37.

p. 101:

#19: Estate of Alexander PERIE dec'd in charge of Thomas FRAIN, 1 0 0:
Sam, 24.

#20: Ann GABOUREL, 0 0 0 – 0 1 0 – 0 0 0 – 6 3 1:
Robert, 0 0 0 – 0 0 1 – 0 0 0 – 0 0 0
David, 0 0 0 – 0 0 1 – 0 0 0 – 0 0 0
John, 0 0 0 – 0 0 1 – 0 0 0 – 0 0 0
William, 38; Cornwall, 38; James, 37; Your?, 26; Josey, 40; Hammond, 60; Sally, 37; Jeany, 18; Kelly, 13; John GILL, 3 months.

Note: David and John may be D. BETSON Jr. and J. BETSON, listed as white children in Ann's household in 1826. People with largely white ancestry may be listed as white in one census and as coloured in another.

#21: Susannah GORDON, 0 0 0 – 0 0 0 – 0 1 0 – 2 1 0:
Norman FORTUNE, 1 0 0 – 0 0 0 – 0 0 0 – 0 0 0
Lachland McKINNEN, 1 0 0 – 0 0 0 – 0 0 0 – 0 0 0
Frankey, 33; Dan, 14; Sambo, 11.

#22: Arch. COLQUHOUN, 1 0 0 – 0 0 0 – 0 0 0 – 15 4 3:
Mary COLQUHOUN, 0 1 0 – 0 0 0 – 0 0 0 – 0 0 0
Isabella J. SUTHERLAND, 0 0 1 – 0 0 0 – 0 0 0 – 0 0 0
Harry, 47; Quaw, 27; Tom SWASEY, 67; Pope, 33; Morgan, 30; Matty, 52; John, 42;

p. 102: Graham, 30; Dick, 25; Tom MYVETT, 30; Edie, 26; Daphne, 37; Tinah, 35; Kate, 18; Quashie, 12; Elizabeth, 6; Charles, 4; Sophia, 1.

#23: William HUGHES, 0 0 0 – 0 0 0 – 1 0 0 – 4 6 6:
Simon HUGHES, 0 0 0 – 0 0 0 – 1 0 0 – 0 0 0
George STANFORD, 0 0 0 – 0 0 0 – 1 0 0 – 0 0 0
Jemmy HUGHES, 37; Toll, 47; Samuel HUGHES, 37; Hero, 30; Delia HUGHES, 57; Eve alias Susannah, 37; Fanny, 38; Louisa, 29; Mimba HUGHES, 13;

p. 103: Phoebe, 10; Present, 6; Nancy, 5; Susannah, 3 & 3/4; William, 6; Betty, 2 ¼; Jean, 3 months.

#24: Dorinda POTTS, 0 0 0 – 0 1 0 – 0 0 0 – 1 2 1:
John FOX, 0 0 0 – 1 0 0 – 0 0 0 – 0 0 0
Benjamin FOX, 0 0 0 – 1 0 0 – 0 0 0 – 0 0 0
Dorothy BARNES, 0 0 0 – 0 1 0 – 0 0 0 – 0 0 0
George GIBSON, 0 0 0 – 0 0 1 – 0 0 0 – 0 0 0
Bristow, 63; Betsy, 32; Caroline, 11; Bob MARBLE, 5.

#25: Catherine THOMPSON, 0 0 0 – 0 1 0 – 0 0 0 – 2 2 2:
   Eliza, 0 0 0 – 0 0 1 – 0 0 0 – 0 0 0
   Marianne, 0 0 0 – 0 0 1 – 0 0 0 – 0 0 0
   George, 0 0 0 – 0 0 1 – 0 0 0 – 0 0 0
   Catherine, 0 0 0 – 0 0 1 – 0 0 0 – 0 0 0
      John, 38; Scotland, 38; Patience, 45; Bessy, 20; Dorcas, 4; Robert, 2.

#26: John Samuel AUGUST, 1 0 0 – 0 0 0 – 0 0 0 – 26 7 0:
   Sarah AUGUST, 0 1 0 – 0 0 0 – 0 0 0 – 0 0 0
   Robert M. AUGUST, 0 0 1 – 0 0 0 – 0 0 0 – 0 0 0
   William H. AUGUST, 0 0 1 – 0 0 0 – 0 0 0 – 0 0 0
      Handy, 28; Alick KIDD, 36; Alick, 41; Antigua, 51;

p. 104:   Bauldy 28; Bristow, 26; Bob, 39; Charles, 36; David, 22; Duncan, 26; Frank, 29; John, 26; John HARE, 26; John STEPHEN, 44; Harry, 22; Primus, 46; Pollidore, 51; Ned SPROAT, 30; Harry MARTIN, 26; Tommy, 26; Taylor, 31; Simon, 23; Toby, 23; George, 21; Adam, 23; Rose, 26; Rosette, 41; Teasby, 38; Sally PEACHY, 26; Sarah, 15; Hannah, 11; Mary Ann, 21; Ned AUGUST, 28.

Note: Descendants say John Samuel August's wife, Sarah, was born Sarah MASKALL, and was the widow of Joseph BYRON.

p. 105:
#27: John POTTS, 0 0 0 – 1 0 0 – 0 0 0 – 20 0 0:   *(=John Potts Jr.)*
   Robert WADE, 0 0 0 – 1 0 0 – 0 0 0 – 0 0 0   *(=Robert Forsyte Wade)*
   Ann WADE, 0 0 0 – 0 1 0 – 0 0 0 – 0 0 0   *(= Ann M. Wade)*
   Betsy WADE, 0 0 0 – 0 0 1 – 0 0 0 – 0 0 0   *(=Elizabeth Ramsay Wade)*
   William WADE, 0 0 0 – 0 0 1 – 0 0 0 – 0 0 0   *(=William Augustus Wade)*
   Catherine POTTS, 0 0 0 – 0 0 1 – 0 0 0 – 0 0 0   *(=Catherine Ferrill Potts)*
   Mary Ann POTTS, 0 0 0 – 0 0 1 – 0 0 0 – 0 0 0   *(= Mariann Potts)*
   Maria POTTS, 0 0 0 – 0 0 1 – 0 0 0 – 0 0 0
      James, 21; Bob, 48; Sam, 38; Charles WALL, 33; Holland, 48; Neptune, 23; Tyger Joe, 28; Ned, 70; Chance, 30; John PUPPO, 17; Hercules, 38; Ben, 38; Jack, 38; Jack SNOWDEN, 48; James, 38; Carlisle, 30; Tom, 25; Bat YOUNG, 29; John DISMORE, 17; Smart, 43.

#28: Elizabeth TILLETT, 0 0 0 – 0 1 0 – 0 0 0 – 8 7 6:
      Joe WILSON, 38; Charles, 43; Moco Dick, 40; Hunter, 38; Quaco, 30;

p. 106:   Joe HEMSLEY, 35; Frank, 40; Joseph, 10; Present, 33; Patty, 31; Hannah, 27; Dorcas, 16; Claudia, 20; Phebe, 43; Martha, 25; John, 3; George, 1; James, 1; Margery, 8; Clarissa, 6; Toney, 2.

Note: Elizabeth Tillett's daughter Sarah Purcell married John Usher Esq. Elizabeth and Capt. Peter Adolphus Wade (son of Capt. Peter Wade and Susanna Forsyte of Bristol,

England) were parents of Robert Forsyte Wade, William Adolphus Wade, Ann M., and Elizabeth Ramsay Wade. Catherine and Marianna=Mary Ann Potts were children of Elizabeth Tillett by John Potts Jr.

#29: Benjamin THENS, 0 0 0 – 1 0 0 – 0 0 0 – 0 0 0: *(Also spelled Thens in 1826.)*
Elizabeth HEMSLEY, 0 0 0 – 0 1 0 – 0 0 0 – 0 0 0
John NEAL, 0 0 0 – 1 0 0 – 0 0 0 – 0 0 0
Thomas NEAL, 0 0 0 – 1 0 0 – 0 0 0 – 0 0 0
Samuel THENS, 0 0 0 – 0 0 1 – 0 0 0 – 0 0 0
Joseph HEMSLEY, 0 0 0 – 0 0 1 – 0 0 0 – 0 0 0

#30: John S. HOARE, 1 0 0 – 0 0 0 – 0 0 0 – 17 8 5:

p. 107: Toby, 57; Sam, 57; Billy, 55; George, 53; Will, 52; Phillip, 50; Charles, 49; James, 47; Kinsale, 47; Jacob, 47; Stepney, 39; Charles, 32; Robert, 26; Billy, 25; John, 24; Tom, 13; Mary, 45; Rachel, 29; Marina, 29; Elizabeth, 28; Kate, 23; Tabitha 21; Eleanor, 58; Arthur, 12; William, 10;

p. 108: George, 7; James, 5; Richard, 2; Maria, 8; Abny? *(or Almy?)*, 4.

#31: Thomas ILES, 1 0 0 – 0 0 0 – 0 0 0 – 26 6 3:
John HEMSLEY, 35; Marcus, 29; Robert, 29; Dick, 40; Sutherland, 35; Charley GIBSON, 30; Jack, 26; Flint, 42; John BAILLY, 35; Taylor Ben, 45; Quashie, 45; Morgan, 16; Joe, 42; Cherry, 34; John HILL, 27; Bristow, 26; Major, 31; George, 22; Harry, 31; Lawrence, 30;

p. 109: Sampson, 35; Caulker Jack, 52; Stephen, 39; Constantine or John, 24; Hardtimes, 41; John, 12; Maria, 28; Sally, 31; Sarah, 42; Ellena, 12; Maria, 10; Molley, 10; Jeffrey, 8; Nancy, 8; Friendship, 8.

#32: Jane JEFFREYS, 0 0 0 – 0 1 0 – 0 0 0 – 0 1 1:
Silvia, 20; Rosette, 9.

#33: Catherine ROBINSON, 0 0 0 – 0 1 0 – 0 0 0 – 11 10 6:
George MITCHELL, 0 0 0 – 1 0 0 – 0 0 0 – 0 0 0
William McKAY, 0 0 0 – 1 0 0 – 0 0 0 – 0 0 0
Chance, 38; Quamina, 32; Jose, 25; Tom BURKES, 40; York, 29; Malaga, 27; Waterford, 77; Devonshire, 22;

p. 110: Peter, 19; Thomas alias Ben, 17; Henry, 11; Pricilla, 47; Grace, 15; Nancy, 35; Mary, 29; Fanny, 21; Bessy 25; Chloe, 21; Kate, 57; Matilda, 67; Phebe, 12; Edwin, 9; George, 5; Mary Ann, 6; Maria, 4; John, 3 and 7 months; Anestis *(age not given.)*

Note: The will of Catherine ROBINSON, widow, was probated on 7 Jul 1838 at the P.C.C., London, and is available on line from the British National Archives.

#34: Tinah BEATTIE, 0 0 0 – 0 1 0 – 0 0 0 – 3 3 2:
    Thomas SLADE, 0 0 1 – 0 0 0 – 0 0 0 – 0 0 0
        William, 25; George, 24; Andrew, 21; Jenny, 19;

p. 111:   Betsey, 18; Hannah, 40; Margaret, 9; Patty, 6 months.

#35: Charles JEFFRIES, 0 0 0 – 1 0 0 – 0 0 0 – 5 4 5:
    John JEFFRIES, 0 0 0 – 1 0 0 – 0 0 0 – 0 0 0
        Adam, 31; Cuffee, 33; Simon, 27; John, 63; Marina, 36; Sally, 28; Nelly, 33; Suckey, 25; Anthony, 13; Joe, 4; Peter, 1; Letitia, 7; Margaret, 4; Charlotte, 2.

#36: Casar HEMING, 0 0 0 – 0 0 0 – 1 0 0 – 0 2 0:
    John GASSEY, 0 0 0 – 1 0 0 – 0 0 0 – 0 0 0
        Mary, 45; Sally WILSON, 35.

#37: Marino DOUGLAS, 0 0 0 – 0 0 0 – 1 0 0 – 0 2 0:
        Betsy, 45; Maria, 26.

p. 112:
#38: Harriet SMITH, 0 0 0 – 0 1 0 – 0 0 0 – 4 1 4:
    William SMITH, 0 0 0 – 1 0 0 – 0 0 0 – 0 0 0
    Thomas SMITH, 0 0 0 – 1 0 0 – 0 0 0 – 0 0 0
    Ann SMITH, 0 0 0 – 0 1 0 – 0 0 0 – 0 0 0
    Josiah SMITH, 0 0 0 – 0 0 1 – 0 0 0 – 0 0 0
    Obediah SMITH, 0 0 0 – 0 0 1 – 0 0 0 – 0 0 0
    Frances SMITH, 0 0 0 – 0 0 1 – 0 0 0 – 0 0 0
    Rebecca SMITH, 0 0 0 – 0 0 1 – 0 0 0 – 0 0 0
        John, 17; Sampson, 14; William, 12; Benjamin, 10; Sarah, 33; Harry, 8; Able, 5; Mary, 3; James, 1.

#39: Francis FORT, 1 0 0 – 0 0 0 – 0 0 0 – 1 2 4:
    Sarah DAWSON, 0 1 0 – 0 0 0 – 0 0 0 – 0 0 0
    Berthina FORT, 0 1 0 – 0 0 0 – 0 0 0 – 0 0 0
        George, 14; Betty, 33; Maria, 11; Nancy, 7; Jem, 9; Daniel, 3; Harry, 1¼.

Note: The 1826 census shows Sarah DAVIDSON and Bettina FORT in Francis' household.

#40: Sarah ASKEW, 0 0 0 – 0 1 0 – 0 0 0 – 0 2 0:
    Will HEMSLEY, 0 0 0 – 1 0 0 – 0 0 0 – 0 0 0
    Catherine CHRISTOPHER, 0 0 0 – 0 0 0 – 0 1 0 – 0 0 0
        Matilda, 37; Margaret, 11.

#41: Mary Ann POTTS, 0 0 0 – 0 0 0 – 0 0 0 - 2 0 0:

Ned, 20; John GRUSE?, 21.

#42: Catherine POTTS, 0 0 0 – 0 0 0 – 0 0 0 – 3 0 0:
Henry, 43; Jackey, 21; Robert, 17.

Note: Mary Ann and Catherine Ferrill Potts were listed with their father, John Potts. Their mother, Elizabeth Tillett, was listed separately because she owned slaves.

p. 113:
#43: Mary WHITE, 0 0 0 – 0 1 0 – 0 0 0 – 20 11 4:
Jupiter; George; Phillip; Eboe Jem; Moco Jem; Peter; Handle; Felix; Prince; London; Will; Jack; Boatswain; Adam; Middleton; Alick; Peter WHITE; George PALMER; Joseph; George; Luna; Lucky; Bessy; Francis; Nancy; Jane; Margaret;

p. 114: Kitty; Margaret, 16; Maria, 15; Mary, 13; Johny, 2; *(ages given only for these four)*; Yorky; Jem; Simon.

Note: Mary White was a daughter of Capt. William White (d. 1801) and Elizabeth --?--, (d. 1803.) Captain William Tillett and Mary White were the parents of Elizabeth, Catherine, William, George (and Daniel?) Tillett. Mary died in 1834 aged 68 (dates are on her MI at Yarborough Cemetery.) Her will is indexed as Mary Tillett alias White – an instance of the patronymic, the custom by which women retained their farthers' surname throughout life.

#44: Mary PRICE alias Mary THORN, 0 0 0 – 0 0 0 – 0 1 0 – 2 4 2:
Tom, 42; Harry, 40; Bess, 30; Lucy, 20; Clara, 38; Betsy, 26; Thomas, 3; Elizabeth, 4.

#45: Estate of Grace ANDERSON, 0 0 0 – 0 0 0 – 0 0 0 – 8 11 3:
Jemmy, 33; Peter, 19; Neal, 27; Robert, 35; Minton, 35; Daniel, 11; Nelson, 10; Charley, 13; Martha, 37; Sally, 55;

p. 115: (*headed* Estate of G. T. ANDERSON, con'td:) Joan, 50; Elizabeth, 37; Mary Ann, 32; Sophia, 32; Catherine, 15; Jessy, 12; Elizabeth, 14; Dianna, 12; Henrietta, 10; Frederick, 9; Susannah, 8; Charlotte, 8.

#46: Estate of Wm. BURNS, deceased, 0 0 0 – 0 0 0 – 0 0 0 – 14 9 7:
Samuel BURNS, 1 0 0 – 0 0 0 – 0 0 0 – 0 0 0
William BURNS, 1 0 0 – 0 0 0 – 0 0 0 – 0 0 0
James BURNS, 1 0 0 – 0 0 0 – 0 0 0 – 0 0 0
George BURNS, 1 0 0 – 0 0 0 – 0 0 0 – 0 0 0
Margaret BURNS, 0 1 0 – 0 0 0 – 0 0 0 – 0 0 0
Billy, 15; Sampson, 57; Quamina, 57; Sam, 42; George, 42; Charley, 37; Duncan, 33; Edmond, 23; Charley, 27; George, 47; Tom, 62; Philip, 37; Adam, 38;

p. 116: Jonnie, 11; Jane, 37; Maria, 42; Venus, 63; Desdemona, 34; Cretia, 34; Betsy, 19; Sarah, 15; Anne, 13; Sylvia, 11; Cuffee, 9; Sam, 2; Betsy, 4; Susannah, 7; Margaret, 2; Jennett, 5; Fanny, 8.

#47: William LEWIS, 0 0 0 – 1 0 0 – 0 0 0 – 1 1 4:
Dianna, 33; Adam, 12; Sarah, 9; Nancy, 5; Elizabeth, 3; Henry, 1.

p. 117:
#48: Mary HEMMING, 0 0 0 – 0 1 0 – 0 0 0 – 4 4 2:
William TOOTH, 1 0 0 – 0 0 0 – 0 0 0 – 0 0 0
Nicholas SMITH, 1 0 0 – 0 0 0 – 0 0 0 – 0 0 0
James GARTSHORE, 1 0 0 – 0 0 0 – 0 0 0 – 0 0 0
Lewey, 37; Billy, 32; London, 30; Ben, 17; Jack, 9; Pattima, 57; Phillis, 37; Jenny, 35; Eleanor, 12; Jack, 6.

Note: In 1826, Mary Hemming was listed as Hemmings, and Pattima as Pattina.

#49: James R. CUNNINGHAM, 0 0 0 – 1 0 0 – 0 0 0 – 3 1 0:
Catherine SMITH, 0 0 0 – 0 1 0 – 0 0 0 – 0 0 0
Marcus, 41; Billy, 15; Lewellen, 12; Sally, 11.

#50: Margaret GREEN, 0 0 0 – 0 1 0 – 0 0 0 – 0 1 3:
Elizabeth LE GEYT, 0 0 0 – 0 0 1 - 0 0 0 – 0 0 0
Amelia, 33; Sophia, 7; Ann, 4; James, 12 months.

#51: George GIBSON, 1 0 0 – 0 0 0 – 0 0 0 – 0 2 1:
Ann GOFF, 0 0 0 – 0 1 0 – 0 0 0 – 0 0 0
Thomas GIBSON, 0 0 0 – 0 0 1 – 0 0 0 – 0 0 0
Robert GIBSON, 0 0 0 – 0 0 1 – 0 0 0 – 0 0 0
William GIBSON, 0 0 0 – 0 0 1 – 0 0 0 – 0 0 0
Perditta, 33; Julian, 11; Mark, 9.

p. 118:
#52: Lucretia CARD, 0 0 0 – 0 0 0 – 0 1 0 – 5 3 2:
Bamboo Qua, 37; Coromantee Tom, 40; Joe, 20; Qua, 17; John, 14; Eve, 24; Nanny, 45; Agnes, 15; Bess, 9; Cinderella, 5.

#53: Ellen ROBINSON, 0 0 0 – 0 0 0 – 0 1 0 – 0 0 0:
Tom SENNETT?, 0 0 0 – 0 0 0 – 1 0 0 – 0 0 0
John ROBINSON, 0 0 0 – 0 0 0 – 1 0 0 – 0 0 0
Thomas ROBINSON, 0 0 0 – 0 0 0 – 1 0 0 – 0 0 0
Amelia ROBINSON, 0 0 0 – 0 0 0 – 0 1 0 – 0 0 0
Celia ROBINSON, 0 0 0 – 0 0 0 – 0 1 0 – 0 0 0
Nancy ROBINSON, 0 0 0 – 0 0 0 – 0 1 0 – 0 0 0

Mary ROBINSON, 0 0 0 – 0 0 0 – 0 1 0 – 0 0 0
Elizabeth ROBINSON, 0 0 0 – 0 0 0 – 0 1 0 – 0 0 0
John ROBINSON, 0 0 0 – 0 0 0 – 0 0 1 – 0 0 0
Louisa ROBINSON, 0 0 0 – 0 0 0 – 0 0 1 – 0 0 0
Joe ROBINSON, 0 0 0 – 0 0 0 – 0 0 1 – 0 0 0
William ROBINSON, 0 0 0 – 0 0 0 – 0 0 1 – 0 0 0
Charlotte ROBINSON, 0 0 0 – 0 0 0 – 0 0 1 – 0 0 0

p. 119:
#54: Edmond & John CADDLE and Sister, 12 6 6:
Edmond CADDLE, 0 0 0 – 1 0 0 – 0 0 0 – 0 0 0
John CADDLE, 0 0 0 – 1 0 0 – 0 0 0 – 0 0 0
Lydia CADDLE, 0 0 0 – 0 1 0 – 0 0 0 – 0 0 0
Helena CADDLE, 0 0 0 – 0 1 0 – 0 0 0 – 0 0 0
Sue BURREL, 0 0 0 – 0 1 0 – 0 0 0 – 0 0 0
Cath.n MUCKELHANY, 0 0 0 – 0 1 0 – 0 0 0 – 0 0 0
Betsy GILLETT, 0 0 0 – 0 1 0 – 0 0 0 – 0 0 0
Robert GILLETT, 0 0 0 – 0 0 1 – 0 0 0 – 0 0 0
Alex GILLETT, 0 0 0 – 0 0 1 – 0 0 0 – 0 0 0
George GILLETT, 0 0 0 – 0 0 1 – 0 0 0 – 0 0 0
Billy GILLETT, 0 0 0 – 0 0 1 – 0 0 0 – 0 0 0
> Hector, 58; Newton, 43; Joe, 41; Billy, 39; Christmas, 37; Harry, 32; William, 17; James, 15; Jem, 28; George, 28; George, 11; Peter, 13; Rose, 63; Peggy, 33; Mary, 31; Jenny, 25; Kate, 49; Clemine, 9; Betsy, 6; Phillis, 4; Rose, 2; Jean, 10 months; Francis, 1.

#55: George TILLETT, 0 0 0 – 1 0 0 – 0 0 0 – 2 0 0:
> Joe, 40; James, 12.

Note: There is no p. 120: p. 121 is followed by two pages both numbered 122. Thereafter, numbers are consecutive.

p. 121:
#56: POTTS & FERREL late Concern, 5 4 1:
> Adam POTTS, 53; George FLOWERS, 38; Charles, 27; Billy, 23; Darby, 11; Peggy, 48; Violett, 21; Betty alias FUNCHAS, 17; Eleanor, 15; Rose, 8.

Note: "Late Concern" meant a business that had closed or a partnership that had been dissolved.

#57: Estate of John GIBSON, deceased, 4 1 0:
> John, 38; George, 23; John John, 21; Nelson, 19; Violett, 48.

#58: Sarah GOFF, 0 0 0 – 0 1 0 – 0 0 0 – 10 7 10:
Catherine JEFFRIES, 0 0 0 – 0 1 0 – 0 0 0 – 0 0 0

Anne COLE, 0 0 0 – 0 1 0 – 0 0 0 – 0 0 0
Mary EVINS, 0 0 0 – 0 1 0 – 0 0 0 – 0 0 0
Sarah EVINS, 0 0 0 – 0 1 0 – 0 0 0 – 0 0 0
John EVINS, 0 0 0 – 1 0 0 – 0 0 0 – 0 0 0
Daniel EVINS, 0 0 0 – 1 0 0 – 0 0 0 – 0 0 0
Charles EVINS, 0 0 0 – 1 0 0 – 0 0 0 – 0 0 0
    Quam, 48; George BONNER, 37; Sampson, 37; Sammy, 26; Somersett, 25; James, 17; Sambo, 17; Harry, 15;

p. 122:   Toby, 14; William, 10; Peggy, 25; Molly, 24; Hannah, 23; Fanny, 21; Agness, 22; Clara, 15; Elizabeth, 13; Edward, 7; John, 7; Denny, 4; Adolphus, 4; William, 7; Valentine, 1; Catharine, 6; Elenor, 3; Sarah, 2; Rhoda, 1.

#59:   Rachel JEFFRIES, 0 0 0 – 0 0 0 – 0 1 0 – 2 3 1:
William SMITH, 1 0 0 – 0 0 0 – 0 0 0 – 0 0 0
Manuel ANTONIO, 1 0 0 – 0 0 0 – 0 0 0 – 0 0 0
Arch.d HANDYSIDE, 0 0 1 – 0 0 0 – 0 0 0 – 0 0 0
    William BEATTIE, 53; Ishmael, 68; Friendship, 28; Sue, 25; Olive, 24; Sue's Child, 3.

Note: Archibald Handyside was probably marked as a child by error: other entries show mistakes, for example, an Elizabeth and a Phoebe marked as male. Archibald was employed at Poyaise in early 1823 by Sir Gregor McGregor as master mechanic in charge of the settlers, but found only starvation and disease, and evacuated with other survivors of the scam to Belize, where he become a shipbuilder. Handyside Street is named for him. He became the second husband of Catherine Meighan. After the deaths in 1849 of Catherine's son and daughter in law, Marcus Charles and Elizabeth Ramsay Wade Runnals Bennett, Catherine and Archibald reared her four orphaned grandchildren until they were old enough to be sent home to England to be educated.

p. 122: *(the second page numbered 122)*

#60:   Elizabeth JEFFRIES, 0 0 0 – 0 1 0 – 0 0 0 – 0 1 0:
Silvia, 17.

#61:   Ann HOME, 0 0 0 – 0 0 0 – 0 0 0 – 14 2 2:
    Chelsea, 63; Billy, 53; John, 43; Thomas, 41; Thomas, 41 *(sic)*; William, 39; Dick, 35; Anthony, 30; John, 31; Quan, 31; James, 29; Sandy, 27; William, 12; Henry, 11; Maria, 43; Rosa, 29; Wellington, 9; Blucher, 5.

#62:   Michael GAVIN, 1 0 0 – 0 0 0 – 0 0 0 – 4 1 0:
John FISHER, 1 0 0 – 0 0 0 – 0 0 0 – 0 0 0
Michael CARTY, 1 0 0 – 0 0 0 – 0 0 0 – 0 0 0
Ann HOME, 0 0 0 – 0 1 0 – 0 0 0 – 0 0 0
    Dick, 53; Sam, 29; Lindo, 38; Quashie, 12; Clarissa, 29.

Note: In 1816 Michael Carty was arrested for the vicious and repeated flogging of his slave girl Quasheba, a crime so far beyond odium that it became a cause celebre in London, "Exhibit A" for those demanding speedy abolition. Carty was fined, stripped of his license to sell liquor, and ostracized by the community.

p. 123:
#63: Henrietta GODFREY, 0 0 0 – 0 1 0 – 0 0 0 – 8 3 2:
   Mary GODFREY, 0 0 0 – 0 0 1 – 0 0 0 – 0 0 0
   Isabella GODFREY, 0 0 0 – 0 0 1 – 0 0 0 – 0 0 0
   Agness GODFREY, 0 0 0 – 0 0 1 – 0 0 0 – 0 0 0
   John GODFREY, 0 0 0 – 0 0 1 – 0 0 0 – 0 0 0
   Unnamed GODFREY, 0 0 0 – 0 0 1 – 0 0 0 – 0 0 0, female.
   Dick, 40; Peter, 29; Edward, 32; Frank, 40; Cyrus, 25; Daniel, 48; Monday, 16; James (Indian,) 23; Lizzy, 35; Sue, 26; Jessie, 27; Eddie, 2; Helena, 6 mos.

#64: George SPROAT, 0 0 0 – 1 0 0 – 0 0 0 – 7 0 0:
   Tom, 31; Harry, 24; Tommy, 53; Billy HARE, 37; Hercules, 58; William, 26; Quashie, 26.

#65: George USHER, 0 0 0 – 1 0 0 – 0 0 0 – 1 3 11:
   Susannah USHER, 0 1 0 – 0 0 0 – 0 0 0 – 0 0 0

p. 124:
   Elizabeth Sarah USHER, 0 0 0 – 0 0 1 – 0 0 0 – 0 0 0
   Eliza USHER, 0 0 0 – 0 0 1 – 0 0 0 – 0 0 0
   Maria August USHER, 0 0 0 – 0 0 1 – 0 0 0 – 0 0 0
   (on page 123) David, 30; Caroline, 40; Dorinda, 40;
   (on page 124) Sophia, 30; Nancy, 9; Jane, 9; William, 7; Sam, 6; Betsy, 6; Lucretia, 6; Joe, 5; John, 5; Joseph, 4; Rosannah, 2; Dolly, 4 months.

#66: Sarah KEEFE, 0 0 0 – 0 1 0 – 0 0 0 – 21 19 11:
   Catherine CUNNINGHAM, 0 0 0 – 0 1 0 – 0 0 0 – 0 0 0
   Sarah CUNNINGHAM, 0 0 0 – 0 1 0 – 0 0 0 – 0 0 0
   Mary Ann SPROAT, 0 0 0 – 0 0 1 – 0 0 0 – 0 0 0
   Sampson, 42; Sam NICHOLSON, 29; Rodney, 42; Jem, 39; Peter, 62; Billy, 27; William, 21; Peter, 21; Adam, 18; Julius, 42; Quashie, 57; November, 27;

p. 125:   Bristow, 11; Green, 22; Cumberland, 22; Frank, 21; George, 11; George, 42; Johny, 42; Peter, 26; Bennett, 35; Cynthia, 43; Sylvia, 47; Sabrina, 57; Venus, 27; Harriett, 25; Ariadne, 24; Diana, 19; Rebecca, 15; Moco Cynthia, 43; Bella, 12; Eve, 11; Louisa, 47; Marjery, 32; Nancy, 10; Peg NICHOLSON, 57; Dolly, 25;

p. 126: Venus, 19; Patty, 22; Susan, 22; James, 4; Thomas, 1; Phillis, 1; Sally, 7; Grace, 4; Rose, 5; Kate, 4; Frederick, 7; Jane, 4; Patience, 9; Royal, 8.

#67: Sarah BIRD, 0 0 0 – 0 1 0 – 0 0 0 – 0 1 0:
Jane, 12.

#68: Estate of James GORDON, dec'd, 0 0 0 – 0 0 0 – 0 0 0 – 1 2 3:
Jane GORDON, 0 0 0 – 0 1 0 – 0 0 0 – 0 0 0
Patty GORDON, 0 0 0 – 0 1 0 – 0 0 0 – 0 0 0
Grace GORDON, 0 0 0 – 0 1 0 – 0 0 0 – 0 0 0
John Wm. CADDLE, 0 0 0 – 0 0 1 – 0 0 0 – 0 0 0
Hannah, 38; Sally, 39; Charley, 2; Daniel, 10; John, 2; *(name not filled in)* 6 months.

p. 127:
#69: John ALEXANDER, 1 0 0 – 0 0 0 – 0 0 0 – 5 1 0:
Dick, 40; Prince, 40; Scotland, 36; Sampson, 28; Andrew, 25; Patty, 28.

#70: Samuel F. AUGUST, 0 0 0 – 1 0 0 – 0 0 0 – 18 6 6:
Ann Ross AUGUST, 0 0 0 – 0 1 0 – 0 0 0 – 0 0 0
John Samuel AUGUST, 0 0 0 – 0 0 1 – 0 0 0 – 0 0 0
Elizabeth AUGUST, 0 0 0 – 0 0 1 – 0 0 0 – 0 0 0
Oliver, 57; Sam, 52; Port ROYAL, 49; William JONES, 44; Jack, 44; Tom, 42; George, 42; George, 52; Andy, 37; Middleton, 37; Tom, 31; Ned ROBERTSON, 31; William, 29; Nelson, 22; Nelson, 18; Frederick, 16;

p. 128: *(headed* Samuel Frederick AUGUST, cont'd:) Rodney, 12; Toby, 13; Kindness, 47; Rachel, 53; Dinah, 37; Celia, 29; Charlotte, 29; Mary, 22; Edwin, 3 years 3 months; Simon, 2 years 4 months; Ann, 3 years 5 months; Dorcas, 1 year 4 months; Catharine, 1 year; Margaret, 3 months.

#71: Charles H. SMITH, 0 0 0 – 1 0 0 – 0 0 0 – 1 0 0:
Limehouse, 35.

#72: Mary TATE, 0 1 0 – 0 0 0 – 0 0 0 – 1 3 1:
Phillip, 15; Catharine, 45; Eliza, 14; Margaret, 10; Harriett, 8.

p. 129:
#73: William MASKALL, 1 0 0 – 0 0 0 – 0 0 0 – 1 3 4:
Rebecca MASKALL, 0 1 0 – 0 0 0 – 0 0 0 – 0 0 0
Henry August GRAY, 0 0 1 – 0 0 0 – 0 0 0 – 0 0 0
William Henry MASKALL, 0 0 1 – 0 0 0 – 0 0 0 – 0 0 0
John DERIXON, 32; Adeline, 38; Nancy, 26; Mary Ann, 11; Francis, 8; John, 5; Alfred, 3; Edward, 6 mos.

#74: Mary MACKAY and Sisters, 0 0 0 – 0 0 0 – 0 0 0 – 5 5 5:
John H. PETZOLD, 1 0 0 – 0 0 0 – 0 0 0 – 0 0 0
Elizabeth PETZOLD, 0 1 0 – 0 1 0 – 0 0 0 – 0 0 0
Mary MACKAY, 0 0 0 – 0 1 0 – 0 0 0 – 0 0 0
Ann WALL, 0 1 0 – 0 0 0 – 0 0 0 – 0 0 0
John Jos.h MACKAY, 0 0 1 – 0 0 0 – 0 0 0 – 0 0 0
    George MASKALL, 35; John, 35; Thomas, 33; Sarah, 32; Monie, 48; Honor, 23; Joseph, 21; Elizabeth, 19; Eddy, 16; William, 14; Jennette, 8; Henry, 5; Frederick, 1; James, 2; Mary, 1.

Note: How were Mary Mackay and her sisters related to William Mackay, who signed a petition in 1822, and William McKay, who owned property in 1826?

p.. 130:
#75: Isabella GRAHAM, deceased, 0 0 0 – 0 0 0 – 0 0 0 – 0 0 0
Eliza GORDON, 0 0 0 – 0 0 1 – 0 0 0 – 1 1 0:
Catharine M'KENNY, 0 0 0 – 0 0 1 – 0 0 0 – 0 0 0
Isabella M'KENNY, 0 0 0 – 0 0 1 – 0 0 0 – 0 0 0
    Hannah GRAHAM, 24; Thomas GRAHAM, 10.

#76: Marshal BENNETT, 1 0 0 – 0 0 0 – 0 0 0 – 173 38 32:
Thomas BENNETT, 1 0 0 – 0 0 0 – 0 0 0 – 0 0 0
Note: Marshal Bennett (Sr.,) baptized 1 July 1763 at Sheffield, England to Thomas and Elizabeth Cooper Bennett, died 3 Oct 1839 in Belize. Thomas and Marshal Bennett Jr. were sons of Marshal Sr's brother and sister in law, John and Sarah Warburton Bennett, who married at Sheffield on 10 Jun 1796.

    Phillip, 50; Bob HIBBERT, 50; Charles; 50; Joe CARD, 50; Kingston, 55; Bob, 50; Alexander, 50; Isaac, 50; David WATSON, 55; George ELRINGTON, 45; Thomas Moco, 45; Kingsale, 55; Guildford, 50; Murphy COURTNAY, 50; Luke, 50; Greenock, 50; Johnson, 50; Simon Moco, 50; Quam, 45;

p. 131: George PRICE, 55; Glasgow JONES, 60; Aberdeen, 45; Rigby, 45; Robert GORDON, 50; Greenwich, 50; George GRAHAM, 45; Marshal, 45; Tom Indian, 50; Stafford, 50; Dorset, 50; George Jamaica, 45; Duncan, 45; Middleton, 45; Frank Moco, 45; Marcus, 55; George Eboe, 50; Monday, 50; Ned COCKRANE, 45; Prince Eboe, 45; Rhody, 45; Caesar, 45; London Moco, 50; Greenwich TYLER, 50;

p. 132: Tom JONES, 50; Damon, 45; Sandy, 50; Dick CRAWFORD, 55; Neptune, 50; Jem, 40; Shakespeare, 40; Bill, 35; Devonshire, 35; Moses, 35; Jack Chambo, 40; Nelson, 40; Murphy, 45; Thomas BENNETT, 40; Ebo Prince, 55; Toby GRAHAM, 50; Titus, 40; Rodney, 40; Peter Moco, 45; Julius, 45; Mark, 45; Hector, 40; Paul, 40; Adam, 33;

p. 133: Duckworth, 40; William MARTIN, 35; James Jamaica, 40; George YATES, 40; Jack (Little), 40; Abel, 40; Rhoden, 40; John CHATHAM, 45; Benjamin BENNETT, 34; Robin, 45; Alick, 40; Duke, 35; Richard YATES, 35; Tom JOHNSTON, 30; Pollydore, 40; Devonshire MEIGHAN, 40; Ben WHITE, 40; Joseph ELLIOTT, 40; Jack CAULKER, 40; George GINGER, 35; Bristol Mc'BEAN, 40; Robin, 40; John CASSIMERE, 40; Fortune, 35;

p. 134: Jupiter, 40; Jack Mungola, 35; George SLATER, 30; Ben SPROAT, 40; Tom DOUGLAS, 40; George CRAWFORD, 35; Prince JACKSON, 25; Sampson POTTS, 22; Jack WINTER, 40; Glasgow BOURKE, 45; George DE BRION, 35; Phill (Doctor,) 35; Charles BAMBANE, 45; Joe KEENE, 40; Cyrus, 50; Sye, 50; Sampson, 50; Captain, 50; John, 45; Smart, 45; Andrew, 35; George MORAVIA, 35; Jack KEENE, 40; Balty HARRIS, 55;

p. 135: John BENNETT, 25; Richard BENNETT, 25; Johnston BENNETT, 22; Joseph BENNETT, 18; AARON BENNETT, 18; David BENNETT, 20; Francis BENNETT, 20; Richard WALKER, 18; Thomas MARTIN, 18; Robert WALLER, 20; Will CRAWFORD, 20; James N. (age not given); Bristol, 18; Robert GALLIMORE, 15; Alexander, 15; Tom JACKSON, 15; James, 14; Thomas HEWLETT, 14; Thomas HOARE, 16; Edward, 14; London, 14; Allick MARTIN, 14; Michael MARTIN, 13;

p. 136: Tom BRENNAN, 14, Delvit, 14; Susannah, 75; Sue O'BRIEN, 50; Jessy, 50; Mary BARRAT, 45; Juba, 47; Rhoda, 50; Stella, 47; Mary MARTIN, 40; Nancy HOLLADAY, 33; Stratira, 30; Delia, 36; Hannah, 31; Susannah, 26; Eve, 27; Eliza DAVIS, 35; Charlotte, 40; Ann CRAWFORD, 22; Kitty FARREL, 30; Lydia, 25; Mary MARDEAN?, 75; Ann McVIE, 25; Catharine, 22; Quasheba O'BRIEN, 27;

p. 137: Mary CHARLES, 22; Helena, 22; Eleanor (Mulatto), 22; Sabina, 18; Mary JACKSON, 25; Rachel, 18; Aurelia, 23; Betty FARREL, 27; Rose LOWRY, 35; Prudence, 40; Benaba, 60; Margaret, 14; Amelia, 12; Mary ELLICE, 35; George, 9; Joseph TRAPP, 9; John MOODY, 10; Thomas (Delia) 9; Phillip BRENNAN, 7; Henry, 4; John SMITH, 3; Kinsale, 4; Thomas TOWNSEND, 3; Richard (Prudence), 3;

Note: The names given in brackets are the mothers of the children.

p. 138: Joseph (Kitty), 2; Bill (Mary), 3; John HEWLETT, 2; Jane, 9 and Ann Elizabeth, 6 (Hannah); Catherine, 6 and Flora, 2 (Nancy); Tracy, 9; Elizabeth Amoretta, 11; Eliza, 7 and Fanny, 7 (Stella – twins); Sophia, 5; Tabia, 7 and Polly, 2 (Sue); Henrietta, 4; Judy, 6 and Patience, 4 (Delia); Betsy, Catherine, and Margaret, *(ages not given,)* (Kitty FARREL); Clara (Prudence) 1; Lucinda (Betty FARREL), 3; Elizabeth (Amelia), 3; Margaret (Lydia), 1.

p. 139: Old superannuated men: Quashie, 75; Limerick, 70; Joe COOKE, 70; Joe CONGO, 65; George SLUSHER, 60; George LONG, 50: Bristol, 60; Hercules, 60; Quaco, 60; Toby BUTCHER, 50; John WILKS, 55; Pompey, 60; David Eboe, 60; Billy O'BRIEN, 40; Ned SHOEMAKER, 40.
Absconded: Hamilton, 45; Jervis, 40; Otway, 35; Richmond, 40; Vick, 45; Thomas Mondingo, 45; Daniel GREEN, 30;

p. 140: Daniel, 45; Quaco, 35; Giddy, 35; Alexander (Bpy), 20; Jem COATQUELIN, 28; Edinburgh, 40 and Kent, 40; ------- KEENE.

Slaves in Company with John ALEXANDER and absconded:
Cupid, 43; George, 43.

#77: Joseph THOMAS, 0 0 0 – 0 0 0 – 1 0 0 – 0 0 0
Harry THOMAS, 0 0 0 – 0 0 0 – 1 0 0 – 0 0 0
Rosa THOMAS, 0 0 0 – 0 0 0 – 0 1 0 – 0 0 0

#78: Peter HARRIS, 0 0 0 – 0 0 0 – 1 0 0 – 0 0 0
Peter HARRIS Jr., 0 0 0 – 0 0 0 – 1 0 0 – 0 0 0
Haggar CARD, 0 0 0 – 0 0 0 – 0 1 0 – 0 0 0

p. 141:
#79: Hagar CARD, 0 0 0 – 0 0 0 – 0 0 0 – 0 0 0
George CARD, 0 0 0 – 0 0 0 – 1 0 0 – 0 0 0
Bob CARD, 0 0 0 – 0 0 0 – 1 0 0 – 0 0 0
Quan CARD, 0 0 0 – 0 0 0 – 1 0 0 – 0 0 0
Dick RICHARD, 0 0 0 – 0 0 0 – 1 0 0 – 0 0 0
Phillis CARD, 0 0 0 – 0 0 0 – 0 1 0 – 0 0 0
Violet CARD, 0 0 0 – 0 0 0 – 0 1 0 – 0 0 0
Peggy CARD, 0 0 0 – 0 0 0 – 0 1 0 – 0 0 0
Bess CARD, 0 0 0 – 0 0 0 – 0 0 1 – 0 0 0
Rachel CARD, 0 0 0 – 0 0 0 – 0 0 1 – 0 0 0
Matilda CARD, 0 0 0 – 0 0 0 – 0 0 1 – 0 0 0

Note: Two names have been penciled in at the bottom of this list: Mary Ann CARD and John CARD. Who added this information?

#80: Cumberland WINTER, 0 0 0 – 0 0 0 – 1 0 0 – 0 0 0
Ancilla WINTER, 0 0 0 – 0 0 0 – 1 0 0 – 0 0 0

#81: George NEAL, 0 0 0 – 1 0 0 – 0 0 0 – 0 0 0
John JOSEPH, 0 0 0 – 0 0 0 – 1 0 0 – 0 0 0
Ann NEAL, 0 0 0 – 0 1 0 – 0 0 0 – 0 0 0
William NEAL, 0 0 0 – 0 0 1 – 0 0 0 – 0 0 0

#82: Ceaser FLOWERS, 0 0 0 – 0 0 0 – 1 0 0 – 1 0 0:
Joseph CEASAR, 0 0 0 – 0 0 0 – 1 0 0 – 0 0 0
Quamina, 46.

p. 142:
#83: William CAESER, 0 0 0 – 0 0 0 – 1 0 0 – 0 0 0
Jonas WILLIAM, 0 0 0 – 0 0 0 – 1 0 0 – 0 0 0
Margaret WILLIAM, 0 0 0 – 0 0 0 – 0 1 0 – 0 0 0

#84: Amelia LONGSWORTH, 0 0 0 – 0 1 0 – 0 0 0 – 1 1 0:
Maria, 25; Julius, 11.

Note: Amelia was born Jul 11 1805 to William Longsworth Sr. and Bess Ewing, the widow of John Ewing. Amelia had half sibs Daniel Ewing, b. Oct 6 1789 (see #419 below;) Marcus Ewing, b. Jun 30 1793; Abigail Ewing, b. Sep 11 1795 (see #207 below;) Catherine Meighan, b. ca. 1799-1804 (see #281 below); and Jane and Ann Longsworth (see #207 below.).

#85: James C. ALTEREITH, 1 0 0 – 0 0 0 – 0 0 0 – 1 2 1:
Louisa ALTEREITH, 0 0 0 – 0 1 0 – 0 0 0 – 0 0 0
Mary Jane ALTEREITH, 0 0 0 – 0 0 1 – 0 0 0 – 0 0 0
Johannah, 35; Sancho, 13; Nicholas, 9; Eleanor, 15.

#86: Leah McAULAY, 0 0 0 – 0 0 0 – 0 1 0 – 7 11 6:
Bill, 53; Fife, 38; Ned, 35; Jem, 33; Joe, 23; Patty, 53; Harriott, 43; Sue, 43; Lucy, 38; Phebe or Fibber, 33; Mary, 21;

p. 143: Fortune or Fatima, 21; Jessy, 19; Sarah, 10; Maria, 6; Tom, 5; Richard, 4; Betsy, 12; Frank, 16; Fanny, 13; George, 10; Kate, 4; Margaret, 2; Thomas, 1.

#87: Catharine LAMB, 0 1 0 – 0 0 0 – 0 0 0 – 19 12 8:
Bungy, 85; Toby, 60; James, 47; Prince, 42; William, 33; Damon, 40: Joe, 33; Dick, 29; Robert, 28; Tommy, 30;

p. 144: Hamlet, 35; Fortune, 22; Roderick, 19; Josey, 22; Jem (little), 22; Dido, 61; Fidelia, 42; Edie, 39; Hannah, 46; Grace, 39; Peggy, 28; Mary, 30; Sally, 28; Betsy, 16; Kate, 15; Dianna, 13; Judith, 8; Fanny, 7; Minta, 18; Dorinda, 6; Helena, 3; Rachel, 2; Robert, 14; John, 10;

p. 145: George, 18; Sam, 10; John, 5; Joe, 5; Tom, 9.

#88: Estate of Elizabeth POTTS & Mrs. Sarah WARD,
in charge of M. BENNETT, Esquire, 1 2 0:
To Mrs. E. POTTS:
Hamlet, 60; Amelia, 50.

To Mrs. S. WARD:
Quashaba, 12.

#89: Ann ELRINGTON, 0 1 0 – 0 0 0 – 0 0 0 – 2 2 1:
Francis WOOD, 1 0 0 – 0 0 0 – 0 0 0 – 0 0 0
James WOOD, 1 0 0 – 0 0 0 – 0 0 0 – 0 0 0
Andrew BAYNTUN, 1 0 0 – 0 0 0 – 0 0 0 – 0 0 0
George WARREN, 1 0 0 – 0 0 0 – 0 0 0 – 0 0 0
William J. PEEBLES, 0 0 1 – 0 0 0 – 0 0 0 – 0 0 0
Robert, 14; Dick, 12; Kate, 35; Louisa, 25; Francis, 9.

#90: William GABOUREL, 0 0 0 – 1 0 0 – 0 0 0 – 8 0 0:
America, 33; Toney, 43; Jack, 33; Harry, 31; Dublin, 24; Barrack, 31; Charles, 32; Nelson, 14.

p. 146:
#91: Clarissa PASLOW, 0 0 0 – 0 1 0 – 0 0 0 – 6 11 3:
David RENNIE, 1 0 0 – 0 0 0 – 0 0 0 – 0 0 0
Kitty PASLOW, 0 0 0 – 0 0 0 – 0 0 0 – 0 0 0
Jem COOTE, 30; Joe, 41; Jack, 53; HARE, 58; Tom, 15; Mongola John, 35; Betsy, 33; Mary, 6; Sambo Bess, 31; Margaret, 38; Celia, 17; Venus, 53; Biddy, 29; Honor? 22; Sabina, 13; Mary, 13; Quasheba, 3; Fanny Ann, 1; Andrew, 2 months.

#92: Antonio LORIANO, 1 0 0 – 0 0 0 – 0 0 0 – 0 0 0
Martha SMITH, 0 0 0 – 0 1 0 – 0 0 0 – 0 0 0
Lydia, 0 0 0 – 0 0 1 – 0 0 0 – 0 0 0
Mary, 0 0 0 – 0 0 1 – 0 0 0 – 0 0 0

p. 147:
#93: Samuel HOWARD, 1 0 0 – 0 0 0 – 0 0 0 – 1 0 0:
Mary HOWARD, 0 1 0 – 0 0 0 – 0 0 0 – 0 0 0
Eliza HOWARD, 0 1 0 – 0 0 0 – 0 0 0 – 0 0 0
Robert, 50.

#94: Estate of Will.m JACKSON, dec'd,
in charge of M. BENNETT, Esq, 0 0 0 – 0 0 0 – 0 0 0 – 12 2 6:
Chance, 25; Robert, 37; Phillip, 41; George (Runaway,) 47; Jack, 39; Cudjoe, 39; Jack, 31; John, 37; Joe, 39; Swift, 52; Port Royal, 37; Harry, 38; Christiana, 29; Antonio, 8; Peter, 8; Jose, 8; Manuel, 7; Rosette, 11; Eleanor, 7; Lawrence, 2.

p. 148:
#95: Peter STANN, 0 0 0 – 0 1 0 – 0 0 0 – 3 1 1:
Richard STANN, 0 0 0 – 0 1 0 – 0 0 0 – 0 0 0

Catharine STANN, 0 0 0 – 0 0 1 – 0 0 0 – 0 0 0
Maria STANN, 0 0 0 – 0 0 1 – 0 0 0 – 0 0 0
Ann STANN, 0 0 0 – 0 0 1 – 0 0 0 – 0 0 0
Dorothy STANN, 0 0 0 – 0 0 1 – 0 0 0 – 0 0 0
Amelia STANN, 0 0 0 – 0 0 1 – 0 0 0 – 0 0 0
Sophia STANN, 0 0 0 – 0 0 1 – 0 0 0 – 0 0 0
Susanna FLOWERS, 0 0 0 – 0 0 1 – 0 0 0 – 0 0 0
Elizabeth CARD, 0 0 0 – 0 0 0 – 0 1 0 – 0 0 0
    Straphan, 37; Liverpool, 48; Cupid, 58; Rose, 10; Jane, 8.

#96: Edwin COFFIN, 1 0 0 – 0 0 0 – 0 0 0 – 1 0 0:
Mary Ann COFFIN, 0 1 0 – 0 0 0 – 0 0 0 – 0 0 0
F. E. BATSON, 0 1 0 – 0 0 0 – 0 0 0 – 0 0 0
Ann LOCKWARD, 0 1 0 – 0 0 0 – 0 0 0 – 0 0 0
William BAKER, 0 0 1 – 0 0 0 – 0 0 0 – 0 0 0
Edwin D. BAKER, 0 0 1 – 0 0 0 – 0 0 0 – 0 0 0
Patrick COPELY, 0 0 0 – 1 0 0 – 0 0 0 – 0 0 0
Sophia WALLACE, 0 0 0 – 0 1 0 – 0 0 0 – 0 0 0
    Peter, 15.
Wm. J. E. D. BAKER, 0 0 0 – 0 0 0 – 0 0 0 - 2 0 0:
    Ben, 17; Sam, 16.
F. E. BAKER, 0 0 0 – 0 0 0 – 0 0 0 - 0 1 0:
    Scilla, 45.

#97: William FLOWERS, 0 0 0 – 0 0 0 – 1 0 0 – 0 0 0:
Catherine FLOWERS, 0 0 0 – 0 0 0 – 0 1 0 – 0 3 0
Joseph FLOWERS, 0 0 0 – 0 0 0 – 0 0 1 – 0 0 0
    Peter WILLIAM, 30; London, 25; Lambert, 26.

p. 149:
#98: Thomas FLOWERS, 0 0 0 – 0 0 0 – 1 0 0 – 0 1 0:
James FLOWERS, 0 0 0 – 0 0 0 – 1 0 0 – 0 0 0
Mimba FLOWERS, 0 0 0 – 0 0 0 – 0 1 0 – 0 0 0
Maria FLOWERS, 0 0 0 – 0 0 0 – 0 1 0 – 0 0 0
Peter FLOWERS, 0 0 0 – 0 0 0 – 0 0 1 – 0 0 0
Maria FLOWERS, 0 0 0 – 0 0 0 – 0 0 1 – 0 0 0
    Bella, 18.

#99: Lucy PATTINETT, 0 0 0 – 0 1 0 – 0 0 0 – 3 0 0:
John HUNT, 0 0 0 – 1 0 0 – 0 0 0 – 0 0 0
Catharine MARTIN, 0 0 0 – 0 0 1 – 0 0 0 – 0 0 0
William McCULLOCK, 0 0 0 – 0 0 1 – 0 0 0 – 0 0 0
Thomas MARTIN, 0 0 0 – 0 0 1 – 0 0 0 – 0 0 0
Nancy TINKAM, 0 0 0 – 0 0 1 – 0 0 0 – 0 0 0
George TINKAM, 0 0 0 – 0 0 1 – 0 0 0 – 0 0 0

Sambo, 47; Will, 28; Joe, 62.

#100: Nancy PATTINETT, 0 0 0 – 0 1 0 – 0 0 0 – 6 3 1:
George, 47; Allick, 47; John, 24; Jem, 27; Abraham, 15; Peter, 43; Bessy, 57; Tracey, 25; Harriett, 37; Ben, 6.

#101: William ORGILE, 0 0 0 – 1 0 0 – 0 0 0 – 0 0 0
Margaret ORGILE, 0 0 0 – 0 1 0 – 0 0 0 – 0 0 0
C. Elizabeth ORGILE, 0 0 0 – 0 0 1 – 0 0 0 – 0 0 0

Note: William Orgile (in other records, ORGILL) witnessed the horrendous abuse of Quasheba by Michael Carty, called others to witness, and testified at Carty's trial. Carty retaliated by building a cookhouse on the lot line so that clouds of smoke blew into Orgill's house "for the purpose of smoking out the brown rascal." Orgill complained to the magistrates and reported Carty, who had been stripped of his tavern license, for continuing to sell liquor. Descendants of William Orgill should be very proud of this courageous man.

#102: James HYDE, 0 0 0 – 0 0 0 – 0 0 0 – 6 7 4 :
Will.m THOMPSON, 1 0 0 – 0 0 0 – 0 0 0 – 0 0 0
Sam GORDON, 47; Caesar, 38; Isaac, 39; Nancy, 47; Susannah, 26; Moll, 37; Fanny, 33; Charlotte, 27; Memba, 15; Sabina, 10; Rum & Water, 11; Fatima, 8; James DON, 10; Joe, 6; John, 11; Toby, 9; an Infant. *(age not given)*

#103: Assignees of James HYDE, 0 0 0 – 0 0 0 – 0 0 0 – 2 2 0:
Cuffee, 47; ----ere *(torn paper)* CARD, 43; Rose, 47; Peggy, 47.

p. 151:
#104: George RUNNALS, 0 0 0 - 1 0 0 – 0 0 0 – 0 0 0
Sophia Augusta RUNNALS, 0 1 0 – 0 0 0 - 0 0 0 – 1 2 0:
Francis, 30; Flora, 28; Eliza, 30.

Note: Sophia Augusta Runnals (in other records, Runnels) died in 1824. John Purcell Usher copied her MI, which is no longer extant: "Withered in the nuptial bower / Before lov'd George half her sweetness knew."

#105: Thomas MOODY, 0 0 0 – 1 0 0 – 0 0 0 – 0 1 0:
Cohali? 18. *(Probably = Cuba, described as 17 in 1816 and as 20 in 1826.)*

#106: William CRAFT, 0 0 0 – 1 0 0 – 0 0 0 – 0 0 0
Catharine ASKEW, 0 0 0 – 0 1 0 – 0 0 0 – 0 0 0
John A. CRAFT, JR., 0 0 0 – 0 0 1 – 0 0 0 – 0 0 0

#107: John STAIN, 0 0 0 – 1 0 0 – 0 0 0 – 3 1 1:
James STAIN, 0 0 0 – 1 0 0 – 0 0 0 – 0 0 0
Catharine STAIN, 0 0 0 – 0 1 0 – 0 0 0 – 0 0 0

Jeanette STAIN, 0 0 0 – 0 1 0 – 0 0 0 – 0 0 0
Stephen STAIN JR., 0 0 0 – 0 0 1 – 0 0 0 – 0 0 0
John STAIN JR., 0 0 0 – 0 0 1 – 0 0 0 – 0 0 0
Peter STAIN JR., 0 0 0 – 0 0 1 – 0 0 0 – 0 0 0
Richard STAIN JR., 0 0 0 – 0 0 1 – 0 0 0 – 0 0 0
    Scotland, 40; Toney, 50; Allick, 50; William, 7; Mary, 37.

#108: John H. SMITH, 0 0 0 – 1 0 0 – 0 0 0 – 0 0 0
Jane SUTHERLAND, 0 0 0 – 0 1 0 – 0 0 0 – 0 0 0

#109: Joseph BEVINS, 1 0 0 – 0 0 0 – 0 0 0 – 0 0 0
Catharine BEVINS, 0 0 0 – 0 0 0 – 0 1 0 – 0 0 0
Joseph BEVINS JR., 0 0 0 – 1 0 0 - 0 0 0 – 0 0 0

p. 152:
#110: George WESTBY, 1 0 0 – 0 0 0 – 0 0 0 – 2 2 4
Mary Ann WESTBY, 0 1 0 – 0 0 0 – 0 0 0 – 0 0 0
    Jack, 55; Jem, 32; Mary, 37; Peggy, 32; Margaret, 9; Pope, 5; Nancy, 2; Silvia, 1.

#111: John A. CRAFT, 0 0 0 – 1 0 0 – 0 0 0 – 1 0 0:
Jane PARKER, 0 0 0 – 0 1 0 – 0 0 0 – 0 0 0
Elizabeth TUCKER, 0 0 0 – 0 1 0 – 0 0 0 – 0 0 0
    Smart, 50.

#112: George LE GEYT, 1 0 0 – 0 0 0 – 0 0 0 – 0 0 0
Elizabeth LE GEYT, 0 1 0 – 0 0 0 – 0 0 0 – 0 0 0

#113: Daniel TILDSLEY, 1 0 0 – 0 0 0 – 0 0 0 – 0 0 0

#114: Henry BAILEY, 0 0 0 – 0 0 0 – 1 0 0 – 0 0 0
Jane GRANT, 0 0 0 – 0 0 0 – 0 1 0 – 0 0 0
Agnes GRANT, 0 0 0 – 0 0 0 – 0 0 1 – 0 0 0

p. 153:
#115: Thomas and   0 0 0 – 1 0 0 – 0 0 0 – 2 3 1:
Mary BATES, 0 0 0 – 0 1 0 – 0 0 0 – 0 0 0
    Fox, 49; Madeus, *(sic)* 20; Susannah, 50; Cecelia, 30; Adriana, 10; Maria, 8.

#116: Jane TRAPP, 0 0 0 – 0 1 0 – 0 0 0 – 5 7 2:
    George, 60; Bob, 60; Tom, 25; Richmond, 25; Leith, 20; Phoebe, 46; Sally, 43; Hagar, 60; Diana, 36; Bess, 24; Cynthia, 26; Susannah, 45; Richard, 2; Uriah, 4.

#117: Andrew ROSS, 1 0 0 – 0 0 0 – 0 0 0 – 0 0 0

Nicholas CAMPBELL, 1 0 0 – 0 0 0 – 0 0 0 – 0 0 0
Andrew ROSS, 0 0 0 – 1 0 0 – 0 0 0 – 0 0 0
Daniel ROSS, 0 0 0 – 1 0 0 – 0 0 0 – 0 0 0
Ann FOSTER, 0 0 0 – 0 1 0 – 0 0 0 – 0 0 0
Elena ROSS, 0 0 0 – 0 1 0 – 0 0 0 – 0 0 0
Catharine LEWIS?, 0 0 0 – 0 0 1 – 0 0 0 – 0 0 0
Betsy BECK, 0 0 0 – 0 0 1 – 0 0 0 – 0 0 0
Mary CAMPBELL, 0 0 0 – 0 0 1 – 0 0 0 – 0 0 0

p. 154:
#118: Levey SMITH, 0 0 0 – 1 0 0 – 0 0 0 – 0 0 0
William SMITH, 0 0 0 – 0 0 1 – 0 0 0 – 0 0 0
Mary SMITH, 0 0 0 – 0 0 1 – 0 0 0 – 0 0 0
Adrian SMITH, 0 0 0 – 0 0 1 – 0 0 0 – 0 0 0
Robert SMITH, 0 0 0 – 0 0 1 – 0 0 0 – 0 0 0
David SMITH, 0 0 0 – 0 0 1 – 0 0 0 – 0 0 0
Betsy SMITH, 0 0 0 – 0 0 1 – 0 0 0 – 0 0 0
Nancy ROBINSON, 0 0 0 – 0 0 0 – 0 1 0 – 0 0 0

#119: James and   1 0 0 – 0 0 0 – 0 0 0 – 98 2 4
George HYDE, 0 0 0 – 1 0 0 – 0 0 0 – 0 0 0
Walter TURNBULL, 1 0 0 – 0 0 0 – 0 0 0 – 0 0 0
Robert TURNBULL, 1 0 0 – 0 0 0 – 0 0 0 – 0 0 0
James BELISLE, 0 0 0 – 0 0 0 – 1 0 0 – 0 0 0
  Adam ANDERSON, 26; Joe GREEN, 37; Eboe Tom, 47; Rodney PASLOW, 48; Nelson, 42; Captain, 37; Aberdeen, 33; William HYDE, 31; McLachlan, 33; Moco Hercules, 37; Bonny Quashie, 47; Will, 35; Tom ROVER, 25; Little John, 25; Rodney, 26; Brown, 33; Moco Boatswain, 47;

p. 155: Nago Hazard, 32; Schooner Harry, 31; Cato, 57; Simon, 57; Quamino, 41; Coromantee Cuffee, 57; Cuffee LISTER, 52; Peter HUGHES, 33; Monday GORDON, 28; Daniel O'BRION, 33; Antony, 32; Toney, 37; Toney BELISLE, 35; Edward WALL, 37; Jamaica Charles, 37; Mongola Ned, 29; Tommy, 25; Quan, 32; John BURNHAM, 43; Bacchus BELISLE, 48; Coromantee Geo., 37; Townsend, 47; Old Prince, 47;

p. 156: Eboe Davy, 37; Bob GAPPER, 52; Sambo Dick, 27; Moco Daniel, 39; Papa Quashie, 33; Congo George, 25; Mongola Prince, 27; John ANDERSON, 29; Mongola Hazard, 25; Phillip GARNETT, 47; Jamaica Jack, 24; Maurice, 31; Michael BELISLE, 47; Bonny Peter, 37; Nicholas, 33; Peter SPROAT, 47; Eboe Jack, 48; Cudjoe, 33; Congo Thomas, 25; Mongola James, 32; King John, 43; Bogle, 31; Andrew, 36; Papa George, 33;

p. 157: Eboe Hazard, 29; Mondingo Harry, 29; Sam BELISLE, 53; Joe JONES, 47; Mondingo Prince, 33; Cupid, 35; Creole George, 29; Munroe, 33; Caesar, 42;

Moco Ned, 37; Davy MEIGHAN, 33; Mondingo Harry, 33; Hamlet ANDERSON, 32; Jamaica Peter, 27; Bluff, 47; Hunter, 53; Bretchie, 52; Old Bob, 57; Frank, 53; London, 52; Will ANDERSON, 28; Peter YOUNG, 29; Boatswain GARNETT, 37;

p. 158: Trim, 35; Chambo Jem, 35; Daniel ANDERSON, 23; Black Dick, 31; Duke, 35; Quashie BANGER, 35; Old Dick, 62; Jamaica Robert, 47; Monkey Jack, 42; Old Daniel, 57; Jack COLLINS, 37; Doll, 40; Charlotte, 15; Monday, 8; William, 6; Julia, 4; Rhywa, *(sic)* 1;

p. 159:
#121: George HYDE, 0 0 0 – 0 0 0 – 0 0 0 – 2 2 1:
Charles, 24; William, 20; Sara, 23; Caroline, 15; Tom, 8.

#121: George A. USHER, 0 0 0 – 1 0 0 – 0 0 0 – 4 0 0:
York, 40; Greenwich, 36; Peter FISHER, 32; Frank, 32.

#122: Nathaniel HULSE, 1 0 0 – 0 0 0 – 0 0 0 – 0 1 0:
Margaret JONES, 0 0 0 – 0 1 0 – 0 0 0 – 0 0 0
Ann LAWRIE, 0 0 0 – 0 0 1 – 0 0 0 – 0 0 0
Catherine LAWRIE, 0 0 0 – 0 0 1 – 0 0 0 – 0 0 0
Thomas ORD, 0 0 0 – 0 0 1 – 0 0 0 – 0 0 0
Mary Ann HULSE, 0 0 0 – 0 0 1 – 0 0 0 – 0 0 0
Jean HULSE, 0 0 0 – 0 0 1 – 0 0 0 – 0 0 0
Molly, 45.

Note: Was Margaret Jones related to Sarah Jones, wife of William Tillett? William Tillett's sister Elizabeth's orphaned granddaughter, Emma Louisa Bennett, was a minor in 1866 under the guardianship of George Nathaniel Hulse.

#123: Primus LONGSWORTH, 0 0 0 – 0 0 0 – 1 0 0 – 0 0 0
Member HEWLETT, 0 0 0 – 0 0 0 – 0 1 0 – 0 0 0

#124: John RAYBON, 1 0 0 – 0 0 0 – 0 0 0 – 3 1 0:
Ann CRAWFORD, 0 0 0 – 0 1 0 – 0 0 0 – 0 0 0
Catharine RAYBON, 0 0 0 – 0 0 1 – 0 0 0 – 0 0 0
Elizabeth CRAWFORD, 0 0 0 – 0 0 1 – 0 0 0 – 0 0 0
David RAYBON, 0 0 0 – 0 0 1 – 0 0 0 – 0 0 0
Frances RAYBON, 0 0 0 – 0 0 1 – 0 0 0 – 0 0 0
Phoebe CRAWFORD, 0 0 0 – 0 0 0 – 1 0 0 – 0 0 0 *(sic: marked as male.)*
Limehouse, 57; Frank, 42; Robert, 29; Jean, 19.

Note: In 1826 Phoebe is correctly listed as female.

p. 160:

p. 160:
#125: John USHER, 0 0 0 – 1 0 0 – 0 0 0 – 9 0 0:
Sarah USHER, 0 0 0 – 0 1 0 – 0 0 0 – 0 0 0
Mary White USHER, 0 0 0 – 0 0 1 – 0 0 0 – 0 0 0
Rebecca USHER, 0 0 0 – 0 0 1 – 0 0 0 – 0 0 0
Jas. H. USHER, 0 0 0 – 0 0 1 – 0 0 0 – 0 0 0
    Joe, 30; Edward, 28; Prince, 36; George, 40; Peter, 24; Cuffee, 26; Peter, 27; Charles, 50; Ned, 20.

Note: There is a memorial plaque to this couple in St. John's Cathedral. John Usher, born on St. Georges Cay, played a leading role in the life of the colony, serving as a magistrate and justice for many years. He died 23 Apr 1869, aged 74. His wife, born Sarah Purcell on 23 Dec 1803 to Capt. Purcell and Elizabeth Tillett, died 15 July 1859, aged 56. There is said to be a record – what record, and where? - showing Capt. Purcell's given name was Joseph.

#126: William B. TOOTH, 1 0 0 – 0 0 0 – 0 0 0 – 0 0 0
Elizabeth JACKSON, 0 0 0 – 0 1 0 – 0 0 0 – 0 0 0
Ann B. TOOTH, 0 0 0 – 0 0 1 – 0 0 0 – 0 0 0
Elizabeth B. TOOTH, 0 0 0 – 0 0 1 – 0 0 0 – 0 0 0
Susannah B. TOOTH, 0 0 0 – 0 0 1 – 0 0 0 – 0 0 0
Martha B. TOOTH, 0 0 0 – 0 0 1 – 0 0 0 – 0 0 0

#127: Reuben RAYBON, 1 0 0 – 0 0 0 – 0 0 0 – 2 0 0
William RAYBON, 0 0 0 – 0 0 1 – 0 0 0 – 0 0 0
Mary RAYBON, 0 0 0 – 0 0 1 – 0 0 0 – 0 0 0
Lucinda WHITE, 0 0 0 – 0 0 0 – 0 1 0 – 0 0 0
    Tom, 33; Chelsea, 32.

#128: William CHERRINGTON 0 0 0 – 0 0 1 – 0 0 0 – 1 0 0
in care of Wm. T. CHERRINGTON,
    Jack, 60.

p. 161:
#129: John ARMSTRONG and CHERINGTON, 1 0 0 – 0 0 0 – 0 0 0 – 1 0 0:
    Billy, above 40.

#130: William BAILLEY, 0 0 0 – 0 0 0 – 1 0 0 – 0 0 0
Louisa BAILLEY, 0 0 0 – 0 0 0 – 0 1 0 – 0 0 0
Mary PITTS, 0 0 0 – 0 0 0 – 0 1 0 – 0 0 0
Phillis BAILLEY, 0 0 0 – 0 0 0 – 0 0 1 – 0 0 0
Augusta BAILLEY, 0 0 0 – 0 0 0 – 0 0 1 – 0 0 0
Elizabeth BAILLEY, 0 0 0 – 0 0 0 – 0 0 1 – 0 0 0
James BAILLEY, 0 0 0 – 0 0 0 – 0 0 1 – 0 0 0

Will.m TILLETT, 0 0 0 – 1 0 0 – 0 0 0 – 0 0 0
Elizabeth TILLETT, 0 0 0 – 0 1 0 – 0 0 0 – 0 0 0
Salmon TILLETT, 0 0 0 – 0 0 1 – 0 0 0 – 0 0 0
John TILLETT, 0 0 0 – 0 0 1 – 0 0 0 – 0 0 0
George TILLETT, 0 0 0 – 0 0 1 – 0 0 0 – 0 0 0
   Scotland, 20; Dan, 16.

#132: John BROHIER, 0 0 0 – 0 0 0 – 1 0 0 – 1 1 0:
Mary BROHIER, 0 0 0 – 0 0 0 – 0 1 0 – 0 0 0
John WILLIAMS, 0 0 0 – 0 0 0 – 0 0 1 – 0 0 0
   Cuffee, 30; Grace, 21.

#133: William & Mary MUCKLEHANY, 0 0 0 – 0 0 0 – 0 0 0 – 1 1 0
   Richmond, 40; Patience, 40.

p. 162:
#134: Charles FLOWERS, 0 0 0 – 0 0 0 – 1 0 0 – 1 0 0:
Quamina FLOWERS, 0 0 0 – 0 0 0 – 1 0 0 – 1 0 0
Caesar FLOWERS, 0 0 0 – 0 0 0 – 1 0 0 – 1 0 0
Chloe FLOWERS, 0 0 0 – 0 0 0 – 0 1 0 – 1 0 0
Richard FLOWERS, 0 0 0 – 0 0 0 – 0 0 1 – 0 0 0
Joseph FLOWERS, 0 0 0 – 0 0 0 – 0 0 1 – 0 0 0
Fanny FLOWERS, 0 0 0 – 0 0 0 – 0 0 1 – 0 0 0
Prue FLOWERS, 0 0 0 – 0 0 0 – 0 0 1 – 0 0 0
   Ned, 32.

#135: Eliza M. GOFF, 0 0 0 – 0 1 0 – 0 0 0 – 0 0 0
William MUCKLEHANY, 0 0 0 – 1 0 0 – 0 0 0 – 0 0 0
Eliza ARTHUR, 0 0 0 – 0 1 0 – 0 0 0 – 0 0 0
Chamba SYRA, 0 0 0 – 0 1 0 – 0 0 0 – 0 0 0
Mary MUCKLEHANY, 0 0 0 – 0 0 1 – 0 0 0 – 0 0 0

#136: William USHER, 0 0 0 – 1 0 0 – 0 0 0 – 51 10 9
W. E. HAMPSHIRE, 1 0 0 – 0 0 0 – 0 0 0 – 0 0 0
Thomas LESTER, 1 0 0 – 0 0 0 – 0 0 0 – 0 0 0
Thomas HAGGAR, 1 0 0 – 0 0 0 – 0 0 0 – 0 0 0
William VAUGHAN, 1 0 0 – 0 0 0 – 0 0 0 – 0 0 0
Charles BLADDEN, 1 0 0 – 0 0 0 – 0 0 0 – 0 0 0
Elizabeth USHER, 0 1 0 – 0 0 0 – 0 0 0 – 0 0 0
Sarah COLQUHOUN, 0 1 0 – 0 0 0 – 0 0 0 – 0 0 0

p.163: *(family continues; slaves Jem Gordon through Dick appear on page 162)*
George M. USHER, 0 0 0 – 0 0 1 – 0 0 0 – 0 0 0
Emma USHER, 0 0 0 – 0 0 1 – 0 0 0 – 0 0 0
Wm. C. USHER, 0 0 0 – 0 0 1 – 0 0 0 – 0 0 0

Wm. C. USHER, 0 0 0 – 0 0 1 – 0 0 0 – 0 0 0
Jem GORDON, 39; Mongola Billy, 39; Billy JONES, 38; William, 36; Frank, 30; Will, 30; Jem, 33; Cuffee, 35; Dick, 35; Guilford, 40; James, 20; Joe GOFF, 24; Geo. FRAZER, 36; Billy ORD, 36; Toby GORDON, 32; Simon, 34; Bonny Jim, 40; Henry, 36; Ben, 40; Cha.s TOMPSON, 36; Sam TONEY, 20; Ned GOFF, 30; Nago Billy, 35; Phillip, 22; George, 50; Ellick, (sic) 50; Allick, 40; Cuffee COLQUHOUN, 40; John, 22; Forsyth, 33; Dick, 32; Smart, 35; Harry, 35;

p. 164: Rob. WILLIS, 20; Jervis LONGSWORTH, 22; Ben LONGSWORTH, 16; Thomas, 21; Richard, 15; Rob. GARBUTT, 20; Adam, 30; Joe NICHOLSON, 44; William DENNIS, 38; July, 26; Francis, 28; Harry, 40; James FERREL, 16; Antonio, 45; Joe, 14; Thomas, 8; William, 8; Henry, 4; George, 3; John, 4 mos.; Richard, 7; William, 3; Billy, 12; Josey, 11;

p. 165: John, 10; Sally, 40; Samante, 24; Hannah, 12; Mimba, 40; Clarinda, 20; Mary, 50; Priscilla, 12; Leah, 10; Phoeba, 18; Jenny, 6; Louisa, 35; Nelly, 5; Susan, 6 mos.

William and James USHER, 0 0 0 – 0 0 0 – 0 0 0 - 2 0 0:
Hunter Jem, 50; Quamina, 55.

#137: Hannah TUCKER, 0 0 0 – 0 0 0 – 0 1 0 – 2 4 2:
Elizabeth KINGSTON, 0 0 0 – 0 1 0 – 0 0 0 – 0 0 0
Richard O'BRIEN, 0 0 0 – 0 0 1 – 0 0 0 – 0 0 0
Robert WOOD, 0 0 0 – 0 0 1 – 0 0 0 – 0 0 0
Hannah WOOD, 0 0 0 – 0 0 1 – 0 0 0 – 0 0 0
Robert 25; Kitty, 45; Juliannah, 26; Patience, 20; Frances, 18; Thomas, 10; Catharine, 4; Female, 3.

p. 166:
#138: Sarah TUCKER, 0 0 0 – 0 1 0 – 0 0 0 – 0 0 0
James H. SPARKS, 0 0 0 – 1 0 0 – 0 0 0 – 0 0 0 *(In 1826, PINKS.)*
Ann GRAY, 0 0 0 – 0 0 0 – 0 0 1 – 0 0 0
Marshal BENNETT, 0 0 0 – 0 0 1 – 0 0 0 – 0 0 0
Thomas H. SPARKS, 0 0 0 – 0 0 1 – 0 0 0 – 0 0 0 "   "   "

#139: Catharine WHITE, 0 0 0 – 0 1 0 – 0 0 0 – 9 2 1:
Bessy WHITE, 0 0 0 – 0 0 1 – 0 0 0 – 0 0 0
George, 33; John, 39; Haire, 52; Johnny, 77; Cuffee, 72; Willy, 41; Bacchus, 57; Simon, 13; Adam, 30; Flora, 43; Bessy, 47; Nancy, 1.

Note: Catharine was a daughter of Capt. William and Elizabeth White; in 1803 she petitioned the magistrates regarding her mther's will.

#140: Maria EMORY, 0 0 0 – 0 1 0 – 0 0 0 – 0 1 2:
　　　Basheba, 36; Charles, 2; Thomas, 1.

p. 167:
#141: Sarah PARKES, 0 0 0 – 0 1 0 – 0 0 0 – 1 3 2:
　　　John DUNCAN, 0 0 0 – 0 0 1 – 0 0 0 – 0 0 0
　　　Charles PARKES, 0 0 0 – 0 0 1 – 0 0 0 – 0 0 0
　　　　　Bob, 50; Silvia, 30; Molly, 40; Bessy, 16; Richmond, 8; an Infant *(age not given.)*

#142: John PARKES, 0 0 0 – 1 0 0 – 0 0 0 – 1 0 0:
　　　Prince, 37.

#143: James WALDRON, 1 0 0 – 0 0 0 – 0 0 0 – 20 6 2:
　　　Catharine HUME, 0 0 0 – 0 1 0 – 0 0 0 – 0 0 0
　　　John W. WALDRON, 0 0 0 – 0 0 1 – 0 0 0 – 0 0 0
　　　Fra.s S. WALDRON, 0 0 0 – 0 0 1 – 0 0 0 – 0 0 0
　　　Jane R. WALDRON, 0 0 0 – 0 0 1 – 0 0 0 – 0 0 0
　　　　　Smart, 41; Ned, 25; Jackson, 39; Peter, 41; Billy, 43; Jem, 40; William, 39; Liverpool, 26; Billy STEWART, 43; Will, 60; Richard, 38; Mon. Jem, *(= Mongola Jem)* 30; Sidney, 40; Louis, 13; Robert, 10;

p. 168:　Bacchus, 29; Romeo, 29; Jack, 27; Isaac, 43; Geo. HUME, 53; Charlotte, 53; Susannah, 33; Winny, 59; Fanny, 29; Nancy, 35; Fanny, 15; George, 6; Harry, 6.

#144: James R. McDONALD, 0 0 0 – 0 0 0 – 0 0 0 – 2 0 2:
　　　Jamaica, 35; William, 30; Betty, 5; Walter, 4.

#145: James McDONALD, 1 0 0 – 0 0 0 – 0 0 0 – 3 2 1:
　　　John QUINTY, 1 0 0 – 0 0 0 – 0 0 0 – 0 0 0
　　　John ROSS, 1 0 0 – 0 0 0 – 0 0 0 – 0 0 0
　　　Patience McDONALD, 0 0 0 – 0 1 0 – 0 0 0 – 0 0 0
　　　Jas. R. McDONALD, 0 0 1 – 0 0 0 – 0 0 0 – 0 0 0
　　　　　Billy GOFF, 42; Joe, 32; Quamina, 67; Polly, 35; Bessy, 36; Paddy, 9.

#146: Elizabeth STAIN, 0 0 0 – 0 0 0 – 0 1 0 – 1 1 0:
　　　Eleanor YOUNG, 0 0 0 – 0 1 0 – 0 0 0 – 0 0 0
　　　Rebecca YOUNG, 0 0 0 – 0 1 0 – 0 0 0 – 0 0 0
　　　Elizabeth YOUNG, 0 0 0 – 0 1 0 – 0 0 0 – 0 0 0
　　　Edward MEIGHAN, 0 0 0 – 0 0 1 – 0 0 0 – 0 0 0
　　　　　Cuba, 35; Ned, 44.

#147: Quamina CARD, 0 0 0 – 0 0 0 – 1 0 0 – 0 0 0
　　　Tuby *(sic)* HICKEY, 0 0 0 – 0 0 0 – 0 1 0 – 0 0 0

Sarah HICKEY, 0 0 0 – 0 0 0 – 0 1 0 – 0 0 0
Caesar HICKEY, 0 0 0 – 0 0 0 – 0 0 1 – 0 0 0
Valentine HICKEY, 0 0 0 – 0 0 0 – 0 0 1 - 0 0 0
Priscilla HICKEY, 0 0 0 – 0 1 0 – 0 0 0 – 0 0 0
Thomas CARD, 0 0 0 – 0 0 1 – 0 0 0 – 0 0 0

#148: John WAGNER, 0 0 0 – 1 0 0 – 0 0 0 – 0 0 0
Elizabeth WAGNER, 0 0 0 – 0 1 0 – 0 0 0 – 0 0 0
Frances, 0 0 0 – 0 0 1 – 0 0 0 – 0 0 0
Sarah, 0 0 0 – 0 0 1 – 0 0 0 – 0 0 0
Robert, 0 0 0 – 0 0 1 – 0 0 0 – 0 0 0
Daniel, 0 0 0 – 0 0 1 – 0 0 0 – 0 0 0
Elizabeth GRANT, 0 0 0 – 0 0 0 – 0 1 0 – 0 0 0

#149: Daniel WAGNER, 0 0 0 – 1 0 0 – 0 0 0 – 1 0 0:
William WAGNER, 0 0 0 – 1 0 0 – 0 0 0 – 0 0 0
Esther WAGNER, 0 0 0 – 0 1 0 – 0 0 0 – 0 0 0
Phillida BAILLEY, 0 0 0 – 0 0 0 – 0 1 0 – 0 0 0
Jack, 45.

p. 170:
#150: Rich.d HARRISON, 1 0 0 – 0 0 0 – 0 0 0 – 2 0 0
Fanny YOUNG, 0 0 0 – 0 1 0 – 0 0 0 – 0 0 0
Cyrus, 40; Arthur, 27.

#151: Simon SLUSHER, 0 0 0 – 0 0 0 – 1 0 0 – 0 0 0
Thomas SLUSHER, 0 0 0 – 0 0 0 – 1 0 0 – 0 0 0
Elizabeth GRANT, 0 0 0 – 0 0 0 – 0 1 0 – 0 0 0
Robert SLUSHER, 0 0 0 – 0 0 0 – 0 0 1 – 0 0 0
George SLUSHER, 0 0 0 – 0 0 0 – 0 0 1 – 0 0 0
Louisa SLUSHER, 0 0 0 – 0 0 0 – 0 0 1 – 0 0 0
Thomas SLUSHER, 0 0 0 – 0 0 0 – 0 0 1 – 0 0 0
Mary N., 0 0 0 – 0 0 1 – 0 0 0 – 0 0 0
Margaret M., 0 0 0 – 0 0 1 – 0 0 0 – 0 0 0

#152: John and Sarah PARKS, 0 0 0 – 0 0 0 – 0 0 0 – 1 0 0:
John, 60.

#153: Jacob MUSLAAR, 1 0 0 – 0 0 0 – 0 0 0 – 0 0 0
Marg.t MUSLAAR, 0 1 0 – 0 0 0 – 0 0 0 – 0 0 0
Ann PATERSON, 0 1 0 – 0 0 0 – 0 0 0 – 0 0 0
Marg.t FLINT, 0 0 1 – 0 0 0 – 0 0 0 – 0 0 0

#154: Cath.n TILLETT, 0 0 0 – 0 1 0 – 0 0 0 – 1 2 2:
William CUNNINGHAM, 0 0 0 – 0 0 1 – 0 0 0 – 0 0 0

Mary Ann CUNNINGHAM, 0 0 0 – 0 0 1 – 0 0 0 – 0 0 0
Old Dewey?; Kitty; Bessy; Aleck; Allick. *(ages not given.)*

p. 171:
#155: Maria VENSOMPATRIA, 0 0 0 – 0 0 0 – 0 1 0 – 0 0 0

#156: James CATTO, 0 0 0 – 0 0 0 – 1 0 0 – 0 0 0

#157: CATERICK, a Pensioner, 0 0 0 – 1 0 0 – 0 0 0 – 0 0 0
#157: George CATERICK, 0 0 0 – 1 0 0 – 0 0 0 – 0 0 0
James CATERICK, 0 0 0 – 1 0 0 – 0 0 0 – 0 0 0

#158: Daniel HOARE, 0 0 0 – 0 0 0 – 1 0 0 – 0 0 0
Margaret JONES, 0 0 0 – 0 0 0 – 0 1 0 – 0 0 0
Quasheba JONES, 0 0 0 – 0 0 0 – 0 1 0 – 0 0 0
James HOARE, 0 0 0 – 0 0 0 – 0 0 1 – 0 0 0

#159: Edward MOODY, 0 0 0 – 1 0 0 – 0 0 0 – 1 1 0
Edward MOODY JR., 0 0 0 – 0 0 1 – 0 0 0 – 0 0 0
Ann MOODY, 0 0 0 – 0 0 1 – 0 0 0 – 0 0 0
Mary Ann MOODY, 0 0 0 – 0 0 1 – 0 0 0 – 0 0 0
Jane MOODY, 0 0 0 – 0 0 1 – 0 0 0 – 0 0 0
Catharine MOODY, 0 0 0 – 0 0 1 – 0 0 0 – 0 0 0
Charles, 60; Prue PENNY, 31.

#160: Smart BELISLE, 0 0 0 – 0 0 0 – 1 0 0 – 0 0 0
William BELISLE, 0 0 0 – 0 0 0 – 0 0 1 – 0 0 0
Richard BELISLE, 0 0 0 – 0 0 0 – 0 0 1 – 0 0 0

p. 172:
#161: Jacob MILES, 0 0 0 – 0 0 0 – 1 0 0 – 0 0 0
Thomas MILES, 0 0 0 – 0 0 0 – 1 0 0 – 0 0 0
Joseph MILES, 0 0 0 – 0 0 0 – 0 0 1 – 0 0 0
Lucretia MILES, 0 0 0 – 0 0 0 – 0 1 0 – 0 0 0
Ann MILES, 0 0 0 – 0 0 0 – 0 1 0 – 0 0 0
Henrietta MILES, 0 0 0 – 0 0 0 – 0 1 0 – 0 0 0
Lucretia MILES, 0 0 0 – 0 0 0 – 0 1 0 – 0 0 0

#162: James TUCKER, 0 0 0 – 0 0 0 – 1 0 0 – 0 0 0
Maria TUCKER, 0 0 0 – 0 0 0 – 0 1 0 – 0 0 0
Susannah TUCKER, 0 0 0 – 0 0 0 – 0 1 0 – 0 0 0
Joseph BELISLE, 0 0 0 – 0 0 0 – 0 0 1 – 0 0 0

#163: Rose BELISLE, 0 0 0 – 0 0 0 – 0 1 0 – 0 0 0
Marcus BELISLE, 0 0 0 – 0 0 0 – 0 0 1 – 0 0 0

Mary BELISLE, 0 0 0 - 0 0 0 - 0 0 1 - 0 0 0
Joseph BELISLE, 0 0 0 - 0 0 0 - 0 0 1 - 0 0 0

#164: Eve BELISLE, 0 0 0 - 0 0 0 - 0 1 0 - 0 0 0
Sarah REMINGTON, 0 0 0 - 0 0 1 - 0 0 0 - 0 0 0

#165: George HEWLETT, 0 0 0 - 0 0 0 - 1 0 0 - 0 0 0
Ann ROSE, 0 0 0 - 0 1 0 - 0 0 0 - 0 0 0
Ann Maria HEWLETT, 0 0 0 - 0 0 1 - 0 0 0 - 0 0 0

p. 173:
#166: Bernard BELISLE, 0 0 0 - 0 0 0 - 1 0 0 - 0 0 0
Aberdeen BELISLE, 0 0 0 - 0 0 0 - 1 0 0 - 0 0 0
James BELISLE, 0 0 0 - 0 0 0 - 1 0 0 - 0 0 0
Thomas BELISLE, 0 0 0 - 0 0 0 - 1 0 0 - 0 0 0
Sarah BELISLE, 0 0 0 - 0 0 0 - 0 1 0 - 0 0 0
Ann BELISLE, 0 0 0 - 0 0 0 - 0 1 0 - 0 0 0
John BELISLE, 0 0 0 - 0 0 0 - 0 0 1 - 0 0 0

#167: Glasgow EDWARDS, 0 0 0 - 0 0 0 - 1 0 0 - 0 0 0

#168: Samuel GRANT, 0 0 0 - 0 0 0 - 1 0 0 - 0 0 0
William DRACKSON, 0 0 0 - 1 0 0 - 0 0 0 - 0 0 0
Ann GRANT, 0 0 0 - 0 0 0 - 0 1 0 - 0 0 0
Ellena GRANT, 0 0 0 - 0 0 0 - 0 1 0 - 0 0 0
Catharine GRANT, 0 0 0 - 0 0 0 - 0 1 0 - 0 0 0
Simon GRANT, 0 0 0 - 0 0 0 - 0 0 1 - 0 0 0

#169: William S. EVE, 1 0 0 - 0 0 0 - 0 0 0 - 2 3 0:
Sarah BATES, 0 0 0 - 0 1 0 - 0 0 0 - 0 0 0
Eliza FRANCIS, 0 0 0 - 0 0 1 - 0 0 0 - 0 0 0
Maria, 0 0 0 - 0 0 1 - 0 0 0 - 0 0 0
The Slave marked *thus in the return said to be the property of A. EVE at New Providence in charge of Wm. S. EVE.
Robert, 38; *Charles, 19; Bell, 46; Sarah, 28: Charlotte, 11.

Note: *The will of* WILLIAM SOMERSALL EVE, *Lt. in H.M. 2nd W.I. Regt., was probated 12 June 1832 in London, and is available on line from the British National Archives.*

p. 174:
#170: Christopher LOFTHOUSE, 1 0 0 - 0 0 0 - 0 0 0 - 3 2 1:
A. S. LOFTHOUSE, 0 1 0 - 0 0 0 - 0 0 0 - 0 0 0
James CROZIER, 1 0 0 - 0 0 0 - 0 0 0 - 0 0 0
John, 60; Sandy, 45; John, 40; Anna, 20; Jenny, 26; William. *(age not given.)*

#171: Thomas BARNES, 1 0 0 – 0 0 0 – 0 0 0 – 0 0 0
James BARNES, 1 0 0 – 0 0 0 – 0 0 0 – 0 0 0
William BARNES, 1 0 0 – 0 0 0 – 0 0 0 – 0 0 0
Miles LANE, 1 0 0 – 0 0 0 – 0 0 0 – 0 0 0
George M. HUGHES, 1 0 0 – 0 0 0 – 0 0 0 – 0 0 0
Jane BARNES, 0 1 0 – 0 0 0 – 0 0 0 – 0 0 0
Jane BARNES, 0 1 0 – 0 0 0 – 0 0 0 – 0 0 0
Pamela BARNES, 0 1 0 – 0 0 0 – 0 0 0 – 0 0 0
Jane Pamela Sarah COATES, 0 0 1 – 0 0 0 – 0 0 0 – 0 0 0
Maria McKAY, 0 0 0 – 0 1 0 – 0 0 0 – 0 0 0
Margaret ORGILE, 0 0 0 – 0 1 0 – 0 0 0 – 0 0 0
Eliza Cath. WHITE, 0 0 0 – 0 0 1 – 0 0 0 – 0 0 0
Susanna MYVETT, 0 0 0 – 0 0 1 – 0 0 0 – 0 0 0
Lucretia ANDERSON, 0 0 0 – 0 0 1 – 0 0 0 – 0 0 0

#172: Dickson FITZGIBBON, 0 0 0 – 0 0 0 – 1 0 0 – 0 0 0

p. 175:
#173: Robert WAGNER, 0 0 0 – 1 0 0 – 0 0 0 – 4 1 0:
Js. WAGNER, 0 0 0 – 1 0 0 – 0 0 0 – 0 0 0
Chesson, 60; Hazard, 37; Friday, 35; Glasgow, 33; Mary, 63.

#174: Catharine SAVORY, 0 0 0 – 0 0 0 – 0 1 0 – 0 0 0
Samuel SAVORY, 0 0 0 – 1 0 0 – 0 0 0 – 0 0 0
James SAVORY, 0 0 0 – 1 0 0 – 0 0 0 – 0 0 0
Joseph SAVORY, 0 0 0 – 1 0 0 – 0 0 0 – 0 0 1:
Mary SAVORY, 0 0 0 – 0 1 0 – 0 0 0 – 0 0 0
Catharine SAVORY, 0 0 0 – 0 1 0 – 0 0 0 – 0 0 0
Eliza GRANT, 0 0 0 – 0 0 1 – 0 0 0 – 0 0 0
Richard BULL, 0 0 0 – 0 0 1 – 0 0 0 – 0 0 0
James BULL, 0 0 0 – 0 0 1 – 0 0 0 – 0 0 0
S. WALDRON WOOD, 0 0 0 – 0 0 1 – 0 0 0 – 0 0 0
Chelsea, 30.

#175: Ellen RANN, 0 0 0 – 0 0 0 – 0 1 0 – 0 0 0
Catto RANN, 0 0 0 – 0 0 0 – 1 0 0 – 0 0 0

#176: Estate of Mary GRANT dec'd, 0 0 0 – 0 0 0 – 0 0 0 – 3 0 0:
King, 57; Peter, 37; Harry, 37.

p. 176:
#177: Elizabeth SMITH, 0 0 0 – 0 0 0 – 0 1 0 – 3 1 1:
Guam, 33; Diana, 31; Simon, 14; Jack, 10; Eve, 8.

#178: Archibald GRANT, 0 0 0 – 0 0 0 – 1 0 0 – 1 0 0:

Cloy GRANT, 0 0 0 – 0 0 0 – 0 1 0 – 0 0 0
George, 38.

#179: John B. RABOTEAU, 0 0 0 – 1 0 0 – 0 0 0 – 0 0 0
Hannah WAGNER, 0 0 0 – 0 1 0 – 0 0 0 – 0 0 0
William, 0 0 0 – 0 0 1 – 0 0 0 – 0 0 0
Joseph, 0 0 0 – 0 0 1 – 0 0 0 – 0 0 0
Veronique, 0 0 0 – 0 0 1 – 0 0 0 – 0 0 0
Margaret, 0 0 0 – 0 0 1 – 0 0 0 – 0 0 0
John Isaac, 0 0 0 – 0 0 1 – 0 0 0 – 0 0 0
Alfred, 0 0 0 – 0 0 1 – 0 0 0 – 0 0 0 *(surnames not given.)*

#180: Elizabeth LAWRIE the Younger, 0 0 0 – 0 1 0 – 0 0 0 – 3 3 6:
Quamina, 18; Harry, 14; Quashie, 12; Lucretia, 38; Juba, 24; Member, 22; Sarah, 4;

p. 177: Elizabeth, 4; Lucretia, 2; Thomas, 8; William, 5; Edward, 1.

#181: Elizabeth HEWLETT, 0 0 0 – 0 1 0 – 0 0 0 – 9 4 0:
Ben, 47; Jack, 40; Fanny, 28; George, 35; Robert, 25; John, 30; Peter, 18; Anthony, 17; Jack, 35; Domingo, 45; Peggy, 40; Mary, 20; Nora, 18.

#182: Vatchel KEENE, 1 0 0 – 0 0 0 – 0 0 0 – 0 0 0
Edmond KEENE, 1 0 0 – 0 0 0 – 0 0 0 – 0 0 0
John KEENE, 1 0 0 – 0 0 0 – 0 0 0 – 0 0 0
Mary Ann KEENE, 0 1 0 – 0 0 0 – 0 0 0 – 0 0 0
Elizabeth KEENE, 0 1 0 – 0 0 0 – 0 0 0 – 0 0 0
George KEENE, 0 0 1 - 0 0 0 – 0 0 0 – 0 1 0:
Sally, 26.
Mary Ann KEENE in charge of V. KEENE, 0 0 1:
Mary, 6.

p. 178:
#183: S. W. USHER, 0 0 0 – 0 1 0 – 0 0 0 – 2 3 1:
Laura BROMLEY, 0 0 0 – 0 1 0 – 0 0 0 – 0 0 0
Adam, 78; Catto, 43; Allee, 41; Grace, 38; Nancy, 23; Ben, 6.

#184: William JECKELL, 1 0 0 – 0 0 0 – 0 0 0 – 0 0 0
Robert STEPHENSON, 1 0 0 – 0 0 0 – 0 0 0 – 0 0 0
Thomas REES, 1 0 0 – 0 0 0 – 0 0 0 – 0 0 0
Deb.h JECKELL, 0 1 0 – 0 0 0 – 0 0 0 – 0 0 0
John ANTONE, 0 0 0 – 1 0 0 – 0 0 0 – 0 0 0
Richard HARRIS, 0 0 0 – 0 0 0 – 1 0 0 – 0 0 0

#185: Ann B. TOOTH, 0 0 0 – 0 0 0 – 0 0 1:
    David, 7.

#186: William EDWARDS, 0 0 0 – 0 0 0 – 1 0 0 – 0 0 0
    Harry RANN, 0 0 0 – 0 0 0 – 1 0 0 – 0 0 0
    Maria EDWARDS, 0 0 0 – 0 0 0 – 0 1 0 – 0 0 0

#187: James EVERETT, 1 0 0 – 0 0 0 – 0 0 0 – 0 0 0
    Amelia YOUNG, 0 0 0 – 0 1 0 – 0 0 0 – 0 0 0
    William EVERETT, 0 0 0 – 0 0 1 – 0 0 0 – 0 0 0
    James EVERETT, 0 0 0 – 0 0 1 – 0 0 0 – 0 0 0

p. 179:
#188: Ann BODE, 0 0 0 – 0 1 0 – 0 0 0 – 4 7 5:
    Bryan MEIGHAN, 0 0 0 – 1 0 0 – 0 0 0 – 0 0 0
    Martha MEIGHAN, 0 0 0 – 0 0 0 – 0 0 0 – 0 0 0*
    E. A. BROASTER, 0 0 0 – 0 1 0 – 0 0 0 – 0 0 0
    Peter STAIN, 0 0 0 – 0 0 1 – 0 0 0 – 0 0 0
        Robert, 77; Joe, 35; James, 15; John, 13; Mimba, 30; Elizabeth, 32; Venus, 21; Eve, 27; Monimia, 17; Dina, 13; Lucy, 16; Kitty, 9; Fanny, 9; Hamlet, 9; Blanford, 8; George, 1.

A mark for a colored woman has been erased. Martha Meighan appears elsewhere as a separate household

#189: George BELISLE, 0 0 0 – 0 0 0 – 1 0 0 – 0 0 0
    James BELISLE, 0 0 0 – 1 0 0 – 0 0 0 – 0 0 0
    Eliza BELISLE, 0 0 0 – 0 0 0 – 0 1 0 – 0 0 0
    Ellena BELISLE, 0 0 0 – 0 0 0 – 0 1 0 – 0 0 0

#190: Richard EDWARDS, 0 0 0 – 0 0 0 – 1 0 0 – 0 0 0

#191: Peter EDWARDS, 0 0 0 – 0 0 0 – 1 0 0 – 0 0 0

p. 180:
#192: John MORRIS, 0 0 0 – 0 0 0 – 1 0 0 – 0 0 0

Note: A line through the mark for John Morris makes an X. Had he died?

#193: Will.m EDWARDS, 0 0 0 – 0 0 0 – 1 0 0 – 0 0 0
    Eliza GRANT, 0 0 0 – 0 0 0 – 0 1 0 – 0 0 0
    Richard O'CONNOR, 0 0 0 – 1 0 0 – 0 0 0 – 0 0 0

#194: William NEAL, 0 0 0 – 0 0 0 – 1 0 0 – 3 0 0:
    James BULL, 0 0 0 – 0 0 0 – 1 0 0 – 0 0 0

Phillip D. BRIEN, 0 0 0 – 1 0 0 – 0 0 0 – 0 0 0
Chas. SMITH, 0 0 0 – 1 0 0 – 0 0 0 – 0 0 0
David DEAN, 0 0 0 – 1 0 0 – 0 0 0 – 0 0 0
Catharine NEAL, 0 0 0 – 0 1 0 – 0 0 0 – 0 0 0
John G. SMITH, 0 0 0 – 0 0 1 – 0 0 0 – 0 0 0
William A. NEAL, 0 0 0 – 0 0 1 – 0 0 0 – 0 0 0
Andrew PETER, 0 0 0 – 0 0 0 – 1 0 0 – 0 0 0
Henry TUCKER, 0 0 0 – 0 0 0 – 1 0 0 – 0 0 0
   Samuel PORTER, 45; Harry, 18; Charles, 15.

#195: Rich.d GODFREY, 0 0 0 – 1 0 0 – 0 0 0 – 0 0 0
Harriott SHEARS, 0 0 0 – 0 1 0 – 0 0 0 – 0 0 0
Eliza GODFREY Sen., 0 0 0 – 0 1 0 – 0 0 0 – 0 0 0
Eliza GODFREY Jr., 0 0 0 – 0 0 1 – 0 0 0 – 0 0 0

#196: Thomas BAYLEY, 0 0 0 – 0 0 0 – 1 0 0 – 0 0 0
Quashba FLOWERS, 0 0 0 – 0 0 0 – 0 1 0 – 0 0 0
Kate, 0 0 0 – 0 0 0 – 0 0 1 – 0 0 0
Siddy, 0 0 0 – 0 0 0 – 0 0 1 – 0 0 0
Cuba, 0 0 0 – 0 0 0 – 0 0 1 – 0 0 0 *(surnames not given)*

p. 181:
#197: Joseph BERNARD, 0 0 0 – 1 0 0 – 0 0 0 – 0 0 0
Elizabeth PANTING, 0 0 0 – 0 0 1 – 0 0 0 – 0 0 0
Molly KENNEDY, 0 0 0 – 0 0 0 – 0 1 0 – 0 0 0

#198: Catto GRANT, 0 0 0 – 0 0 0 – 1 0 0 – 0 0 0
Eliza GRANT, 0 0 0 – 0 0 0 – 0 1 0 – 0 0 0

#199: Robert FLOWERS, 0 0 0 – 0 0 0 – 1 0 0 – 0 0 0

#200: Joseph FLOWERS, 0 0 0 – 0 0 0 – 1 0 0 – 0 0 0
Michael FLOWERS, 0 0 0 – 0 0 0 – 1 0 0 – 0 0 0
Abba FLOWERS, 0 0 0 – 0 0 0 – 0 1 0 – 0 0 0
Maria FLOWERS, 0 0 0 – 0 0 0 – 0 1 0 – 0 0 0
Catharine FLOWERS, 0 0 0 – 0 0 0 – 0 1 0 – 0 0 0
Cyrus FLOWERS, 0 0 0 – 0 0 0 – 0 0 1 – 0 0 0
Sarah FLOWERS, 0 0 0 – 0 0 0 – 0 0 1 – 0 0 0
Simon FLOWERS, 0 0 0 – 0 0 0 – 0 0 1 – 0 0 0

#201: Isaac BARNES, 0 0 0 – 0 0 0 – 1 0 0 – 0 0 0

#202: Quamina FLOWERS, 0 0 0 – 0 0 0 – 1 0 0 – 0 0 0
Mary Ann, 0 0 0 – 0 0 0 – 0 1 0 – 0 0 0
Juwell, 0 0 0 – 0 0 0 – 0 0 1 – 0 0 0 *(E. in 1826, p. 207 #490.)*

p. 182:
#203: George HOME, 1 0 0 – 0 0 0 – 0 0 0 – 0 0 0
James PRICE, 1 0 0 – 0 0 0 – 0 0 0 – 0 0 0

#204: Henry GRANT, 0 0 0 – 0 0 0 – 1 0 0 – 0 0 0
Chloe GRANT, 0 0 0 – 0 0 0 – 0 0 1 – 0 0 0
Ann GRANT, 0 0 0 – 0 0 0 – 0 0 1 – 0 0 0
Caroline GRANT, 0 0 0 – 0 0 0 – 0 1 0 – 0 0 0

#205: Eliza B. TOOTH, 0 0 0 – 0 0 0 – 0 0 0 – 0 0 1:
Nelson, 5.

#206: Henry MOORE, 1 0 0 – 0 0 0 – 0 0 0 – 0 0 0
Thomas LOWRY, 0 0 0 – 0 0 1 – 0 0 0 – 0 0 0

#207: James USHER, 0 0 0 – 1 0 0 – 0 0 0 - 7 1 4:
Abigail EWING, 0 0 0 – 0 1 0 – 0 0 0 – 0 0 0
Jane LONGSWORTH, 0 0 0 – 0 1 0 – 0 0 0 – 0 0 0
Ann LONGSWORTH, 0 0 0 – 0 1 0 – 0 0 0 – 0 0 0
Toby, 30; Richmond, 31; Cyrus, 35; Alexander, 28; Lowry, 35; Nicholas, 30; Joe, 26; Ann, 31; Phebe, 9; Sabina, 6; Rosanna, 4; William, 3.

Note: Abigail Ewing was born 11 Sep 1795 to John and Elizabeth "Bess" Ewing. She had two known brothers, Daniel Ewing, b. Oct 6 1789 (see #419 below) and Marcus Ewing, b. Jun 30 1793. Her father died in 1798. She had half sibs Catherine "Kitty" Meighan, b. ca. 1799-1804 (see #281 below,) and Amelia (see #84 above,) Jane, and Ann Longsworth..

#208: Hosea DEIGO, 0 0 0 – 0 0 0 – 1 0 0 – 0 0 0
Rebecca MOORE, 0 0 0 – 0 0 0 – 0 1 0 – 0 0 0
Betriss BROASTER, 0 0 0 – 0 0 0 – 0 0 1 – 0 0 0
Maria DEIGO, 0 0 0 – 0 0 0 – 0 0 1 – 0 0 0
John DEIGO, 0 0 0 – 0 0 0 – 0 0 1 – 0 0 0

p. 183:
#209: Will.m H. GIBSON, 0 0 0 – 1 0 0 – 0 0 0 – 4 3 4:
Richard, 36; Harry, 45; Adam, 19; Thomas, 12; Sarah, 30; Grace, 29; Margaret, 30; Daniel, 7; Abel, 5; Rebecca, 9; Middleton, 9 mos.

#210: John GRANT, 0 0 0 – 0 0 0 – 1 0 0 – 0 0 0
Hope GRANT, 0 0 0 – 0 0 0 – 1 0 0 – 0 0 0
Thomas GRANT, 0 0 0 – 0 0 0 – 1 0 0 – 0 0 0
Charlotte GRANT, 0 0 0 – 0 0 0 – 0 1 0 – 0 0 0
Nelly GRANT, 0 0 0 – 0 0 0 – 0 1 0 – 0 0 0
Charlotte GRANT, 0 0 0 – 0 0 0 – 0 1 0 – 0 0 0
Isabella SMITH, 0 0 0 – 0 1 0 – 0 0 0 – 0 0 0

#211: Chloe GRANT, 0 0 0 – 0 1 0 – 0 0 0 – 0 0 0
Benjamin PATERSON, 0 0 0 – 1 0 0 – 0 0 0 – 0 0 0
Fanny D'BRION, 0 0 0 – 0 0 1 – 0 0 0 – 0 0 0 *(= DeBrion, O'Brion.)*
Maria COLLINS, 0 0 0 – 0 0 1 – 0 0 0 – 0 0 0
Eliza HENRY, 0 0 0 – 0 0 1 – 0 0 0 – 0 0 0

p. 184:
#212: William GODFREY, 0 0 0 – 1 0 0 – 0 0 0 – 0 0 0
Jean BISET, 0 0 0 – 0 1 0 – 0 0 0 – 0 0 0
John GODFREY, 0 0 0 – 0 0 1 – 0 0 0 – 0 0 0
Maria GODFREY, 0 0 0 – 0 0 1 – 0 0 0 – 0 0 0

#213: William LONGSWORTH Jun.r, 0 0 0 – 1 0 0 – 0 0 0 – 0 0 0

#214: Mary HUME, 0 0 0 – 0 1 0 – 0 0 0 – 16 9 5:
Georgiana McAULAY, 0 0 0 – 0 0 1 – 0 0 0 – 0 0 0
William, 38; Knight, 39; Richmond, 27; Sampson, 43; Scipio, 47; Am.n Joe, 51; *(= American Joe,)* Lawrence, 23; King, 35; Charles, 32; Adam, 41; Frank, 32; Bacchus, 45; Margaret, 32; Priscilla, 27; Christiana, 36; Dorinda, 24; Clara, 37; Mary, 32;

p. 185: John, 16; Edward, 13; Nelson, 12; Daniel, 10; Geo. Frederick, 7: Joseph, 5; James, 1; Emma, 13; Patience, 15; Sophia, 14; Agnes, 9; Sarah Elizabeth, 2.

#215: James TRAPP, 0 0 0 – 0 0 0 – 1 0 0 – 0 1 0:
Joseph T. GRANT, 0 0 0 – 0 0 0 – 1 0 0 – 0 0 0
Geo. GRANT, 0 0 0 – 0 0 0 – 1 0 0 – 0 0 0
Jane TRAPP, 0 0 0 – 0 0 0 – 0 1 0 – 0 0 0
Frances TRAPP, 0 0 0 – 0 0 0 – 0 1 0 – 0 0 0
Elizabeth BRIEN, 28.

#216: Stephen STAIN, 0 0 0 – 1 0 0 – 0 0 0 – 4 1 1:
S. PARKER, 0 0 0 – 0 1 0 – 0 0 0 – 0 0 0
March, 50; Chelsea, 40; Charles, 44; Irvin, 33; Dianna, 17; Sarah, 1 1/6.

p. 186:
#217: J. M. CUNNINGHAM, 0 0 0 – 1 0 0 – 0 0 0 – 2 2 0:
Margaret CUNNINGHAM, 0 0 0 – 0 1 0 – 0 0 0 – 0 0 0
James CUNNINGHAM, 0 0 0 – 0 0 1 – 0 0 0 – 0 0 0
Mary CUNNINGHAM, 0 0 0 – 0 0 1 – 0 0 0 – 0 0 0
William CUNNINGHAM, 0 0 0 – 0 0 1 – 0 0 0 – 0 0 0
Chance, 37; Francis, 25; Mary, 28; Phillis, 11.

#218: Mary BLYTHE, 0 0 0 – 0 1 0 – 0 0 0 – 0 0 0

#219: Sam.l W. ROGERS, 0 0 0 – 1 0 0 – 0 0 0 – 2 1 0:
    Chas. ROGERS, 0 0 0 – 0 0 1 – 0 0 0 – 0 0 0
    Susannah ROGERS, 0 0 0 – 0 0 1 – 0 0 0 – 0 0 0
    James, 38; John, 30; Betsy, 39.

#220: Elizabeth SWASEY, 0 0 0 – 0 1 0 – 0 0 0 – 0 1 0:
    George HAYLOCK, 0 0 0 – 0 0 1 – 0 0 0 – 0 0 0
    Ann HAYLOCK, 0 0 0 – 0 0 1 – 0 0 0 – 0 0 0
    John R. WRIGHT, 0 0 0 – 0 0 1 – 0 0 0 – 0 0 0
    Selina ORGILE, 0 0 0 – 0 0 1 – 0 0 0 – 0 0 0
    Sue, 25.

#221: Fred.k COFFIN, 1 0 0 – 0 0 0 – 0 0 0 – 0 0 0
    Eliza Ann COFFIN, 0 0 0 – 0 0 1 – 0 0 0 – 0 0 0
    Phoebe TUCKER, 0 0 0 – 0 0 0 – 0 1 0 – 0 0 0

#222: Olive CRAWFORD, 0 0 0 – 0 1 0 – 0 0 0 – 0 0 0
    William JONES, 0 0 0 – 0 0 0 – 1 0 0 – 0 0 0
    Lawrence JONES, 0 0 0 – 0 0 1 – 0 0 0 – 0 0 0

p. 187:
#223: John COLLINS, 0 0 0 – 1 0 0 – 0 0 0 – 2 2 0:
    Ben, 52; William PITT, 32; Harriett, 62; Fanny, 31.

#224: James DODGSON, 0 0 0 – 0 0 0 – 1 0 0 – 0 0 0

#225: John KENNEDY, 0 0 0 – 1 0 0 – 0 0 0 – 0 0 0
    Mary KENNEDY, 0 0 0 – 0 0 1 – 0 0 0 – 0 0 0
    Sarah KENNEDY, 0 0 0 – 0 0 1 – 0 0 0 – 0 0 0
    Catharine KENNEDY, 0 0 0 – 0 0 1 – 0 0 0 – 0 0 0

#226: Siddy BELISLE, 0 0 0 – 0 0 0 – 0 1 0 – 0 0 0
    Catharine BELISLE, 0 0 0 – 0 0 1 – 0 0 0 – 0 0 0
    John BELISLE, 0 0 0 – 0 0 1 – 0 0 0 – 0 0 0

#227: Sabina FLOWERS, 0 0 0 – 0 0 0 – 0 1 0 – 0 0 0
    Providence FLOWERS, 0 0 0 – 0 0 0 – 1 0 0 – 0 0 0
    Edward FLOWERS, 0 0 0 – 0 0 0 – 1 0 0 – 0 0 0
    Toney FLOWERS, 0 0 0 – 0 0 0 – 1 0 0 – 0 0 0
    Adam FLOWERS, 0 0 0 – 0 0 0 – 1 0 0 – 0 0 0
    Francis FLOWERS, 0 0 0 – 0 0 0 – 1 0 0 – 0 0 0
    Richard FLOWERS, 0 0 0 – 0 0 0 – 1 0 0 – 0 0 0
    Peggy FLOWERS, 0 0 0 – 0 0 0 – 0 1 0 – 0 0 0
    Patience FLOWERS, 0 0 0 – 0 0 0 – 0 1 0 – 0 0 0

Jack FLOWERS, 0 0 0 – 0 0 0 – 0 0 1 – 0 0 0
Abraham FLOWERS, 0 0 0 – 0 0 0 – 0 0 1 – 0 0 0

p. 188:
#228: Martha MEIGHAN, 0 0 0 – 0 1 0 – 0 0 0 – 0 1 2:
Harriet, 23; Eugenius, 8; Billy, 1.

#229: Caesar KENNEDY, 0 0 0 – 0 0 0 – 1 0 0 – 3 1 1:
Henrietta W. BESS, 0 0 0 – 0 0 0 – 0 1 0 – 0 0 0
Daniel, 35; Darcy, 45; Rodney, 20; Betsy, 45; John, 7.

#230: Lucinda EDWARDS, 0 0 0 – 0 0 0 – 0 1 0 – 0 1 0:
Phebe, 12.

#231: Charles CUNNINGHAM, 0 0 0 – 1 0 0 – 0 0 0 – 5 4 1:
Britain, 38; Robert, 38; Ratcliffe, 25; Guilford, 21; Johnny, 20; Quashaba, 38;
Mary, 43; Amelia, 13; Rachel, 11; Helena, 8.

232: Robert LAWRIE, 0 0 0 – 0 0 0 – 1 0 0 – 0 0 0
Ann LAWRIE, 0 0 0 – 0 0 0 – 0 1 0 – 0 0 0
Venus LAWRIE, 0 0 0 – 0 0 0 – 0 0 1 – 0 0 0
James LAWRIE, 0 0 0 – 0 0 0 – 0 0 1 – 0 0 0
William LAWRIE, 0 0 0 – 0 0 0 – 0 0 1 – 0 0 0

p. 189:
#233: Uriah TRAPP, 0 0 0 – 0 0 0 – 1 0 0 – 0 0 0

#234: Sarah WINTER, 0 0 0 – 0 1 0 – 0 0 0 – 0 1 1:
David, 0 0 0 – 0 0 1 – 0 0 0 – 0 0 0
William, 0 0 0 – 0 0 1 – 0 0 0 – 0 0 0 *(surnames not given.)*
Maria, 21; Glasgow, 9.

#235: Elizabeth HARRIS's Estate, 0 0 0 – 0 0 0 – 0 0 0 – 5 2 1:
Sodiah, 77; Toney, 37; Dorsett, 33; Primus, 31; John, 30; Fanny, 30;
Rebecca, 27; Nancy, 1.

#236: Prince GRAHAM, 0 0 0 – 0 0 0 – 1 0 0 – 0 0 0
Dublin GRAHAM, 0 0 0 – 0 0 0 – 1 0 0 – 0 0 0
Sarah GRAHAM, 0 0 0 – 0 0 0 – 0 1 0 – 0 0 0

#237: Devonshire MEIGHAN, 0 0 0 – 0 0 0 – 1 0 0 – 0 0 0
Jessy BOURKE, 0 0 0 – 0 0 0 – 0 1 0 – 0 0 0
James MEIGHAN, 0 0 0 – 0 0 0 – 0 0 1 – 0 0 0
John MEIGHAN, 0 0 0 – 0 0 0 – 0 0 1 – 0 0 0
Abraham MEIGHAN, 0 0 0 – 0 0 0 – 0 0 1 – 0 0 0

Anna MEIGHAN, 0 0 0 – 0 0 0 – 0 0 1 – 0 0 0
Prue MEIGHAN, 0 0 0 – 0 0 0 – 0 0 1 – 0 0 0
Elizabeth MEIGHAN, 0 0 0 – 0 0 0 – 0 0 1 – 0 0 0

p. 190:
#238: William H. CATES, 1 0 0 – 0 0 0 – 0 0 0 – 0 0 0

#239: Thomas VERNON, 0 0 0 – 1 0 0 – 0 0 0 – 0 0 0
Ann UNDERWOOD, 0 0 0 – 0 1 0 – 0 0 0 – 0 0 0
Ann VERNON, 0 0 0 – 0 0 1 – 0 0 0 – 0 0 0
Thomas VERNON, 0 0 0 – 0 0 1 – 0 0 0 – 0 0 0

#240: Joseph GOFF and 0 0 0 – 1 0 0 – 0 0 0 – 0 5 1:
Celia GOFF, 0 0 0 – 0 1 0 – 0 0 0 – 0 0 0
Polly, 19; Behavior, 17; Eleanor, 13; Betsy, 10; Juda, 10; Quashie, 5 months.

#241: Louisa LAWRIE, 0 0 0 – 0 1 0 – 0 0 0 – 0 0 0
Catharine LAWRIE, 0 0 0 – 0 1 0 – 0 0 0 – 0 0 0
Grace LAWRIE, 0 0 0 – 0 1 0 – 0 0 0 – 0 0 0
Eve LAWRIE, 0 0 0 – 0 0 0 – 0 0 1 – 0 0 0
Fanny LAWRIE, 0 0 0 – 0 0 0 – 0 0 1 – 0 0 0
John LAWRIE, 0 0 0 – 0 0 0 – 0 0 1 – 0 0 0

#242: Thomas SALT, 0 0 0 – 1 0 0 – 0 0 0 – 0 0 0
John SALT, 0 0 0 – 0 0 1 – 0 0 0 – 0 0 0

#243: Jean WILLIAMS, 0 0 0 – 0 1 0 – 0 0 0 – 0 0 0
H. ANTONIO, 0 0 0 – 0 0 0 – 1 0 0 – 0 0 0

#244: William ROY, 0 0 0 – 1 0 0 – 0 0 0 – 1 0 0:
Catharine THOMSON, 0 0 0 – 0 1 0 – 0 0 0 – 0 0 0
Margt. ROY, 0 0 0 – 0 1 0 – 0 0 0 – 0 0 0
Charles, 27.

p. 191:
#245: John FLOWERS, 0 0 0 – 1 0 0 – 0 0 0 – 0 0 0
Sarah FLOWERS, 0 0 0 – 0 1 0 – 0 0 0 – 0 0 0
Maria FLOWERS, 0 0 0 – 0 0 1 – 0 0 0 – 0 0 0
Hannah FLOWERS, 0 0 0 – 0 0 1 – 0 0 0 – 0 0 0
Sarah FLOWERS, 0 0 0 – 0 1 0 – 0 0 0 – 0 0 0

#246: Geo. B. CARTER, 1 0 0 – 0 0 0 – 0 0 0 – 5 2 1:
Cath.n GRIZZLE, 0 0 0 – 0 1 0 - 0 0 0 – 0 0 0
Elizabeth CARTER, 0 0 0 – 0 0 1 – 0 0 0 – 0 0 0
Clarissa CARTER, 0 0 0 – 0 0 1 – 0 0 0 – 0 0 0

Mary CARTER, 0 0 0 – 0 0 1 – 0 0 0 – 0 0 0
    Joe, 43; Sampson, 30; Jacob, 29; Edmond, 28; Joseph, 18; Sally, 26; Phillis, 19; Emily, 1½.

#247: Benj.n VERNON, 0 0 0 – 1 0 0 – 0 0 0 – 0 0 0
    Rachel JONES, 0 0 0 – 0 1 0 – 0 0 0 – 0 0 0
    Joseph Edward VERNON, 0 0 0 – 0 0 1 – 0 0 0 – 0 0 0
    George Frederick VERNON, 0 0 0 – 0 0 1 – 0 0 0 – 0 0 0
    Thomas VERNON, 0 0 0 – 0 0 1 – 0 0 0 – 0 0 0
    Mary E. VERNON, 0 0 0 – 0 0 1 – 0 0 0 – 0 0 0

#248: Joseph NEAL, 0 0 0 – 0 0 0 – 1 0 0 – 0 0 0
    Eliza FLOWERS, 0 0 0 – 0 0 0 – 0 1 0 – 0 0 0
    Eleanor NEAL, 0 0 0 – 0 0 0 – 0 0 1 – 0 0 0

p. 192:
#249: Henry JACKSON, 0 0 0 – 0 0 0 – 1 0 0 – 0 0 0
    John DOROTHY, 0 0 0 – 1 0 0 – 0 0 0 – 0 0 0
    Franky DOROTHY, 0 0 0 – 0 0 1 – 0 0 0 – 0 0 0 F *(= female.)*

#250: John COURTNAY, 0 0 0 – 1 0 0 – 0 0 0 – 0 0 0
    Allan G. COURTNAY, 1 0 0 – 0 0 0 – 0 0 0 – 0 0 0
    Eliza COURTNAY, 0 0 0 – 0 1 0 – 0 0 0 – 0 0 0
    Harriett GALLEN, 0 0 0 – 0 0 0 – 0 1 0 – 0 0 0

#251: Matthias MEIGHAN, 0 0 0 – 1 0 0 – 0 0 0 – 0 0 0
    Daphne HINKS, 0 0 0 – 0 0 0 – 0 1 0 – 0 0 0

#252: James WHITE, 0 0 0 – 1 0 0 – 0 0 0 – 0 0 0
    Jane FLOWERS, 0 0 0 – 0 0 0 – 0 1 0 – 0 0 0
    Rosanna FLOWERS, 0 0 0 – 0 0 0 – 0 1 0 – 0 0 0
    George FLOWERS, 0 0 0 – 0 0 0 – 1 0 0 – 0 0 0
    Jane FLOWERS, 0 0 0 – 0 0 0 – 0 0 0 – 1 0 0:
        Jack FLOWERS, 60.

#253: Diana USHER, 0 0 0 – 0 1 0 – 0 0 0 – 0 2 0:
    Mary GABOUREL, 0 0 0 – 0 0 1 – 0 0 0 – 0 0 0
    George GABOUREL, 0 0 0 – 0 0 1 – 0 0 0 – 0 0 0
    Joshua GABOUREL, 0 0 0 – 0 0 1 – 0 0 0 – 0 0 0
    William GABOUREL, 0 0 0 – 0 0 1 – 0 0 0 – 0 0 0
    James GABOUREL, 0 0 0 – 0 0 1 – 0 0 0 – 0 0 0
        Venus, 36; Emma, 25.

p. 193:
#254: Frances WOOD, 0 0 0 – 0 0 0 – 0 0 0 – 2 0 0:

Richard HAWKINS, 1 0 0 – 0 0 0 – 0 0 0 – 0 0 0
    Billy, 31; James GREY, 29.

#255: Joseph GABOUREL, 0 0 0 – 1 0 0 – 0 0 0 – 6 1 0:
    Marg.t E. WINTER, 0 0 0 – 0 1 0 – 0 0 0 – 0 0 0
    Mary Frances GABOUREL, 0 0 0 – 0 0 1 – 0 0 0 – 0 0 0
    Catharine GABOUREL, 0 0 0 – 0 0 1 – 0 0 0 – 0 0 0
        Billy, 31; Allick, 32; Stern, 36; Ben, 38; Caesar, 47; Robert, 18; Lorenia, 38.

#256: William and Joshua GABOUREL, 0 0 0 – 0 0 0 – 0 0 0 – 6 1 2:
    Duncan, 35; Jack, 30; Adam, 28; Joe TATE, 53; Phebe, 40; Anthony, 19;
    Henry, 12; Phillis, 3; Emily, 2.

#257: Joseph YOUNG, 0 0 0 – 1 0 0 – 0 0 0 – 0 0 0
    Rose OLIVE, 0 0 0 – 0 1 0 – 0 0 0 – 0 0 0
    John PIERE, 0 0 0 – 0 0 1 – 0 0 0 – 0 0 0
    Grace, 0 0 0 – 0 0 1 – 0 0 0 – 0 0 0 *(surname not given)*
    Henry YOUNG, 0 0 0 – 0 0 1 – 0 0 0 – 0 0 0

p. 194:
#258: Joseph HINKS, 0 0 0 – 1 0 0 – 0 0 0 – 0 0 0
    Catharine DAVIS, 0 0 0 – 0 1 0 – 0 0 0 – 0 0 0
    Sarah HINKS, 0 0 0 – 0 0 1 – 0 0 0 – 0 0 0
    Catharine HINKS, 0 0 0 – 0 0 1 – 0 0 0 – 0 0 0
    William GILL, 0 0 0 – 0 0 1 – 0 0 0 – 0 0 0

#259: John ARCHY, 0 0 0 – 1 0 0 – 0 0 0 – 0 0 0
    Sally LOCK, 0 0 0 – 0 1 0 – 0 0 0 – 0 0 0
    Mary EMERY, 0 0 0 – 0 1 0 – 0 0 0 – 0 0 0
    John GABOUREL, 0 0 0 – 0 0 1 – 0 0 0 – 0 0 0
    William CAST *(or CRAFT?)*, 0 0 0 – 0 0 1 – 0 0 0 – 0 0 0

#260: Francis VALPY, 1 0 0 – 0 0 0 – 0 0 0 – 1 0 0:
    William JOURNEAR, 1 0 0 – 0 0 0 – 0 0 0 – 0 0 0 *(= JOURNEAU?)*
        Robert, 31.

#261: Estate of Alex.r ANDERSON 0 0 0 – 0 0 0 – 0 0 0 – 64 9 8:
    and his Children:
        Aaron, 13; Aaron, 27; Alfred, 35; Aberdeen, 26; Boatswain, 37; Bob, 42;
        Britton, 32; Bacchus, 37; Bobby, 26; Blackwell, 31; Murphy, 37;

p. 195:   Cupid, 36; Cuffee GRAHAM, 37; Cato, 27; Jemmy, 33; Ferryden, 33;

Caesar, 43; Cuffee, 35; Old Dunkin, 35; Figaro, 45; Henry, 33; Glasgow, 27; Charley, 37; Cudjoe CAMPBELL, 37; Jem GRAHAM, 27; Hare, 37; Johnny, 26;Hope, 37; Jacob, 26; Scotland, 29; Mentor, 34; Jervis, 37; Joe HARRIS, 67; Isaac, 33; Simon, 26; Johnston, 42;

p. 196: November, 35; Quashie, 37; Port Royal, 35; Prince, 37; Peter, 40; Alfred GRAHAM, 42; Quashie THOMAS, 35; Warwick, 37; Blind Adam, 41; Tom LAWRIE, 25; Old Toby, 52; Coromantee Tom, 26; Quamina, 57; Bill, 43; Wattle, 37; Neptune O'CONNOR, 43; John, 37; Jem GARNET, 47; Primus, 47; Scipio, 37; Sam TUCKER, 19; Neptune GRAHAM, 57; Old Pompey ST. JAMES, 67; Billy HOPE, 40; Cupid GRAHAM, 42;

p. 197: Job, 57; Kennedy, 66; Blind Jem, 47; Molly, 37; Maria, 26; Princess, 47; Jenny, 26; Phillis, 27; Peggy, 33; Marcus, *(age not given.;)* Rodney, 3 years; Patience *(age not given.;)* George, 3½; Agness, 4; David, 8.
The undermentioned supposed to be the Estate's property:
Sarah, 42; Friendship, 8; Amelia, 10; Lucretia, 5.

#262: John JOHNSON, 0 0 0 – 1 0 0 – 0 0 0 – 0 0 0
Amelia HINKS, 0 0 0 – 0 1 0 – 0 0 0 – 0 0 0
John A. LAWRIE, 0 0 0 – 0 0 1 – 0 0 0 – 0 0 0
Isabella JOHNSON, 0 0 0 – 0 0 1 – 0 0 0 – 0 0 0
Wm. Alex.r JOHNSON, 0 0 0 – 0 0 1 – 0 0 0 – 0 0 0

p. 198:
#263: John HUGHES, 1 0 0 – 0 0 0 – 0 0 0 – 0 1 0:
Adelaide VERNON, 0 0 0 – 0 1 0 – 0 0 0 – 0 0 0
Elizabeth YOUNG, 0 0 0 – 0 1 0 – 0 0 0 – 0 0 0
Mary Ann HUGHES, 0 0 0 – 0 0 1 – 0 0 0 – 0 0 0
Jane Matilda HUGHES, 0 0 0 – 0 0 1 – 0 0 0 – 0 0 0
Ann Elizabeth HUGHES, 0 0 0 – 0 0 1 – 0 0 0 – 0 0 0
Chloe, 12.

Estate of Mary LONGSWORTH, 0 0 0 – 0 0 0 – 0 0 0 – 0 1 0:
Phoebe, 60.

#264: Ron.d J. ARMSTRONG, 1 0 0 – 0 0 0 – 0 0 0 – 0 1 0:
Wm. Cha.s CARR, 0 0 0 – 1 0 0 – 0 0 0 – 0 0 0
Lucy, 45.

#265: James GRANT, 0 0 0 – 0 0 0 – 1 0 0 – 0 0 0
John TRAPP, 0 0 0 – 0 0 0 – 1 0 0 – 0 0 0
Cuba, 0 0 0 – 0 0 0 – 0 1 0 – 0 0 0
William, 0 0 0 – 0 0 1 – 0 0 0 – 0 0 0 *(surnames not given.)*

#266: Arch.d Wm. FLOWERS, 0 0 0 – 0 0 0 – 1 0 0 – 0 0 0
Mary MEIGHAN, 0 0 0 – 0 0 0 – 0 1 0 – 0 0 0
Marg.t WILLIAMS, 0 0 0 – 0 0 0 – 0 0 1 – 0 0 0
John HEWLETT, 0 0 0 – 0 0 1 – 0 0 0 – 0 0 0

#267: Charles BENNETT, 0 0 0 – 0 0 0 – 1 0 0 – 0 0 0
Rose GRANT, 0 0 0 – 0 0 0 – 0 1 0 – 0 0 0

p. 199:
#268: Daniel GRANT, 0 0 0 – 0 0 0 – 1 0 0 – 0 0 0
Maria FLOWERS, 0 0 0 – 0 0 0 – 0 1 0 – 0 0 0

#269: John MARTIN, 0 0 0 – 1 0 0 – 0 0 0 – 0 0 0
Margaret SMITH, 0 0 0 – 0 1 0 – 0 0 0 – 0 0 0
Joseph MARTIN, 0 0 0 – 0 0 1 – 0 0 0 – 0 0 0
Francis MARTIN, 0 0 0 – 0 0 1 – 0 0 0 – 0 0 0

#270: George HINKS, 0 0 0 – 1 0 0 – 0 0 0 – 2 1 0:
Eve HINKS, 0 0 0 – 0 0 1 – 0 0 0 – 0 0 0
   Phill, 19; Will, 70; Adny, 21.

#271: Mary NEAL, 0 0 0 – 0 1 0 – 0 0 0 – 0 0 0
Caroline Marianne WESTBY, 0 0 0 – 0 0 1 – 0 0 0 – 0 1 2:
   Molly or Integrity, 26; Eleanor, 3½; Robert, 8 months.
The Slaves property of Children of George WESTBY, vizt: Geo.
WESTBY and Caroline WESTBY, in trust of Mary NEAL.

#272: Joseph VERNON, 0 0 0 – 1 0 0 – 0 0 0 – 2 1 0:
Margaret NEAL, 0 0 0 – 0 1 0 – 0 0 0 – 0 0 0
Jeanet VERNON, 0 0 0 – 0 0 1 – 0 0 0 – 0 0 0
John T. VERNON, 0 0 0 – 0 0 1 – 0 0 0 – 0 0 0
William J. VERNON, 0 0 0 – 0 0 1 – 0 0 0 – 0 0 0
   Moses, 60; Ben, 16; Mary, 15.

#273: Adam FLOWERS, 0 0 0 – 0 0 0 – 1 0 0 – 0 0 0

p. 200:
#274: Alexander FRANCE and 1 0 0 – 0 0 0 – 0 0 0 – 28 16 6:
Adriane BROASTER, 0 0 0 – 0 1 0 – 0 0 0 – 0 0 0
   Joe, 63; Duncan, 55; John, 43; Davey, 43; Charles, 43; Hunter, 42;
   Bacchus, 41; Andrew, 40; Glasgow, 35; Peter, 32; Frederick, 32; Simon, 30;
   Adam, 29; Daniel, 23; Tom, 19; Jackey, 19; Martin, 18; Bill, 35; Mary, 47;
   Sylvia, 37; Rosett, 33; Kitty, 33; Betsy, 23; Lucy, 22;

p. 201: Nelly, 30; Arabella, 15; James, 17; Robert, 15; Louisa, 14; Emma, 12;

Maria, 14; Richard, 13; George, 13; Morrison, 13; Brown, 12; Patience, 12; Dianna, 11; Molly, 14; Richmond, 12; Harry, 11; Hamlet, 11; Oatway, 10; Jeanie, 10; Nancy, 10; Joe, 5; Edward, 5; Sam, 4; Johnston, 2; Marcus, 2; Robert, 6 months.

p. 202:
#275: Tamia TUCKER, 0 0 0 – 0 0 0 – 0 1 0 – 0 1 0:
    Janet BENJAMIN, 0 0 0 – 0 0 0 – 0 1 0 – 0 0 0
    Rossannah, 33.

#276: William H. COFFIN, 1 0 0 – 0 0 0 – 0 0 0 – 7 0 1:
    Sarah BURNS, 0 0 0 – 0 1 0 – 0 0 0 – 0 0 0
    George WESTBY, 0 0 0 – 0 0 1 – 0 0 0 – 0 0 0
    William FERREL, 0 0 0 – 0 0 1 – 0 0 0 – 0 0 0
    Martha TUCKER, 0 0 0 – 0 0 0 – 0 1 0 – 0 0 0
    Brown, 42; Harry, 37; Toby, 32; Peter, 37; Jack, 40; Toney, 25; Charles, 35; Anthony, 8.

#277: Mary LAWRIE, 0 0 0 – 0 1 0 – 0 0 0 – 0 0 0
    Patrick GRANT, 0 0 0 – 0 0 1 – 0 0 0 – 0 0 0
    Eleanor GRANT, 0 0 0 – 0 0 1 – 0 0 0 – 0 0 0
    William CATTO, 0 0 0 – 0 0 1 – 0 0 0 – 0 0 0
    Chas. CATTO, 0 0 0 – 0 0 1 – 0 0 0 – 0 0 0

#278: Martha SLUSHER, 0 0 0 – 0 1 0 – 0 0 0 – 0 0 0
    Louisa HENDERSON, 0 0 0 – 0 1 0 – 0 0 0 – 0 0 0
    Venus SLUSHER, 0 0 0 – 0 0 0 – 0 1 0 – 0 0 0

#279: John N.CRAFT, 0 0 0 – 1 0 0 – 0 0 0 – 0 0 0   *(household number corrected - shown*
    Sarah MANUEL, 0 0 0 – 0 1 0 – 0 0 0 – 0 0 0   *in the record as a second #278.)*
    James CRAFT, 0 0 0 – 0 0 1 – 0 0 0 – 0 0 0

p. 203:
#280: Mary HUGHES, 0 0 0 – 0 1 0 – 0 0 0 – 0 1 0:
    Fanny GODFREY, 0 0 0 – 0 0 1 – 0 0 0 – 0 0 0
    Betty, 36.

#281: M. BENNETT Jr., 1 0 0 – 0 0 0 – 0 0 0 – 1 0 0:
    Catharine MEIGHAN, 0 0 0 – 0 1 0 – 0 0 0 – 0 0 0
    Marcus C. BENNETT, 0 0 0 – 0 0 1 – 0 0 0 – 0 0 0
    London, 20.

Note: Marshal Bennett Jr. was a son of John Bennett and Sarah Warburton of Sheffield, and a nephew of Marshal Bennett Sr. Catharine (or Catherine) was the daughter of Edmond Meighan and Bess Ewing; see note with #84 for her parents and sibs. Marshal

Jr. died in 1835; his widow remarried to Archibald Handyside. *His father, John Bennett of Brightside Bierlow, Sheffield, England, made a will proved in 1847, mentioning (among others) Marshal Jr.'s sons Marcus Charles, John, and Henry. Marcus Charles Bennett married Elizabeth Ramsay Wade, born 1814 to Capt. Peter Adolphus Wade and Elizabeth Tillett, and was murdered when he went to Guatemala in 1849 to hire lawyers to recover land stolen by the Governor of Guatemala from his great-uncle, Marshal Bennett Sr. This was the family story that lured the writer into genealogical research.*

#282: Marg.t ALEXANDER, 0 0 0 – 0 1 0 – 0 0 0 – 0 0 0
      Rosa NATURSIN, 0 0 0 – 0 0 1 – 0 0 0 – 0 0 0

#283: Joseph BOURNE (or BOURRE?,) 1 0 0 – 0 0 0 – 0 0 0 – 0 0 0
      Francis BAPTIST, 0 0 0 – 0 0 0 – 1 0 0 – 0 0 0
      Molly HENDERSON, 0 0 0 – 0 0 0 – 0 1 0 – 0 0 0

#284: Catharine HUME, 0 0 0 – 0 0 0 – 0 0 0 – 6 3 1:
      Jack, 47; Sam, 43; Robert, 39; John, 33; Lumbard, 25; William, 14; Priscilla, 25; Rose, 16; Mamber, 43; David, 1 1/12.

p. 204:
#285: Robert HAYLOCK, 0 0 0 – 1 0 0 – 0 0 0 – 0 0 0
      Fanny USHER, 0 0 0 – 0 1 0 – 0 0 0 – 0 0 0
      Jane HAYLOCK, 0 0 0 – 0 0 1 – 0 0 0 – 0 0 0
      Ann ANDERSON, 0 0 0 – 0 0 1 – 0 0 0 – 0 0 0

#286: William POTTS, 1 0 0 – 0 0 0 – 0 0 0 – 0 0 0
      Mary POTTS, 0 1 0 – 0 0 0 – 0 0 0 – 0 0 0
      Eliz. J. POTTS, 0 0 1 – 0 0 0 – 0 0 0 – 0 0 0
      Marg.t. POTTS, 0 0 1 – 0 0 0 – 0 0 0 – 0 0 0

#287: Mary NEAL, 0 0 0 – 0 1 0 – 0 0 0 – 1 2 0:
      Amanda COLQUHOUN, 0 0 0 – 0 0 1 – 0 0 0 – 0 0 0
      Robert, 12; Venus, 57; Cate, 14.

#288: John SMITH, 0 0 0 – 0 0 0 – 1 0 0 – 0 0 0
      Diana SMITH, 0 0 0 – 0 0 0 – 0 0 1 – 0 0 0

#289: Francisco AVILLA, 1 0 0 – 0 0 0 – 0 0 0 – 0 1 0:
      Hannah AVILLA, 0 0 0 – 0 1 0 – 0 0 0 – 0 0 0
      Catharine AVILLA, 0 0 0 – 0 1 0 – 0 0 0 – 0 0 0
      Anthony AVILLA, 0 0 0 – 0 0 1 – 0 0 0 – 0 0 0
      Peter AVILLA, 0 0 0 – 0 0 1 – 0 0 0 – 0 0 0
      Manuel AVILLA, 0 0 0 – 0 0 1 – 0 0 0 – 0 0 0
      Charlotte, 52.

#290: Wm. JACKSON, 0 0 0 – 1 0 0 – 0 0 0 – 0 0 0

p. 205:
#291: Elizabeth THURSTON, 0 0 0 – 0 1 0 – 0 0 0 – 5 8 0:
    Tom, 63; Harry, 38; George, 45; Boston, 30; Billy, 30; Mary, 90; Betty, 55; Sarah, 47; Fidelia, 25; Andria, 38; Maria, 20; Cecilia, 22; Anny, 16.

    James STIBBINS, 0 0 0 – 1 0 0 – 0 0 0 – 0 0 0
    Martha ABRAHAM, 0 0 0 – 0 1 0 – 0 0 0 – 0 0 0
    Elizabeth STIBBINS, 0 0 0 – 0 0 1 – 0 0 0 – 0 0 0
    Catharine STIBBINS, 0 0 0 – 0 0 1 – 0 0 0 – 0 0 0
    Hannah STIBBINS, 0 0 0 – 0 0 1 – 0 0 0 – 0 0 0
    Ellena STIBBINS, 0 0 0 – 0 0 1 – 0 0 0 – 0 0 0

#293: Eleanor LEAVER, 0 0 0 – 0 0 0 – 0 1 0 – 0 0 0
    John LONGSWORTH, 0 0 0 – 1 0 0 – 0 0 0 – 0 0 0
    Jonathan ROWLING, 0 0 0 – 1 0 0 – 0 0 0 – 0 0 0
    Joseph BASTIAN, 0 0 0 – 0 0 1 – 0 0 0 – 0 0 0
    Ann CRAIN, 0 0 0 – 0 0 1 – 0 0 0 – 0 0 0
    Will.m BURN, 0 0 0 – 0 0 1 – 0 0 0 – 0 0 0
    Sally, 30.

p. 206:
#294: Joseph BELISLE, 0 0 0 – 1 0 0 – 0 0 0 – 0 0 0
    Mary LEMON, 0 0 0 – 0 1 0 – 0 0 0 – 0 0 0
    Amelia LEMON, 0 0 0 – 0 0 1 – 0 0 0 – 0 0 0
    John LEMON, 0 0 0 – 0 0 1 – 0 0 0 – 0 0 0
    Pierre LEMON, 0 0 0 – 0 0 1 – 0 0 0 – 0 0 0
    Camella BELISLE, 0 0 0 – 0 0 1 – 0 0 0 – 0 0 0
    Charles BELISLE, 0 0 0 – 0 0 1 – 0 0 0 – 0 0 0

#295: Mary WILLIAMS, 0 0 0 – 0 1 0 – 0 0 0 – 0 0 0
    Joseph O'CONNOR, 0 0 0 – 0 0 1 – 0 0 1 – 0 0 0 *(sic.)*

Note: *Joseph O'Connor was marked both as coloured and as black. Which was correct?*

#296: Charles BULL, 1 0 0 – 0 0 0 – 0 0 0 – 0 0 0
    E. G. TROAQUEZ, 0 0 0 – 0 1 0 – 0 0 0 – 0 0 0
    Cha.s BULL Jun.r, 0 0 0 – 0 0 1 – 0 0 0 – 0 0 0
    S. BULL, 0 0 0 – 0 0 1 – 0 0 0 – 0 0 0
    E. M. BULL, 0 0 0 – 0 0 1 – 0 0 0 – 0 0 0

    Cha.s BULL Jun.r, 0 0 0 – 0 0 0 – 0 0 0 – 1 0 0:
        Jack, 38.

#297: Lewis McLENAN, 1 0 0 – 0 0 0 – 0 0 0 – 0 0 0
Catharine McLENAN, 0 1 0 – 0 0 0 – 0 0 0 – 0 0 0
Lewis McLENAN, 0 0 1 – 0 0 0 – 0 0 0 – 0 0 0
Arthur McLENAN, 0 0 1 – 0 0 0 – 0 0 0 – 0 0 0
Catharine E. McLENAN, 0 0 1 – 0 0 0 – 0 0 0 – 0 0 0
Eliza M. McLENAN, 0 0 1 – 0 0 0 – 0 0 0 – 0 0 0

p. 207:
Lewis McLENAN and under his Charge, 17 1 0:
Prince, 57; Collin, 42; Scipio, 37; Peter, 35; Boatswain, 35; John P., 52;
Dublin, 61; Antigua Jack, 52; Hector, 52; Venture, 51; Bristow, 37;
Guilford, 25; Goodluck, 37, Cuffee, 57; Little Adam, 57; Old Adam, 77;
Fame, 28; Mary, 42.

#298: Robert SLUSHER, 0 0 0 – 0 0 0 – 1 0 0 – 0 0 0
Charlotte BROASTER, 0 0 0 – 0 1 0 – 0 0 0 – 0 0 0
Amelia BROASTER, 0 0 0 – 0 1 0 – 0 0 0 – 0 0 0
Celia BROASTER, 0 0 0 – 0 1 0 – 0 0 0 – 0 0 0
Dorothy THOMAS, 0 0 0 – 0 0 0 – 0 0 1 – 0 0 0

p. 208:
#299: William TUXEY, 0 0 0 – 1 0 0 – 0 0 0 – 0 0 0
Benjamin FAIRWEATHER, 0 0 0 – 1 0 0 – 0 0 0 – 0 0 0
Sarah FAIRWEATHER, 0 0 0 – 0 1 0 – 0 0 0 – 0 0 0
George DECENCY, 0 0 0 – 0 0 1 – 0 0 0 – 0 0 0
Will.m TUXEY, 0 0 0 – 0 0 1 – 0 0 0 – 0 0 0
Mary WILLIAMS, 0 0 0 – 0 0 0 – 0 1 0 – 0 0 0
Eve WILLIAMS, 0 0 0 – 0 0 0 – 0 1 0 – 0 0 0

#300: Toney BAILLY, 0 0 0 – 0 0 0 – 1 0 0 – 4 0 0:
Maria BAILEY, 0 0 0 – 0 0 0 – 0 1 0 – 0 0 0
Charley BAILLY, 50; Success, 41; John BAILLY, 13;
James BAILEY, 10.

Note the varied spellings of Bailey and of many other names! Spelling was fluid, not fixed as it is today, and the Registrar was required to copy the lists he was given into the census book exactly as they were written, no matter how oddly some names might be spelled.

#301: John SIMMONS, 0 0 0 – 0 0 0 – 1 0 0 – 0 0 0

#302: Catharine GRANT, 0 0 0 – 0 0 0 – 0 1 0 – 0 0 0
Scotland GRANT, 0 0 0 – 0 0 0 – 1 0 0 – 0 0 0
Isabella CLARK, 0 0 0 – 0 0 0 – 0 1 0 – 0 0 0
Sylvia, 0 0 0 – 0 0 0 – 0 0 1 – 0 0 0
Catharine, 0 0 0 – 0 0 0 – 0 0 1 – 0 0 0

William, 0 0 0 – 0 0 0 – 0 0 1 – 0 0 0
Maria, 0 0 0 – 0 0 0 – 0 0 1 – 0 0 0
Mary, 0 0 0 – 0 0 0 – 0 0 1 – 0 0 0 *(surnames not given)*

#303: Quamina EDWARDS, 0 0 0 – 0 0 0 – 1 0 0 – 1 1 0:
Sally EDWARDS, 0 0 0 – 0 0 0 – 0 1 0 – 0 0 0
Chance, 45; Jenny, 16.

p. 209:
#304: Wm. T. BLAKE, 1 0 0 – 0 0 0 – 0 0 0 – 0 0 0
Mary GORDON, 0 0 0 – 0 1 0 – 0 0 0 – 0 0 0
James Timothy BLAKE, 0 0 0 – 0 0 1 – 0 0 0 – 0 0 0
Eliz. HOWELL BLAKE, 0 0 0 – 0 0 1 – 0 0 0 – 0 0 0

#305: William BRENARD, 0 0 0 – 0 0 0 – 1 0 0 – 0 0 0 *(= BERNARD)*
Joanna WILLIAMS, 0 0 0 – 0 0 0 – 0 1 0 – 0 0 0
Betsy BRENARD,   0 0 0 – 0 0 0 – 0 0 1 – 0 0 0
William   "   0 0 0 – 0 0 0 – 0 0 1 – 0 0 0
Charley   "   0 0 0 – 0 0 0 – 0 0 1 – 0 0 0
Thomas   "   0 0 0 – 0 0 0 – 0 0 1 – 0 0 0
James   "   0 0 0 – 0 0 0 – 0 0 1 – 0 0 0
Joseph   "   0 0 0 – 0 0 0 – 0 0 1 – 0 0 0
Richard   "   0 0 0 – 0 0 0 – 0 0 1 – 0 0 0

#306: John D. BETSON, 1 0 0 – 0 0 0 – 0 0 0 – 2 0 0:
Ben, 38; George, 36.

#307: John COURANT, 0 0 0 – 0 0 0 – 1 0 0 – 0 0 0
Mary BAILEY, 0 0 0 – 0 0 0 – 0 1 0 – 0 0 0
James COURANT, 0 0 0 – 0 0 0 – 0 0 1 – 0 0 0
Bella CURANT, 0 0 0 – 0 0 0 – 0 0 1 – 0 0 0

#308: William ROTHERAM, 0 0 0 – 1 0 0 – 0 0 0 – 0 0 0
Hagar BROHIER, 0 0 0 – 0 1 0 – 0 0 0 – 0 0 0

p. 210:
#309: Dr. John YOUNG, 0 0 0 – 1 0 0 – 0 0 0 – 2 0 1:
John YOUNG, 0 0 0 – 0 0 1 – 0 0 0 – 0 0 0
Frances YOUNG, 0 0 0 – 0 0 1 – 0 0 0 – 0 0 0
Ellen YOUNG, 0 0 0 – 0 0 1 – 0 0 0 – 0 0 0
Catharine YOUNG, 0 0 0 – 0 0 1 – 0 0 0 – 0 0 0
(blank) YOUNG, 0 0 0 – 0 0 1 – 0 0 0 – 0 0 0 *(= an unnamed infant)*
York, 33; Dick, 11; Anthony; 10.

#310: Marg.t JONES, 0 0 0 – 0 1 0 – 0 0 0 – 1 0 0:

Mary Ann EVE, 0 0 0 – 0 0 1 – 0 0 0 – 0 0 0
Penelope JONES, 0 0 0 – 0 0 1 – 0 0 0 – 0 0 0
Romeo, 29.

#311: John FERREL, 0 0 0 – 1 0 0 – 0 0 0 – 3 3 0:
Silvia FERREL, 0 0 0 – 0 1 0 – 0 0 0 – 0 0 0
Marg.t C. FERREL, 0 0 0 – 0 1 0 – 0 0 0 – 0 0 0
Mary Ann FERREL, 0 0 0 – 0 0 1 – 0 0 0 – 0 0 0
Francis GRAY, 0 0 0 – 0 0 1 – 0 0 0 – 0 0 0
Flora GOFF, 0 0 0 – 0 0 0 – 0 1 0 – 0 0 0
  Marriott, 40; Peter, 45; Bob, 50; Flora, 50; * Sally, 43; *Fennetta, 20.
  The Slaves marked thus * are in the return, said to be the property of F. GRAY in charge of John FERREL.

#312: Jacob FLOWERS, 0 0 0 – 0 0 0 – 1 0 0 – 0 0 0

p. 211:
#313: Robert BROHIER, 0 0 0 – 1 0 0 – 0 0 0 – 0 0 0
Jane EDWARDS, 0 0 0 – 0 1 0 – 0 0 0 – 0 0 0
Abigail BROHIER, 0 0 0 – 0 0 1 – 0 0 0 – 0 0 0
Elizabeth BROHIER, 0 0 0 – 0 0 1 – 0 0 0 – 0 0 0
Julianna BROHIER, 0 0 0 – 0 0 1 – 0 0 0 – 0 0 0
Robert BROHIER, 0 0 0 – 0 0 1 – 0 0 0 – 0 0 0
Loscinderella *(sic)* BROHIER, 0 0 0 – 0 0 1 – 0 0 0 – 0 0 0

#314: Ben SULLIVAN, 0 0 0 – 0 0 0 – 1 0 0 – 0 0 0
Francisco, 0 0 0 – 0 0 0 – 1 0 0 – 0 0 0
Josepha, 0 0 0 – 0 0 0 – 0 1 0 – 0 0 0
Juda, 0 0 0 – 0 0 0 – 0 0 1 – 0 0 0
James, 0 0 0 – 0 0 0 – 0 0 1 – 0 0 0
Thomas, 0 0 0 – 0 0 0 – 0 0 1 – 0 0 0 *(surnames not given)*

#315: William CURTNAY, 0 0 0 – 1 0 0 – 0 0 0 – 0 0 0
Edward COURTNAY, 0 0 0 – 0 0 1 – 0 0 0 – 0 0 0
Elizabeth CURTNAY, 0 0 0 – 0 0 1 – 0 0 0 – 0 0 0

#316: Lucretia NEAL, 0 0 0 – 0 0 0 – 0 1 0 – 0 0 0
Samuel PITT, 0 0 0 – 0 0 0 – 1 0 0 – 0 0 0
James PITT, 0 0 0 – 0 0 0 – 1 0 0 – 0 0 0
John PITT, 0 0 0 – 0 0 0 – 1 0 0 – 0 0 0
Hamilton PITT, 0 0 0 – 0 0 0 – 1 0 0 – 0 0 0

p. 212: *(#316 continued)*
Ann PITT, 0 0 0 – 0 0 0 – 0 1 0 – 0 0 0
Jane PITT, 0 0 0 – 0 0 0 – 0 1 0 – 0 0 0

Joseph PITT, 0 0 0 – 0 0 0 – 0 0 1 – 0 0 0
George PITT, 0 0 0 – 0 0 0 – 0 0 1 – 0 0 0

#317: John YOUNG, 0 0 0 – 1 0 0 – 0 0 0 – 0 0 0

#318: James PARKER, 1 0 0 – 0 0 0 – 0 0 0 – 0 0 0
John RUSSEL, 1 0 0 – 0 0 0 – 0 0 0 – 0 0 0

#319: *(Household number corrected: record shows #318.)*
Maria POLLYNARD, 0 0 0 – 0 1 0 – 0 0 0 – 0 0 0
John MOHAIR, 0 0 0 – 1 0 0 – 0 0 0 – 0 0 0
George MOHAIR, 0 0 0 –1 0 0 – 0 0 0 – 0 0 0
Sarah LEE, 0 0 0 – 0 1 0 – 0 0 0 – 0 0 0
Mary MOHAIR, 0 0 0 – 0 1 0 – 0 0 0 – 0 0 0
Manuella MOHAIR, 0 0 0 – 0 0 1 – 0 0 0 – 0 0 0

#320: William EMORY, 0 0 0 – 1 0 0 – 0 0 0 – 0 0 0
Elizabeth BARNARD, 0 0 0 – 0 1 0 – 0 0 0 – 0 0 0

#321: Elizabeth FLOWERS, 0 0 0 – 0 0 0 – 0 1 0 – 0 0 0
Joseph DIXON, 0 0 0 – 1 0 0 – 0 0 0 – 0 0 0
Wm. CHARLES, 0 0 0 – 1 0 0 – 0 0 0 – 0 0 0
Nancy FLOWERS, 0 0 0 – 0 0 0 – 0 0 1 – 0 0 0

p. 213:
#322: Ann SMITH, 0 0 0 – 0 1 0 – 0 0 0 – 5 4 8:
Amelia SAFE, 0 0 0 – 0 1 0 – 0 0 0 – 0 0 0
  Toby, 26; William, 17; Tom or Christmas, 15; James, 13; Robert, 12;
  Charly, 37; Nancy, 33; Eve, 20; Margaret, 10; Mallego, 9; Henry, 4½;
  Francis, 3; Charles, 3½; George, 7; Maria, 3; Cuba, 1½; Dorothy, 5 months.

#323: Ann Maria SIMMONS, 0 0 0 – 0 1 0 – 0 0 0 – 0 0 0
Charles BARNES, 0 0 0 – 1 0 0 – 0 0 0 – 1 3 4:
Rebecca BARNES, 0 0 0 – 0 1 0 – 0 0 0 – 0 0 0
Dorothy HARRISON, 0 0 0 – 0 1 0 – 0 0 0 – 0 0 0
  Eve, 35; Maria, 17; Isaac, 14; Phebe, 11; Daniel, 9; Adam, 8; Primus, 7;
  Thomas, 7.

p. 214:
#324: George GARNETT, 0 0 0 – 1 0 0 – 0 0 0 – 0 0 0
Daniel BUTLER, 0 0 0 – 1 0 0 – 0 0 0 – 0 0 0
Benjamin PATERSON, 0 0 0 – 1 0 0 – 0 0 0 – 0 0 0
Elizabeth BELISLE, 0 0 0 – 1 0 0 – 0 0 0 – 0 0 0 *(sic: listed as male.)*
Gerald, 0 0 0 – 0 0 0 – 1 0 0 – 0 0 0 *(surname not given)*
John FLOWERS, 0 0 0 – 0 0 0 – 1 0 0 – 0 0 0

H. PIPERSBURG, 0 0 0 – 0 0 0 – 1 0 0 – 0 0 0
Jas. DUNCAN, 0 0 0 – 0 0 0 – 1 0 0 – 0 0 0
Jessy BOURKE, 0 0 0 – 0 0 0 – 0 1 0 – 0 0 0

#325: Elizabeth POTTS, 0 0 0 – 0 1 0 – 0 0 0 – 2 1 3:
Robert COLQUHOUN, 0 0 0 – 0 0 1 – 0 0 0 – 0 0 0
Hector, 35; Charles, 33; Lizzy, 24; Anna, 9; George, 8; Angelina, 5.

#326: Amelia GORDON, 0 1 0 – 0 0 0 – 0 0 0 – 10 3 2:
James McARTHUR, 0 0 1 – 0 0 0 – 0 0 0 – 0 0 0
Mary McARTHUR, 0 0 1 – 0 0 0 – 0 0 0 – 0 0 0
Aaron McREY, 0 0 0 – 0 0 0 – 1 0 0 – 0 0 0
John SAVORY, 24; Dick, 57; Cork, 56; Warick, 35; Cato, 37;
Davie, 39; Bill, 35; Ramsay, 33;

p. 215: Richard, 27; Charles, 39; Sally, 67; Bessy, 18; Kitty, 20; Diana, 3 6/12;
Mary, 4 6/12.

#327: Joseph WILLIAMS, 0 0 0 – 0 0 0 – 1 0 0 – 0 0 0
Dido WILLIAMS, 0 0 0 – 0 0 0 – 0 1 0 – 0 0 0
Mimba WILLIAMS, 0 0 0 – 0 0 0 – 0 0 1 – 0 0 0

#328: Edw.d MYVETT, 0 0 0 – 1 0 0 – 0 0 0 – 1 0 0:
Aaron, 26.

#329: Joseph EARNEST, 0 0 0 – 1 0 0 – 0 0 0 – 0 0 0
Ann WILLIAMS, 0 0 0 – 0 1 0 – 0 0 0 – 0 0 0
Amelia ROBINSON, 0 0 0 – 0 0 0 – 0 1 0 – 0 0 0

#330: Susanna PARKER, 0 0 0 – 0 0 0 – 0 0 0 – 1 0 0:
R.d PARKER, 0 0 0 – 0 0 1 – 0 0 0 – 0 0 0
Robert, 0 0 0 – 0 0 0 – 0 0 1 – 0 0 0
Nancy, 0 0 0 – 0 0 0 – 0 0 1 – 0 0 0 *(surnames not given)*
Frederick, 40.

#331: Catharine SLUSHER, 0 0 0 – 0 1 0 – 0 0 0 – 2 3 0:
Charles, 25; Richard, 16; Sylvia, 30; Kindness, 13; Norah, 45.

p. 216:
#332: Francis MEIGHAN, 0 0 0 – 1 0 0 – 0 0 0 – 16 0 0:
Elizabeth HUME, 0 0 0 – 0 1 0 – 0 0 0 – 0 0 0
Ann Louisa MEIGHAN, 0 0 0 – 0 0 1 – 0 0 0 – 0 0 0
Jane Clarissa MEIGHAN, 0 0 0 – 0 0 1 – 0 0 0 – 0 0 0
Harry, 31; George, 42; John FREEMAN, 35; Nelson, 30; Desmond, 28;
Scotland, 37; Ireland, 26; Moreland, 32; M. Harry, 52; Caesar, 32; Peter, 30;

Nelson COLLINS, 33; Moco Frank, 35; Ben, 13; Jem Jackson, 37; Brecon, 50.

#333: Keith CATTO, 0 0 0 – 1 0 0 – 0 0 0 – 0 0 0

#334: Jane NEAL, 0 0 0 – 0 0 0 – 0 1 0 – 0 0 0

#335: Thos. SMITH, 0 0 0 – 1 0 0 – 0 0 0 – 0 0 0

#336: Mary PRICE, 0 0 0 – 0 0 0 – 0 1 0 – 0 0 0
Robert PRICE, 0 0 0 – 0 0 0 – 1 0 0 – 0 0 0

p. 217:
#337: Ann CHAMPAGNE, 0 0 0 – 0 1 0 – 0 0 0 – 0 2 2:
Fanny D'BRION, 0 0 0 – 0 1 0 – 0 0 0 – 0 0 0
Cassimere D'BRION, 0 0 0 – 1 0 0 – 0 0 0 – 0 0 0
Patrick D'BRION, 0 0 0 – 1 0 0 – 0 0 0 – 0 0 0
Eleanor D'BRION, 0 0 0 – 0 0 1 – 0 0 0 – 0 0 0
Joshua APPLEBY, 0 0 0 – 0 0 1 – 0 0 0 – 0 0 0
Daniel M'VAY, 0 0 0 – 0 0 1 – 0 0 0 – 0 0 0
Julius D'BRION, 0 0 0 – 0 0 1 – 0 0 0 – 0 0 0
*Louisa, 18; Clarissa, 28; Alvina, 7; Sarah, 1 ½.
The Slave marked thus *, property of Estate of D'BRION in charge of Ann CHAMPAGNE.

#338: Alex.r GRANT, 0 0 0 – 0 0 0 – 1 0 0 – 0 0 0

#339: John PIERE, 0 0 0 – 0 0 0 – 1 0 0 – 0 0 0

#340: James A. CARMICHAL, 1 0 0 – 0 0 0 – 0 0 0 – 0 1 0:
Lucy CAMPBELL CARMICHAL, 0 1 0 – 0 0 0 – 0 0 0 – 0 0 0
Elizabeth M. CARMICHAEL, 0 0 0 – 0 1 0 – 0 0 0 – 0 0 0
Patience, 30, said to be absconded.
E. M. CARMICHAEL, 0 0 0 – 0 0 0 – 0 0 0 – 1 0 0:
Prince, 35.

#341: Richard De BAPTIST, 0 0 0 – 1 0 0 – 0 0 0 – 0 2 1:
Elizabeth De BAPTIST, 0 0 0 – 0 0 0 – 0 1 0 – 0 0 0
John De BAPTIST, 0 0 0 – 0 0 0 – 0 0 1 – 0 0 0
James De BAPTIST, 0 0 0 – 0 0 0 – 0 0 1 – 0 0 0
Lucy De BAPTIST, 0 0 0 – 0 0 0 – 0 0 1 – 0 0 0
Franky De BAPTIST, 0 0 0 – 0 0 0 – 0 0 1 – 0 0 0
Sue, 25; Hester, 50; Mary Ann, 1.

p. 218:
#342: Judy BROHIER, 0 0 0 – 0 0 0 – 0 1 0 – 0 0 0
Ann GOFF, 0 0 0 – 0 0 0 – 0 1 0 – 0 0 0
James WILLIAMS, 0 0 0 – 0 0 0 – 0 0 1 – 0 0 0
Eleanor WILLIAMS, 0 0 0 – 0 0 0 – 0 0 1 – 0 0 0
Hagar WILLIAMS, 0 0 0 – 0 0 0 – 0 0 1 – 0 0 0
Elizabeth WILLIAMS, 0 0 0 – 0 0 0 – 0 0 1 – 0 0 0
Rosannah WILLIAMS, 0 0 0 – 0 0 0 – 0 0 1 – 0 0 0
Joseph WILLIAMS, 0 0 0 – 0 0 0 – 0 0 1 – 0 0 0
Robert WILLIAMS, 0 0 0 – 0 0 0 – 0 0 1 – 0 0 0
Henry WILLIAMS, 0 0 0 – 0 0 0 – 0 0 1 – 0 0 0
Thomas WILLIAMS, 0 0 0 – 0 0 0 – 0 0 1 – 0 0 0
John WILLIAMS, 0 0 0 – 0 0 0 – 0 0 1 – 0 0 0

#343: Elizabeth KELLY, 0 1 0 – 0 0 0 – 0 0 0 – 3 5 3:
James, 26; Ulysus, 52; Romulus, 70; Jenny, 20; Agnes, 19; Sylvia, 35; Dorcas, 70; Prudence, 45; Morris, 4; George, 3; Alfred, 1.

p. 219:
#344: William COURANT, 0 0 0 – 0 0 0 – 1 0 0 – 0 0 0
Susannah COURANT, 0 0 0 – 0 0 0 – 0 1 0 – 0 0 0
Ann COURANT, 0 0 0 – 0 0 0 – 0 1 0 – 0 0 0
Maria COURANT, 0 0 0 – 0 0 0 – 0 0 1 – 0 0 0
Eliza COURANT, 0 0 0 – 0 0 0 – 0 0 1 – 0 0 0
Harry COURANT, 0 0 0 – 0 0 0 – 0 0 1 – 0 0 0

#345: Askew CATTO, 0 0 0 – 0 1 0 – 0 0 0 – 0 0 0 *(sic - marked as female.)*
Jane AUGUST, 0 0 0 – 0 1 0 – 0 0 0 – 0 0 0
James WOOD, 0 0 0 – 0 0 1 – 0 0 0 – 0 0 0

Children of Mary CATTO, deceased, 0 0 0 – 0 0 0 – 0 0 0 - 0 1 0:
Kitty, 30.

#346: William HALL, 1 0 0 – 0 0 0 – 0 0 0 – 0 0 0

#347: James WOOD, 0 0 0 – 0 0 0 – 0 0 0 – 4 2 2:
Sam, 43; Port Royal, 33; Jasper, 23; John, 11; Margaret, 34; Henrietta, 15; William, 7; Richard, 7/12.

p. 220:
#348: Mary WALL, 0 1 0 – 0 0 0 – 0 0 0 – 5 4 1:
Mary Ann RICHARDSON, 0 1 0 – 0 0 0 – 0 0 0 – 0 0 0
Dublin, 40; George, 46; Richard, 58; Charles, 56; Sportsman, 63; James, 6; Penelope, 55; Cecilia, 29; Matilda, 41; Leonora, 63.

#349: Eliza WALL, 0 1 0 – 0 0 0 – 0 0 0 – 1 1 1:
Clashmore, 28; Frederick 3; Rose, 25.

#350: Cuffee SMITH, 0 0 0 – 0 0 0 – 1 0 0 – 0 0 0
Damon BAILLY, 0 0 0 – 0 0 0 – 1 0 0 – 0 0 0
Harriott SMITH, 0 0 0 – 0 0 0 – 0 1 0 – 0 0 0
Mary GLADDING, 0 0 0 – 0 0 0 – 0 1 0 – 0 0 0
Phillis SMITH, 0 0 0 – 0 0 0 – 0 1 0 – 0 0 0
Caesar SMITH, 0 0 0 – 0 0 0 – 0 0 1 – 0 0 0
Ann SMITH, 0 0 0 – 0 0 0 – 0 0 1 – 0 0 0
Amelia SMITH, 0 0 0 – 0 0 0 – 0 0 1 – 0 0 0

#351: John JOSEPH, 0 0 0 – 0 0 0 – 1 0 0 – 0 0 0
John LOUIS, 0 0 0 – 0 0 0 – 1 0 0 – 0 0 0
Augustin ROSSALEAU, 0 0 0 – 0 0 0 – 0 1 0 – 0 0 0 *(sic)*

p. 221:
#352: James PITT, 0 0 0 – 0 0 0 – 1 0 0 – 2 2 7:
John PITT, 40; William PITT, 45; Betsy, 30; Peggy, 30; William, 8;
Adam, 7; Sarah, 7; Sarah, 1; Tishy, 7; Jenny, ¾; Esther, ¾.

#353: Jacob B. EVERITT, 1 0 0 – 0 0 0 – 0 0 0 – 0 0 0
Ann HINKS, 0 0 0 – 0 1 0 – 0 0 0 – 0 0 0
Maria EVERITT, 0 0 0 – 0 1 0 – 0 0 0 – 0 0 0
Louisa EVERITT, 0 0 0 – 0 1 0 – 0 0 0 – 0 0 0
Harriett EVERITT, 0 0 0 – 0 1 0 – 0 0 0 – 0 0 0
Ann EVERITT, 0 0 0 – 0 0 1 – 0 0 0 – 0 0 0
George EVERITT, 0 0 0 – 0 0 1 – 0 0 0 – 0 0 0
Jacob EVERITT, 0 0 0 – 0 0 1 – 0 0 0 – 0 0 0
Joseph EVERITT, 0 0 0 – 0 0 1 – 0 0 0 – 0 0 0

Ann EVERITT, 0 0 0 – 0 0 0 – 0 0 0 – 0 1 0:
Diana, 45.

George EVERITT, 0 0 0 – 0 0 0 – 0 0 0 – 1 0 0:
Jem, 35.

Joseph EVERITT, 0 0 0 – 0 0 0 – 0 0 0 – 1 0 0:
Woodman, 50.

p. 222:
#354: Adam FLOWERS, 0 0 0 – 0 0 0 – 1 0 0 – 1 0 0:
Prince HUNT, 0 0 0 – 0 0 0 – 1 0 0 – 0 0 0
Catharin HUNT, 0 0 0 – 0 0 0 – 0 1 0 – 0 0 0
Elizabeth FLOWERS, 0 0 0 – 0 0 0 – 0 1 0 – 0 0 0

Betsy FLOWERS, 0 0 0 – 0 0 0 – 0 1 0 – 0 0 0
Sue FLOWERS, 0 0 0 – 0 0 0 – 0 0 1 – 0 0 0
Prince, 35.

#355: Manuel PETER, 0 0 0 – 0 0 0 – 1 0 0 – 0 0 0
John ANTONIO, 0 0 0 – 0 0 0 – 1 0 0 – 0 0 0
Pedro PORETTO, 0 0 0 – 0 0 0 – 1 0 0 – 0 0 0
Anna GAMBOA, 0 0 0 – 0 0 0 – 0 1 0 – 0 0 0
Sarah LAWRIE, 0 0 0 – 0 0 0 – 0 1 0 – 0 0 0

#356: Bejean BALLARD, 0 0 0 – 0 0 0 – 1 0 0 – 0 0 0
Catharine MATHIESON, 0 0 0 – 0 0 1 – 0 0 0 – 0 0 0 *(In 1826, MORRISON.)*

#357: James PRATT, 0 0 0 – 1 0 0 – 0 0 0 – 0 0 0
Maria FLOWERS, 0 0 0 – 0 0 0 – 0 1 0 – 0 0 0
John PRATT, 0 0 0 – 0 0 0 – 0 0 1 – 0 0 0
James PRATT, 0 0 0 – 0 0 0 – 0 0 1 – 0 0 0
Catharine PRATT, 0 0 0 – 0 0 0 – 0 0 1 – 0 0 0
Sarah PRATT, 0 0 0 – 0 0 0 – 0 0 1 – 0 0 0
Mary PRATT, 0 0 0 – 0 0 0 – 0 0 1 – 0 0 0

p. 223:
#358: *(Household number corrected: record shows as a second #357.)*
John ROBINSON, 0 0 0 – 0 0 0 – 1 0 0 – 0 0 0
Sambo ROBINSON, 0 0 0 – 0 0 0 – 1 0 0 – 0 0 0
Adam ROBINSON, 0 0 0 – 0 0 0 – 1 0 0 – 0 0 0
Samuel ROBINSON, 0 0 0 – 0 0 0 – 1 0 0 – 0 0 0
Daniel ROBINSON, 0 0 0 – 0 0 0 – 1 0 0 – 0 0 0
Jembo ROBINSON, 0 0 0 – 0 0 0 – 1 0 0 – 0 0 0
Helen ROBINSON, 0 0 0 – 0 0 0 – 0 1 0 – 0 0 0
Fanny ROBINSON, 0 0 0 – 0 0 0 – 0 1 0 – 0 0 0
Dolly ROBINSON, 0 0 0 – 0 0 0 – 0 1 0 – 0 0 0
Patience ROBINSON, 0 0 0 – 0 0 0 – 0 1 0 – 0 0 0
Eve ROBINSON, 0 0 0 – 0 0 0 – 0 1 0 – 0 0 0
Darcus ROBINSON, 0 0 0 – 0 0 0 – 0 1 0 – 0 0 0
Maria ROBINSON, 0 0 0 – 0 0 0 – 0 1 0 – 0 0 0
Betsy ROBINSON, 0 0 0 – 0 0 0 – 0 0 1 – 0 0 0
Sophia ROBINSON, 0 0 0 – 0 0 0 – 0 0 1 – 0 0 0
Samuel ROBINSON, 0 0 0 – 0 0 0 – 0 0 1 – 0 0 0
John ROBINSON, 0 0 0 – 0 0 0 – 0 0 1 – 0 0 0
Harry ROBINSON, 0 0 0 – 0 0 0 – 0 0 1 – 0 0 0
Catharin ROBINSON, 0 0 0 – 0 0 0 – 0 0 1 – 0 0 0
John ROBINSON, 0 0 0 – 0 0 0 – 0 0 1 – 0 0 0
Duncan ROBINSON, 0 0 0 – 0 0 0 – 0 0 1 – 0 0 0

London ROBINSON, 0 0 0 – 0 0 0 – 0 0 1 – 0 0 0
Thomas ROBINSON, 0 0 0 – 0 0 0 – 0 0 1 – 0 0 0

p. 224:
#359: Anna FLOWERS, 0 0 0 – 0 0 0 – 0 1 0 – 1 0 0:
John GLADDEN, 0 0 0 – 0 0 0 – 1 0 0 – 0 0 0
Thomas GLADDEN, 0 0 0 – 0 0 0 – 1 0 0 – 0 0 0
Marcus BELISLE, 0 0 0 – 0 0 0 – 1 0 0 – 0 0 0
William WHITE, 0 0 0 – 1 0 0 – 0 0 0 – 0 0 0
Samuel FLOWERS, 22.

#360: Cecelia COURANT, 0 0 0 – 0 0 0 – 0 1 0 – 1 0 0:
Lindo, 50.

#361: John HEMMINGS, 0 0 0 – 1 0 0 – 0 0 0 – 0 0 0
John SLUSHER, 0 0 0 – 1 0 0 – 0 0 0 – 0 0 0
Elizabeth GRANT, 0 0 0 – 0 1 0 – 0 0 0 – 0 0 0
Ann HEMMINGS, 0 0 0 – 0 0 1 – 0 0 0 – 0 0 0
Frances LAWRIE, 0 0 0 – 0 0 0 – 0 1 0 – 0 0 0

#362: Adam SMITH, 0 0 0 – 0 0 0 – 1 0 0 – 0 0 0

#363: Hannah MYVETT, 0 0 0 – 0 0 0 – 0 1 0 – 4 3 2:
Benjamin MYVETT, 0 0 0 – 1 0 0 – 0 0 0 – 0 0 0
Jeremiah MYVETT, 0 0 0 – 1 0 0 – 0 0 0 – 0 0 0
Eleanor MYVETT, 0 0 0 – 0 1 0 – 0 0 0 – 0 0 0
Batt, 41; Bristol, 33; Scotland, 30; Tom, 17; Amelia, 15; Arabian, 13; Jonah, 11; Palah, 9; Prince, 6.

p. 225:
#364: Duncanette CAMPBELL, 0 0 0 – 0 1 0 – 0 0 0 – 0 4 0
Eliza ILES, 0 0 0 – 0 0 1 – 0 0 0 – 0 0 0
Isabella ILES, 0 0 0 – 0 0 1 – 0 0 0 – 0 0 0
Susannah, 40; Kitty, 30; Molly, 23; Amelia, 13.

Note: The unfortunate slave Kitty, chained and flogged by Duncanette in 1816 after William Iles transferred his affections to the girl, is still in the household.

#365: Clarinda TRAPP, 0 0 0 – 0 0 0 – 0 1 0 – 0 0 0
Geo. TRAPP, 0 0 0 – 0 0 0 – 1 0 0 – 0 0 0
James TRAPP, 0 0 0 – 0 0 0 – 1 0 0 – 0 0 0
Henry TRAPP, 0 0 0 – 0 0 0 – 1 0 0 – 0 0 0
Esther TRAPP, 0 0 0 – 0 0 0 – 0 0 1 – 0 0 0
John TRAPP, 0 0 0 – 0 0 0 – 0 0 1 – 0 0 0

#366: Elizabeth GALLON, 0 0 0 – 0 0 0 – 0 1 0 – 0 0 0
Flora STANFORD, 0 0 0 – 0 0 0 – 0 0 1 – 0 0 0
Sylvia STANFORD, 0 0 0 – 0 0 0 – 0 0 1 – 0 0 0
Peggy STANFORD, 0 0 0 – 0 0 0 – 0 0 1 – 0 0 0
Grace STANFORD, 0 0 0 – 0 0 0 – 0 0 1 – 0 0 0
Mary STANFORD, 0 0 0 – 0 0 0 – 0 0 1 – 0 0 0
Angerina STANFORD, 0 0 0 – 0 0 0 – 0 0 1 – 0 0 0
Nanny STANFORD, 0 0 0 – 0 0 0 – 0 0 1 – 0 0 0

#367: John EDWARDS, 0 0 0 – 0 0 0 – 1 0 0 – 0 0 0
Chelsea, 0 0 0 – 0 0 0 – 1 0 0 – 0 0 0
Abigail GALLON, 0 0 0 – 0 0 0 – 0 1 0 – 0 0 0

p. 226:
#368: Charles EVANS, 1 0 0 – 0 0 0 – 0 0 0 – 0 0 0
Sarah EVANS, 0 1 0 – 0 0 0 – 0 0 0 – 0 0 0

#369: Margaret JONES, 0 0 0 – 0 0 0 – 0 1 0 – 0 0 0
Diana WILLIAMS, 0 0 0 – 0 0 0 – 0 0 1 – 0 0 0
Robert ELLIOTT, 0 0 0 – 0 0 0 – 0 0 1 – 0 0 0

#370: Harriet GRANT, 0 0 0 – 0 0 0 – 0 1 0 – 1 0 0:
Jane A. TRAPP, 0 0 0 – 0 0 0 – 0 1 0 – 0 0 0
Harry, 50.

#371: Middleton CONNOR, 0 0 0 – 0 0 0 – 1 0 0 – 1 0 0
Morris MIDDLETON, 0 0 0 – 0 0 0 – 1 0 0 – 0 0 0
John MIDDLETON, 0 0 0 – 0 0 0 – 1 0 0 – 0 0 0
Venus MIDDLETON, 0 0 0 – 0 0 0 – 0 1 0 – 0 0 0
Mary Ann MIDDLETON, 0 0 0 – 0 0 0 – 0 1 0 – 0 0 0
Catharine MIDDLETON, 0 0 0 – 0 0 0 – 0 1 0 – 0 0 0
Robert MIDDLETON, 0 0 0 – 0 0 0 – 0 0 1 – 0 0 0
Juwell FLOWERS, 0 0 0 – 0 0 0 – 0 0 1 – 0 0 0
Jack, 60.

p. 227:
#372: Margaret HEWLETT, 0 0 0 – 0 1 0 – 0 0 0 – 0 0 0
Eliza Ann HEWLETT, 0 0 0 – 0 0 1 – 0 0 0 – 0 0 0
Celina HEWLETT, 0 0 0 – 0 0 1 – 0 0 0 – 0 0 0
George Dan.l. HEWLETT, 0 0 1 – 0 0 0 – 0 0 0 – 0 0 0
Daniel HEWLETT, 0 0 0 – 0 0 1 – 0 0 0 – 0 0 0

#373: Charles GRANT, 0 0 0 – 0 0 0 – 1 0 0 – 0 0 0
Daniel GRANT, 0 0 0 – 0 0 0 – 1 0 0 – 0 0 0
Mary GRANT, 0 0 0 – 0 0 0 – 0 1 0 – 0 0 0

George GRANT, 0 0 0 – 0 0 0 – 0 0 1 – 0 0 0
Nancy GRANT, 0 0 0 – 0 0 0 – 0 0 1 – 0 0 0
James GRANT, 0 0 0 – 0 0 0 – 0 0 1 – 0 0 0
Maria GRANT, 0 0 0 – 0 0 0 – 0 0 1 – 0 0 0
William GRANT, 0 0 0 – 0 0 0 – 0 0 1 – 0 0 0

#374: Robert STANFORD, 0 0 0 – 0 0 0 – 1 0 0 – 0 0 0
Bella STANFORD, 0 0 0 – 0 0 0 – 0 1 0 – 0 0 0
Susannah STANFORD, 0 0 0 – 0 0 0 – 0 0 1 – 0 0 0
Samson STANFORD, 0 0 0 – 0 0 0 – 0 0 1 – 0 0 0
William STANFORD, 0 0 0 – 0 0 0 – 0 0 1 – 0 0 0
James STANFORD, 0 0 0 – 0 0 0 – 0 0 1 – 0 0 0
Richard STANFORD, 0 0 0 – 0 0 0 – 0 0 1 – 0 0 0

#375: John WILTON, 0 0 0 – 1 0 0 – 0 0 0 – 0 0 0

p. 228:
#376: William HARRIS, 0 0 0 – 0 0 0 – 1 0 0 – 0 0 0

#377: William GRANT, 0 0 0 – 0 0 0 – 1 0 0 – 0 0 0
Eliza GRANT, 0 0 0 – 0 0 0 – 0 1 0 – 0 0 0

#378: Orlando SUTTILL, 1 0 0 – 0 0 0 – 0 0 0 – 1 1 0:
Mary SUTTILL, 0 0 1 – 0 0 0 – 0 0 0 – 0 0 0
Bob FOX, 50; Phoebe, 51.

#379: George CHERRY, 0 0 0 – 0 0 0 – 1 0 0 – 1 0 0
Lydia TRAPP, 0 0 0 – 0 0 0 – 0 1 0 – 0 0 0
Amelia TRAPP, 0 0 0 – 0 0 0 – 0 1 0 – 0 0 0
Buck, 50.

#380: Edward BENNETT, 0 0 0 – 1 0 0 – 0 0 0 – 1 2 0:
Ann BRUCE BENNETT, 0 0 0 – 0 0 1 – 0 0 0 – 0 0 0
John BABTISTE, 41; Fanny, 48; Phoebe, 38.

#381: Jane JONES, 0 0 0 – 0 0 0 – 0 1 0 – 0 0 0
Edward BERTIE, 0 0 0 – 1 0 0 – 0 0 0 – 0 0 0
Mary REMINGTON, 0 0 0 – 0 0 1 – 0 0 0 – 0 0 0

#382: Thomas GLADDEN, 0 0 0 – 1 0 0 – 0 0 0 – 0 0 0
Elizabeth PERRY, 0 0 0 – 0 1 0 – 0 0 0 – 0 0 0
Ann WILLIAMS, 0 0 0 – 0 1 0 – 0 0 0 – 0 0 0
Maria GLADDEN, 0 0 0 – 0 0 1 – 0 0 0 – 0 0 0
Ann GLADDEN, 0 0 0 – 0 0 1 – 0 0 0 – 0 0 0
Eliza GLADDEN, 0 0 0 – 0 0 1 – 0 0 0 – 0 0 0

p. 229:
#383: Francis JOHNSTON, 0 0 0 – 0 0 0 – 1 0 0 – 0 0 0

#384: John COURANT, 0 0 0 – 0 0 0 – 1 0 0 – 0 0 0
Quasheba COURANT, 0 0 0 – 0 0 0 – 0 1 0 – 0 0 0
Angelica COURANT, 0 0 0 – 0 0 0 – 0 0 1 – 0 0 0

#385: Joseph JONES, 0 0 0 – 0 0 0 – 1 0 0 – 2 0 0:
Penelope JONES, 0 0 0 – 0 0 0 – 0 1 0 – 0 0 0
Jemmy, 20; Caesar, 20.

#386: Abraham DOUGLAS, 0 0 0 – 0 0 0 – 1 0 0 – 0 0 0
Patience WINTER, 0 0 0 – 0 0 0 – 0 1 0 – 0 0 0

#387: Rachel CARD, 0 0 0 – 0 1 0 – 0 0 0 – 0 0 0

#388: John McCONACHIE, 1 0 0 – 0 0 0 – 0 0 0 – 0 0 0

#389: Robert ALEXANDER, 0 0 0 – 1 0 0 – 0 0 0 – 1 1 0:
L. S. ALEXANDER, 0 0 0 – 0 0 1 – 0 0 0 – 0 0 0
Daniel, 33; Venus, 30.

#390: John AUSTEN, 1 0 0 – 0 0 0 – 0 0 0 – 0 0 0

#391: Harriett TINAH, 0 0 0 – 0 0 0 – 0 1 0 – 0 0 0
Rebecca TINAH, 0 0 0 – 0 0 0 – 0 1 0 – 0 0 0
Cornelia TINAH, 0 0 0 – 0 0 0 – 0 1 0 – 0 0 0
Gerrald FITZGIBBON, 0 0 0 – 0 0 0 – 0 0 1 – 0 0 0
John FLOWERS, 0 0 0 – 0 0 0 – 0 0 1 – 0 0 0
Elizabeth FLOWERS, 0 0 0 – 0 0 0 – 0 0 1 – 0 0 0

p. 230:
#392: Anna MEIGHAN, 0 1 0 – 0 0 0 – 0 0 0 – 5 1 1:
Elizabeth, 0 0 0 – 0 0 0 – 0 0 1 – 0 0 0
Joe, 65; Phillip, 42; Charly, 40; Prince, 32; Clarissa, 67; Henry, 12; Maria, 9.

#393: Ann HUNT, 0 0 0 – 0 1 0 – 0 0 0 – 1 6 6:
Quamina, 45; Basheba, 30; Eve, 30; Marina, 26; Diana, 34; Cuba, 18; Monimia, 15; Adam, 9; Joseph, 7; Amelia, 5; Richard, 3; John, 1/12; James, 1/12.

#394: Daniel TAYLOR, 0 0 0 – 1 0 0 – 0 0 0 – 0 0 0

p. 231:
#395: David BETSON, 1 0 0 – 0 0 0 – 0 0 0 – 2 0 0:
    John ELLICE, 40; Samson, 16.

#396: Jeany GIBSON, 0 0 0 – 0 0 0 – 1 0 0 – 1 0 0: *(marked as male)*
    Sophilina, 0 0 0 – 0 0 0 – 0 0 1 – 0 0 0 *(surname not given.)*
    Eleanor COURANT, 0 0 0 – 0 0 0 – 0 0 1 – 0 0 0
    James, 18.

#397: Ann CRAPPER, 0 0 0 – 0 1 0 – 0 0 0 – 0 1 0:
    Delia, 50.

#398: Richard STAIN and 0 0 0 – 0 0 0 – 0 0 0 – 2 0 0:
    James BULL
    Charles, 13; John, 12.

#399: Alex.r ABRAHAM, 0 0 0 – 1 0 0 – 0 0 0 – 0 0 0
    Rebecca TINAH, 0 0 0 – 0 1 0 – 0 0 0 – 0 0 0

#400: John UNDERWOOD, 0 0 0 – 1 0 0 – 0 0 0 – 0 0 0
    Ann GLADDEN, 0 0 0 – 0 1 0 – 0 0 0 – 0 0 0
    John UNDERWOOD, 0 0 0 – 0 0 1 – 0 0 0 – 0 0 0
    Ann E. CARD, 0 0 0 – 0 0 1 – 0 0 0 – 0 0 0

#401: John STEWART, 0 0 0 – 0 0 0 – 1 0 0 – 0 0 0

#402: John MACKS, 0 0 0 – 0 0 0 – 1 0 0 – 0 0 0

p. 232:
#403: John POLITO *(or POLITE?)*, 0 0 0 – 0 0 0 – 1 0 0 – 0 0 0

#404: William STEWART, 0 0 0 – 0 0 0 – 1 0 0 – 0 0 0
    Tracer? STEWART, 0 0 0 – 0 0 0 – 0 1 0 – 0 0 0
    Elizabeth STEWART, 0 0 0 – 0 0 0 – 0 0 1 – 0 0 0
    Lucy STEWART, 0 0 0 – 0 0 0 – 0 0 1 – 0 0 0

Note: There is a Tray Stewart listed on p. 222 of the 1826 Head of Household Index. This page is among those lost from the end of the book.

#405: Colin CAMPBELL, 0 0 0 –1 0 0 – 0 0 0 – 0 1 1:
    Jennett, 24; Thomas, 2.

#406: John WALDRON, 0 0 0 – 0 0 0 – 1 0 0 – 0 0 0

#407: Duncan NEAL, 0 0 0 – 0 0 0 – 1 0 0 – 0 0 0

#408: Richard GORDON, 0 0 0 – 0 0 0 – 1 0 0 – 0 0 0

#409: John HOWARD, 1 0 0 – 0 0 0 – 0 0 0 – 0 1 0:
    Monimia, 23.

#410: Benjamin FERREL, 0 0 0 – 1 0 0 – 0 0 0 – 0 0 0
    William OLIVER, 0 0 0 – 1 0 0 – 0 0 0 – 0 0 0
    Chloe FERREL, 0 0 0 – 0 1 0 – 0 0 0 – 0 0 0

#411: Sarah RAYBON, 0 1 0 – 0 0 0 – 0 0 0 – 1 1 0:
    James A. WADDRELL, 1 0 0 – 0 0 0 – 0 0 0 – 0 0 0
    Mary Ann POTTAGE, 0 0 1 – 0 0 0 – 0 0 0 – 0 0 0
    Dick, 33; Clarissa, 38.

#412: Hugh TRAHON, 0 0 0 – 0 0 0 – 1 0 0 – 0 0 0
    Maria DAVIS, 0 0 0 – 0 0 0 – 0 1 0 – 0 0 0

p. 233:
#413: William JEFFRIES, 0 0 0 – 1 0 0 – 0 0 0 – 0 0 0

#414: Lawrence CRAWFORD, 0 0 0 – 1 0 0 – 0 0 0 – 0 0 0
    Susannah PRICE, 0 0 0 – 0 1 0 – 0 0 0 – 0 0 0
    Eliza CRAWFORD, 0 0 0 – 0 0 1 – 0 0 0 – 0 0 0
    John CRAWFORD, 0 0 0 – 0 0 1 – 0 0 0 – 0 0 0
    William CRAWFORD, 0 0 0 – 0 0 1 – 0 0 0 – 0 0 0
    Jane CRAWFORD, 0 0 0 – 0 0 1 – 0 0 0 – 0 0 0

#415: Joseph HAMILTON, 0 0 0 – 1 0 0 – 0 0 0 – 0 0 0
    Maria DOMINGO, 0 0 0 – 0 1 0 – 0 0 0 – 0 0 0
    Daniel HAMILTON, 0 0 0 – 0 0 1 – 0 0 0 – 0 0 0
    Marcus HAMILTON, 0 0 0 – 0 0 1 – 0 0 0 – 0 0 0

#416: George STEVEN, 0 0 0 – 0 0 0 – 1 0 0 – 0 0 0
    Mary STEVEN, 0 0 0 – 0 0 0 – 0 1 0 – 0 0 0

#417: James RUMBOLD, 0 0 0 – 1 0 0 – 0 0 0 – 0 0 0
    Ann ARTHUR, 0 0 0 – 0 0 0 – 0 1 0 – 0 0 0

#418: William HARDY, 0 0 0 – 0 0 0 – 1 0 0 – 0 0 0

#419: Daniel EWING, 0 0 0 – 1 0 0 – 0 0 0 – 1 0 0:
    Rosetta GREGORIO, 0 0 0 – 0 1 0 – 0 0 0 – 0 0 0
    Billy, 50.

#420: John Thomas FLOWERS, 0 0 0 – 0 0 0 – 1 0 0 – 0 0 0
Betsy STAIN, 0 0 0 – 0 1 0 – 0 0 0 – 0 0 0
Thomas FLOWERS, 0 0 0 – 0 0 1 – 0 0 0 – 0 0 0

p. 234:
#421: Pollydore BIRD, 0 0 0 – 0 0 0 – 1 0 0 – 0 0 0
Dorcus ROBINSON, 0 0 0 – 0 0 0 – 0 1 0 – 0 0 0
Lucy BIRD, 0 0 0 – 0 0 0 – 0 1 0 – 0 0 0
Samuel ROBINSON, 0 0 0 – 0 0 0 – 0 0 1 – 0 0 0
John BIRD, 0 0 0 – 0 0 0 – 0 0 1 – 0 0 0
Richard BIRD, 0 0 0 – 0 0 0 – 0 0 1 – 0 0 0

#422: John GRAHAM, 0 0 0 – 0 0 0 – 1 0 0 – 0 0 0

#423: Sarah BURREL, 0 0 0 – 0 1 0 – 0 0 0 – 0 0 0
John GILL Jun.r, 0 0 0 – 1 0 0 – 0 0 0 – 0 0 0
Henry ARNOLD, 0 0 0 – 1 0 0 – 0 0 0 – 0 0 0
William MOYERS, 0 0 0 – 1 0 0 – 0 0 0 – 0 0 0
Benjamin MOYERS, 0 0 0 – 1 0 0 – 0 0 0 – 0 0 0
Maria SPENCER, 0 0 0 – 0 0 1 – 0 0 0 – 0 0 0
Eleanor L. ROY, 0 0 0 – 0 0 1 – 0 0 0 – 0 0 0
Peter MOYERS, 0 0 0 – 0 0 1 – 0 0 0 – 0 0 0

#424: Stephen PANTING, 0 0 0 – 1 0 0 – 0 0 0 – 0 0 2:
Temple, 7; James, 5.

#425: William JORDAN, 0 0 0 – 0 0 0 – 1 0 0 – 0 0 0
William JORDAN Junr, 0 0 0 – 0 0 0 – 1 0 0 – 0 0 0

#426: Joseph DAVIS, 0 0 0 – 0 0 0 – 1 0 0 – 0 0 0

#427: William HANNON? *(or HANAND?)* 0 0 0 – 0 0 0 – 1 0 0 – 0 0 0

#428: Edward GRAHAM, 0 0 0 – 1 0 0 – 0 0 0 – 0 0 0

#429: John POLLARD, 1 0 0 – 0 0 0 – 0 0 0 – 0 1 0:
Rosannah, 33.

#430: Joseph BRUNO, 0 0 0 – 1 0 0 – 0 0 0 – 0 0 0
Margaret PASCALL, 0 0 0 – 0 0 0 – 0 1 0 – 0 0 0

#431: Catharine JOSEPH, 0 0 0 – 0 0 0 – 0 1 0 – 0 0 0
Veronica JOSEPH, 0 0 0 – 0 0 0 – 0 1 0 – 0 0 0
Jeannet DAN, 0 0 0 – 0 0 0 – 0 1 0 – 0 0 0

      Adelaide DAN, 0 0 0 – 0 0 0 – 0 1 0 – 0 0 0
      Elizabeth DAN, 0 0 0 – 0 0 0 – 0 1 0 – 0 0 0

#432: Sarah CALDWELL, 0 0 0 – 0 1 0 – 0 0 0 – 0 0 0
      Thomas ANDERSON, 0 0 0 – 0 0 1 – 0 0 0 – 0 0 0

#433: William MORRIS, 1 0 0 – 0 0 0 – 0 0 0 – 0 0 0

#434: John HEMMONS, 0 0 0 – 1 0 0 – 0 0 0 – 0 0 0
      James JONES, 0 0 0 – 1 0 0 – 0 0 0 – 0 0 0
      Catharine TONASTON, 0 0 0 – 0 1 0 – 0 0 0 – 0 0 0
      Mary JONES, 0 0 0 – 0 1 0 – 0 0 0 – 0 0 0
      Nancy JONES, 0 0 0 – 0 1 0 – 0 0 0 – 0 0 0
      Moses JONES, 0 0 0 – 0 0 1 – 0 0 0 – 0 0 0
      George JONES, 0 0 0 – 0 0 1 – 0 0 0 – 0 0 0

#435: Thomas HARDY, 1 0 0 – 0 0 0 – 0 0 0 – 0 0 0
      Thomas GREY, 1 0 0 – 0 0 0 – 0 0 0 – 0 0 0
      Bella MEANY, 0 0 0 – 0 1 0 – 0 0 0 – 0 0 0

p. 236:
#436: John CONNOR, 1 0 0 – 0 0 0 – 0 0 0 – 0 0 0

#437: William BROWN, 0 0 0 – 0 0 0 – 1 0 0 – 0 0 0

#438: Benjamin YOUNG, 0 0 0 – 1 0 0 – 0 0 0 – 0 0 0

#439: Charles WILSON, 0 0 0 – 0 0 0 – 1 0 0 – 0 0 0

#440: Samuel COOPER, 1 0 0 – 0 0 0 – 0 0 0 – 0 0 0
      Catharine COOPER, 0 1 0 – 0 0 0 – 0 0 0 – 0 0 0
      Samuel COOPER Jun.r, 0 0 1 – 0 0 0 – 0 0 0 – 0 0 0
      John COOPER, 0 0 1 – 0 0 0 – 0 0 0 – 0 0 0

#441: George DAWSON, 0 0 0 – 0 0 0 – 1 0 0 – 0 0 0

#442: Charles JACKSON, 0 0 0 – 0 0 0 – 1 0 0 – 0 0 0

#443: Phillip MEIGHAN, 0 0 0 – 1 0 0 – 0 0 0 – 1 0 0:
      Janetta SWASEY, 0 0 0 – 0 1 0 – 0 0 0 – 0 0 0
      Lawrence MEIGHAN, 0 0 0 – 0 0 1 – 0 0 0 – 0 0 0
      Ned, 19.

Note: Philip Meighan, the harbour master, was a son of Edmond Meighan. He named his son Lawrence for his uncle, Lawrence Sr., and for his first cousin, Lawrence Jr., the pitpan captain of 1798. Janetta or Jennette was the daughter of Capt. Emanuel Swasey.

#444: Claude DISNAYERS, 0 0 0 – 0 0 0 – 1 0 0 – 0 0 0
Susannah DISNAYERS, 0 0 0 – 0 1 0 – 0 0 0 – 0 0 0

#445: William KERR, 0 0 0 – 1 0 0 – 0 0 0 – 0 0 0
George KERR, 0 0 0 – 0 0 1 – 0 0 0 – 0 0 0
Susannah KERR, 0 0 0 – 0 0 1 – 0 0 0 – 0 0 0
Eve KERR, 0 0 0 – 0 0 1 – 0 0 0 – 0 0 0
Thomas KERR, 0 0 0 – 0 0 1 – 0 0 0 – 0 0 0

p. 237:
#446: Susannah BLANDFORD, 0 0 0 – 0 1 0 – 0 0 0 – 1 2 1:
Isaac, 12; Phoebe, 40; Clarissa, 28; Francis, 7.

#447: John MORRELL, 0 0 0 – 0 0 0 – 1 0 0 – 0 0 0
Elizabeth MORRELL, 0 0 0 – 0 0 0 – 0 1 0 – 0 0 0
Simon MORRELL, 0 0 0 – 0 0 0 – 0 0 1 – 0 0 0
Charles MORRELL, 0 0 0 – 0 0 0 – 0 0 1 – 0 1 0
John HENRY, 0 0 0 – 0 0 1 – 0 0 0 – 0 0 0
Louis WELSH, 0 0 0 – 0 0 1 – 0 0 0 – 0 0 0
Fanny, 26.

#448: Jane WOLLARD, 0 0 0 – 0 0 0 – 0 1 0 – 0 0 0
Maria PHILLIPS, 0 0 0 – 0 0 0 – 0 1 0 – 0 0 0
Phillis PHILLIPS, 0 0 0 – 0 0 0 – 0 1 0 – 0 0 0

#449: Will.m FARROW, 1 0 0 – 0 0 0 – 0 0 0 – 1 0 0:
Robert MARTIN, 0 0 0 – 0 0 1 – 0 0 0 – 0 0 0
Cork, 19.

#450: John CLEMENT, 0 0 0 – 1 0 0 – 0 0 0 – 0 0 0
Mary BEVINS, 0 0 0 – 0 1 0 – 0 0 0 – 0 0 0
Ann CLEMENT, 0 0 0 – 0 0 1 – 0 0 0 – 0 0 0

#451: Louis WALCOT, 0 0 0 – 0 0 0 – 1 0 0 – 0 0 0
Henry WALCOT, 0 0 0 – 0 0 0 – 0 0 1 – 0 0 0
Mendas WALCOT, 0 0 0 – 0 0 0 – 0 0 1 – 0 0 0
Celia WALCOT, 0 0 0 – 0 0 0 – 0 1 0 – 0 0 0
Mary WALCOT, 0 0 0 – 0 0 0 – 0 0 1 – 0 0 0

#452: Amelia HINKS, 0 0 0 – 0 1 0 – 0 0 0 – 0 1 1:
Henrietta, 20; Robert, 2.

p. 238:
#453: John SOLLISTON, 0 0 0 – 0 0 0 – 1 0 0 – 0 0 0
   Mary LA ROSE, 0 0 0 – 0 0 0 – 0 1 0 – 0 0 0
   Plantation, 0 0 0 – 0 0 0 – 0 1 0 – 0 0 0 *(surname not given.)*

#454: Rich.d BURREL, 0 0 0 – 1 0 0 – 0 0 0 – 2 0 0:
   Mary C. GREEN, 0 0 0 – 0 1 0 – 0 0 0 – 0 0 0
   Eliza BURREL, 0 0 0 – 0 1 0 – 0 0 0 – 0 0 0
   Sarah BURREL, 0 0 0 – 0 1 0 – 0 0 0 – 0 0 0
   Fanny BURREL, 0 0 0 – 0 1 0 – 0 0 0 – 0 0 0
   Mary BURREL, 0 0 0 – 0 1 0 – 0 0 0 – 0 0 0
   John BURREL, 0 0 0 – 0 0 1 – 0 0 0 – 0 0 0
   Kitty BURREL, 0 0 0 – 0 0 1 – 0 0 0 – 0 0 0
   Sandy, 30; Prince, above 40.

#455: James GILLETT, 0 0 0 – 1 0 0 – 0 0 0 – 0 1 1:
   Indians: Mary, 25; Janet, 1 2/12.

#456: George GILLETT, 0 0 0 – 1 0 0 – 0 0 0 – 0 1 4:
   James GILLETT, 0 0 0 – 1 0 0 – 0 0 0 – 0 0 0
   Mary GILLETT, 0 0 0 – 0 1 0 – 0 0 0 – 0 0 0
   Maria GILLETT, 0 0 0 – 0 1 0 – 0 0 0 – 0 0 0
   George GILLETT, 0 0 0 – 0 0 1 – 0 0 0 – 0 0 0
   Nancy GILLETT, 0 0 0 – 0 0 1 – 0 0 0 – 0 0 0
   Mary GILLETT, 0 0 0 – 0 0 1 – 0 0 0 – 0 0 0
   Indians: Marina, 5; Jack, 3; Manatuse, 2; William, 3/12; Jerusa, 19.

#457: Catalina McCREA, 0 0 0 – 0 0 0 – 0 1 0 – 0 0 0

p. 239:
#458: John COURANT Sr, 0 0 0 – 0 0 0 – 1 0 0 – 3 0 0:
   Samuel COURANT, 0 0 0 – 0 0 0 – 1 0 0 – 0 0 0
   Mary COURANT Sr, 0 0 0 – 0 0 0 – 0 1 0 – 0 0 0
   Mary COURANT Jr., 0 0 0 – 0 0 0 – 0 1 0 – 0 0 0
   Sarah COURANT, 0 0 0 – 0 0 0 – 0 1 0 – 0 0 0
   Frances COURANT, 0 0 0 – 0 0 0 – 0 1 0 – 0 0 0
   Rhoda COURANT, 0 0 0 – 0 0 0 – 0 1 0 – 0 0 0
   Eve COURANT, 0 0 0 – 0 0 0 – 0 1 0 – 0 0 0
   Rachel COURANT, 0 0 0 – 0 0 0 – 0 1 0 – 0 0 0
   Chance, 47; Bluefield, 37; William, 37.

#459: Harmen McGILVRAY, 0 0 0 – 0 0 0 – 1 0 0 – 0 0 1:
   Thomas McGILVRAY, 0 0 0 – 1 0 0 – 0 0 0 – 0 0 0
   Ned McGILVRAY, 0 0 0 – 1 0 0 – 0 0 0 – 0 0 0

Judy McGILVRAY, 0 0 0 - 0 1 0 - 0 0 0 - 0 0 0
John McGILVRAY, 0 0 0 - 0 0 1 - 0 0 0 - 0 0 0
William, 6.

#460: Charles POOL, 0 0 0 - 0 0 0 - 1 0 0 - 0 0 0
Susannah POOL, 0 0 0 - 0 0 0 - 0 1 0 - 0 0 0

#461: Modest GIDEON, 0 0 0 - 1 0 0 - 0 0 0 - 0 0 0
John GIDEON, 0 0 0 - 0 0 1 - 0 0 0 - 0 0 0
Josent GIDEON, 0 0 0 - 0 0 1 - 0 0 0 - 0 0 0
Joseph GIDEON, 0 0 0 - 0 0 1 - 0 0 0 - 0 0 0
John GIDEON, 0 0 0 - 0 0 1 - 0 0 0 - 0 0 0

p. 240:
#462: Peter CRUMP, 0 0 0 - 0 0 0 - 1 0 0 - 0 0 0
Sarah CRUMP, 0 0 0 - 0 0 0 - 0 1 0 - 0 0 0
Alexander CRUMP, 0 0 0 - 0 0 0 - 0 0 1 - 0 0 0

#463: Thomas EVE, 0 0 0 - 1 0 0 - 0 0 0 - 0 0 0

#464: George HUME, 0 0 0 - 1 0 0 - 0 0 0 - 18 1 0:
Mary COLQUHOUN, 0 0 0 - 0 1 0 - 0 0 0 - 0 0 0
Robert HUME, 0 0 0 - 0 0 1 - 0 0 0 - 0 0 0
William HUME, 0 0 0 - 0 0 1 - 0 0 0 - 0 0 0
Jane HUME, 0 0 0 - 0 0 1 - 0 0 0 - 0 0 0
James HUME, 0 0 0 - 0 0 1 - 0 0 0 - 0 0 0
Thomas, 37; Thomas, 28; Tom, 47; Will, 38; William, 38; Robert, 32; Robert, 42; James, 27; James, 43; John, 38; Peter, 47; Guy, 41; England, 36; Harwich, 42; Anthony, 47; Sampson, 55; Harry, 47; Sampson, 13; Henrietta, 13.

p. 241:
#465: Jane HUME, 0 0 0 - 0 1 0 - 0 0 0 - 17 6 5:
James, 0 0 0 - 0 0 1 - 0 0 0 - 0 0 0
Elizabeth, 0 0 0 - 0 0 1 - 0 0 0 - 0 0 0 *(surnames not given.)*
John ALEXANDER, 1 0 0 - 0 0 0 - 0 0 0 - 0 0 0
Henry, 41; Chance, 33; John, 28; Marcus, 35; Youghal, 38; Charles, 42; Guy, 40; George, 34; Chance, 45; Collins, 42; Marquis, 43; Peter, 47; Sampson, 47; Britain, 58; Appollo, 49; Kate, 37; Sarah, 33; Eve, 25; Sophia, 22; Elsey, 31; Amelia, 16; Anthony, 14; Joseph, 10; Agness, 8;

p. 242: James, 6; Elizabeth, 3; Richard, 2; James Frederick, 1.

#466: Letitia GAMBLE, 0 0 0 - 0 0 0 - 0 1 0 - 0 0 0
Robert ALTHORPE, 0 0 0 - 0 0 0 - 1 0 0 - 0 0 0

William CALTHORPE, 0 0 0 – 0 0 0 – 0 0 1 – 0 0 0

Note: Althorpe is written with a pointed A, and Calthorpe with a rounded C that could be a rounded A. Was Mr. Westby guessing about badly written unfamiliar names? Were both men Althorpes? Westby wrote both pointed and rounded A's throughout the census book..

#467: Jonathan BURDOCK, 1 0 0 – 0 0 0 – 0 0 0 – 0 0 0
      Elizabeth BURDOCK, 0 1 0 – 0 0 0 – 0 0 0 – 0 0 0
      Eliza BURDOCK, 0 1 0 – 0 0 0 – 0 0 0 – 0 0 0
      Jonathan BURDOCK, 0 0 1 – 0 0 0 – 0 0 0 – 0 0 0
      Thomas PHILLIPS, 1 0 0 – 0 0 0 – 0 0 0 – 0 0 0

#468: Ellena DIXON, 0 0 0 – 0 0 0 – 0 1 0 – 0 0 0
      Samuel FIELDING, 0 0 0 – 0 0 0 – 1 0 0 – 0 0 0
      Edward FIELDING, 0 0 0 – 0 0 0 – 0 0 1 – 0 0 0
      Richard FIELDING, 0 0 0 – 0 0 0 – 0 0 1 – 0 0 0
      Sarah FIELDING, 0 0 0 – 0 0 0 – 0 0 1 – 0 0 0
      Eliza FIELDING, 0 0 0 – 0 0 0 – 0 0 1 – 0 0 0

#469: Daniel GRANT, 0 0 0 – 0 0 0 – 1 0 0 – 0 0 0

#470: John W. HILL, 1 0 0 – 0 0 0 – 0 0 0 – 0 0 0

#471: John JOHNSON, 1 0 0 – 0 0 0 – 0 0 0 – 0 0 0
      Charles RAYBON, 0 0 0 – 1 0 0 – 0 0 0 – 0 0 0
      Elizabeth WILLIAMS, 0 0 0 – 0 1 0 – 0 0 0 – 0 0 0
      Barbara, 0 0 0 – 0 0 0 – 0 1 0 – 0 0 0 *(surname not given.)*

p. 243:
#472: Thomas HAYLOCK, 0 0 0 – 1 0 0 – 0 0 0 – 0 0 0
      Catharin COFFIN, 0 0 0 – 0 1 0 – 0 0 0 – 0 0 0
      Frances HAYLOCK, 0 0 0 – 0 0 1 – 0 0 0 – 0 0 0
      Eliza HAYLOCK, 0 0 0 – 0 0 1 – 0 0 0 – 0 0 0
      John HAYLOCK, 0 0 0 – 0 0 1 – 0 0 0 – 0 0 0

#473: Mirah LACASE, 0 0 0 – 0 0 0 – 0 1 0 – 0 0 0
      John Joseph LACASE, 0 0 0 – 0 0 0 – 1 0 0 – 0 0 0
      John LOUIS LACASE, 0 0 0 – 0 0 0 – 1 0 0 – 0 0 0
      Louis BERNARD, 0 0 0 – 0 0 0 – 1 0 0 – 0 0 0
      Susannah LACASE, 0 0 0 – 0 0 0 – 0 1 0 – 0 0 0
      Jane LACASE, 0 0 0 – 0 0 0 – 0 0 1 – 0 0 0
      Mary LACASE, 0 0 0 – 0 0 0 – 0 0 1 – 0 0 0
      Rosa LACASE, 0 0 0 – 0 0 0 – 0 0 1 – 0 0 0

#474: Duncan KENNEY, 0 0 0 – 0 0 0 – 1 0 0 – 0 0 0
Mary KENNEY, 0 0 0 – 0 0 0 – 0 1 0 – 0 0 0

#475: David INNIS, 0 0 0 – 0 0 0 – 1 0 0 – 0 0 0
Elizabeth INNIS, 0 0 0 – 0 1 0 – 0 0 0 – 0 0 0
Joseph McDONALD, 0 0 0 – 0 0 1 – 0 0 0 – 0 0 0
Elizabeth INNIS, 0 0 0 – 0 0 1 – 0 0 0 – 0 0 0
William INNIS, 0 0 0 – 0 0 1 – 0 0 0 – 0 0 0

#476: Benj.n ENGLAND, 0 0 0 – 0 0 0 – 1 0 0 – 0 0 0
Tenah HOASICK, *(sic,* 0 0 0 – 0 0 0 – 0 1 0 – 0 0 0

p. 244:
#477: John DEARLEY, 0 0 0 – 0 0 0 – 1 0 0 – 0 1 0
Kitty HARRINGTON, 0 0 0 – 0 0 0 – 0 0 0 – 0 0 0
Kitty HARRINGTON, 42.

Note: It appears that Kitty was listed as a family member and again as a slave.

#478: Susannah POTTS, 0 0 0 – 0 1 0 – 0 0 0 – 0 0 0
Jennett DUNWELL, 0 0 0 – 0 0 1 – 0 0 0 – 0 2 1:
Eliza USHER, 0 0 0 – 0 0 1 – 0 0 0 – 0 0 0
William USHER Jr., 0 0 0 – 0 0 1 – 0 0 0 – 0 0 0
Harriett, 30; Patience, 13; Jenny, 4.

#479: Henry OWEN, 0 0 0 – 0 0 0 – 1 0 0 – 0 0 0
Jenny THOMPSON, 0 0 0 – 0 0 0 – 0 1 0 – 0 0 0

#480: William NICE, 0 0 0 – 0 0 0 – 1 0 0 – 0 0 0
Luckey GABRIEL, 0 0 0 – 0 0 0 – 0 1 0 – 0 0 0

#481: Hannah SWAN, 0 0 0 – 0 0 0 – 0 1 0 – 0 1 1:
Amos SWAN, 0 0 0 – 0 0 0 – 1 0 0 – 0 0 0
John SWAN, 0 0 0 – 0 0 0 – 0 0 1 – 0 0 0
Louisa, 20; Cuffee, infant.

#482: Molly MOYERS, 0 0 0 – 0 1 0 – 0 0 0 – 0 0 0
Mary GARNETT, 0 0 0 – 0 1 0 – 0 0 0 – 0 0 0
Sophia GARNETT, 0 0 0 – 0 1 0 – 0 0 0 – 0 0 0
Catharin DECENCY, 0 0 0 – 0 1 0 – 0 0 0 – 0 0 0
John KELLY, 0 0 0 – 1 0 0 – 0 0 0 – 0 0 0
John THORNTON, 0 0 0 – 1 0 0 – 0 0 0 – 0 0 0
Nancy HENRY, 0 0 0 – 0 1 0 – 0 0 0 – 0 0 0

#483: John A. CRAIG and Jane A. CRAIG, 0 0 0 – 0 0 0 – 0 0 0 – 0 1 0:
Jennett, 16.

p. 245:
#484: Agnes ARMSTRONG, 0 0 0 – 0 1 0 – 0 0 0 – 13 6 0:
Daniel, 35; Charles, 60; Charles, 42; Charles, 24; Duke, 53; Jack, 37; Sam, 37; Louis, 30; Jim, 37; John, 25; Boston, 43; Ned, 32; Richard, 13; Lucy, 60; Princess, 55; Jenny, 33; Nelly, 32; Stilla, 29; Sarah, 15.

#485: Charles CRAIG, 1 0 0 – 0 0 0 – 0 0 0 – 0 0 0
John A. ARMSTRONG, 0 0 0 – 0 0 1 – 0 0 0 – 0 0 0
Jane Agness CRAIG, 0 0 0 – 0 0 1 – 0 0 0 – 0 0 0

Note: Jane Agness Craig married William Augustus Wade, son of Capt. Peter Adolphus Wade and Elizabeth Tillett. See the will of Robert Forsyte Wade, probated 1 Sep 1849 at the P.C.C. London, available in Belize and on line at the British National Archives.

#486: Sarah CLEARY, 0 0 0 – 0 0 0 – 0 1 0 – 0 0 0

p. 246:
#487: Estate of Dorothy DAVIS, 0 0 0 – 0 0 0 – 0 0 0 – 1 0 0:
Tom DAVIS, 20.

#488: Caesar DUBUCK, 0 0 0 – 0 0 0 – 1 0 0 – 0 0 0
Jacob DAWSON, 0 0 0 – 0 0 0 – 1 0 0 – 0 0 0
Robert McDONALD, 0 0 0 – 0 0 0 – 1 0 0 – 0 0 0
Polly DUBUCK, 0 0 0 – 0 0 0 – 0 1 0 – 0 0 0
Caesar LAVILLE, 0 0 0 – 0 0 0 – 0 0 1 – 0 0 0
Terrific, 0 0 0 – 0 0 0 – 0 0 1 – 0 0 0
James, 0 0 0 – 0 0 0 – 0 0 1 – 0 0 0 *(no surnames given)*

#489: Benjamin LIGHTFOOT, 0 0 0 – 0 0 0 – 1 0 0 – 0 0 0

#490: Jane HEWLETT, 0 0 0 – 0 0 0 – 0 1 0 – 0 0 0
Hector HALL, 1 0 0 – 0 0 0 – 0 0 0 – 0 0 0
Elizabeth HEWLETT, 0 0 0 – 0 0 0 – 0 0 0 – 0 0 0 *(sic – no mark.)*
Joseph NEAL, 0 0 0 – 0 0 1 – 0 0 0 – 0 0 0
Richard NEAL, 0 0 0 – 0 0 1 – 0 0 0 – 0 0 0

#491: Corporal JAMES, 0 0 0 – 0 0 0 – 1 0 0 – 0 0 0
Dorothy DOLLY, 0 0 0 – 0 0 0 – 0 1 0 – 0 0 0
Mary Ann, 0 0 0 – 0 0 0 – 0 1 0 – 0 0 0
Harriett, 0 0 0 – 0 0 0 – 0 1 0 – 0 0 0 *(no surnames given)*
John FREEMAN, 0 0 0 – 0 0 0 – 0 0 1 – 0 0 0
Rose, 0 0 0 – 0 0 0 – 0 1 0 – 0 0 0

Eliza, 0 0 0 – 0 0 0 – 0 0 1 – 0 0 0
James, 0 0 0 – 0 0 0 – 0 0 1 – 0 0 0 *(no surnames given)*

p. 247:
#492: Lilias SNELLING, 0 1 0 – 0 0 0 – 0 0 0 – 2 2 0:
Margaret PERRIE, 0 1 0 – 0 0 0 – 0 0 0 – 0 0 0
Catharine WHEELER, 0 1 0 – 0 0 0 – 0 0 0 – 0 0 0
James D. BERTIE, 0 0 1 – 0 0 0 – 0 0 0 – 0 0 0
George J. PEDDIE, 0 0 1 – 0 0 0 – 0 0 0 – 0 0 0
Sam, 16; Syrus, 60; Mary, 19; Phoebe, 60.

#493: Pascal LEBRUN, 0 0 0 – 0 0 0 – 1 0 0 – 0 0 0
Areita?, 0 0 0 – 0 0 0 – 0 1 0 – 0 0 0 *(no surname given.)*

#494: Will T. CHERRINGTON, 1 0 0 – 0 0 0 – 0 0 0 – 5 0 0
Phoebe FLOWERS, 0 0 0 – 0 1 0 – 0 0 0 – 0 0 0
Eleanor CHERRINGTON, 0 0 0 – 0 0 1 – 0 0 0 – 0 0 0
Will.m CHERRINGTON, 0 0 0 – 0 0 1 – 0 0 0 – 0 0 0
Sarah Ann CHERRINGTON, 0 0 0 – 0 0 1 – 0 0 0 – 0 0 0
Elizabeth CHERRINGTON, 0 0 0 – 0 0 1 – 0 0 0 – 0 0 0
Emma CHERRINGTON, 0 0 0 – 0 0 1 – 0 0 0 – 0 0 0
Tom, 22; Sammy, 32; Will, 36; Colville, 36; Fortune, 36.

#495: Estate of Edward MEIGHAN, dec'd,
in charge of Provost Marshal General, under Levy, 3 3 0:
Eve, 30; Amelia, 10; Norah, 2; Harriett, 1; Betsy, 14; Jane, 1.

p. 248:
Marshal BENNETT continued, 0 1 2:
Sarah, 21; William, 4; Charles, 2.

Property of STELLA under charge of M. BENNETT, Esq., 1 0 0:
William, 23.

Kitty PASLOW in C. PASLOW's Family omitted, 0 0 0 – 0 0 0 – 0 1 0 – 0 0 0

Total White, 136 51 30; of these, 20 are males and 10 are females.
Total Colored, 192 243 374; of these, 183 are males and 191 are females.

Total Free Blacks, 217 222 174; of these, 93 are males and 81 are females.
Total Slaves, 1440 628 400; of these, 214 are males and 186 are females.

p. 249:
White Males: Adults, 135, Children 20, Total White Males 156.
White Females: Adults 51, Children 10, Total White Females 61.
Total Whites 217.

Colored Males: Adults, 192, Children, 183, Total Colored Males 375.
Colored Females: Adults, 243, Children, 191, Total Colored Females 434.
Total Colored 809.

Free Black Males, Adults, 217, Children, 93, Total Free Black Males 310.
Free Black Females, Adults, 222, Children, 81, Total Free Black Females 303.
Total Free Blacks 613.

Slave Males, Adults, 1440, Children, 214, Total Slave Males 1654.
Slave Females, Adults, 628, Children, 186, Total Slave Females 814.
Total Slaves 2468.

Total Population 4107.
Geo. WESTBY, Keeper of the Records.

p. 250:

The foregoing Returns as made up are truly copied from those handed in to this office, but I am aware there are many free persons who have not returned themselves at all, or their families, particularly the free Black Men, as the militia of the Country is much stronger than the numbers of males mentioned. One or two proprietors of slaves have also not returned their properties.

Office of Records
Belize, Honduras
December 31st 1823

GEO. WESTBY,
Keeper of the Records.

Males: Whites 156, Colored 175, Blacks 310, Slaves 1654, Total Males 2495
Females: Whites 61, Colored 434, Black 303, Slaves 814, Total Females <u>1612</u>
Total number of Souls <u>4107</u>

1826 CENSUS OF BELIZE

Each entry in this census commences "------- -------'s Family (Head of Household's Family.) Since this is common form it is shown below in the first entry only. Columns for statistical purposes, showing the number of males and females in each category, were not copied because given. names show gender. The age at which a person should be listed as adult was not stated, so we find some twelve and fourteen year olds listed as children and others as adult. In the 1826 census, colored slaves are noted as C. The last 23 pages of this census have not survived: an index to heads of household shows numbers from 210 to 233, but the record ends on the left half of page 209. Members of the garrison are not enumerated.

Page 1:
#1: Thomas ILES Family:
Thomas ILES, 1 0 0 – 0 0 0 – 0 0 0 – 34 4 3:
Further return in folio 44.
    Quashie, 48; Prince, 46; Ben, 20; Sam, 19; Peter, 18; Bonnie Peter, 40; Cudjoe, 30; Bristow, 29; Major, 34; Jack BILLY, 29; Laurence, 33; John HEMSLEY, 38, C; Robert, 32; Sampson, 38; Charley GIBSON, 33; John BAILEY, 38; John HILL, 30; Cherry, 37; Joe, 45; Desmond, 28; Morgan, 19; George 36; Duncan, 38; John, 15;

p. 2:   Jeffery, 11; Henry, 42; Hamlet, 31; Harry, 34; Bessy, 39; Sally, 34; Maria, 13; Letitia, 13; Nancy, 12; Mary Ann, 24; Jane PITT, 1.
Runaways: Flint, 45; Hardtime, 44; Marcus, 32; George, 25; Scotland, 37; Anthony, 26;

#2: Thomas ISLES, Minor: 0 0 0 – 0 0 1 – 0 0 0 – 1 0 1:
    Quaco, 30; Peter, 4.

#3: Levie SMITH, 0 0 0 – 1 0 0 – 0 0 0 – 0 0 0
Mary SMITH, 0 0 0 – 0 1 0 – 0 0 0 – 0 0 0
Adney SMITH, 0 0 0 – 0 0 1 – 0 0 0 – 0 0 0
Robert SMITH, 0 0 0 – 0 0 1 – 0 0 0 – 0 0 0
Betsey SMITH, 0 0 0 – 0 0 1 – 0 0 0 – 0 0 0
David SMITH, 0 0 0 – 0 0 1 – 0 0 0 – 0 0 0
James SMITH, 0 0 0 – 0 0 1 – 0 0 0 – 0 0 0
William SMITH, 0 0 0 – 1 0 0 – 0 0 0 – 0 0 0
Nancy ROBINSON, 0 0 0 – 0 0 0 – 0 1 0 – 0 0 0

p. 3:
#4: James H. CROZIER 1 0 0 – 0 0 0 – 0 0 0 – 0 1 2:
    Anna BARBARA, 17, C; William BRADLEY, 3, C; Maria BRADLEY, 1, C.

#5: George GIBSON, 1 0 0 – 0 0 0 – 0 0 0 – 0 4 2:
Ann GOFF, 0 0 0 – 0 1 0 – 0 0 0 – 0 0 0
Thomas GIBSON, 0 0 0 – 0 0 1 – 0 0 0 – 0 0 0
Robert GIBSON, 0 0 0 – 0 0 1 – 0 0 0 – 0 0 0
William GIBSON, 0 0 0 – 0 0 1 – 0 0 0 – 0 0 0
    Perditta, 36; Monimia, 18, C; Julianna, 14; Mark, 12; Sally HOLWELL, 60; Nancy HOLWELL, 29.

p. 4:
#6: John Samuel AUGUST, 1 0 0 – 0 0 0 – 0 0 0 – 25 5 0:
Mrs. Sarah AUGUST, 0 1 0 – 0 0 0 – 0 0 0 – 0 0 0
Robert M. AUGUST, 0 0 1 – 0 0 0 – 0 0 0 – 0 0 0
Sarah Mary AUGUST, 0 0 1 – 0 0 0 – 0 0 0 – 0 0 0
    Andy, 31; Antigua, 54; Bristow, 29; Bob, 42; Charles, 39; David, 25; John, 29; John HARE, 29; John STEPHEN, 47; Primus, 49; Pollidore, 54; Tayler, 34; Simon, 26, C; Simon BROASTER, 33; George, 24; Ned WALDRON, 28; Smart, 44; Rosette, 44; Rose, 29; Sally PEACHY, 29; Sarah, 18; Hannah, 14.

p. 5: Runaways: Alick KIDD, 39; Alick, 44; Duncan, 29; Frank, 32; Harry, 25; Harry MARTIN, 29; Tommy, 29; Ned AUGUST, 23.

#7: John ARMSTRONG, 0 0 0 – 1 0 0 – 0 0 0 – 16 4 3:
John ARMSTRONG Jun.r, 0 0 0 – 0 0 1 – 0 0 0 – 0 0 0
Martha ARMSTRONG, 0 1 0 – 0 0 0 – 0 0 0 – 0 0 0
Walter GRIEVE, 1 0 0 – 0 0 0 – 0 0 0 – 0 0 0
Parick *(sic)* GRANT, 0 0 0 – 1 0 0 – 0 0 0 – 0 0 0
Eliza ELLIOT, 0 0 1 – 0 0 0 – 0 0 0 – 0 0 0
Further return in folio 37.
    Charles, 35; London, 37; Peter, 36; Nelson, 37; George, 29; Jem, 38; William, 26; Edward, 21; Cupid, 28; Titus, 50; Ned, 31; Jack, 33; Mandingo Nelson, 36;

p. 6: Suckey, 43, C; Jenny, 36; Margaret, 41; Margaret, 16; Lucretia, 7; Archie, 9; James, 1, C.
Runaways: Phil or Phillip; Harry or Henry; Guy. *(ages not given.)*

Note: John Armstrong was a wealthy colored man; Martha was white. After the Poyais disaster a number of destitute widows were sent back to Scotland from Belize at public expense. Was Martha a survivor of the scam, remarried to John Armstrong? Was Eliza Elliot her child by her late husband? How did Walter Grieve tie in? Some Poyais survivors who were mechanics (carpenters) found employment in Belize.

#8: George HOME, 1 0 0 – 0 0 0 – 0 0 0 – 4 2 2:
James PRICE, 1 0 0 – 0 0 0 – 0 0 0 – 0 0 0

Thomas FORSTER, 1 0 0 – 0 0 0 – 0 0 0 – 0 0 0
January, 46; Bat, 44; Tom, 15; Big Peter, 38; Christian, 39; Jenny, 29; George, 6; Morgan, 3.
(To fit the numbers, Christian must be female.)

p. 7:
#9: Estate of John S. HOARE in charge of Geo. HOME, Executor, 17 4 4:
Toby, 60; Sam, 60; Will, 55; Philip, 53; Charles, 52; Kinsale, 50; Jacob, 50; James, 50; Stepney, 42; Robert, 39; Charles, 35, C; Billy, 28; John, 27; Tom, 16; Arthur, 15, C; William, 13; Leonara, 61; Mary, 48; Elizabeth, 31, C; Maria, 13;

p. 8: George, 10, C; James, 8, C; Richard, 5, C; Arby, 7.
Runaway: Billy, 58.

#10: Jane JEFFREYS, 0 0 0 – 0 1 0 – 0 0 0 – 0 1 1:
Silvia, 23; Rosette, 12.

#11: George GARNETT, 0 0 0 – 1 0 0 – 0 0 0 – 1 0 0:
Benjamin PATTERSON, 0 0 0 – 1 0 0 – 0 0 0 – 0 0 0
Jno. A. FLORENCE (sic), 0 0 0 – 1 0 0 – 0 0 0 – 0 0 0
Rebecca YOUNG, 0 0 0 – 0 1 0 – 0 0 0 – 0 0 0
Elizabeth GARNETT, 0 0 0 – 0 1 0 – 0 0 0 – 0 0 0
James DUNCAN, 0 0 0 – 0 0 0 – 1 0 0 – 0 0 0
John FLOWERS, 0 0 0 – 0 0 0 – 1 0 0 – 0 0 0
H. PIPERSBOURG, 0 0 0 – 0 0 0 – 1 0 0 – 0 0 0
Jessy BOURKE, 0 0 0 – 0 0 0 – 0 1 0 – 0 0 0
George CARTOUCH, 0 0 0 – 0 0 0 – 0 0 1 – 0 0 0
Scotland, 40.

p. 9:
#12: George WESTBY, 1 0 0 – 0 0 0 – 0 0 0 – 4 3 4:
Edmond WESTBY, 1 0 0 – 0 0 0 – 0 0 0 – 0 0 0
Mary Ann WESTBY, 0 1 0 – 0 0 0 – 0 0 0 – 0 0 0
Jack, 58; Jem, 35; Stern, 32; Monday, 19; Mary, 40; Eve, 33; Amelia, 13, C; Margaret, 12; Pope, 8; Norah, 5, C; Harriot, 3.

#13: Mary Ann WESTBY, 0 0 0 – 0 0 0 – 0 0 0 - 0 1 0:
Jenny, 36.

#14: Clarissa PASLOW, 0 0 0 – 0 1 0 – 0 0 0 – 11 9 6:
David RENNIE, 0 0 1 – 0 0 0 – 0 0 0 – 0 0 0
Kitty CARTER 0 0 0 – 0 0 0 – 0 1 0 – 0 0 0
Joe, 44; Tom INGLIS, 18; Jem COOTE, 33; John ISAAC, 31; Tom PASLOW, 34;

p. 10:   Pollydore, 28; Dibden, 28; Vincent, 34; Ham, 61; Providence, 32; Bessey, 35, C; Mary, 19, C; Nancy, 35; Celia, 20; Sabina, 16; Venus, 56; Margaret, 41; Celia INGLIS, 34; Bess, 34, C; Quasheba, 6; Fanny Ann, 3; Andrew, 3; Harry, 6; John John, 2; Thomas, 8 months.
Runaway: John, 38.

p. 11:
#15: Michael GAVIN, 1 0 0 – 0 0 0 – 0 0 0 – 5 3 0:
Dick, 56; Primus, 42; Lindo, 41; Sam, 32; Quashie, 15; Susannah, 36; Clarissa, 32; Betsey, 30.

#16: Ann HOME, 0 0 0 – 0 1 0 – 0 0 0 – 0 0 0 – 14 2 1:
Mary Ann CLEMENT, 0 0 0 – 0 0 1 – 0 0 0 – 0 0 0
Chelsea, 66; Billy, 55; John, 46; Thomas TOWNSEND, 44; Thomas CRUIKSHANK, 44; William, 32; Dick, 38; Anthony, 33; John, 34; Quam, 34; Sandy, 30; William, 15;

p. 12:   Henry, 14; Wellington, 12; Blucher, 8; Maria, 46; Rosa, 32.

#17: Estate of Sam.l W. ROGERS in charge of Geo. USHER, Executor, 1 0 0:
John ROGERS, Runaway, 28.

#18: George USHER, 0 0 0 – 1 0 0 – 0 0 0 – 0 3 12:
Susannah USHER, 0 1 0 – 0 0 0 – 0 0 0 – 0 0 0
Elizabeth SARAH USHER, 0 0 0 – 0 0 1 – 0 0 0 – 0 0 0
Eliza USHER, 0 0 0 – 0 0 1 – 0 0 0 – 0 0 0
Maria AUGUST USHER, 0 0 0 – 0 0 1 – 0 0 0 – 0 0 0
George USHER, 0 0 0 – 0 0 1 – 0 0 0 – 0 0 0
Caroline, 43; Sophia, 33; Dorinda, 43; Nancy, 12; Jane, 12; Betsey, 9; Lucretia, 9; Susannah, 5; Dorothy, 3; William, 10; Sam, 9;

p. 13:   Joe, 8; John, 8; Joseph, 7; Benjamin, 2.

Note: George Jr. was not in George and Susannah's household in 1823. Either he was born 1823-1826 or was an older child, being educated overseas in 1823. Children were customarily sent home to be educated: 19th century records show children from Belize at schools in England and Scotland, in New York, in Paris, and in Leipzig.

#19: John WALDRON WRIGHT, 1 0 0 – 0 0 0 – 0 0 0 – 24 2 0:
John USHER, 1 0 0 – 0 0 0 – 0 0 0 – 0 0 0
George NICHOLSON, 1 0 0 – 0 0 0 – 0 0 0 – 0 0 0
Jervis HARRISON, 1 0 0 – 0 0 0 – 0 0 0 – 0 0 0
Ann WRIGHT, 0 0 0 – 0 1 0 – 0 0 0 – 0 0 0
Further return folio 37.
John WRIGHT alias Charley SLUSHER, 28; Prince, 26; John, 36; Michael, 33;

Hector, 46; Ben, 40; Walker, 47; Sidney, 31; Jonathan, 31; Friday, 30; Caeser, 30; Joe, 25; Jack, 42; Augustus, 38; Cuffie, 35; Prince CADLE, 25;

p. 14: March, 35; London, 24; William NEAL, 21; William, 12; Charlotte, 20; Dianah, 14.
Runaways: Philip, 31; July, 32; Boatswain, 36; Jervis, 38.

#20: Property of George NICHOLSON, 1 0 0:
William, 32.

#21: Ann YOUNG, 0 0 0 – 0 1 0 – 0 0 0 – 2 2 1:
Otway, 40; Cyrus, 60; Elizabeth, 15; Adney, 32; John, 10.

p. 15:
#22: Elizabeth STANN, 0 0 0 – 0 0 0 – 0 1 0 – 2 1 0:
Amelia YOUNG, 0 0 0 – 0 1 0 – 0 0 0 – 0 0 0
Fanny YOUNG, 0 0 0 – 0 1 0 – 0 0 0 – 0 0 0
Elizabeth YOUNG, 0 0 0 – 0 1 0 – 0 0 0 – 0 0 0
William EVERETT, 0 0 0 – 0 0 1 – 0 0 0 – 0 0 0
Margaret EVERETT, 0 0 0 – 0 0 1 – 0 0 0 – 0 0 0
Statira FERRELL, 0 0 0 – 0 0 0 – 0 1 0 – 0 0 0
James PANTIN, 0 0 0 – 0 0 0 – 0 0 1 – 0 0 0
Alick, 58; Ned, 60; Cuba, 35.

#23: Joseph RENAUD, 0 0 0 – 1 0 0 – 0 0 0 – 0 0 0:
Elizabeth PANTING, 0 0 0 – 0 0 1 – 0 0 0 – 0 0 0
Harriet RENAUD, 0 0 0 – 0 0 1 – 0 0 0 – 0 0 0
Benjamin RENAUD, 0 0 0 – 0 0 1 – 0 0 0 – 0 0 0
Mary KENEDY, 0 0 0 – 0 0 0 – 0 1 0 – 0 0 0

#24: Property of MARY KENEDY, 2 0 0:
David KENEDY, 65; Daniel KENEDY, 48.

p. 16:
#25: William BURN, 1 0 0 – 0 0 0 – 0 0 0 – 5 2 4:
Sampson, 60; Sam, 45; Charley, 26; Jane, 40; Bessey, 21, C; Anne, 12; Rachael, 1; Sarah, 1, C; Billy, 16; Johnny, 14; Sam, 3.

#26: Prue YOUNG, 0 0 0 – 0 0 0 – 0 1 0 – 2 1 0:
Ellen WALL, 0 0 0 – 0 1 0 – 0 0 0 – 0 0 0
Hannah MEANY, 0 0 0 – 0 0 0 – 0 1 0 – 0 0 0
Catalina, 43; Guy, 53; Quaco, 53.

#27: Property of Bridget J. CROSBY, 1 1 0:
Billy, 40; Bess, 34.

p. 17:
#28: Thomas PICKSTOCK, 1 0 0 – 0 0 0 – 0 0 0 – 2 3 1:
George LENOX GRISTOCK, *(sic)* 1 0 0 – 0 0 0 – 0 0 0 – 0 0 0
Richard STEWART GRISTOCK, *(sic)* 1 0 0 – 0 0 0 – 0 0 0 – 0 0 0
Jane Elizabeth ROSS, 0 0 0 – 0 1 0 – 0 0 0 – 0 0 0
John LUCE PICKSTOCK, 0 0 0 – 0 0 1 – 0 0 0 – 0 0 0
Betsey Jane PICKSTOCK, 0 0 0 – 0 0 1 – 0 0 0 – 0 0 0
Augustus Fred.k. PICKSTOCK, 0 0 0 – 0 0 1 – 0 0 0 – 0 0 0
    Mary LUCE PICKSTOCK, 19; Jenny, 15, C; Maria PICKSTOCK, 18; Jack WALL PICKSTOCK, 40; Jack WHITE PICKSTOCK, 42: John PICKSTOCK, 5 months.

#29: Property of Jane E. ROSS, 0 1 0:
Eliza, 18.

#30: Property of George L. GRISTOCK, 1 0 0:
John BULL, 50.

#31: Charles JEFFEREYS, 0 0 0 – 1 0 0 – 0 0 0 – 3 3 3:
John JEFFEREYS, 0 0 0 – 1 0 0 – 0 0 0 – 0 0 0
William JEFFEREYS, 0 0 0 – 1 0 0 – 0 0 0 – 0 0 0
    Cuffee, 36; Simon, 30; John, 66; Marina, 39; Sally, 31;

p. 18:   Nelly, 36; Joe, 7; Margaret, 7; Charlotte, 5.

#32: John USHER, 0 0 0 – 1 0 0 – 0 0 0 – 12 0 0:
Sarah USHER, 0 0 0 – 0 1 0 – 0 0 0 – 0 0 0
Mary USHER, 0 0 0 – 0 0 1 – 0 0 0 – 0 0 0
Edward USHER, 0 0 0 – 0 0 1 – 0 0 0 – 0 0 0
Rebecca USHER, 0 0 0 – 0 0 1 – 0 0 0 – 0 0 0
James USHER, 0 0 0 – 0 0 1 – 0 0 0 – 0 0 0
    David USHER, 35; Edward USHER, 30; Joseph USHER, 32, Cuffee USHER, 31; Prince USHER, 40; Charles USHER, 22; John USHER, 42; George USHER, 46; Jacob USHER, 32; Ned USHER, 20; Irvin USHER, 33.
    Runaway: Peter, 34.

#33: Property of Estate of Cesar HARRAN, dec'd, 0 1 0:
Sally WILSON, 38, C.

p. 19:
#34: William B. TOOTH, 1 0 0 – 0 0 0 – 0 0 0 – 1 1 1:
Elizabeth JACKSON, 0 0 0 – 0 1 0 – 0 0 0 – 0 0 0
Ann B. TOOTH, 0 0 0 – 0 0 1 – 0 0 0 – 0 0 0
Eliza B. TOOTH, 0 0 0 – 0 0 1 – 0 0 0 – 0 0 0

Susannah B. TOOTH, 0 0 0 – 0 0 1 – 0 0 0 – 0 0 0
Elizabeth B. TOOTH, 0 0 0 – 0 0 1 – 0 0 0 – 0 0 0
Robert, 24; Fanny, 20; Nelson, 7.

#35: Jas. R. CUNNINGHAM, 0 0 0 – 1 0 0 – 0 0 0 – 3 1 0:
Catherine SMITH, 0 0 0 – 0 0 0 – 0 1 0 – 0 0 0
Jno. Nicholas CROFT, 0 0 0 – 1 0 0 – 0 0 0 – 0 0 0
Edward CROFT, 0 0 0 – 0 0 1 – 0 0 0 – 0 0 0
Marcus, 58; Billy, 20; Lewellen, 16; Sally, 18.

#36: Geo. B. MITCHEL, 0 0 0 – 1 0 0 – 0 0 0 – 0 0 0
William MITCHEL, 0 0 0 – 0 0 1 – 0 0 0 – 0 0 0

p. 20:
#37: Sarah GOFF, 0 0 0 – 0 1 0 – 0 0 0 – 10 7 13:
John EVINS, 0 0 0 – 1 0 0 – 0 0 0 – 0 0 0
Catherine JEFFRIES, 0 0 0 – 0 1 0 – 0 0 0 – 0 0 0
A. COLE, 0 0 0 – 0 1 0 – 0 0 0 – 0 0 0
David EVINS, 0 0 0 – 0 0 1 – 0 0 0 – 0 0 0
My. H. EVINS, 0 0 0 – 0 0 1 – 0 0 0 – 0 0 0
S. G. EVINS, 0 0 0 – 0 0 1 – 0 0 0 – 0 0 0
E. C. EVINS, 0 0 0 – 0 0 1 – 0 0 0 – 0 0 0
J. E. EVINS, 0 0 0 – 0 0 1 – 0 0 0 – 0 0 0
Quam, 51; George, 40; Sammy, 29; Somerset, 28; Sampson, 29; James, 20; Sambo, 20; Harvy, 18; Toby, 17; William, 13; Edward, 10; Derry, 7; Valentine, 4; Adolphus, 7; William, 10; Robert, 9, David, 2; John, 10; Peggy, 28; Molly, 27; Hannah, 26; Agnes, 25;

p. 21: Clara, 18; Elizabeth, 16; Fanny, 24; Catherine, 9; Rhoda, 4; Nelly, 7; Sarah, 5; Rose *(age not given.)*

#38: Jane TRAPP, 0 0 0 – 0 1 0 – 0 0 0 – 7 8 3:
St. George, 50; Bob, 55; Lambert, 30; John, 30; Jacko, 20; Thomas, 25; Phoeby, 48; Sally, 50; Hagar, 45; Susanna, 50; Diana, 35; Bess, 25; Rose, 18;

p. 22: Synthier, *(sic)* 30; Daniel, 2; Caroline, 6 Months; Salenia, 3 months; Richard, 29.

#39: Margaret HEWLETT, 0 0 0 – 0 1 0 – 0 0 0 – 0 0 0
Eliza Ann HEWLETT, 0 0 0 – 0 0 1 – 0 0 0 – 0 0 0
Selina HEWLETT, 0 0 0 – 0 0 1 – 0 0 0 – 0 0 0
Geo. Dan.l HEWLETT, 0 0 0 – 0 0 1 – 0 0 0 – 0 0 0
Daniel HEWLETT, 0 0 0 – 0 0 1 – 0 0 0 – 0 0 0

#40: William LEWIS, 0 0 0 – 1 0 0 – 0 0 0 – 2 2 3
Margaret LEWIS, 0 0 0 – 0 1 0 – 0 0 0 – 0 0 0

William LEWIS, 0 0 0 – 0 0 1 – 0 0 0 – 0 0 0:
: Prince ARTHUR, 34; Adam YOUNG, 15; Dianna LEWIS, 36; Sarah, 12; Nanny, 8; Elizabeth, 6; Henry, 4.

p. 23:
#41: Patience GORDON, 0 0 0 – 0 1 0 – 0 0 0 – 1 1 1:
: William CADDLE, 0 0 0 – 0 0 1 – 0 0 0 – 0 0 0
: Sally GORDON, 0 0 0 – 0 0 0 – 0 1 0 – 0 0 0
: Milly, 25; Rose, 3 weeks; William, 13.

#42: Grace GORDON, 0 0 0 – 0 1 0 – 0 0 0 – 0 1 1:
: James ROGERS, 0 0 0 – 0 0 1 – 0 0 0 – 0 0 0
: Sarah HAYLOCK, 0 0 0 – 0 0 1 – 0 0 0 – 0 0 0
: Eve, 26; Derby, 5.

#43: W. T. CHERINGTON, 1 0 0 – 0 0 0 – 0 0 0 – 0 0 0
: Elenor CHERINGTON, 0 0 0 – 0 1 0 – 0 0 0 – 0 0 0
: William CHERINGTON, 0 0 0 – 0 0 1 – 0 0 0 – 0 0 0
: S. A. CHERINGTON, 0 0 0 – 0 0 1 – 0 0 0 – 0 0 0
: Elizabeth CHERINGTON, 0 0 0 – 0 0 1 – 0 0 0 – 0 0 0
: Emma CHERINGTON, 0 0 0 – 0 0 1 – 0 0 0 – 0 0 0
: H. U. CHERINGTON, 0 0 0 – 0 0 1 – 0 0 0 – 0 0 0
: -------- CHERINGTON, 0 0 0 – 0 0 1 – 0 0 0 – 0 0 0 *(an infant not yet named?)*
: Phoebe FLOWERS, 0 0 0 – 0 1 0 – 0 0 0 – 0 0 0

p. 24:
#44: Property of William CHERINGTON, 1 0 0:
: Jack, 63.

#45: Elizabeth THURSTON, 0 0 0 – 0 1 0 – 0 0 0 – 4 10 1:
: Eleanor LEVER, 0 0 0 – 0 1 0 – 0 0 0 – 0 0 0
: John LONGSWORTH, 0 0 0 – 1 0 0 – 0 0 0 – 0 0 0
: Betsey YOUNG, 0 0 0 – 0 1 0 – 0 0 0 – 0 0 0
: Jonathan ROWLINS, 0 0 0 – 0 0 1 – 0 0 0 – 0 0 0
: William BURNS, 0 0 0 – 0 0 1 – 0 0 0 – 0 0 0
: Nancy CAINE, 0 0 0 – 0 0 1 – 0 0 0 – 0 0 0
: Bella RAINEY, 0 0 1 – 0 0 0 – 0 0 0 – 0 0 0
: Harry, 40; George, 50; Old Mary, 60; Mary, 18; Betty, 55; Sally, 42; Anoria, 40; Sarah, 20.
: Runaways: Boston, 30; Billy, 30.
: Indians: Cecilia, 40; Fedelia, 22; Maria, 20; Anne, 16; Thomas, 2.

p. 25:
#46: James BURNS, 1 0 0 – 0 0 0 – 0 0 0 – 1 1 0:
: Philip, 40; Sylvia, 14.

#47: Property of William McKAY, 1 0 0:
Orpheus Alias James, 29.

#48: Benjamin THENS, 0 0 0 – 1 0 0 – 0 0 0 – 0 0 0
Jane THENS, 0 0 0 – 0 0 1 – 0 0 0 – 0 0 0

#49: Joseph E. SWEASEY, 0 0 0 – 1 0 0 – 0 0 0 – 3 3 3:
Nilida SWEASEY, 0 0 0 – 0 1 0 – 0 0 0 – 0 0 0
Emanuel SWEASEY, 0 0 0 – 0 0 1 – 0 0 0 – 0 0 0
Joseph JAS. SWEASEY, 0 0 0 – 0 0 1 – 0 0 0 – 0 0 0
John SWEASEY, 0 0 0 – 0 0 1 – 0 0 0 – 0 0 0
Maria SWEASEY, 0 0 0 – 0 0 1 – 0 0 0 – 0 0 0
Ireland, 41; Parker, 37; Joe BULL, 46; Henry, 11; March, 8; Claudia, 22; Nancy, 16; Sukey, 28; Isabella, 8 Months.

p. 26:
#50: Abigail DAWSON, 0 0 0 – 0 1 0 – 0 0 0 – 1 1 0:
Daniel DAWSON, 0 0 0 – 1 0 0 – 0 0 0 – 0 0 0
William DAWSON, 0 0 0 – 1 0 0 – 0 0 0 – 0 0 0
Nickolas DAWSON, 00 0 – 1 0 0 – 0 0 0 – 0 0 0
Mary DAWSON, 0 0 0- 0 0 1 – 0 0 0 – 0 0 0
Derry; Jeaney. *(ages not given.)*

#51: James USHER, 0 0 0 – 1 0 0 – 0 0 0 – 13 1 6:
Abigail EWING, 0 0 0 – 0 1 0 – 0 0 0 – 0 0 0
Amelia LONGSWORTH, 0 0 0 – 0 1 0 – 0 0 0 – 0 0 0
Ann LONGSWORTH, 0 0 0 – 0 1 0 – 0 0 0 – 0 0 0
Jane LONGSWORTH, 0 0 0 – 0 1 0 – 0 0 0 – 0 0 0
Toby or Jas. USHER, 32; Cyrus USHER, 44; Leivy USHER, 40; Nicholas USHER, 36; Alexander USHER, 34; John WINTER USHER, 36; David WINTER USHER, 40; Quamina POTTS USHER, 55; Jemmy B. USHER, 48; Ben M. USHER, 16; William Chas.USHER, 6; Daniel USHER, 6 mos.; Nancy or Ann USHER, 32; Phoebe, 13;

p. 27: Sabina, 10; Rosanna, 8; Elizabeth, 2.
Runaways: John CURTIS USHER, 42; Richmond USHER, 32; Joe USHER, 27.

#52: Property of Amelia LONGSWORTH, 0 1 0:
Runaway: Maria LONGSWORTH, 19.

#53: Property of William LONGSWORTH Senr, dec'd, 0 1 0:
Betty LONGSWORTH, 45.

For more information on Ewing/Meighan/Usher/Tillett/Longsworth relationships, see notes to the 1823 census.

#54: George BRADDICK, 1 0 0 – 0 0 0 – 0 0 0 – 0 0 0

#55: James BULL, 0 0 0 – 1 0 0 – 0 0 0 – 0 0 1:
    Charles, 12.

p. 28:
#56: Charles BULL, 1 0 0 – 0 0 0 – 0 0 0 – 0 0 0
    Elizabeth GREGORIA, 0 0 0 – 0 1 0 – 0 0 0 – 0 0 0
    Joseph DOMINGO, 0 0 0 – 1 0 0 – 0 0 0 – 0 0 0
    Chas. BULL Junr., 0 0 0 – 0 1 0* – 0 0 0 – 0 0 0
    Sophia BULL, 0 0 0 – 0 1 0 – 0 0 0 – 0 0 0
    Eliza U. BULL, 0 0 0 – 0 1 0 – 0 0 0 – 0 0 0
    Maria BENNETT, 0 0 0 – 0 0 0 – 0 1 0 – 0 0 0
    Maria, 0 0 0 – 0 0 0 – 0 1 0 – 0 0 0 *(surname not given)*
    *Sic: The mark for Charles is in the women's column. He should be 1 0 0 or 0 0 1.

#57: Property of Charles BULL Junr, 1 0 0
    Runaway: Jack, 41.

#58: Tinah BEATTIE, 0 0 0 – 0 1 0 – 0 0 0 – 3 4 2:
    Thomas SLADE, 0 0 1 – 0 0 0 – 0 0 0 – 0 0 0
        William, 24; George, 26; Andrew, 23; Betsey, 21; Jeany, 23; Margaret, 12; Hannah, 53; Patty, 3; Charles, 2.

p. 29:
#59: Hannah SMITH, 0 0 0 – 0 1 0 – 0 0 0 – 4 1 4:
    William SMITH, 1 0 0 – 0 0 0 – 0 0 0 – 0 0 0
    Thomas SMITH, 0 0 0 – 1 0 0 – 0 0 0 – 0 0 0
    William SMITH, 0 0 0 – 1 0 0 – 0 0 0 – 0 0 0
    Josiah SMITH, 0 0 0 – 0 1 0 – 0 0 0 – 0 0 0 *(sic – marked as female)*
    Obediah SMITH, 0 0 0 – 0 1 0 – 0 0 0 – 0 0 0   "   "   "   "
    Francis SMITH, 0 0 0 – 0 1 0 – 0 0 0 – 0 0 0
    Rebecca SMITH, 0 0 0 – 0 1 0 – 0 0 0 – 0 0 0
    Stephen CLARK SMITH, 0 0 0 – 0 1 0 – 0 0 0 - 0 0 0
        John, 20; Sampson, 17; William, 15; Benjamin, 13; Sarah, 36; Henry, 6; Abel, 8; Mary, 6; Nancy, 9.

#60: Sarah BIRD, 0 0 0 – 0 0 1 – 0 0 0 – 0 1 0: *(sic – marked as a woman in 1823.)*
    Jean, 13.

#61: David BETSON, 1 0 0 – 0 0 0 – 0 0 0 – 1 0 0:
    John ELLICE, Runaway, 43.

#62: Ann GABOUREL, 0 0 0 - 0 1 0 - 0 0 0 - 0 0 0 - 7 3 4:
Marianna MOODY, 0 0 0 - 0 0 1 - 0 0 0 - 0 0 0
D. BETSON Junr, 0 0 1 - 0 0 0 - 0 0 0 - 0 0 0
J. P. BETSON, 0 0 1 - 0 0 0 - 0 0 0 - 0 0 0

p. 30:
Angelina STANFORD, 0 0 0 - 0 0 0 - 0 0 1 - 0 0 0:
Jack, 50; James, 45; Robert, 40; Josey, 35; Tom, 25; Samson, 18; Michael, 33; Patience, 45; Jeanetta, 25; Jeany, 20; Katy, 1; Margaret, 14; Tommy, 6; Johnny, 3; Lucretia, 10 months, C; Margaret, 7.

#63: Property of D. and J. P. BETSON, 1 0 0
David, 40.

#64: Thomas MOODY, 0 0 0 - 1 0 0 - 0 0 0 - 0 2 2:
Cuba, 20; Rebecca, 18, C; William, 1; Margaret, 7 months, C.

#65: George TILLETT, 0 0 0 - 1 0 0 - 0 0 0 - 2 0 0:
Nelson, 40.
Runaway: Joe, 43.

p. 31:
#66: Mary TILLETT, 0 0 0 - 0 1 0 - 0 0 0 - 21 7 0:
Daniel TILLETT, 0 0 0 - 0 0 1 - 0 0 0 - 0 0 0
Lennan, 30; Price, 40; Foelix, 31; Boston, 35; Mintin, 32; Peter WHITE, 30; Peter, 45; Handle, 36; George Wilson, 56; Rum & Water, 16; Moco Jim, 55; Jack WHITE, 31; George WHITE, 25; Will, 23; Phillip, 40; Jemmy, 55; Priscilla, 17, C; Josie, 18, C; Lucky, 52; Jean, 25; Margaret, 20; Olive, 26; Luna, 50.

p. 32: Runaways: Adam, 30; Hero, 31; Jupiter, 40; Nancy SNELLING, 35; Bessy, 34.

#67: William TILLETT, 0 0 0 - 1 0 0 - 0 0 0 - 2 1 0:
Sarah JONES, 0 0 0 - 0 1 0 - 0 0 0 - 0 0 0
Elizabeth TILLETT, 0 0 0 - 0 0 1 - 0 0 0 - 0 0 0
Solomon TILLETT, 0 0 0 - 0 0 1 - 0 0 0 - 0 0 0
John TILLETT, 0 0 0 - 0 0 1 - 0 0 0 - 0 0 0
George TILLETT, 0 0 0 - 0 0 1 - 0 0 0 - 0 0 0
Robert TILLETT, 0 0 0 - 0 0 1 - 0 0 0 - 0 0 0
David TILLETT, 0 0 0 - 0 0 1 - 0 0 0 - 0 0 0:
Dan, 20; Scotland, 20; Jessie, 19, C.

#68: Property of Sarah JONES, 0 0 0 - 0 0 0 - 0 0 0 - 0 1 0:
Present, 30.

p. 33:
#69: John RAYBON, 1 0 0 – 0 0 0 – 0 0 0 – 2 1 1:
Ann CRAWFORD, 0 0 0 – 0 1 0 – 0 0 0 – 0 0 0
Elizabeth CRAWFORD, 0 0 0 – 0 1 0 – 0 0 0 – 0 0 0
Catherine RAYBON, 0 0 0 – 0 0 1 – 0 0 0 – 0 0 0
David RAYBON, 0 0 0 – 0 0 1 – 0 0 0 – 0 0 0
Francis RAYBON, 0 0 0 – 0 0 1 – 0 0 0 – 0 0 0
Phebe CRAWFORD, 0 0 0 – 0 1 0 – 0 0 0 – 0 0 0
Margaret RAYBON, 0 0 0 – 0 0 1 – 0 0 0 – 0 0 0
    Limehouse, 60; Frank, 40; Robert, 31; Jean 21; Beatrice, 1.

#70: William NEAL, 0 0 0 – 1 0 0 – 0 0 0 – 2 0 0:
Catherine NEAL, 0 0 0 – 0 1 0 – 0 0 0 – 0 0 0
Alexander NEAL 0 0 0 – 0 0 1 – 0 0 0 – 0 0 0
Charles SMITH, 0 0 0 – 1 0 0 – 0 0 0 – 0 0 0
    Charles, 18; Harry, 21.

p. 34:
#71: Catherine ROBINSON, 0 0 0 – 0 1 0 – 0 0 0 – 10 8 6:
William MCKAY, 0 0 0 – 1 0 0 – 0 0 0 – 0 0 0
William GENTLE, an Indentured Servant
to Cath. ROBINSON, 0 0 0 – 1 0 0 – 0 0 0 – 0 0 0
    Chance or Henry, 41; Josey, 28; Tom BOURKE, 43; York or James, 32; Malaga or Robert, 30; Devonshire, 25; Benjamin, 20; Peter, 22; *(an illegible line, erased?)* Henry, 14; Edwin, 12; George, 8; John, 6; Precilla, 50; Fancey, 34; Betsey, 28; Chloe, 24; Grace, 18; Phoebe, 15; Matilda, 76; Kate, 60; Mary Ann;, 9;

p. 35:   Maria, 7; Anestis, 4.
    Runaway: Quamina Or John, 35.

#72: Edwin COFFIN, 1 0 0 – 0 0 0 – 0 0 0 – 0 1 0:
Mary Ann COFFIN, 0 1 0 – 0 0 0 – 0 0 0 – 0 0 0
Ann LOCKWARD, 0 1 0 – 0 0 0 – 0 0 0 – 0 0 0
    Phillis, 45.

#73: Property of Mary SLATON of New Providence, under charge of E. COFFIN, 1 0 0:
    Andrew PYE, 35.

#74: Property of Mrs. BAKER under charge of E. C0FFIN, 0 1 0:
    Scylla, 48.

p. 36:
#75: John ADAM, 1 0 0 – 0 0 0 – 0 0 0 – 0 0 0

Alex.r FORBES, 1 0 0 - 0 0 0 - 0 0 0 - 0 0 0
John FREMAN, 0 0 0 - 0 0 0 - 0 0 1 - 0 0 0

#76: Property of Jas. HYDE under charge of Jno. ADAM, 1 0 0:
Sharper, 45.

#77: Elizabeth HEMSLEY, 0 0 0 - 0 1 0 - 0 0 0 - 0 0 0
Thomas NEAL, 0 0 0 - 1 0 0 - 0 0 0 - 0 0 0
Joseph HEMSLEY, 0 0 0 - 0 0 1 - 0 0 0 - 0 0 0

#78: ARMSTRONG & LEWIS'S property, 1 0 0:
James HARRIS, 31.

p. 37:
#79: A further return of John ARMSTRONG's property, 0 1 2:
Peggy CORK, 36; Clarissa, 6; Thomas, 4.
For first return see page 5.

#80: Samuel BURNS, 1 0 0 - 0 0 0 - 0 0 0 - 2 2 2:
Tom, 65; Adam, 41; Maria, 45.
Runaways: Cretia, 37; Margaret, 4; William, 18 months.

#81: Further return of John W. WRIGHT's property, 0 1 0:
Lucy *(age not given.)*
First return page 13.

p. 38:
#82: Philip MEIGHAN, 0 0 0 - 1 0 0 - 0 0 0 - 1 0 0:
Janet SWASEY, 0 0 0 - 0 1 0 - 0 0 0 - 0 0 0
Laurence MEIGHAN, 0 0 0 - 0 0 1 - 0 0 0 - 0 0 0
John Gerald SMITH, 0 0 0 - 0 0 1 - 0 0 0 - 0 0 0
Edward, 21.

#83: John POTTS, 0 0 0 - 1 0 0 - 0 0 0 - 20 0 0:
Chance, 53; John (Papa), 20; Cato, 56; Bob WELLINGTON, 51;
Charles WALL, 36; Jack SNOWDEN, 51; Bat YOUNG, 31; Richmond, 41;
Tim CADOGAN, 28; Ben POPHAM, 41; Eboe Jim, 41; John DISMO, 26;
Hercules, 41; James, 41; Sam PARKER, 41; Bristow, 26.
Indian: Smart. *(age not given.)*
Runaway: Tyer,*(sic = Tyger)* Joe, 31; Eboe John, 41; Holland, 51.

p. 39:
#84: Property of Mariann POTTS
under charge of Jno. POTTS, 0 0 0 - 0 0 0 - 0 0 0 - 2 0 0:
John GUCES? *(or GUIES?)* 24, C; Jackie, 24.

Note: Each family member who owned slaves was listed separately. Mariann (= Mary Ann) and Catherine Ferrell Potts were daughters of John Potts and Elizabeth Tillett.

#85: Property of Catherine FERREL POTTS:
under charge of Jno. POTTS, 0 0 0 – 0 0 0 – 0 0 0 – 2 0 0
Robert WEATHERLY, 20, C; Ned BERK, 23.

#86: Property of the Estate of Jno. *(= John)* GIBSON in charge of Jno. POTTS, 3 1 0:
Nelson, 23; John John, 26; John GIBSON, 30; Violet, 50.

p. 40:
#87: Elizabeth TILLETT, 0 0 0 – 0 1 0 – 0 0 0 – 10 8 6:
Robert F. WADE, 0 0 0 – 1 0 0 – 0 0 0 – 0 0 0
William A. WADE, 0 0 0 – 1 0 0 – 0 0 0 – 0 0 0
Ann M. WADE, 0 0 0 – 0 0 1 – 0 0 0 – 0 0 0
Elizabeth WADE, 0 0 0 – 0 0 1 – 0 0 0 – 0 0 0
Cath. F. POTTS, 0 0 0 – 0 0 1 – 0 0 0 – 0 0 0
Marianna POTTS, 0 0 0 – 0 1 0 – 0 0 0 – 0 0 0
Charles, 46; Joe WILSON, 41; Hunter, 41; George PARKER, 60; Quackoo, 35; Frank, 43; Dick, 43; Jack, 60; Joseph, 13; Johnie, 6; Present, 36; Patty, 34; Hannah, 30; Claudia, 23; Dorkis, 19; Caroline, 13, C; Clarissa, 9 (Indian) *(bracketed together with)* Margery, 11, (Indian); Phoebe, 4; Ellena, 3; Nanny, 3, Dorinda, 3.
Runaways: Joe Hemsley, 38; Indian Martha, 28.

p. 41:
#88: Hannah TUCKER, 0 0 0 – 0 0 0 – 0 1 0 – 2 4 2:
Margaret WALL, 0 0 0 – 0 0 0 – 0 1 0 – 0 0 0
Robert, 28; Kitty, 48; Juliana, 29; Patience, 23; Francis, 16; Thumus, *(sic)* 13; Catherine, 7; Tinah, 6.

#89: James C. ALTEREITH, 1 0 0 – 0 0 0 – 0 0 0 – 2 3 1:
Louisa ALTEREITH, 0 0 0 – 0 1 0 – 0 0 0 – 0 0 0
Mary Jane ALTEREITH, 0 0 0 – 0 0 1 – 0 0 0 – 0 0 0
Rebecca ALTEREITH, 0 0 0 – 0 0 1 – 0 0 0 – 0 0 0
John ALTEREITH, 0 0 0 – 0 0 1 – 0 0 0 – 0 0 0
Sancho, 18; Nicholas, 12; Eleanor, 18; Jane, 9 months; Venus, 66; Priscilla, 30.

p. 42:
#90: Elizabeth POTTS, 0 0 0 – 0 1 0 – 0 0 0 – 2 2 2:
Robert COLQUHOUN, 0 0 0 – 0 0 1 – 0 0 0 – 0 0 0
Lizzy, 27; Anna, 12; Jervis, 11; Angelina, 8.
Runaways: Hector, 38; Charles, 36.

#91: William CRAFT, 0 0 0 – 1 0 0 – 0 0 0 – 0 0 0
John A. CRAFT, 0 0 0 – 0 0 1 – 0 0 0 – 0 0 0
James T. CRAFT, 0 0 0 – 0 0 1 – 0 0 0 – 0 0 0

#92: Susanna GORDON, 0 0 0 – 0 0 0 – 0 1 0 – 2 1 1:
Franky, 36; Thomas, 14; Dan, 17; Jane, 11.

p. 43:
#93: John COLLINS, 0 0 0 – 1 0 0 – 0 0 0 – 2 1 0:
Sarah COLLINS, 0 1 0 – 0 0 0 – 0 0 0 – 0 0 0
Fanny COLLINS, 0 0 0 – 0 0 0 – 0 1 0 – 0 0 0
James COLLINS, 0 0 0 – 0 0 0 – 1 0 0 - 0 0 0
M. HOARE & James, 0 0 0 – 0 0 0 – 0 1 1 - 0 0 0
William PIT, 35; Harriet, 65; Ben, 55.

#94: James McDONALD, 1 0 0 – 0 0 0 – 0 0 0 – 4 2 2:
Patience S. McDONALD, 0 1 0 – 0 0 0 – 0 0 0 – 0 0 0
Jas. Rob.t McDONALD, 0 0 1 – 0 0 0 – 0 0 0 – 0 0 0
George W. McDONALD, 0 0 1 – 0 0 0 – 0 0 0 – 0 0 0
Amelia C. McDONALD, 0 0 1 – 0 0 0 – 0 0 0 – 0 0 0
Richard HANDYSIDE, 0 0 1 – 0 0 0 – 0 0 0 – 0 0 0
Billy GOFF, 45; Joe, 35; Jamaica, 35; Polly, 38; Fanny, 25; Mary, 6; Paddy, 12; Quamna *(sic)*, 50.

Note: What was the relationship of Richard Handyside to Archibald Handyside, the master mechanic and shipbuilder who became the second husband of Catherine Meighan?

#95: Property of Jas. Rt. McDONALD, 1 0 2:
William 33; Walter, 7; Billy, 11.

p. 44:
#96: Property of George William McDONALD, 1 1 1:
John, 20, C; Jemmy, 6; Bessy, 20.

#97: Quamina CARD, 0 0 0 – 0 0 0 – 1 0 0 – 0 0 0:

#98: William SMITH, 1 0 0 – 0 0 0 – 0 0 0 – 0 1 0:
#98½ Rachel COX, 0 0 0 – 0 1 0 – 0 0 0 – 0 0 0
Mary WHITE, 40.
This woman is the property of R. COX.

#99: George HINKS, 0 0 0 – 1 0 0 – 0 0 0 – 1 0 0:
Eve HINKS, 0 0 0 – 0 1 0 – 0 0 0 – 0 0 0
Phill, 22.

#100: A further return of Thos. ILES, omitted in the former return, folio 1:
Sammy, 35; Tom, 25; Fortune, 39.

p. 45:
#101: Duncanette CAMPBELL, 0 0 0 – 0 1 0 – 0 0 0 – 0 3 2:
Amelia, 13; Susannah, 35; Molly, 23; Kitty, 25; Philip C. CODD, 8 days.

Note: Thomas Iles' children by Duncanette (see #364 in 1823) are absent. Were his slaves (see #100 above) in her household?

#102: James PARKER, 1 0 0 – 0 0 0 – 0 0 0 – 0 0 0:
Margaret PARKER, 0 1 0 – 0 0 0 – 0 0 0 – 0 0 0
James L. PARKER, 0 0 1 – 0 0 0 – 0 0 0 – 0 0 0

#103: George A. USHER, 0 0 0 – 1 0 0 – 0 0 0 – 5 1 1:
Success, 40; Peter FISHER, 35; Prince, 40; Frank KEENE, 35; Castina, 27; June, 9.
Runaway: York, 43.

p. 46:
#104: Susannah W. USHER, 0 0 0 – 0 1 0 – 0 0 0 – 2 3 1:
Adam, 60.
Indians: Cato, 45; Abba, 44; Grace, 40; Nancy, 24; Ben, 9.

#105: George SPROAT, 1 0 0 – 0 0 0 – 0 0 0 – 8 0 0:
Hercules, 60; Richard, 40; Thomas, 35; Harry, 26; Cupid WATSON, 26; William, 30; Billy HOARE, 42; Tommy CUNNINGHAM, 50.

#106: A further Return of Mary TILLETT, omitted in the former folio, 31:
Maria, 18.

p. 47:
#107: Catherine TILLETT, 0 0 0 – 0 1 0 – 0 0 0 – 0 5 5:
William CUNNINGHAM, 0 0 0 – 0 0 1 – 0 0 0 – 0 0 0   *(bapt. 1822)*
Sarah K. CUNNINGHAM, 0 0 0 – 0 0 1 – 0 0 0 – 0 0 0   *(bapt. 1823)*
Cath. T. CUNNINGHAM, 0 0 0 – 0 0 1 – 0 0 0 – 0 0 0   *(bapt. 1826)*
Quasheba, 40; Kitty, 24; Betsey, 24; Dolly, 20; Amelia, 15; Rachel, 12; Mary, 45; Helena, 8; Aleck, 6; Aleck, 6. *(sic - listed in 1823 as Allick, Allick.)*

Note: Catherine Tillett and Charles Keefe (or in some records, Keith) Cunningham were listed separately as both owned slaves. The inscription on the tomb of their daughter, Catherine Tillett Cunningham, in Yarborough Cemetery, reads "Beloved wife of Thomas Robinson, shipbuilder. Died 26 July 1859 in the 33rd year of her age."

William COOKE, 1 0 0 – 0 0 0 – 0 0 0 – 0 0 0
John COX, 1 0 0 – 0 0 0 – 0 0 0 – 0 0 0
Thomas PHILIPS, 1 0 0 – 0 0 0 – 0 0 0 – 0 0 0
William FAGAN, 1 0 0 – 0 0 0 – 0 0 0 – 0 0 0
Charles KNOTH, 1 0 0 – 0 0 0 – 0 0 0 – 0 0 0
Hugh UQUAHART, 1 0 0 – 0 0 0 – 0 0 0 – 0 0 0
David, 0 0 0 – 0 0 1 – 0 0 0 – 0 0 0
Thomas, 0 0 0 – 0 0 1 – 0 0 0 – 0 0 0
Tabia, 0 0 0 – 0 1 0 – 0 0 0 - 0 0 0 *(surnames not given; ages of slaves not given.)*
Philip; Bob HIBBERT; Charles; Bob; David WATSON; George ELRINGTON; Quawin; Murphy COURTNEY; Greenock; Johnson; Moco Simon; Aberdeen; Rigby; George GRAHAM; Marshal; Stafford; George ELLICE; Dorset; Duncan; Middleton; Moco Frank; Marcus; Joseph BENNETT;

p. 55: Monday; Rhody; London; Greenwich; Tom JONES; Bill; Nelson; Murphy; Damon; Guildford; Jamaica Jem; Tom BENNETT; Toby GRAHAM; Titus; Rodney; Moco Peter; Julius; Mark; Duckworth; William MARTIN; George YATES; Jack LITTLE; Abel; Chatham;

p. 56: Robin; Allick; Duke; Giddy; Richard Yates; Polydore; Devonshire; Ben WHITE (or Jem); Jack CAULKER; Robin; John CASSIMERE; Jupiter; George SLATER; Tom DOUGLAS; George CRAWFORD; Cyrus; Sampson ALEXANDER; Jack KEENE; Andrew; George MORAVIA; Balty HARRIS; Peter WALDRON; Charles BANBARA; Sampson KEENE;

p. 57: George DE BRION; Hamilton; Otway; Vick; Cudjoe YOUNG; Harry GIBSON; Dick ALEXANDER; John BAPTISTE; John (Mulatto), C; Tom, Indian; Richard WALDRON; Prince POTTS; Nelson PASLOW; Time; Quaw; Robin; Jassimine; Chelsea STAIN; Cudjoe POTTS; Aaron; Ginger; Fortune; Benjamin BENNETT; Adam;

p. 58: Sampson POTTS; Prince BENNETT; Aaron; John GOFF; John BENNETT; James BENNETT; Francis BENNETT; David BENNETT; Richard BARRETT; Richard WALKER; Johnson BENNETT; Thomas MARTIN; William CRAWFORD; Bristol BENNETT; Thomas JACKSON; Adam JACKSON; Thos. EVE BENNETT; Thomas HEWLET; Thomas BRENNAN; Alexander BENNETT; Robert GALLIMORE; Alexander MARTIN; Delvit; London;

p. 59: Michael MARTIN; Joseph TRAPP; Philip BRENNAN; James F. BENNETT; John MOODIE; Thos. D. BENNETT; George BENNETT; Old Fanny; Sue O'BRION; Jessey; Mary BARRETT; Juba; Stella; Mary MARTIN; Statira; Delia; Eve; Hannah; Susannah; Mary; Charles; Lidia; Ruth; Sabina; Patty CRAWFORD;

p. 60: Bella; Jenny POTTS; Sarah; Polly; Betty; Rachel; Mary JACKSON; Diana;

Quasheba; Helena; Ann McVIE, C; Eleanor, C; Prudence; Margaret MOODIE; Aurelia; Bessy POTTS; Mary ELLICE; Betsey PRICE; Bessey; ------ *(sic)* CARD; Patience; Rose; Teresa; Amelia; Catherine;

p. 61: Betsey BENNETT; Amelia.
Boys and Children: Joseph POTTS; John YOUNG; Kinsale; Richard POTTS; George WALDRON; Harry; William BENNETT; John SMITH; Thomas TOWNSHEND; Arch.d POTTS; George; William; Samuel; Joseph BENNETT; John HEWLETT; Adam; Peter; Robert; Thomas; John;

p. 62: Girls and Children: Tabia; Judy; Patience; Catherine; Flora; Henrietta; Elizabeth; Catherine; Sarah; Mimba; Elizabeth; Fanny; Lucy; Margaret; Betsey; Catherine; Margaret; Patty; Jane; Ann; Clara; Sarah; Clarissa;

p. 63: Sarah; Abba; Maria; Princess; Diana; Sophia, C; Catherine; Diana; Frances. Superannuated Men: Limerick; Quash; Joe COOK; Congo Joe; Long George; Hercules; Quacco; Toby BUTCHER; John WILKS; Pompey; Ben SPROAT; Kingston; George PRICE;

p. 64: Ned SHOE MAKER *(sic;)* Glasgow JONES; Eboe Prince; Caesar; Greenwich TYLER; Sandy; Dick CRAWFORD; Joe KEENE; Sye; Limerick PASLOW. Superanuated Women: Susannah, Burnaba, Mary; Fanny WALDRON. Indians: Glasgow; Jack WINTER.
Runaways: Jervis; Bristol; Richmond; Quaw; Neptune ALEX;

p. 65: David TANDY; Alexander SMART; Devonshire; Tom Mundingo; Hector; Chambers JACK; Kinsdale; Joseph ELLIOT; Smart KEENE; Edinburgh; Kent; Mongola Jack; Jem COATQUELIRN; Jem Mondingo; Mars YOUNG.

Note: Was Chambers a variant of the tribal name Chamba?

p. 66:
#121: Catherine LAMB, 0 1 0 – 0 0 0 – 0 0 0 – 19 11 11:
Bungy, 88; Toby, 63; James, 50; Prince, 45; William, 56; Damon, 43; Joe, 36; Dick, 32; Robert, 31; Tommy, 33; Hamlet, 38; Fortune, 25; Roderick, 22; Jose, 25; Little Jem, 25; Robert, 17; John, 13; George, 21; Sam, 13; John, 8; Joe, 8; Tom, 12;

p. 67: George, 3; Dido, 64; Fedelia, 45; Edia, *(sic)* 42; Hannah, 49; Peggy, 31; Mary, 33; Sally, 31; Bessey, 19; Kate, 18; Diana, 16; Judith, 11; Fanny, 10; Minta, 21; Lorinda, 9; Eleanor, 6; Rachel, 5; Hannah, 2; Sam, 2.

p. 68:
#122: Agnes ARMSTRONG, 0 0 0 – 0 1 0 – 0 0 0 – 13 6 0:
Daniel, 38; Charles, 46; Charles, 27; Jack, 40; Louis, 33; Jem, 40; John, 28;

Richard, 16; Lucy, 63; Princess, 58; Jenny, 36; Nelly, 35; Stella, 32; Sarah, 18.
Runaways: Charles, 63; Duke, 56; Sam, 40; Boston, 46; Mingo, 46.

p. 69:
#123: Charles CRAIG, 1 0 0 – 0 0 0 – 0 0 0 – 0 0 0
Jane Agnes CRAIG, 0 0 0 – 0 0 1 – 0 0 0 – 0 0 0
Elizabeth CRAIG, 0 0 0 – 0 0 1 – 0 0 0 – 0 0 0

#124: Property of John ARMSTRONG CRAIG and Jane A. CRAIG under charge of Chas. CRAIG, 1 0 0:
Billy, 46.

#125: Peter STAIN, 0 0 0 – 1 0 0 – 0 0 0 – 3 1 1:
Elizabeth CARD, 0 0 0 – 0 0 0 – 0 1 0 – 0 0 0
Richard STAIN, 0 0 0 – 1 0 0 – 0 0 0 – 0 0 0
Catherine STAIN, 0 0 0 – 0 1 0 – 0 0 0 – 0 0 0
Maria STAIN, 0 0 0 – 0 1 0 – 0 0 0 – 0 0 0
Ann E. STAIN, 0 0 0 – 0 1 0 – 0 0 0 – 0 0 0
Dorothy STAIN, 0 0 0 – 0 1 0 – 0 0 0 – 0 0 0
Amelia STAIN, 0 0 0 – 0 0 1 – 0 0 0 – 0 0 0
Sophia STAIN, 0 0 0 – 0 0 1 – 0 0 0 – 0 0 0
Strephen, 42; Liverpool, 48; Cupid, 65; Rose, 12; Jane, 10.

p. 70:
#126: Property of Elizabeth CARD, 1 0 1:
Scotland, 45; Johanna, 10.

#127: Henrietta GODFREY, 0 0 0 – 0 1 0 – 0 0 0 – 7 1 1:
Henrietta JOHNSON, 0 0 0 – 0 1 0 – 0 0 0 – 0 0 0
Mary JOHNSON, 0 0 0 – 0 0 1 – 0 0 0 – 0 0 0 – 0 0 0
Isabella JOHNSON, 0 0 0 – 0 0 1 – 0 0 0 – 0 0 0
Agnes JOHNSON, 0 0 0 – 0 0 1 – 0 0 0 – 0 0 0
John JOHNSON, 0 0 0 – 0 0 1 – 0 0 0 – 0 0 0
Jean JOHNSON, 0 0 0 – 0 0 1 – 0 0 0 – 0 0 0
James JOHNSON, 0 0 0 – 0 0 1 – 0 0 0 – 0 0 0:
Dago alias James; Dick; Frank; Edward; Peter; Cyrus; Daniel; Edio.
Runaway: Lizzy. *(ages not given.)*

#128: William GODFREY, 0 0 0 – 1 0 0 – 0 0 0 – 0 0 0
Jane BESS, 0 0 0 – 0 1 0 – 0 0 0 – 0 0 0
John GODFREY, 0 0 0 – 0 0 1 – 0 0 0 – 0 0 0
Maria GODFREY, 0 0 0 – 0 0 1 – 0 0 0 – 0 0 0
Elsey GODFREY, 0 0 0 – 0 0 1 – 0 0 0 - 0 0 0

p. 71:
#129: John CURRANT, 0 0 0 – 0 0 0 – 1 0 0 – 3 0 0:
Sarah CURRANT, 0 0 0 – 0 0 0 – 0 1 0 – 0 0 0
Mary CURRANT, 0 0 0 – 0 0 0 – 0 1 0 – 0 0 0
Jane CURRANT, 0 0 0 – 0 0 0 – 0 1 0 – 0 0 0
Eve CURRANT, 0 0 0 – 0 0 0 – 0 1 0 – 0 0 0
Mary CURRANT, 0 0 0 – 0 0 0 – 0 1 0 – 0 0 0
Frances CURRANT, 0 0 0 – 0 0 0 – 0 1 0 – 0 0 0
Roda CURRANT, 0 0 0 – 0 0 0 – 0 1 0 – 0 0 0
Rachel CURRANT, 0 0 0 – 0 0 0 – 0 1 0 – 0 0 0
Samuel CURRANT, 0 0 0 – 0 0 0 – 0 0 1 – 0 0 0
Elizabeth CURRANT, 0 0 0 – 0 0 0 – 0 0 1 – 0 0 0
Margaret CURRANT, 0 0 0 – 0 0 0 – 0 0 1 – 0 0 0
Ann CURRANT, 0 0 0 – 0 0 0 – 0 0 1 - 0 0 0
George CURRANT, 0 0 0 – 0 0 0 – 0 0 1 – 0 0 0
Isabella CURRANT, 0 0 0 – 0 0 0 – 0 0 1 – 0 0 0
Abraham CURRANT, 0 0 0 – 0 0 0 - 0 0 1 – 0 0 0
George CURRANT, 0 0 0 – 0 0 0 – 0 0 1 – 0 0 0
James CURRANT, 0 0 0 – 0 0 0 – 0 0 1 – 0 0 0
Sophia CURRANT, 0 0 0 – 0 0 0 – 0 0 1 – 0 0 0
Thomas CURRANT, 0 0 0 – 0 0 0 – 0 0 1 – 0 0 0

p. 72: Margaret CURRANT, 0 0 0 – 0 0 0 – 0 0 1 – 0 0 0
Fanny CURRANT, 0 0 0 – 0 0 0 – 0 0 1 – 0 0 0
Chance HIBBERT, 65; Bluefield CURRANT, 50; William CURRANT, 47.

#130: James WALDRON, 1 0 0 – 0 0 0 – 0 0 0 – 0 0 0
Catherine HUME, 0 0 0 – 0 1 0 – 0 0 0 – 0 0 0
Frances WALDRON, 0 0 0 – 0 0 1 – 0 0 0 – 0 0 0
Jane WALDRON, 0 0 0 – 0 0 1 – 0 0 0 – 0 0 0

#131: Catherine HUME's Property, 4 1 1:
Sam HUME, 34; Jack HUME, 30; Mimba, 44, and her son William, 12 (until settled for.)
Runaways: Robert Hume, 25; Brassilla, 10.

p.73:
#132: John Hy. PETZOLD, 1 0 0 – 0 0 0 – 0 0 0 – 0 1 1:
Honor, 26; Henry, 8.

#133: Catherine WHITE, 0 0 0 – 0 1 0 – 0 0 0 – 11 4 5:
George, 36; John, 47; Bacchus, 50; Hare, 50; Willy, 40; Johnny, 80; Cuffy, 100; Simon, 18; Flora, 60; Bessy, 60; Susan, 12.
The following are only Catherine WHITE'S during life: Duncan; Adam; Henry;

p. 74: Anthony, Phoebe, Phillis, Emily, Sophia *(ages not given.)*
Runaway: Jack.

#134: William GABOUREL, 0 0 0 – 1 0 0 – 0 0 0 – 8 0 0:
Diana USHER, 0 0 0 – 0 1 0 – 0 0 0 – 0 0 0
Mary MAJOR GABOUREL, 0 0 0 – 0 1 0 – 0 0 0 – 0 0 0
William GABOUREL, 0 0 0 – 0 0 1 – 0 0 0 – 0 0 0
Joshua GABOUREL, 0 0 0 – 0 0 1 – 0 0 0 – 0 0 0
James GABOUREL, 0 0 0 – 0 0 1 – 0 0 0 – 0 0 0
Elizabeth GABOUREL, 0 0 0 – 0 0 1 – 0 0 0 – 0 0 0
Robert GABOUREL, 0 0 0 – 0 0 1 – 0 0 0 – 0 0 0
Charles, 42; Harry, 35; America, 37; Toney, 47; Nelson, 18; Dublin, 33; Barrack, 37; Alick, 33.

#135: Property of Diana USHER, 0 2 0:
Venus, 35; Emma, 38.

p. 75:
#136: Property of GEORGE HYDE & COMPANY, 70 6 5 :
Adam ANDERSON, 44; Brown, 36; Cuffee CARD, 45; Eboe Tom, 48; Captain, 44; Old Simon, 69; Old Cuffee, 58; Townsend, 46; Antony, 36; Quashie, 37; Rodney, 36; Rodney PASLOW, 44; Monday GORDON, 28; Edward WALL, 38; Tom ROVER, 30; Tommy, 35; Quam, 36; William HYDE, 35; McLeuchlan, 30; Charles, 32; Harry, 36; Hercules, 45;

p. 76: Cromantee George, 46; Nedd, 34; Nelson, 43; Nago Hazzard, 38; Little John, 34; Quamino, 40; Edmond, 28; Peter RANFORD, 36; Daniel, 33; Catoe, 60; Gapper, 46; Mongola Hazzard, 29; Hamlet, 35; Jamaica Peter, 30; Thomas, 30; George BULL, 33; Congo George, 28; Bogle, 36; Nicholas, 36; Harry, 36; Mundingo Prince, 36; Papa Quashie, 38; Hunter, 56; Mongola Prince, 33;

p. 77: Breetchie, 32; Robert, 50; Sam, 56; James, 33; Caesar, 40; Philip, 39; Papa George, 39; Jamaica Jack; Maurice, 28; William HUNT, 40; Tom LAWRIE, 28; Old Bobba, 60; Old Frank, 56; London, 55; Old Daniel, 60; Lewis, 14; William, 23, C; Frederick, 12; Davy, 14; Charles, 27; Toby, 13; Arron, 17; John, 12.

p. 78: Tom, 15; Monday, 9; William, 7; Doll, 43; Charlotte, 18; Julian, 7; Marina, 4; Caroline, 18, C; Moll, 42; Peggy, 60; Rose, 50; Susan, 1.

#137: James & George HYDE: Runaways, 8 0 0:
Black Dick; Duke; Chamba Jem; Boatswain; Daniel ANDERSON; Trim; Quashie; Monkey Jack. *(ages not given.)*

p. 79:
George HYDE: Runaways, 16 0 0:
Moco Nedd; Bluff; Cupid; Munroe; Joe GREEN; Will; Daniel; John ANDERSON; Henry; Joe JONES; Jack Eboe; John BURNHAM; Toney; Toney BELISLE; Boatswain; King JOHN *(ages not given.)*

#139: James HYDE: Runaways, 2 0 0:
Isaac; Caesar *(ages not given.)*

p. 80:
#140: Joseph VERNON, 0 0 0 – 1 0 0 – 0 0 0 – 4 1 0:
Margaret NEALE, 0 0 0 – 0 1 0 – 0 0 0 – 0 0 0
Jeanette VERNON, 0 0 0 – 0 0 1 – 0 0 0 – 0 0 0
John VERNON, 0 0 0 – 0 0 1 – 0 0 0 – 0 0 0
William VERNON, 0 0 0 – 0 0 1 – 0 0 0 – 0 0 0
Joseph VERNON, 0 0 0 – 0 0 1 – 0 0 0 – 0 0 0
Moses, 45; Ben, 20; Robert, 16; Joe, 11; Mary, 18.

#141: Manfield W. BOWEN, 1 0 0 – 0 0 0 – 0 0 0 – 20 2 0:
Mary Ann BOWEN, 0 1 0 – 0 0 0 – 0 0 0 – 0 0 0
Ben HICKEY, 23; Tom BOWEN, 39; William, 34; John WRIGHT, 34; Lord, 42; Robert McAULAY, 32; Frederick, 49; Old Jemmy, 64; Grenville, 53; Bill MEIGHAN, 52; Toney, 43; Ceser, 36; John FREEMAN, 40.

p. 81: Linden, 38; Molly CUMMINGS, 41.
Runaways: Fortune, 45; Limerick, 44; Simon, 44; Robert Eboe, 35; Duncan, 49; Denis, 47; Bob DE BRION, 45.

#142: The Estate of MARY HICKEY deceased,
under charge of M. W. BOWEN, Executor, 33 6 1:
Peter, 35; Venture, 37; Duke, 39; Charley, 39; Joe, 44; Harry Cromantee, 44; Tom COLLARD, 49; Jemmy MEANY, 49; Adam Mongola, 49; Barber Jack, 49; Anthony, 49; Moco Jack, 49;

p. 82: Henry, 49; Will, 49; Hazard, 49; Qualin, 54; Sandy, 54; Ned WILSON, 65; Stepney, 67; Mindingo Harry, 74; Moco Scotland, 84; Curie, 89; Louisa, 23; Patience, 44; Mary, 44; Hannah, 47; Alminter, 33; Nancy, 69.
Runaways: London, 23; Shakespear, 39; Parker, 39; Goodluck, 39; Sampson, 39; Richard, 39; Quashie Goff, 44;

p. 83: Bob, 44; Alick ANDERSON, 49; James, 15; Grace, 8; William PITT, 59.

Note: The sequences of men aged 49 and 39 suggests that Bowen did not know their ages, but believed he was required to put something down. The number of runaways bears out the truth of Mary's daughter Mrs. Carmichael's complaint to the magistrates concerning Bowen's brutal mistreatment of her deceased mother's slaves.

The following slaves were bequeathed by Mary HICKEY to her Children, Viz.:

#143: Matilda BOWEN, 0 0 1
Jenny, 11.

#144: Sophia BOWEN, 0 1 0
Mimba, 15.

#145: Catherine BOWEN, 0 1 0
Esther, 15.

#146: Jemmy BOWEN, 1 0 1
William, 9; Monday, 17.

#147: Richard BOWEN, 1 0 0
John, 17.

#148: Charley BOWEN, 0 1 0:
Norah, 14.

p. 84:
#149: Property of Captain HENDERSON's children by Martha SLUSHER, under charge of M. W. BOWEN, 7 0 0:
Dick, 46; Thomas, 34; Quashie, 52; George COLLINS, 50; Old Moore, 46; Moland, 35, when paid for.
Runaway: Kelly, 50.

#150: Joshua GABOUREL, 0 0 0 – 1 0 0 – 0 0 0 – 6 1 0:
Margaret WINTER, 0 0 0 – 0 1 0 – 0 0 0 – 0 0 0
Mary Frances GABOUREL, 0 0 0 – 0 0 1 – 0 0 0 – 0 0 0

Cath. WHITE GABOUREL, 0 0 0 – 0 0 1 – 0 0 0 – 0 0 0
Amos GABOUREL, 0 0 0 – 0 0 1 – 0 0 0 – 0 0 0
Billy, 34; Adam, 34; Stern, 33; Ben, 47; Joe TATE, 47; Catherine, 18; Robert, 21.

p. 85:
#151: Charles EVANS, 1 1 0 – 0 0 0 – 0 0 0 – 0 1 0:
Sarah EVANS, 0 0 0 – 0 0 0 – 0 0 0 – 0 0 0 *(sic - marked with Charles)*
Charles EVANS, 0 0 1 – 0 0 0 – 0 0 0 – 0 0 0
Margaret, 20.

#152: Property of Duncan McAUTHER under charge of C. EVANS, 0 1 0:
         Cloe, 15.

#153: Benjamin VERNON, 0 0 0 – 1 0 0 – 0 0 0 – 0 1 0:
         Rachel JONES, 0 0 0 – 0 1 0 – 0 0 0 – 0 0 0
         Jos. Edw.d VERNON, 0 0 0 – 0 0 1 – 0 0 0 – 0 0 0
         Geo. Fred.k VERNON, 0 0 0 – 0 0 1 – 0 0 0 – 0 0 0
         Thomas VERNON, 0 0 0 – 0 0 1 – 0 0 0 – 0 0 0
         Mary Eliz.th VERNON, 0 0 0 – 0 0 1 – 0 0 0 – 0 0 0
         Margt. Amelia VERNON, 0 0 0 – 0 0 1 – 0 0 0 – 0 0 0
             Rose, 16.

p. 86:
Note: The left half of this page is missing. The following page commences Family of Samuel Fk AUGUST continued. Clearly, therefore:

#154: Samuel Frederick AUGUST.......... Slaves, 16 6 18
         (family members were enumerated on the missing left hand page.)
             Andy, 40; Charley, 40; George 55; Jack, 47; Frederick, 19; Middleton, 40; Nelson, 25; Nelson, 21; Ned ROBERTSON, 34; Port Royal, 52; Oliver, 60; Tom, 45; Tom, 34; Toby, 16; William, 32; Kindness, 50; Rackel, *(sic)* 56; Celia, 32, C; Charlotte, 32; Mary, 25; Eleanor, 15; Edwin, 6;

p. 87:   Simon, 5; Ann, 6; Dorcas, 4; Catherine, 4; Margaret, 3.
             Runaway: William JONES. *(age not given.)*

Note: Misspellings such as Rackel (above,) and Ratchel (see #90 below) show the Keeper of the Records copied words exactly as they were spelled on the lists he received, as his office required him to do.

#155: William MASKALL, 1 0 0 – 0 0 0 – 0 0 0 – 3 2 4:
         Rebecca MASKALL, 0 1 0 – 0 0 0 – 0 0 0 – 0 0 0
         Henry AUGUST GRAY, 0 0 1 – 0 0 0 – 0 0 0 – 0 0 0
         William H.y MASKALL, 0 0 1 – 0 0 0 – 0 0 0 – 0 0 0
         Marg.t MATILDA MASKALL, 0 0 1 – 0 0 0 – 0 0 0 – 0 0 0
         Richard M. MASKALL, 0 0 1 – 0 0 0 – 0 0 0 – 0 0 0
         Richard, 0 0 0 – 0 0 0 – 1 0 0 – 0 0 0 *(surname not given.)*
             George MASKALL, 38, C; John DERIXON, 35; Thomas, 36; Nancy, 29; Mary Ann, 14; Francis, 11; John, 8; Alfred, 6; Edward, 3.

p. 88:
#156: William GENTLE, 1 0 0 – 0 0 0 – 0 0 0 – 38 19 18:
         Mary Ann GENTLE, 0 0 0 – 0 0 1 – 0 0 0 – 0 0 0
             London, 35; John MEENY *(sic)*, 40; John HERCULES, 36; Sandy, 40; Mark GRAHAM, 37; Jacob, 28, C; Monday, 50; William LOVE, 30, C;

Ned GABOUREL, 35; Robert GENTLE, 38; William GENTLE, 30; Long Ben, 45; Peter, 30; Bristow BRYAN, 52; Edward LEWIS, 30; Jack THOMAS, 38; Middleton, 38; Congo Edward, 38; Harry, 36; Morgan, 50; Tom, 60; Belford, 23;

p. 89: Cardigan, 38; Congo London, 38; Thomas, 21; John, 30; Rodney; Commodore; *(ages not given.)* Sutherland, 16; Tom, 14; Betty, 40; Betsey, 21; Mary GRAHAM, 44; Camilla, 38; Polly, 38; Clementina, 27; Kitty, 36; Elsey, 36; Margaret, 35; Lettice, 60; Sophia, 19; Juno, 19; Eleanor, 19; Jeany, 27; Mary, 22; Eliza, 17;

p. 90: Rebecca, 16; Jane, 15; Aaron, 4; Philip, 3½; Abel, 7½; Frederick, 4; Robert, 8, C; Thomas, 6, C; Henry, 2½, C; Frances, 2, C; James, 4½; Judy, 7½; Peggy, 13; Cassandra, 9; Ratchel, 7½; Chloe, 10; Caroline, 4; Eve, 6; Margaret, 2, C; Susan, 1½; an Infant not named. Runaways: Romeo, 40; Billy, 35;

p. 91: Sam, 35; James, 36; Hector, 50; Moses, 50; Henry, 24; William, 40.

#157: Elizabeth SEDDONS, 0 0 0 – 0 1 0 – 0 0 0 – 3 2 1:
Hana *(sic)* SEDDONS, 0 0 0 – 0 0 0 – 0 1 0 – 0 0 0
Toby, 32; Boatswain, 50; William, 36; Mary, 35; Maria, 26; March, 2.

#158: Joseph JONES, 0 0 0 – 0 0 0 – 1 0 0 – 2 0 0:
Penelope JONES, 0 0 0 – 0 0 0 – 0 1 0 – 0 0 0
Eliz. STANFORD, 0 0 0 – 0 0 0 – 0 1 0 – 0 0 0
Grace JONES, 0 0 0 – 0 0 0 – 0 1 0 – 0 0 0
Flora JONES, 0 0 0 – 0 0 0 – 0 1 0 – 0 0 0
Silvia JONES, 0 0 0 – 0 0 0 – 0 0 1 – 0 0 0

p. 92: Peggy JONES, 0 0 0 – 0 0 0 – 0 0 1 – 0 0 0
Ann JONES, 0 0 0 – 0 0 0 – 0 0 1 – 0 0 0
Mary JONES, 0 0 0 – 0 0 0 – 0 0 1 – 0 0 0
Manda JONES, 0 0 0 – 0 0 0 – 0 0 1 – 0 0 0
Maria JONES, 0 0 0 – 0 0 0 – 0 0 1 – 0 0 0
Jammie, 40; Casar, 35.

#159: Robert TURNBULL, 1 0 0 – 0 0 0 – 0 0 0 – 0 0 0
Maria, 0 0 0 – 0 0 1 – 0 0 0 – 0 0 0
David, 0 0 0 – 0 0 1 – 0 0 0 – 0 0 0
George, 0 0 0 – 0 0 1 – 0 0 0 – 0 0 0 *(surnames not given.)*
Lucy DIXON, 0 0 0 – 0 0 0 – 0 1 0 – 0 0 0

#160: Mary McKAY, 0 1 0 – 0 0 0 – 0 0 0 – 1 0 1:
Adrianna McKAY, 0 1 0 – 0 0 0 – 0 0 0 – 0 0 0
Joseph MASKALL, 24; Janette, 11, C.

p. 93:
#161: Property of Adrianna McKAY, 0 1 1:
 Eddy, 19; Eddy, 6 mos.

#162: William ROY, 0 0 0 – 1 0 0 – 0 0 0 – 1 0 0:
 Margaret ROY, 0 0 0 – 0 1 0 – 0 0 0 – 0 0 0
 Runaway: Charles, 22.

#163: Harriot BESS, 0 0 0 – 0 0 0 – 0 1 0 – 0 0 1:
 John KENNEDY, 8.

#164: William CROSBIE, 0 0 0 – 1 0 0 – 0 0 0 – 0 0 0:

#165: Mary WALL, 0 1 0 – 0 0 0 – 0 0 0 – 2 3 2:
 Marianne RICHARDSON, 0 0 1 – 0 0 0 – 0 0 0 – 0 0 0
 Penelope, 55; Cecilia, 29; Leonora, 63; Dublin, 40; Richard, 58; James, 8; Morris, 6½.

p. 94:
#166: Thomas HARDY, 1 0 0 – 0 0 0 – 0 0 0 – 0 0 0
 Bella MENEY, 0 0 0 – 0 0 0 – 0 1 0 – 0 0 0

#167: Mintas MEIGHAN, 0 0 0 – 0 0 0 – 0 1 0 – 1 0 0:
 Cecilia CURRENT, 0 0 0 – 0 0 0 – 0 1 0 – 0 0 0
 Lindo WELLCOAT, 0 0 0 – 0 0 0 – 1 0 0 – 0 0 0
 William CURRENT alias FISHER, 0 0 0 – 0 0 0 – 1 0 0 – 0 0 0
 Henry WELLCOAT, 0 0 0 – 0 0 0 – 0 0 1 – 0 0 0
 Mary WELLCOAT, 0 0 0 – 0 0 0 – 0 0 1 – 0 0 0
 Elizabeth WELLCOAT, 0 0 0 – 0 0 0 – 0 0 1 – 0 0 0
 Ann CURRENT, 0 0 0 – 0 0 0 – 0 1 0 – 0 0 0
 Susannah CURRENT, 0 0 0 – 0 0 0 – 0 1 0 – 0 0 0
 John CURRENT, 0 0 0 – 0 0 0 – 0 0 1 – 0 0 0
 Ann CURRENT, 0 0 0 – 0 0 0 – 0 0 1 – 0 0 0
 James MEIGHAN, 0 0 0 – 0 0 0 – 1 0 0 – 0 0 0
 Lindo, 60.

p. 95:
#168: James TUCKER, 0 0 0 – 0 0 0 – 1 0 0 – 0 0 0
 Maria TUCKER, 0 0 0 – 0 0 0 – 0 1 0 – 0 0 0

#169: Thomas EVES, 1 0 0 – 0 0 0 – 0 0 0 – 0 0 0

#170: Lillias SNELLING, 0 1 0 – 0 0 0 – 0 0 0 – 2 1 0:
 Margaret PERRY, 0 1 0 – 0 0 0 – 0 0 0 – 0 0 0

Catherine WHEELER, 0 1 0 – 0 0 0 – 0 0 0 – 0 0 0
James D. BERTIE, 0 0 1 – 0 0 0 – 0 0 0 – 0 0 0
George J. PEDDIE, 0 0 1 – 0 0 0 – 0 0 0 – 0 0 0
    Sam, C; Cyrus; Mary, C. *(ages not given.)*

#171: Mary HUGHES, 0 0 0 – 0 1 0 – 0 0 0 – 0 1 0:
Charley MONK, 0 0 0 – 0 0 1 – 0 0 0 – 0 0 0
Fanny GODFREY, 0 0 0 – 0 0 1 – 0 0 0 – 0 0 0
    Betty, 39.

p. 96:
#172: William POTTS, 1 0 0 – 0 0 0 – 0 0 0 – 0 0 0
John PARSLOW *(sic)*, 1 0 0 – 0 0 0 – 0 0 0 – 0 0 0
Mary POTTS, 0 1 0 – 0 0 0 – 0 0 0 – 0 0 0
Eliza Jane POTTS, 0 0 1 – 0 0 0 – 0 0 0 – 0 0 0
Margaret F. POTTS, 0 0 1 – 0 0 0 – 0 0 0 – 0 0 0

#173: Francis FORT, 0 0 0 – 1 0 0 – 0 0 0 – 1 2 5:
Sarah DAVIDSON, 0 0 0 – 0 1 0 – 0 0 0 – 0 0 0
Bettinah FORT, 0 0 0 – 0 1 0 – 0 0 0 – 0 0 0
    Betty, 36; George, 17; Maria, 14; Jim, 12; Nancy, 10; Daniel, 6; Harry, 5; Sue, 2, C.

#174: Robert ILEY, 1 0 0 – 0 0 0 – 0 0 0 – 0 0 0

#175: John CONNOR, 1 0 0 – 0 0 0 – 0 0 0 – 0 0 0

p. 97:
#176: Sarah KEEFE, 0 1 0 – 0 0 0 – 0 0 0 – 16 17 12:
Sarah CUNNINGHAM, 0 1 0 – 0 0 0 – 0 0 0 – 0 0 0
Mary Ann SPROAT, 0 0 1 – 0 0 0 – 0 0 0 – 0 0 0
    Sampson, 45; Peter, 65; William, 24; Peter, 24; Adam, 21; Julius, 45; Quashie, 60; November, 30; Buster, 14; Green, 25; Cumberland, 25; Frank, 24; George, 45, C; George, 14; Bennett, 38; Cynthia, 46; Sylvia, 50; Venus, 36; Harriot, 28; Ariadne, 27; Rebecca, 18;

p. 98:   Moco Cynthia, 46; Bella, 15; Eve, 14; Louisa, 50, C; Margery, 35; Nancy, 13; Dolly, 28, C; Patty, 25; Patience – Dead – 13; Venus, 22; Phillis, 3, C; Maria, 2, C; John, 1, C; Sally, 7; Grace, 4; Thomas, 2; Rose, 5; Kate, 4; Frederick, 7; Royal, 8; Frederick, 2; Sabina, 2.
    Runaway: Johnny – Dead – 45, C.

p. 99:
#177: Catherine GRIZZLE, 0 0 0 - 0 1 0 – 0 0 0 – 0 0 0
Clarissa CARTER, 0 0 0 – 0 0 1 – 0 0 0 – 0 0 0

Mary Theo.a CARTER, 0 0 0 – 0 0 1 – 0 0 0 – 0 0 0

#178: Property of George B. CARTER, deceased, 2 1 1:
Edmund, 31; Phillis, 21; Emily, 4 ½.
Runaway: Sampson, 33.

#179: William TUXEY, 0 0 0 – 1 0 0 – 0 0 0 – 0 0 0
William TUXEY, 0 0 0 – 0 0 1 – 0 0 0 – 0 0 0
George DECENCY, 0 0 0 – 1 0 0 – 0 0 0 – 0 0 0
Eve WILLIAMS, 0 0 0 – 0 0 0 – 0 1 0 – 0 0 0
Maria WILLIAMS, 0 0 0 – 0 0 0 – 0 1 0 – 0 0 0

p. 100:
#180: Lucy PATNETT, *(sic)* 0 0 0 – 0 1 0 – 0 0 0 – 9 3 1:
John HUNT, 0 0 0 – 1 0 0 – 0 0 0 – 0 0 0
Cath.e MARTIN, 0 0 0 – 0 1 0 – 0 0 0 – 0 0 0
Wm. McCULLOCK, 0 0 0 – 1 0 0 – 0 0 0 – 0 0 0
Thomas MARTIN, 0 0 0 – 0 0 1 – 0 0 0 – 0 0 0
Nancy TINKHAM, 0 0 0 – 0 0 1 – 0 0 0 – 0 0 0
George TINKHAM, 0 0 0 – 0 0 1 – 0 0 0 – 0 0 0
Will, 31; Joe, 65; Allick, 50; John, 27; Peter, 46; Betsey, 60;
Indians: Sambo, 50; George, 50; Jem, 30; Abraham, 18; Tracer, 28;
Harriett, 40; Ben, 7.

#181: John MOORE'S Family, a Pensioner:
Peggy MOORE, 0 0 0 – 0 0 0 – 0 1 0 – 0 0 0
Nancy MOORE, 0 0 0 – 0 0 0 – 0 0 1 – 0 0 0
Sylvia MOORE, 0 0 0 – 0 0 0 – 0 0 1 – 0 0 0
Cathlin MOORE, 0 0 0 – 0 0 0 – 0 0 1 – 0 0 0

p. 101:
#182: John HUGHES, 1 0 0 – 0 0 0 – 0 0 0 – 0 0 0
Adelaide VERNON, 0 0 0 – 0 1 0 – 0 0 0 – 0 0 0
Mary Ann HUGHES, 0 0 0 – 0 0 1 – 0 0 0 – 0 0 0
Ann Eliz.th HUGHES, 0 0 0 – 0 0 1 – 0 0 0 – 0 0 0
Frances Amelia HUGHES, 0 0 0 – 0 0 1 – 0 0 0 – 0 0 0

#183: Property of Adelaide VERNON, 0 1 0:
Phoebe, 50.

#184: Property of Fras. VALPY & Company in charge of John HUGHES, 2 0 0:
James JACKSON, 37; Robert MILLER, 34, C.

#185: William VAUGHAN, 1 0 0 – 0 0 0 – 0 0 0 – 0 0 1:
Temple, 12.

#186: James DODSON, 0 0 0 – 1 0 0 – 0 0 0 – 0 0 0

#187: Francis YOUNG, 0 0 0 – 1 0 0 – 0 0 0 – 0 0 0

p. 102:
#188: Peter HARRIS, 0 0 0 – 0 0 0 – 1 0 0 – 0 0 0
Peter HARRIS Junr, 0 0 0 – 0 0 0 – 1 0 0 – 0 0 0
Hagar CARD, 0 0 0 – 0 0 0 – 0 1 0 – 0 0 0
George CARD, 0 0 0 – 0 0 0 – 1 0 0 – 0 0 0
George CARD Junr, 0 0 0 – 0 0 0 – 1 0 0 – 0 0 0
Bob CARD, 0 0 0 – 0 0 0 – 1 0 0 – 0 0 0
Richard CARD, 0 0 0 – 0 0 0 – 1 0 0 – 0 0 0
Phillis CARD, 0 0 0 – 0 0 0 – 0 1 0 – 0 0 0
Violet CARD, 0 0 0 – 0 0 0 – 0 1 0 – 0 0 0
Peggy CARD, 0 0 0 – 0 0 0 – 0 1 0 – 0 0 0
Bess CARD, 0 0 0 – 0 0 0 – 0 0 1 – 0 0 0
Rachel CARD, 0 0 0 – 0 0 0 – 0 0 1 – 0 0 0
Mattila *(sic)* CARD, 0 0 0 – 0 0 0 – 0 0 1 – 0 0 0
Mary Ann CARD, 0 0 0 – 0 0 0 – 0 0 1 - 0 0 0
John CARD, 0 0 0 – 0 0 0 – 0 0 1 – 0 0 0

#189: James PITT, 0 0 0 – 0 0 0 – 1 0 0 – 0 0 0

p. 103:
#190: Duncan NEAL, 0 0 0 – 0 0 0 – 1 0 0 – 0 0 0
Elizabeth PERCY, 0 0 0 – 0 1 0 – 0 0 0 – 0 0 0
Catherine E. NEAL, 0 0 0 – 0 0 0 – 0 0 1 – 0 0 0

#191: Catherine THOMPSON, 0 0 0 – 0 1 0 – 0 0 0 – 1 1 2:
Eliza MASSY, 0 0 0 – 0 0 1 – 0 0 0 – 0 0 0
George RADFORD, 0 0 0 – 0 0 1 – 0 0 0 – 0 0 0
Catherine RADFORD, 0 0 0 – 0 0 1 – 0 0 0 – 0 0 0
Emma McPHERSON, 0 0 0 – 0 0 1 – 0 0 0 – 0 0 0
Scotland, 36; Bessey, 25; Maria, 8; Robert, 6.

#192: Robert WAGNER, 0 0 0 – 1 0 0 – 0 0 0 – 6 0 0:
Cheshire, 58; Robert, 38; Friday, 30; Hazard, 35; King, 59; Peter, 38.

p. 104:
#193: John D. BETSON, 1 0 0 – 0 0 0 – 0 0 0 – 2 0 0:
Ann CROPPER, 0 0 0 – 0 1 0 – 0 0 0 – 0 0 0 *(= CRAPPER)*
Fanny BETSON, 0 0 0 – 0 0 1 – 0 0 0 – 0 0 0
Ben YOUNG; Ben BETSON *(ages not given.)*

#194: Joseph HAINES, 0 0 0 – 0 0 0 – 1 0 0 – 0 0 0
Thomas GLADDEN, 0 0 0 – 0 0 0 – 1 0 0 – 0 0 0
Amelia ROBINSON, 0 0 0 – 0 0 0 – 0 1 0 – 0 0 0
Matthew HAINES, 0 0 0 – 0 0 0 – 1 0 0 – 0 0 0

#195: John GRAHAM, 1 0 0 – 0 0 0 – 0 0 0 – 1 0 0:
Frank, 40.

#196: Elizabeth JEFFREYS, 0 0 0 – 0 1 0 – 0 0 0 – 0 2 0:
Mary Jane GRAHAM, 0 0 0 – 0 0 1 – 0 0 0 – 0 0 0
David GRAHAM, 0 0 0 – 0 0 1 – 0 0 0 – 0 0 0
Silvey, 20; Letitia, 16.

p. 105:
#197: Devonshire MEIGHAN, 0 0 0 – 0 0 0 – 1 0 0 – 0 0 0
Jessy BURKE, 0 0 0 – 0 0 0 – 0 1 0 – 0 0 0
Cesar MEIGHAN, 0 0 0 – 0 0 0 – 0 0 1 – 0 0 0
James MEIGHAN, 0 0 0 – 0 0 0 – 0 0 1 – 0 0 0
John MEIGHAN, 0 0 0 – 0 0 0 – 0 0 1 – 0 0 0
Samuel MEIGHAN, 0 0 0 – 0 0 0 – 0 0 1 – 0 0 0
Prue MEIGHAN, 0 0 0 – 0 0 0 – 0 0 1 – 0 0 0
Emma MEIGHAN, 0 0 0 – 0 0 0 – 0 0 1 – 0 0 0
Eliz.th MEIGHAN, 0 0 0 – 0 0 0 – 0 0 1 – 0 0 0
William SMITH, 0 0 0 – 0 0 0 – 0 0 1 – 0 0 0

#198: John H. SMITH, 0 0 0 – 1 0 0 – 0 0 0 – 0 0 0
Jean SUTHERLAND, 0 0 0 – 0 1 0 – 0 0 0 – 0 0 0

#199: Property of Remone DE SOURCE, 2 0 0:
Johanna, 38; Tabia, 24.

p. 106:
#200: Henry FLOWERS, 0 0 0 – 0 0 0 – 1 0 0 – 0 0 0
Mary ROSE, 0 0 0 – 0 0 0 – 0 1 0 – 0 0 0
Henry FLOWERS, 0 0 0 – 0 0 0 – 0 0 1 – 0 0 0
James FLOWERS, 0 0 0 – 0 0 0 – 1 0 0 – 0 0 0
Joseph FLOWERS, 0 0 0 – 0 0 0 – 1 0 0 – 0 0 0
Ann FLOWERS, 0 0 0 – 0 0 0 – 0 0 1 – 0 0 0

#201: Sue BURREL, 0 0 0 – 0 1 0 – 0 0 0 – 0 2 2:
William POTTS, 0 0 0 – 1 0 0 – 0 0 0 – 0 0 0
Jeanette DUNWELL, 0 0 0 – 0 1 0 - 0 0 0 – 0 0 0
Harriet, 30; Anny, 11; Patience, 13; Jeany, 9.

#202: Property of Helen POTTS in charge of Sue BURREL, 1 1 0:
Johnston, 45; Mary, 35.

p. 107:
#203: James RUMBOLD, 0 0 0 – 1 0 0 – 0 0 0 – 0 0 0
Ann ARTHUR, 0 0 0 – 0 0 0 – 0 1 0 – 0 0 0

#204: John MORREL, 0 0 0 – 0 0 0 – 1 0 0 – 0 1 0:
Simon MORREL, 0 0 0 – 0 0 0 – 0 0 1 – 0 0 0
Charles MORREL, 0 0 0 – 0 0 0 – 0 0 1 – 0 0 0
Fanny MOODY, 25.

#205: Hugh SPENCER, 0 0 0 – 0 0 0 – 1 0 0 – 0 2 0:
Adeline, 32; Molly, 35.

#206: Catherine SAVORY, 0 0 0 – 0 0 0 – 0 1 0 – 1 0 0:
Samuel SAVORY, 0 0 0 – 1 0 0 – 0 0 0 – 0 0 0
George SAVORY, 0 0 0 – 1 0 0 – 0 0 0 – 0 0 0
James SAVORY, 0 0 0 – 1 0 0 – 0 0 0 – 0 0 0
Joseph SAVORY, 0 0 0 – 1 0 0 – 0 0 0 – 0 0 0
Catherine SAVORY, 0 0 0 – 0 1 0 – 0 0 0 – 0 0 0
Chelsea *(age not given.)*

p. 108:
#207: The Estate of Thomas PASLOW deceased
under charge of Marshal BENNETT, 26 0 0:
Runaways: Smollett, Dryden, Tom, Peter, Bob LOOSELY, Mars, Peter, John TENLY, Mintur, Bob TYLER; Will TYLER; Bob BURRELL; Hercules; Teddy; Newton; Cudjoe; How; Abercrombie; Jim NELSON;

p. 109: Philin; Nugent; Otway; Swift; Barrow; Blakewell. *(ages not given.)*

#208: Ellen ROBINSON, 0 0 0 – 0 0 0 – 0 1 0 – 0 0 0
Amelia, 0 0 0 – 0 0 0 – 0 1 0 – 0 0 0
Celia, 0 0 0 – 0 0 0 – 0 1 0 – 0 0 0
Nancy, 0 0 0 – 0 0 0 – 0 1 0 – 0 0 0
Elizabeth, 0 0 0 – 0 0 0 – 0 1 0 – 0 0 0
Louisa, 0 0 0 – 0 0 0 – 0 1 0 – 0 0 0
Charlotte, 0 0 0 – 0 0 0 – 0 0 1 – 0 0 0
Thomas, 0 0 0 – 0 0 0 – 0 0 1 – 0 0 0
John, 0 0 0 – 0 0 0 – 0 0 1 – 0 0 0
Johnson, 0 0 0 – 0 0 0 – 0 0 1 – 0 0 0
Robert, 0 0 0 – 0 0 0 – 0 0 1 – 0 0 0
William, 0 0 0 – 0 0 0 – 0 0 1 – 0 0 0

Joe, 0 0 0 – 0 0 0 – 0 0 1 – 0 0 0
Mary and Child Isabella, 0 0 0 – 0 0 0 – 0 1 1 – 0 0 0 *(surnames not given.)*

Note: In 1823, with the exception of a man not listed in 1826, all Ellen's family members were listed with the surname Robinson.

p. 110:
#209: William HEMSLEY, 0 0 0 – 1 0 0 – 0 0 0 – 0 0 0
Catherine TRISSCOFF, 0 0 0 – 0 0 0 – 0 1 0 – 0 0 0

#210: James STIBBINS, 0 0 0 – 1 0 0 – 0 0 0 – 0 0 0
Martha ABRAHAMS, 0 0 0 – 0 1 0 – 0 0 0 – 0 0 0
Elizabeth STIBBINS, 0 0 0 – 0 1 0 – 0 0 0 – 0 0 0
Catherine STIBBINS, 0 0 0 – 0 1 0 – 0 0 0 – 0 0 0
Hannah STIBBINS, 0 0 0 – 0 0 1 – 0 0 0 – 0 0 0
Eleanor STIBBINS, 0 0 0 – 0 0 1 – 0 0 0 – 0 0 0
Rebecca STIBBINS, 0 0 0 – 0 0 1 – 0 0 0 – 0 0 0

#211: Joseph FERRELL, 0 0 0 – 1 0 0 – 0 0 0 - 0 0 0
Wm. Benj. FERRELL, 0 0 0 – 0 0 1 – 0 0 0 – 0 0 0

p. 111:
#212: William CRABB, 0 0 0 – 1 0 0 – 0 0 0 – 0 0 0
Silvia FOX, 0 0 0 – 0 0 0 – 0 1 0 – 0 0 0
Alex'r ANDERSON, 0 0 0 – 1 0 0 – 0 0 0 – 0 0 0
John CRABB, 0 0 0 – 1 0 0 – 0 0 0 – 0 0 0
Elizabeth CRABB, 0 0 0 – 0 0 1 – 0 0 0 – 0 0 0
Eleanor CRABB, 0 0 0 – 0 0 1 – 0 0 0 - 0 0 0

#213: Property of Silvia FOX, 0 1 0:
Fanny FOX *(age not given.)*

#214: Sarah TUCKER, 0 0 0 – 0 1 0 – 0 0 0 – 0 0 0
James H. PINKS, 0 0 0 – 1 0 0 – 0 0 0 – 0 0 0
Ann Grace GRAY, 0 0 0 – 0 1 0 – 0 0 0 – 0 0 0
Marshal BENNETT Jr., 0 0 0 – 1 0 0 – 0 0 0 – 0 0 0
Thos. H'y PINKS, 0 0 0 – 1 0 0 – 0 0 0 – 0 0 0

Note: In 1823, the Pinks appear as Spinks. Who was the father of Marshal Bennett Jr., the coloured man above?

p. 112:
#215: Simon SLUSHER, 0 0 0 – 0 0 0 – 1 0 0 – 0 0 0
Thomas SLUSHER, 0 0 0 – 0 0 0 – 1 0 0 – 0 0 0
Elizabeth GRANT, 0 0 0 – 0 0 0 – 0 1 0 – 0 0 0

Mary STAIN, 0 0 0 – 0 1 0 – 0 0 0 – 0 0 0
Maria CHATTER 0 0 0 – 0 1 0 – 0 0 0 – 0 0 0
Robert SLUSHER, 0 0 0 – 0 0 0 – 0 0 1 – 0 0 0
George SLUSHER, 0 0 0 – 0 0 0 – 0 0 1 – 0 0 0
Susan SLUSHER, 0 0 0 – 0 0 0 – 0 0 1 – 0 0 0
Thomas SLUSHER Jr., 0 0 0 – 0 0 0 – 0 0 1 – 0 0 0
James SLUSHER, 0 0 0 – 0 0 0 – 0 0 1 – 0 0 0
Judy BENNETT, 0 0 0 – 0 0 0 – 0 0 1 – 0 0 0

#216 Charles BENNETT, 0 0 0 – 0 0 0 – 1 0 0 – 0 0 0
Rose GRANT, 0 0 0 – 0 0 0 – 0 1 0 – 0 0 0

p. 113:
#217: Franklin MEIGHAN, 0 0 0 – 0 0 0 – 1 0 0 – 0 0 0
Elizabeth CURRANT, 0 0 0 – 0 0 0 – 0 1 0 – 0 0 0
Joseph CURRANT, 0 0 0 – 0 0 0 – 0 0 1 – 0 0 0
Sarah FRANKLIN, 0 0 0 – 0 0 0 – 0 0 1 – 0 0 0
Chloe FRANKLIN, 0 0 0 – 0 0 0 – 0 0 1 – 0 0 0
Peter FRANKLIN, 0 0 0 – 0 0 0 – 0 0 1 – 0 0 0
William FRANKLIN, 0 0 0 – 0 0 0 – 0 0 1 – 0 0 0

#218: Jane HUME, 0 0 0 – 0 1 0 – 0 0 0 – 18 5 7:
James BLAKE, 0 0 0 – 0 0 1 – 0 0 0 – 0 0 0
Miss BLAKE, 0 0 0 – 0 0 1 – 0 0 0 – 0 0 0
Jane C. MEIGHAN, 0 0 0 – 0 0 1 – 0 0 0
Henry, 44; Chance, 36; John, 31; Yanghal, *(sic)* 41; Charles, 45; George, 37; Chance, 43; Collins, 45; Morgan, 46; Peter, 50; Sampson, 50; Britain, 61;

p. 114: Apollo 52; Kate, 40; Sarah, 36; Eve, 28; Sophia, 25; Amelia, 19; Anthony, 17; Joseph, 13; Agnes, 11; James, 9; Elizabeth, 6; Richard, 5, C; Jas. FREDERICK, 4; Jacob, 25; Peter, 30; George, 1.
Runaway: Guy, 43; Chance, 48.

p. 115:
#219: Matthew NEWPORT, 1 0 0 – 0 0 0 – 0 0 0 – 0 0 0
Catherine NEWPORT, 0 1 0 – 0 0 0 – 0 0 0 – 0 0 0
Matthew NEWPORT, 0 0 1 – 0 0 0 – 0 0 0 – 0 0 0

#220: Fanny HYDE, 0 0 0 – 0 0 0 – 0 1 0 – 0 0 0
Sabina HYDE, 0 0 0 – 0 0 0 – 0 0 1 – 0 0 0

#221: Samuel HOWARD, 1 0 0 – 0 0 0 – 0 0 0 – 0 0 1:
John HOWARD, 1 0 0 – 0 0 0 – 0 0 0 – 0 0 0
James TOOL, 1 0 0 – 0 0 0 – 0 0 0 – 0 0 0
Samuel COOPER, 0 0 1 – 0 0 0 – 0 0 0 – 0 0 0

Mary HOWARD, 0 1 0 – 0 0 0 – 0 0 0 – 0 0 0
Eliza HOWARD, 0 1 0 – 0 0 0 – 0 0 0 – 0 0 0
Margaret HOWARD, 0 0 1 – 0 0 0 – 0 0 0 – 0 0 0
Lucretia ARMSTRONG *(age not given.)*

p. 116:
#222: William JONES, 0 0 0 – 0 0 0 – 1 0 0 – 0 0 0
Olive CRAWFORD, 0 0 0 – 0 0 0 – 0 1 0 – 0 0 0
James JONES, 0 0 0 – 0 0 0 – 1 0 0 – 0 0 0

#223: Henry BAILEY, 0 0 0 – 0 0 0 – 1 0 0 – 1 0 0:
Jane GRANT, 0 0 0 – 0 0 0 – 0 1 0 – 0 0 0
Agnes GRANT, 0 0 0 – 0 0 0 – 0 0 1 – 0 0 0
William ANDERSON, 0 0 0 – 0 0 0 – 0 0 1 – 0 0 0
Rodney KENNEDY *(age not given.)*

#224: Susannah DE NOYAE, 0 0 0 – 0 1 0 – 0 0 0 – 0 0 0

#225: William FARROW, 1 0 0 – 0 0 0 – 0 0 0 – 0 0 0

#226: Daniel TAYLER, 0 0 0 – 0 0 0 – 1 0 0 – 0 0 0

#227: Property of Jane BESS, 0 0 1:
Harriot DRYES, 7.

p. 117:
#228: Catherine JONES, 0 0 0 – 0 0 0 – 0 1 0 – 0 0 0
Mary BEVENS, 0 0 0 – 0 1 0 – 0 0 0 – 0 0 0
Joseph BEVENS, 0 0 0 – 0 0 0 – 1 0 0 – 0 0 0
William BEVENS, 0 0 0 – 0 0 0 – 1 0 0 – 0 0 0

#229: Rachel CLARE, 0 0 0 – 0 0 0 – 0 1 0 – 0 0 0
Joseph McDONALD, 0 0 0 – 1 0 0 – 0 0 0 – 0 0 0
Jane THOMPSON, 0 0 0 – 0 0 0 – 0 1 0 – 0 0 0
Harry OWEN, 0 0 0 – 0 0 0 – 1 0 0 – 0 0 0

#230: Posby LEPINAL, a Pensioner
Maria LEPINAL, 0 0 0 – 0 0 0 – 1 0 0 – 0 0 0
Anna LEPINAL, 0 0 0 – 0 0 0 – 0 0 1 - 0 0 0
John Rich.d LEPINAL, 0 0 0 – 0 0 0 – 0 0 1 – 0 0 0

p. 118:
#231: The Estate of Edw.d CADDLE in charge of W. WALSH, 10 6 9:
Newton, 43; Billy, 39; Christmas, 37; Harry, 35; Hector, 58; Jem, 28; George, 28; William, 17; James, 15; George, 12; John, 24; Peter, 13; Francis, 2;

George, 11; Rose, 62; Mary, 31; Rose, 4; Peggy, 35; Bessy, 6; Phillis, 4; Fanny, 25; Peggy, 15;

p. 119:   Cuba, 1; Clemone, 16.
Runaway: Joe, 41.

#232: George RUNNALS, 0 0 0 – 1 0 0 – 0 0 0 – 1 1 0:
Eliza, 30.
Runaway: Adam BOURK, 45.

#233: Eleanor DUNN, 0 0 0 – 0 1 0 – 0 0 0 – 0 1 0:
Sarah TURTY, 0 0 0 – 0 0 1 – 0 0 0 – 0 0 0
Edward TURTY, 0 0 0 – 0 0 1 – 0 0 0 – 0 0 0
Rachel TURTY, 0 0 0 – 0 0 1 – 0 0 0 – 0 0 0
Louisa TURTY, 0 0 0 – 0 0 1 - 0 0 0 – 0 0 0
Eliza TURTY, 45.

#234: Isaac BARNES, 0 0 0 – 0 0 0 – 1 0 0 – 0 0 0

p. 120:
#235: Mary COLQUHOUN, 0 0 0 – 0 0 1 – 0 0 0 – 20 4 4:
Mary Jane COLQUHOUN, 0 0 0 – 0 1 0 – 0 0 0 – 0 0 0
Isabella SUTHERLAND, 0 1 0 – 0 0 0 – 0 0 0 – 0 0 0
Harry IGUAL, 50; Robert, 36; Tom MYVETT, 33; John COLQUHOUN, 45; Mattox, 41, C; Pope, 46; Dick, 28; Tom SWEASEY, 78; Scipio, 60; Geo. WALL, 50; W. HENDERSON, 25; Matty, 55; Cupid, 38; Gift, 28; Cork, 23; John LOFTHOUSE, 24; Quashie, 15; Daphne, 40; Tenah, 38; Kate, 21; Sophia, 4; Emma, 1½;

p. 121:   Indians: Elizabeth, 9; Quaw, 30; Edy, 29; Charles, 7.
Runaways: Harry GRAHAM, 33; Morgan, 33.

#236: Property of Isabella SUTHERLAND, 0 1 0:
Jane, 15.

#237: Maria L. ANDINETTE, 0 0 0 – 0 1 0 – 0 0 0 – 0 0 0
Antonio ANDINETTE, 0 0 0 – 0 0 1 – 0 0 0 – 0 0 0
Catalina ANDINETTE, 0 0 0 – 0 0 1 – 0 0 0 – 0 0 0
P. Antonio ANDINETTE, 0 0 0 – 0 0 1 – 0 0 0 – 0 0 0
Victore ANDINETTE, 0 0 0 – 0 0 1 – 0 0 0 – 0 0 0
Hannah ANDINETTE, 0 0 0 – 0 0 1 – 0 0 0 – 0 0 0

p. 122:
#238: John WILLIAMS, 0 0 0 – 1 0 0 – 0 0 0 – 0 0 0
Mrs. MITCHELL DELANY, 0 0 0 – 0 1 0 – 0 0 0 – 0 0 0

Eleanor DELANY, 0 0 0 – 0 0 1 – 0 0 0 – 0 0 0

#239: Joseph BRATTAM's Family, Pensioners
Mary LOWES, 0 0 0 – 0 1 0 – 0 0 0 – 0 0 0
COCKRAN?, 0 0 0 – 0 0 1 – 0 0 0 – 0 0 0 *(surname not given.)*

#240: Peter CRUMP's Family, Pensioners
Sarah CRUMP, 0 0 0 – 0 0 0 – 0 1 0 – 0 0 0
Alex.r DESOURCE, 0 0 0 – 0 0 1 – 0 0 0 – 0 0 0

#241: Mary LINDO, 0 0 0 – 0 0 0 – 0 1 0 – 0 0 0
J. LINDO, 0 0 0 – 0 0 0 – 0 0 1 – 0 0 0

p. 123:
#242: Nannett FISHER, 0 0 0 – 0 0 0 – 0 1 0 – 0 0 0
Thomas FISHER, 0 0 0 – 0 0 0 – 0 0 1 – 0 0 0
Mary FISHER, 0 0 0 – 0 0 0 – 0 0 1 – 0 0 0

#243: Andrew POTTS, 0 0 0 – 0 0 0 – 1 0 0 – 0 0 0
L. POTTS, 0 0 0 – 0 0 0 – 0 0 0 – 0 1 0 – 0 0 0
Hamlet POTTS, 0 0 0 – 0 0 0 – 1 0 0 – 0 0 0

#244: Joseph JONES, 0 0 0 – 1 0 0 – 0 0 0 – 0 0 0
Mary GILLET, 0 0 0 – 0 1 0 – 0 0 0 – 0 0 0
Jannett JONES, 0 0 0 – 0 0 1 – 0 0 0 – 0 0 0
Margaret JONES, 0 0 0 – 0 0 1 – 0 0 0 – 0 0 0

p. 124:
#245: Joshua JONES, 0 0 0 – 1 0 0 – 0 0 0 – 0 0 0
Quasheba FLOWERS, 0 0 0 – 0 1 0 – 0 0 0 – 0 0 0
James JONES, 0 0 0 – 1 0 0 – 0 0 0 – 0 0 0
William JONES, 0 0 0 – 1 0 0 – 0 0 0 – 0 0 0
George JONES, 0 0 0 – 0 0 1 – 0 0 0 – 0 0 0
Thomas JONES, 0 0 0 – 0 0 1 – 0 0 0 – 0 0 0
Fanny JONES, 0 0 0 – 0 0 1 – 0 0 0 – 0 0 0

#246: Quamia EDWARDS, 0 0 0 – 0 0 0 – 1 0 0 – 0 0 1:
Sarah EDWARDS, 0 0 0 – 0 0 0 – 0 1 0 – 0 0 0
Jenny, 9.

#247: John YOUNG, 1 0 0 – 0 0 0 – 0 0 0 – 0 0 0
Arch.d CAMPBELL, 1 0 0 – 0 0 0 – 0 0 0 – 0 0 0
Francis C. CHRISTIE, 1 0 0 – 0 0 0 – 0 0 0 – 0 0 0
Richard PARK, 0 0 0 – 0 0 0 – 1 0 0 – 0 0 0

p. 125:
#248: William T. BLAKE, 1 0 0 – 0 0 0 – 0 0 0 – 0 0 0
Geo. T. BLAKE, 0 0 0 – 0 0 1 – 0 0 0 – 0 0 0
Elizabeth BLAKE, 0 0 0 – 0 0 1 – 0 0 0 – 0 0 0
Catherine A. BLAKE, 0 0 0 – 0 0 1 – 0 0 0 – 0 0 0
Mary GORDON, 0 0 0 – 0 1 0 – 0 0 0 – 0 0 0

#249: Mary HEMMINGS, 0 0 0 – 0 1 0 – 0 0 0 – 6 3 0:
Sarah FRAIN, 0 0 0 – 0 1 0 – 0 0 0 – 0 0 0
Lewey, 40; Billy, 35; London, 33; Ben, 20; Jack, 12; William, 9; Pattina, 60; Phillis, 40; Eleanor, 15.

p. 126:
#250: Daniel TIDESLEY, 1 0 0 – 0 0 0 – 0 0 0 – 0 0 0
Nancy SMITH, 0 1 0 – 0 0 0 – 0 0 0 – 0 0 0

#251: Aberdeen BELISLE, 0 0 0 – 0 0 0 – 1 0 0 - 0 0 0
Sarah BELISLE, 0 0 0 – 0 0 0 – 0 1 0 – 0 0 0
Pane? *(or Fane or Tane?)* BELISLE, 0 0 0 – 0 0 0 – 1 0 0 – 0 0 0

#252: Joseph LORD, 0 0 0 – 1 0 0 – 0 0 0 – 2 2 0:
Margaret NEAL, 0 0 0 – 0 1 0 – 0 0 0 – 0 0 0
Amanda COLQUHOUN, 0 0 0 – 0 0 1 – 0 0 0 – 0 0 0
These slaves are the property of Margaret NEAL but returned here through error:
John, 50; Robert, 15.
Runaways: Kate, 17; Sally, 35.

#253: Margaret YOUNG, 0 0 0 – 0 0 0 – 0 1 0 – 0 0 0

p. 127:
#254: Tamia TUCKER, 0 0 0 – 0 0 0 – 0 1 0 – 0 1 0:
Jane BENJIMAN, 0 0 0 – 0 0 0 – 0 1 0 – 0 0 0
Rosannah, 35.

#255: Henry Chas. SMITH, 0 0 0 – 1 0 0 – 0 0 0 – 1 0 0:
Limerick, 45.

#256: Elizabeth JACKSON, 0 0 0 – 0 0 0 – 0 1 0 – 0 0 0
Amelia JACKSON, 0 0 0 – 0 0 0 – 0 1 0 – 0 0 0
Francis JACKSON, 0 0 0 – 1 0 0 – 0 0 0 – 0 0 0

#257: Abraham SIMMONS, 0 0 0 – 0 0 0 – 1 0 0 – 0 0 0
Jack SIMMONS, 0 0 0 – 0 0 0 – 1 0 0 – 0 0 0
Joseph BORNOE, 0 0 0 – 1 0 0 – 0 0 0 – 0 0 0
Betsey NEAL, 0 0 0 – 0 0 1 – 0 0 0 – 0 0 0

Mary SARREY, 0 0 0 – 0 0 0 – 0 1 0 – 0 0 0
Margaret PASCALL, 0 0 0 – 0 0 0 – 0 1 0 – 0 0 0

p. 128:
#258: James PITTS, 0 0 0 – 0 0 0 – 1 0 0 – 3 5 1:
Samuel PITTS, 0 0 0 – 0 0 0 – 1 0 0 – 0 0 0
    Betsey PITTS, 40; Peggy PITTS, 39; Sally PITTS, 19; Sarah PITTS, 14; Feby PITTS, 16; Nancy PITTS, 3; John PITTS, 40; William PITTS, 40; Addo PITTS, 14.

#259: Phoebe McAULEY, 0 0 0 – 0 0 0 – 0 1 0 – 0 0 0
Ann, 0 0 0 – 0 0 0 – 0 1 0 – 0 0 0
Daniel, 0 0 0 – 0 0 0 – 1 0 0 – 0 0 0
Joseph, 0 0 0 – 0 0 0 – 1 0 0 – 0 0 0
Phoebe, 0 0 0 – 0 0 0 – 0 0 1 – 0 0 0 *(surnames not given.)*

p. 129:
#260: William COURTNEY, 0 0 0 – 1 0 0 – 0 0 0 – 0 0 0
Edward COURTNEY, 0 0 0 – 0 0 1 – 0 0 0 – 0 0 0
Elizabeth COURTNEY, 0 0 0 – 0 0 1 – 0 0 0 – 0 0 0

#261: James ARTHURS, 0 0 0 – 1 0 0 – 0 0 0 – 0 0 0
Lovania ARTHURS, 0 0 0 – 0 1 0 – 0 0 0 – 0 0 0

#262: Lucretia CARD, 0 0 0 – 0 0 0 – 0 1 0 – 5 3 1:
    Adam; Quaw; Quaw *(sic)*; John; Eve; Nanny; Bess; Cinderella. Runaway: Joe. *(ages not given.)*

p. 130:
#263: Wm. H. COFFIN, 1 0 0 – 0 0 0 – 0 0 0 – 6 0 1:
Eliza JOHNSON, 0 0 0 – 0 1 0 – 0 0 0 – 0 0 0
Anna BENNETT, 0 0 0 – 0 0 1 – 0 0 0 – 0 0 0
    Toney Potts; Brown; Harry; Peter; Toby Neil; Jack; Sancho. *(ages not given.)*

#264: Property of Eliza JOHNSON, 0 1 0:
Lucretia. *(age not given.)*

#265: John FISHER, 1 0 0 – 0 0 0 – 0 0 0 – 0 0 0
Mary GARBUTT, 0 0 0 – 0 1 0 – 0 0 0 – 0 0 0
Robert J. FISHER, 0 0 0 – 0 0 1 – 0 0 0 – 0 0 0

#266: The Estate of James HUME dec'd, in charge of George HUME, 0 0 1:
Dolly, 10.

p. 131:
#267: Henrietta POTTER, 0 0 0 – 0 1 0 – 0 0 0 – 0 0 0
Elizabeth CASTLE, 0 0 0 – 0 1 0 – 0 0 0 – 0 0 0
Alex.r McKENZIE, 0 0 0 – 1 0 0 – 0 0 0 – 0 0 0
William GAVIN, 0 0 0 – 0 0 1 – 0 0 0 – 0 0 0

#268: William FLOWERS, 0 0 0 – 0 0 0 – 1 0 0 – 3 0 0:
B. FLOWERS, 0 0 0 – 0 0 0 – 0 1 0 – 0 0 0
Lenan, 40; Peter, 30; Sambara, 40.

#269: Thomas WINTER, 0 0 0 – 1 0 0 – 0 0 0 – 0 0 0

#270: Robert HAYLOCK, 0 0 0 – 1 0 0 – 0 0 0 – 0 0 0
Jane HAYLOCK, 0 0 0 – 0 0 1 – 0 0 0 – 0 0 0
Robert HAYLOCK, 0 0 0 – 0 0 1 – 0 0 0 – 0 0 0

p. 132:
#271: Joseph GOFF, 0 0 0 – 0 0 0 – 1 0 0 – 1 4 3:
Edw.d MYVETT, 0 0 0 – 0 0 0 – 1 0 0 – 0 0 0
Jane WHITEHEAD, 0 0 0 – 0 0 0 – 0 1 0 – 0 0 0
Celia GOFF, 0 0 0 – 0 0 0 – 0 1 0 – 0 0 0
Catherine, 0 0 0 – 0 0 0 – 0 1 0 – 0 0 0 *(surname not given.)*
Aaron; Judy; Elenor; Bessey; Jane;
Runaway: Polly, Quashee, Behavior *(ages not given.)*

#272: Elizabeth FLOWERS, 0 0 0 – 0 0 0 – 0 1 0 – 0 0 0
Joseph DRACKSON, 0 0 0 – 1 0 0 – 0 0 0 – 0 0 0
William CHARTER, 0 0 0 – 0 0 0 – 1 0 0 – 0 0 0
Nanny FLOWERS, 0 0 0 – 0 0 0 – 0 1 0 – 0 0 0
James DAMPSHIRE, 0 0 0 – 0 0 0 – 1 0 0 – 0 0 0

#273: James WAGNER, 0 0 0 – 0 0 0 – 1 0 0 – 0 0 0

#274: Thomas SMALL, 0 0 0 – 0 0 0 – 1 0 0 – 0 0 0

p. 133:
#275: William FLOWERS, 0 0 0 – 0 0 0 – 1 0 0 – 0 0 0
Casar FLOWERS, 0 0 0 – 0 0 0 – 0 0 1 – 0 0 0
Margaret BELISLE, 0 0 0 – 0 0 0 – 0 1 0 – 0 0 0
Joanna FLOWERS, 0 0 0 – 0 0 0 – 0 0 1 – 0 0 0
Rosanna FLOWERS, 0 0 0 – 0 0 0 – 0 0 1 – 0 0 0

#276: Antonio LORIANNO, 1 0 0 – 0 0 0 – 0 0 0 – 0 0 0
Martha SMITH, 0 0 0 – 0 1 0 – 0 0 0 – 0 0 0
Antonio LORIANNO, 0 0 0 – 0 0 1 – 0 0 0 – 0 0 0

#277: Marcus BELISLE, 0 0 0 – 0 0 0 – 1 0 0 – 0 0 0
Emily BELISLE, 0 0 0 – 0 0 0 – 0 1 0 – 0 0 0
Joseph BELISLE, 0 0 0 – 0 0 0 – 0 0 1 – 0 0 0
Mary BELISLE, 0 0 0 – 0 0 0 – 0 0 1 – 0 0 0

p. 134:
#278: F. W. MARTINY, 1 0 0 – 0 0 0 – 0 0 0 – 0 0 0
Eliza MARTINY, 0 1 0 – 0 0 0 – 0 0 0 – 0 0 0
Elizabeth KELLY, 0 1 0 – 0 0 0 – 0 0 0 – 0 0 0
Agnes KELLY, 0 0 0 – 0 1 0 – 0 0 0 – 0 0 0
James W. McWHORTER, 0 0 0 – 0 0 1 – 0 0 0 – 0 0 0

#279: Property of Eliza MARTINY, 1 2 0:
Clashmore, 31; Rose, 28; Sylvia, 44.

#280: George FRAZER, 0 0 0 – 1 0 0 – 0 0 0 – 0 0 1:
Prince, 8.

#281: Letta GAMBLE, 0 0 0 – 0 0 0 – 0 1 0 – 0 0 0
William GAMBLE, 0 0 0 – 0 0 0 – 1 0 0 – 0 0 0

#282: Clara DOFF, 0 0 0 – 0 0 0 – 0 1 0 – 0 0 0

p. 135:
#283: John YOUNG, 0 0 0 – 1 0 0 – 0 0 0 – 3 1 0:
Anne HUNT, 0 0 0 – 0 1 0 – 0 0 0 – 0 0 0
John YOUNG, 0 0 0 – 0 0 1 – 0 0 0 – 0 0 0
Helen YOUNG, 0 0 0 – 0 0 1 – 0 0 0 - 0 0 0
Francis YOUNG, 0 0 0 – 0 0 1 – 0 0 0 – 0 0 0
Alexander YOUNG, 0 0 0 – 0 0 1 – 0 0 0 – 0 0 0
Alfred YOUNG, 0 0 0 – 0 0 1 – 0 0 0 – 0 0 0
York, 30; Richard, 14; Antony, 12; Kitty, 40.

#284: Property of Anne HUNT, 2 6 5:
Quamina, 50; Basheba, 30; Dianna, 35; Eve, 30; Marina, 30; Cuba, 20; Monimia, 18; Horatio, 18; Joe, 12; Amelia, 10; Dick, 8; Laurence, 2½; John, 8 months.

p. 136:
#285: Property of the children of Geo. WESTBY, viz. George W. WESTBY and Caroline WESTBY, in Trust of Mary NEAL, 0 1 1:
Molly or Integrity, 29; Robert, 3.

#286: George BURNS, 1 0 0 – 0 0 0 – 0 0 0 – 1 0 3:
Duncan, 36; Fanny, 11; Joe, 2; Coffee, 10.

#287: James BAGSHAW, 1 0 0 – 0 0 0 – 0 0 0 – 0 0 0
M. ELLIOT, 1 0 0 – 0 0 0 – 0 0 0 – 0 0 0

#288: James A. CARMICHAEL, 1 0 0 – 0 0 0 – 0 0 0 – 0 0 0

p. 137:
#289: Lucretia MILES, 0 0 0 – 0 0 0 – 0 1 0 – 0 0 0
Nancy MILES, 0 0 0 – 0 0 0 – 0 1 0 – 0 0 0
Henrietta MILES, 0 0 0 – 0 0 0 – 0 1 0 – 0 0 0
Lucretia MILES, 0 0 0 – 0 0 0 – 0 1 0 – 0 0 0
Elizabeth MILES, 0 0 0 – 0 0 0 – 0 1 0 – 0 0 0
Thomas MILES, 0 0 0 – 0 0 0 – 1 0 0 – 0 0 0
Joseph MILES, 0 0 0 – 0 0 0 – 0 0 1 – 0 0 0
Noel MILES, 0 0 0 – 0 0 0 – 0 0 1 – 0 0 0

#290: Byran BALLARD, 0 0 0 – 0 0 0 – 1 0 0 – 0 0 0
Mary DAVIS, 0 0 0 – 0 0 0 – 0 1 0 – 0 0 0
Mary Ann DAVIS, 0 0 0 – 0 0 0 – 0 1 0 – 0 0 0
Catherine MORRISON, 0 0 0 – 0 0 1 – 0 0 0 – 0 0 0
Eve, 0 0 0 – 0 0 0 – 0 0 1 – 0 0 0 *(surname not given.)*
Baldy SPROAT, 0 0 0 – 0 0 0 – 1 0 0 – 0 0 0

#291: Catherine MEIGHAN, 0 0 0 – 0 1 0 – 0 0 0 – 0 0 0

Note: Why were Catherine and Marshal Bennett living separately? Their son John, baptized in 1825, was not in either household. See #307 below, and family #281 in the 1823 census.

p. 138:
#292: The Estate of Alex.r ANDERSON dec'd, under charge of
Richard ANDERSON, 68 8 12:
Cudjoe, 50; Wattle?, 40; Glasgow, 35; Murphy, 40; Hero, 40; Cupid, 45; Alfred Coromantee, 20; Aberdeen, 40; Scotland, 40; Scipio, 45; Quashie, 40; Quashie Thomas, 40; November, 45; Simon, 37; Charles, 40; Ferrydon, 43; Warwick, 45; Cato, 40; Neal, 35; Jem, 45;

p. 139: Bobby, 35; Tom, 33; Peter, 24; Brition, *(sic)* 40; Coromantee Cuffee, 38; Cuffee, 45; Peter, 48; Robert, 40; Billy MASKALL, 18; Duncan, 50; John, 51; Figuro, 53; Port Royal, 48; Johnson, 46; Alfred GRAHAM, 50; Prince, 48; Toby, 49; Quamin, 40; Blackwell, 50; Jem GARNETT, 52; Martin, 40; Isaac 42; Neptune, 58; Boatswain, 55;

p. 140: Jacob, 35; Casar, 60; Godfrey, 60; Joe HARRIS, 70; Bill HASSE, 70; Cupid, 65; Cobus, 65; Quamina, 72; Pompey, 70; Crackasaw, 74; Daniel, 14; Sam TUCKER, 20; Charlie, 16; Nelson, 15; Sophia, 40; Mary Ann, 40; Maria, 40; Sarah, 46; Peggy, 50; Princess, 58; Molly, 56; Sally, 70; Diana, 15; Hannah, 14;

p. 141: Emelia, 13; Friendship, 10; Charlotte, 8; Patience, 4; Rodney, 6; Byron, 5; Marcus, 4; Davy, 2.
Runaways: Mandingo Jem, 35; Bacchus, 40; Henry, 42; Aaron, 38; Will, 40; Sandy, 40; Abraham, 37; Naga Alex, 50; Smart, 40; Moco Tom, 80; Ned GORDON, 50; Polidore, 40.

p. 142:
#293: Elizabeth GODFREY, 0 0 0 – 0 1 0 – 0 0 0 – 0 0 0
Seleaner BENNETT, 0 0 0 – 0 0 1 – 0 0 0 – 0 0 0
William MONK, 0 0 0 – 0 0 1 – 0 0 0 – 0 0 0
George MONK, 0 0 0 – 0 0 1 – 0 0 0 – 0 0 0

#294: Robert GLADDEN, 0 0 0 – 1 0 0 – 0 0 0 – 0 0 0
Ann FLOWERS, 0 0 0 – 0 0 0 – 0 1 0 – 0 0 0
William WHITE, 0 0 0 – 1 0 0 – 0 0 0 – 0 0 0
John GLADDEN, 0 0 0 – 1 0 0 – 0 0 0 – 0 0 0
Thomas GLADDEN, 0 0 0 – 1 0 0 – 0 0 0 – 0 0 0
Marcus BELISLE, 0 0 0 – 0 0 1 – 0 0 0 – 0 0 0

#295: Property of ANN FLOWERS, 1 0 0:
Samuel FLOWERS *(age not given.)*

p. 143:
#296: Polly DUBUCK, 0 0 0 – 0 0 0 – 0 1 0 – 1 0 0:
Phillis McDONALD, 0 0 0 – 0 0 0 – 0 1 0 – 0 0 0
Jacob DORSET, 0 0 0 – 0 0 0 – 1 0 0 – 0 0 0
Yergin HOPE, 0 0 0 – 0 0 0 – 0 0 1 – 0 0 0
Casar HOPE, 0 0 0 – 0 0 0 – 0 0 1 – 0 0 0
Clarissa HOPE, 0 0 0 – 0 0 0 – 0 0 1 – 0 0 0
James HOPE, 0 0 0 – 0 0 0 – 0 0 1 – 0 0 0
Ned, 52.

#297: Jane WATERS, 0 0 0 – 0 0 0 – 0 1 0 – 0 0 0
Alveriah WATERS, 0 0 0 – 0 0 0 – 0 0 1 – 0 0 0
Phillis WATERS, 0 0 0 – 0 0 0 – 0 0 1 – 0 0 0
Sarah ROBINSON, 0 0 0 – 0 0 0 – 0 0 1 – 0 0 0
Lovenia BRISTOW, 0 0 0 – 0 0 0 – 0 0 1 – 0 0 0

#298: Cumberland WINTER, 0 0 0 – 0 0 0 – 1 0 0 – 0 0 0
Amelia WINTER, 0 0 0 – 0 0 0 – 0 1 0 – 0 0 0

p. 144:
#299: James WAIGHT, 1 0 0 – 0 0 0 – 0 0 0 – 0 0 0
Ann WAIGHT, 0 1 0 – 0 0 0 – 0 0 0 – 0 0 0
James WAIGHT, 0 0 1 – 0 0 0 – 0 0 0 – 0 0 0
John Wm.WAIGHT, 0 0 1 – 0 0 0 – 0 0 0 – 0 0 0
Thomas LOWRY, 0 0 0 – 0 0 1 – 0 0 0 – 0 0 0
Jane BENNETT, 0 0 0 – 0 0 1 – 0 0 0 – 0 0 0

#300: Sophia PITTS, 0 0 0 – 0 0 0 – 0 1 0 – 0 0 0
Elizabeth, 0 0 0 – 0 0 0 – 0 0 1 – 0 0 0
Margaret, 0 0 0 – 0 1 0 – 0 0 0 – 0 0 0
Jane, 0 0 0 – 0 0 1 – 0 0 0 – 0 0 0 *(surnames not given.)*
Charles ASKEW, 0 0 0 – 1 0 0 – 0 0 0 – 0 0 0

p. 145:
#301: Edward SHIEL, 1 0 0 – 0 0 0 – 0 0 0 – 0 0 0

#302: William HARDY, 0 0 0 – 0 0 0 – 1 0 0 – 0 0 0

#303: Thomas BELISLE, 0 0 0 – 0 0 0 – 1 0 0 – 0 0 0

#304: Stephen STAIN, 0 0 0 – 1 0 0 – 0 0 0 – 3 1 2:
Susanna PARKER, 0 0 0 – 0 1 0 – 0 0 0 – 0 0 0
Lydia S. ALEXANDER, 0 0 0 – 0 0 1 – 0 0 0 – 0 0 0
Nancy TUCKER, 0 0 0 – 0 0 0 – 0 1 0 – 0 0 0
Josepha, 0 0 0 – 0 0 0 – 0 1 0 – 0 0 0 *(surname not given.)*
March, Charles, Chelsea, Diana, Abbey, Sarah *(ages not given.)*

#305: John FERRELL, 0 0 0 – 1 0 0 – 0 0 0 – 3 1 0:
Flora GOFF, 0 0 0 – 0 0 0 – 0 1 0 – 0 0 0
Margaret C. FERRELL, 0 0 0 – 0 0 1 – 0 0 0 – 0 0 0
Mary Ann FERRELL, 0 0 0 – 0 0 1 – 0 0 0 – 0 0 0
Francis GRAY, 0 0 0 – 1 0 0 – 0 0 0 – 0 0 0
G. R. PITKETHLY, 1 0 0 – 0 0 0 – 0 0 0 – 0 0 0
Bob, 40; Peter, 38; Meriott, 30; Flora, 45.

p. 146:
#306: Property of Margaret & Mary Ann FERRELL, 0 1 3:
Desdemona, 30; Susannah, 10; Jennett, 9; Margaret, 3.

#307: Property of Francis GRAY, 0 2 0:
Sally, 36; Fannetta, 22.

#308: Frances JACKSON, 0 0 0 – 0 1 0 – 0 0 0 – 3 2 2:
      Chance; Harry; Rosette; Eleanor; Antony; Peter, 12.
      Runaway: Port Royal. *(Only Peter's age is given.)*

p. 147:
#309: George NEAL, 0 0 0 – 1 0 0 – 0 0 0 – 0 0 0
      Ann NEAL, 0 0 0 – 0 0 0 – 0 1 0 – 0 0 0
      William NEAL, 0 0 0 – 0 0 1 – 0 0 0 – 0 0 0
      George NEAL, 0 0 0 – 0 0 1 – 0 0 0 – 0 0 0
      John JOSEPH, 0 0 0 – 0 0 1 – 0 0 0 – 0 0 0
      Gideon, 0 0 0 – 0 0 1 – 0 0 0 – 0 0 0 *(surname not given.)*

#310: Bernadina, 0 0 0 – 0 0 0 – 0 1 0 – 0 0 0 *(surname not given.)*

#311: Sarah BURREL, 0 0 0 – 0 1 0 – 0 0 0 – 0 0 0
      William MOYERS, 0 0 0 – 1 0 0 – 0 0 0 – 0 0 0
      Benjamin MOYERS, 0 0 0 – 1 0 0 – 0 0 0 – 0 0 0
      Peter MOYERS, 0 0 0 – 1 0 0 – 0 0 0 – 0 0 0
      Maria SPENCER, 0 0 0 – 0 1 0 – 0 0 0 – 0 0 0
      Mary KENNEDY, 0 0 0 – 0 0 1 – 0 0 0 – 0 0 0
      Sarah KENNEDY, 0 0 0 – 0 0 1 – 0 0 0 – 0 0 0
      Catherine KENNEDY, 0 0 0 – 0 0 1 – 0 0 0 – 0 0 0
      Eleanor LAWER, 0 0 0 – 0 1 0 – 0 0 0 – 0 0 0

p. 148:
#312 Marshal BENNETT Junr, 1 0 0 – 0 0 0 – 0 0 0 – 1 0 0:
      London, 20.

Note: For information on Marshal and Catherine (#291) see entry #231 in the 1823 census. Why was Catherine not in his household? Was she about to give birth to Catherine or Henry? Their first child, Marcus Charles, born 7 May 1820, was not enumerated in 1826; children were sent home to be educated at a very young age. Their second known child, John, baptized 22 Oct 1825 at St. Johns, was in Catherine Cunningham's household, #320 below.

#313: James TURNER's (a Pensioner) family, 0 1 0:
      John OGIS, 0 0 0 – 0 0 0 – 0 0 1 – 0 0 0
          Susanna HYDE *(age not given.)*

#314: Elizabeth LAWRIE, 0 0 0 – 0 1 0 – 0 0 0 – 3 2 1:
      Samuel, 60; Harrison, 46; Ceres or Cyrus, 42; Chance, 9; Ellen, 42; Phillis, 28.

#315: Mary HARMAN, 0 0 0 – 0 1 0 – 0 0 0 – 0 0 0

#316: Catherine BELONY, 0 0 0 – 0 0 0 – 0 1 0 – 0 0 0
Jacob NEELEY, 0 0 0 – 0 0 0 – 1 0 0 – 0 0 0

p. 149:
#317: Sarah PIPERSBURG, 0 0 0 – 0 0 0 – 0 1 0 – 0 0 0
Mary Ann PIPERSBURG, 0 0 0 – 0 0 0 – 0 1 0 – 0 0 0
Henry PIPERSBURG, 0 0 0 – 0 0 0 – 1 0 0 – 0 0 0
Fedelia PIPERSBURG, 0 0 0 – 0 0 0 – 0 0 1 – 0 0 0
David PIPERSBURG, 0 0 0 – 0 0 0 – 0 0 1 – 0 0 0
Frances GIBSON, 0 0 0 – 0 0 0 – 0 0 1 – 0 0 0
George CARTOUCHE, 0 0 0 – 0 0 0 – 0 0 1 – 0 0 0
James CARTOUCHE, 0 0 0 – 0 0 0 – 0 0 1 – 0 0 0

#318: Ann BOADE, 0 0 0 – 0 1 0 – 0 0 0 – 3 5 4:
Bryan MEIGHAN, 0 0 0 – 1 0 0 – 0 0 0 – 0 0 0
Peter R. STAIN, 0 0 0 – 0 0 1 – 0 0 0 – 0 0 0
Joe BOADE, 38; James, 18; John, 16; Hamlet, 12; Bladford, 10; George, 4; Elizabeth, 35; Mimba, 34; Venus, 24; Lucy, 19; Kitty, 12; Fanny, 10.

p. 150:
#319: William GILL, 0 0 0 – 1 0 0 – 0 0 0 – 0 0 0
Geo. Will.m HUGHES, 1 0 0 – 0 0 0 – 0 0 0 – 0 0 0
Catherine GLADDEN, 0 0 0 – 0 1 0 – 0 0 0 – 0 0 0
Johne *(sic)* WILLIAMS, 0 0 0 – 0 1 0 – 0 0 0 – 0 0 0
Mary LOCK, 0 0 0 – 0 1 0 – 0 0 0 – 0 0 0
James GILL, 0 0 0 – 0 0 1 – 0 0 0 – 0 0 0
Sarah GILL, 0 0 0 – 0 0 1 – 0 0 0 – 0 0 0
Philip GILL, 0 0 0 – 0 0 1 – 0 0 0 – 0 0 0
Alexander GILL, 0 0 0 – 0 0 1 – 0 0 0 – 0 0 0
Charles GILL, 0 0 0 – 0 0 1 – 0 0 0 – 0 0 0
Nora LOCK, 0 0 0 – 0 0 1 – 0 0 0 – 0 0 0

#320: Catherine CUNNINGHAM, 0 1 0 – 0 0 0 – 0 0 0 – 2 3 2:
John BENNETT, 0 0 1 – 0 0 0 – 0 0 0 – 0 0 0
Margaret NICHOLSON, 50; Susan, 25; Eve, 16; Sam, 34; James, 32; Joseph, 3; Sara, 8.

Note: Catherine Tillett Cunningham (Mrs. Charles Keith (or Keefe) Cunningham) was a daughter of Capt. William and Mary White Tillett. John Bennett, the second son of Marshal Bennett Jr. and Catherine Meighan, was born 7 May 1820 and bapt. 25 Oct 1825. A monument at Yarborough Cemetery shows John Bennett, Esq. died 30 Sep 1849.

p. 151:
#321: Jno. E. HENDERSON, 0 0 0 – 1 0 0 – 0 0 0 – 0 1 1:
Eliza A. BROSTER, 0 0 0 – 0 1 0 – 0 0 0 – 0 0 0

John HENDERSON, 0 0 0 – 0 0 1 – 0 0 0 – 0 0 0
Francesco BLANCHO, 0 0 0 – 0 0 0 – 1 0 0 – 0 0 0
These slaves are the property of Ann BODE but returned here through error, her return is page 149 but these slaves are not included there.
Diana, 16; Genius, 10.

#322: James RABOTEAU, 0 0 0 – 1 0 0 – 0 0 0 – 0 0 0

#323: John SYMONDS, 0 0 0 – 0 0 0 – 1 0 0 – 0 0 0

#324: Rosalie FREEMAN, 0 0 0 – 0 0 0 – 0 1 0 – 0 0 0

#325: John MORRISS, 0 0 0 – 0 0 0 – 1 0 0 – 0 0 0

#326: Robert FLOWERS, 0 0 0 – 0 0 0 – 1 0 0 – 0 0 0

#327: Richard SMITH, 0 0 0 – 0 0 0 – 1 0 0 – 0 0 0

p. 152:
#328: Francis AVILLA, 1 0 0 – 0 0 0 – 0 0 0 – 0 0 0
Anna AVILLA, 0 0 0 – 0 1 0 – 0 0 0 – 0 0 0
Catherine AVILLA, 0 0 0 – 0 1 0 – 0 0 0 – 0 0 0
Antonio AVILLA, 0 0 0 – 0 0 1 – 0 0 0 – 0 0 0
Peter AVILLA, 0 0 0 – 0 0 1 – 0 0 0 – 0 0 0
Emanuel AVILLA, 0 0 0 – 0 0 1 – 0 0 0 – 0 0 0
Hosefa MYERS, 0 0 0 – 0 0 0 – 1 0 0 – 0 0 0
Judy, 0 0 0 – 0 0 0 – 0 0 1 – 0 0 0
James, 0 0 0 – 0 0 0 – 0 0 1 – 0 0 0
Thomas, 0 0 0 – 0 0 0 – 0 0 1 – 0 0 0 *(surnames not given.)*

#329: John HARRIS, 0 0 0 – 1 0 0 – 0 0 0 – 0 0 0
Ann HARRIS, 0 0 0 – 0 1 0 – 0 0 0 – 0 0 0

p. 153:
#330: James GILLETT, 0 0 0 – 1 0 0 – 0 0 0 – 0 0 0
Sukey BURRELL, 0 0 0 – 0 1 0 – 0 0 0 – 0 0 0
Cath'n MUCKLEHENNY, 0 0 0 – 0 1 0 – 0 0 0 – 0 0 0
Eleanor CADDLE, 0 0 0 – 0 1 0 – 0 0 0 – 0 0 0
Betsey GILLETT, 0 0 0 – 0 0 1 – 0 0 0 – 0 0 0
William GILLETT, 0 0 0 – 0 0 1 – 0 0 0 – 0 0 0
Robert GILLETT, 0 0 0 – 0 0 1 – 0 0 0 – 0 0 0
Alexander GILLETT, 0 0 0 – 0 0 1 – 0 0 0 – 0 0 0
George GILLETT, 0 0 0 – 0 0 1 – 0 0 0 – 0 0 0
Anna GILLETT, 0 0 0 – 0 0 1 – 0 0 0 – 0 0 0

#331: James WHITE, 0 0 0 -1 0 0 - 0 0 0 - 0 0 0

#332: Charles RABON, 0 0 0 - 1 0 0 - 0 0 0 - 0 0 0
Elizabeth WILLIAMS, 0 0 0 - 0 0 1 - 0 0 0 - 0 0 0

p. 154:
#333: Robert T. ALEXANDER, 0 0 0 - 1 0 0 - 0 0 0 - 1 1 0:
Eliz'th E. ALEXANDER, 0 0 0 - 0 0 1 - 0 0 0 - 0 0 0
Thomas BAILEY, 0 0 0 - 0 0 0 - 1 0 0 - 0 0 0
Daniel, 36; Venus, 33.

#334: John JOHNSON, 0 0 0 - 1 0 0 - 0 0 0 - 0 1 0:
Amelia HINKS, 0 0 0 - 0 1 0 - 0 0 0 - 0 0 0
Isabel JOHNSON, 0 0 0 - 0 0 1 - 0 0 0 - 0 0 0
William JOHNSON, 0 0 0 - 0 0 1 - 0 0 0 - 0 0 0
Susannah JOHNSON, 0 0 0 - 0 0 1 - 0 0 0 - 0 0 0
Henrietta HINKS, 35.

#335: John A. CROFT, 0 0 0 - 1 0 0 - 0 0 0 - 1 0 0:
Jane PARKER, 0 0 0 - 0 1 0 - 0 0 0 - 0 0 0
Philip BOAD, 0 0 0 - 1 0 0 - 0 0 0 - 0 0 0
Richard PARKER, 0 0 0 - 1 0 0 - 0 0 0 -0 0 0
Maria CROFT, 0 0 0 - 0 0 1 - 0 0 0 - 0 0 0
Rob't. McGILVERY, 0 0 0 - 0 0 0 - 0 0 1 - 0 0 0
Smart, 49.

p. 155:
#336: Richard HARRISON, 1 0 0 - 0 0 0 - 0 0 0 - 1 0 0:
William HARRISON, 0 0 0 - 0 0 1 - 0 0 0 - 0 0 0
Runaway: Arthur, 32.

#337: N. J. CASWELL, 1 0 0 - 0 0 0 - 0 0 0 - 1 0 0:
Margaret GREEN, 0 0 0 - 0 1 0 - 0 0 0 - 0 0 0
Emma GREEN, 0 0 0 - 0 0 1 - 0 0 0 - 0 0 0
Rodolphus N. CASWELL, 0 0 0 - 0 0 1 - 0 0 0 - 0 0 0
Bricker, 52.

#338: Property of Margaret GREEN, 1 1 3:
John, 38; Amelia, 36; Sophia, 10; Anna, 7; James, 4.

p. 156:
#339: Marie Louise BENOIT, 0 0 0 - 0 0 0 - 1 0 0 - 0 0 0
George BENOIT, 0 0 0 - 0 0 0 - 0 0 1 - 0 0 0

#340: Thomas FRAIN, 1 0 0 – 0 0 0 – 0 0 0 – 14 7 5:
Cuffee, 42; Abraham, 36; Quamina, 34; London, 40; Will, 60; Derry, 42; Lindo, 42; Ned, 43; Betty, 42, C; Harriot, 38; Fanny, 35; Patty, 30; Charlotte, 35; Patience, 38; Eleanor, 15, C; Nancy, 13; Jenny, 12;

p. 157: Harry, 10; Mary, 6; John, 1.
Runaways: Jem, 42; Quacco, 45; Frederick, 39; Alick, 21; Jack, 47; Charley, 23.

#341: Louis BERNARD's family (Pensioner)
Mary BERNARD, 0 0 0 – 0 0 0 – 0 1 0 – 0 0 0
Jean J. LA CASE, 0 0 0 – 0 0 0 – 1 0 0 – 0 0 0
Jean L. LA CASE, 0 0 0 – 0 0 0 – 0 0 1 – 0 0 0
Suzie LA CASE, 0 0 0 – 0 0 0 – 0 1 0 – 0 0 0
Mary BERNARD, 0 0 0 – 0 0 0 – 0 0 1 – 0 0 0
Rose BERNARD, 0 0 0 – 0 0 0 – 0 0 1 – 0 0 0
Jeanette LA CASE, 0 0 0 – 0 0 0 – 0 0 1 – 0 0 0

p. 158:
#342: John ALEXANDER, 1 0 0 – 0 0 0 – 0 0 0 – 0 0 0
Mary ALEXANDER, 0 0 0 – 0 1 0 – 0 0 0 – 0 0 0

#343: William S. EVE, 1 0 0 – 0 0 0 – 0 0 0 – 2 3 2:
Susah BATES, 0 0 0 – 0 0 1 – 0 0 0 – 0 0 0
Eliza Frances, 0 0 0 – 0 0 1 – 0 0 0 – 0 0 0
Mary PRICE, 0 0 0 – 0 1 0 – 0 0 0 – 0 0 0
Robert, 41; Charles, 22; Bell, 49; Thisbie, 38; Sarah, 31; Charlotte, 14; Grace, 10.

#344: Benjamin LONGSWORTH, 0 0 0 – 1 0 0 – 0 0 0 – 0 0 0
Sarah KEENE, 0 0 0 – 0 0 0 – 0 1 0 – 0 0 0
Margaret LONGSWORTH, 0 0 0 – 0 0 1 – 0 0 0 – 0 0 0

#345: Violet SMITH, 0 0 0 – 0 0 0 – 0 1 0 – 1 1 1:
Peter BROWN; Patience; Rose *(ages not given.)*

p. 159:
#346: George HEWLETT, 0 0 0 – 0 0 0 – 1 0 0 – 0 0 0
Mimba HEWLETT, 0 0 0 – 0 0 0 – 0 1 0 – 0 0 0
Susannah HEWLETT, 0 0 0 – 0 0 0 – 0 1 0 – 0 0 0
Ann Maria HEWLETT, 0 0 0 – 0 1 0 – 0 0 0 – 0 0 0
Joseph H'y HEWLETT, 0 0 0 – 1 0 0 – 0 0 0 – 0 0 0
Ann Rose DAPHNE, 0 0 0 – 0 1 0 – 0 0 0 – 0 0 0
Frances LIZAPHO, 0 0 0 – 0 1 0 – 0 0 0 – 0 0 0
Josephin, 0 0 0 – 0 1 0 – 0 0 0 – 0 0 0 *(surname not given.)*
Catherine FRANCOIS, 0 0 0 – 0 1 0 – 0 0 0 – 0 0 0

Eliza B. SMITH, 0 0 0 – 0 0 0 – 0 1 0 – 0 0 0
Maria E. HEWLETT, 0 0 0 – 0 0 1 – 0 0 0 – 0 0 0

#347: John MAIDEN, 1 0 0 – 0 0 0 – 0 0 0 – 0 2 0:
John W. MAIDEN, 0 0 1 – 0 0 0 – 0 0 0 – 0 0 0
Alfred MAIDEN, 0 0 1 – 0 0 0 – 0 0 0 – 0 0 0
Edwin S. MAIDEN, 0 0 1 – 0 0 0 – 0 0 0 – 0 0 0
Betty CAMPBELL, 38; Mary CAMPBELL, 20.

p. 160:
#348: Henne Merie RANN , 0 0 0 – 0 0 0 – 0 1 0 – 0 0 0
Merie RANN, 0 0 0 – 0 0 0 – 0 1 0 – 0 0 0
John RANN, 0 0 0 – 0 0 0 – 1 0 0 – 0 0 0

#349: Jane HINKS, 0 0 0 – 0 1 0 – 0 0 0 – 0 1 2:
Nancy; Fortune; John *(ages not given.)*

#350: Sarah WINTER, 0 0 0 – 0 1 0 – 0 0 0 – 1 2 2:
William, 0 0 0 – 0 0 1 – 0 0 0 – 0 0 0
John, 0 0 0 – 0 0 1 – 0 0 0 – 0 0 0 *(surnames not given.)*
Maria; Glasgow; Toney; Fanny; Nancy *(ages not given.)*

#351: Bessy CAESER, 0 0 0 – 0 0 0 – 0 1 0 – 0 0 0

p. 161:
#352: John FLOWERS, 0 0 0 – 0 0 0 – 1 0 0 – 0 0 0
Elizabeth STAIN, 0 0 0 – 0 1 0 – 0 0 0 – 0 0 0
Thomas FLOWERS, 0 0 0 – 1 0 0 – 0 0 0 – 0 0 0
Joseph FLOWERS, 0 0 0 – 1 0 0 – 0 0 0 – 0 0 0
John CARD, 0 0 0 – 1 0 0 – 0 0 0 – 0 0 0
Peter CARD, 0 0 0 – 1 0 0 – 0 0 0 – 0 0 0

#353: Daniel GRANT, 0 0 0 – 0 0 0 – 1 0 0 – 0 0 0
Molly SMITH, 0 0 0 – 0 0 0 – 0 1 0 – 0 0 0

#354: Elizabeth SMITH, 0 0 0 – 0 0 0 – 0 1 0 – 1 1 2:
Diana, 38; Simon, 17; John, 13; Eve, 11 *(ages not given.)*

p. 162:
#355: Francis W. WILSON, 0 0 0 – 1 0 0 – 0 0 0 – 0 0 0
Ann WILSON, 0 0 0 – 0 0 0 – 0 1 0 – 0 0 0
Margaret ORGIL, 0 0 0 – 0 1 0 – 0 0 0 – 0 0 0
Eliza Ann WILSON, 0 0 0 – 0 0 1 – 0 0 0 – 0 0 0

#356: Jane NEAL, 0 0 0 – 0 0 0 – 0 1 0 – 0 0 0

#357: Priscilla TINKHAM, 0 0 0 – 0 1 0 – 0 0 0 – 0 0 0
Eliza J. GIBSON, 0 0 0 – 0 0 1 – 0 0 0 – 0 0 0
Mary JERVIS WARD, 0 0 0 – 0 0 1 – 0 0 0 – 0 0 0
Sarah W. WRIGHT, 0 0 0 – 0 0 1 – 0 0 0 – 0 0 0

#358: Catherine ASKEW, 0 0 0 – 0 1 0 – 0 0 0 – 1 0 0:
George CAMPBELL *(age not given.)*

p. 163:
#359: Rose WALL, 0 0 0 – 0 0 0 – 0 1 0 – 0 0 0

#360: Louis BEATRICE's family (a Pensioner)
Maria BEATRICE, 0 0 0 – 0 1 0 – 0 0 0 – 0 0 0
James BEATRICE, 0 0 0 – 1 0 0 – 0 0 0 – 0 0 0

#361: Catherine JOSEPH, 0 0 0 – 0 0 0 – 0 1 0 – 0 0 0
Veronix, 0 0 0 – 0 0 0 – 0 1 0 – 0 0 0 *(surname not given.)*
Jeanette DAW, 0 0 0 – 0 0 0 – 0 1 0 – 0 0 0
Madeline DAW, 0 0 0 – 0 0 0 – 0 1 0 – 0 0 0
William JOSEPH, 0 0 0 – 0 0 0 – 0 0 1 – 0 0 0

#362: John MAHIAR, 0 0 0 – 1 0 0 – 0 0 0 – 0 0 0
Sarah LEE, 0 0 0 – 0 1 0 – 0 0 0 – 0 0 0
P. MAHIAR, 0 0 0 – 0 0 1 – 0 0 0 – 0 0 0

p. 164:
#363: William CARD, 0 0 0 – 1 0 0 – 0 0 0 – 1 1 0:
Sarah McKENZIE, 0 0 0 – 0 1 0 – 0 0 0 – 0 0 0
Maria CARD, 0 0 0 – 0 0 1 – 0 0 0 – 0 0 0
Bristow CARD. Runaway: Jenny CARD *(ages not given.)*

#364: Adam FLOWERS, 0 0 0 – 0 0 0 – 1 0 0 – 0 0 0
Eliz. FLOWERS, 0 0 0 – 0 0 0 – 0 1 0 – 0 0 0

#365: Ann ELRINGTON, 0 1 0 – 0 0 0 – 0 0 0 – 1 3 2:
Andrew BAYNTUN, 1 0 0 – 0 0 0 – 0 0 0 – 0 0 0
George E. WARREN, 1 0 0 – 0 0 0 – 0 0 0 – 0 0 0
William J. PEEBLES, 0 0 1 – 0 0 0 – 0 0 0 – 0 0 0
Sarah, 50; Kate, 38; Louisa, 28; Robert, 7; Richard, 15; Francis, 12.

#366: Property of Andrew BAYNTUN, 0 1 0:
Runaway: Jenny, 33.

p. 165:
#367: William LONGSWORTH, 0 0 0 – 1 0 0 – 0 0 0 – 0 0 0

#368: Elizabeth SWASEY, 0 0 0 – 0 1 0 – 0 0 0 – 0 1 0:
Ann HAYLOCK, 0 0 0 – 0 0 1 – 0 0 0 – 0 0 0
Celina ORGLES, 0 0 0 – 0 0 1 – 0 0 0 – 0 0 0
Mary Jane GAVIN, 0 0 0 – 0 0 1 – 0 0 0 – 0 0 0
George HAYLOCK, 0 0 0 – 0 0 1 – 0 0 0 – 0 0 0
John WRIGHT, 0 0 0 – 0 0 1 – 0 0 0 – 0 0 0
Sue, 30.

#369: Eve BELISLE, 0 0 0 – 0 0 0 – 0 1 0 – 0 0 0
Sarah BEMENTAN, 0 0 0 – 0 0 1 – 0 0 0 – 0 0 0
Nancy BELISLE, 0 0 0 – 0 0 1 – 0 0 0 – 0 0 0

#370: Martha TUCKER, 0 0 0 – 0 0 0 – 0 1 0 – 0 0 0
Sarah BURNS, 0 0 0 – 0 1 0 – 0 0 0 – 0 0 0
George WESTBY, 0 0 0 - 1 0 0 – 0 0 0 – 0 0 0

p. 166
#371: John FLOWERS, 0 0 0 – 0 0 0 – 1 0 0 – 0 0 0
Lucretia NEAL, 0 0 0 – 0 0 0 – 0 1 0 – 0 0 0
Nancy NEAL, 0 0 0 – 0 0 0 – 0 1 0 – 0 0 0
Hamilton NEAL, 0 0 0 – 0 0 0 – 1 0 0 – 0 0 0
Joseph NEAL, 0 0 0 – 0 0 0 – 0 0 1 – 0 0 0
George HENRY, 0 0 0 – 0 0 0 – 0 0 1 – 0 0 0
John PITTS, 0 0 0 – 0 0 0 – 0 0 0 – 1 0 0

#372: Dolly JAMES, 0 0 0 – 0 0 0 – 0 1 0 – 0 0 0
Mary Ann JAMES, 0 0 0 – 0 0 0 – 0 0 1 – 0 0 0
Hariet JAMES, 0 0 0 – 0 0 0 – 0 0 1 – 0 0 0
John JAMES, 0 0 0 – 0 0 0 – 0 0 1 – 0 0 0
James JAMES, 0 0 0 – 0 0 0 – 0 0 1 – 0 0 0
Eliza JAMES, 0 0 0 – 0 0 0 – 0 0 1 – 0 0 0
Rose JAMES, 0 0 0 – 0 0 0 – 0 0 1 – 0 0 0
Catherine JAMES, 0 0 0 – 0 0 0 – 0 0 1 – 0 0 0

p. 167:
#373: Pascal L' BRUN family (a Pensioner)
Ann RETA, 0 0 0 – 0 0 0 – 0 1 0 – 0 0 0
Juliana, 0 0 0 – 0 0 0 – 0 0 1 – 0 0 0
Hoseana, 0 0 0 – 0 0 0 – 0 0 1 – 0 0 0
Anna, 0 0 0 – 0 0 0 – 0 0 1 – 0 0 0
Maria, 0 0 0 – 0 0 0 – 0 0 1 – 0 0 0
Cecelia, 0 0 0 – 0 0 0 – 0 0 1 – 0 0 0 *(surnames not given.)*

#374: Margaret JONES, 0 0 0 – 0 1 0 – 0 0 0 – 2 1 0:
Mary Anne EVE, 0 0 0 – 0 0 1 – 0 0 0 – 0 0 0
Jane VALPY, 0 0 0 – 0 0 1 – 0 0 0 – 0 0 0
Jas. Thos. VALPY, 0 0 0 – 0 0 1 – 0 0 0 – 0 0 0
Henry MEIGHAN, 45; Romeo, 46; Kate, 27.

#375: Margaret ALEXANDER, 0 0 0 – 0 1 0 – 0 0 0 – 0 0 0
Rosanna TIMMONS, 0 0 0 – 0 0 1 – 0 0 0 – 0 0 0

p. 168:
#376: Cato GRANT, 0 0 0 – 0 0 0 – 1 0 0 – 0 0 0
Jack GRANT, 0 0 0 – 0 0 0 – 1 0 0 – 0 0 0
Hope GRANT, 0 0 0 – 0 0 0 – 1 0 0 – 0 0 0
Nelly GRANT, 0 0 0 – 0 0 0 – 0 1 0 – 0 0 0
Charlotte GRANT, 0 0 0 – 0 0 0 – 0 1 0 – 0 0 0
Thisby SMITH, 0 0 0 – 0 1 0 – 0 0 0 – 0 0 0
Charlotte GRANT, 0 0 0 – 0 1 0 – 0 0 0 – 0 0 0
Tom GRANT, 0 0 0 – 0 0 0 – 1 0 0 – 0 0 0

#377: Rachel JEFFREYS, 0 0 0 – 0 0 0 – 0 1 0 – 3 3 0:
Emanuel ANTONIO, 1 0 0 – 0 0 0 – 0 0 0 – 0 0 0
Daniel McKENZIE, 1 0 0 – 0 0 0 – 0 0 0 – 0 0 0
Arch.d HANDYSIDE, 1 0 0 – 0 0 0 – 0 0 0 – 0 0 0
Will BETTY, 56; Patrick, 40; Dick, 35; Friendship, 31; Anna, 38; Olive, 27.

p. 169:
#378: Joseph WILLIAMS, 0 0 0 – 0 0 0 – 1 0 0 – 0 0 0
Dido WILLIAMS, 0 0 0 – 0 0 0 – 0 0 1 – 0 0 0
Mimba WILLIAMS, 0 0 0 – 0 0 0 – 0 0 1 – 0 0 0
Eve WILLIAMS, 0 0 0 – 0 0 0 – 0 0 1 – 0 0 0

#379: Uriah TRAPP, 0 0 0 – 0 0 0 – 1 0 0 – 1 0 0
James TRAPP, 0 0 0 – 0 0 0 – 1 0 0 – 0 0 0
Joseph GRANT, 0 0 0 – 0 0 0 – 1 0 0 – 0 0 0
George GRANT, 0 0 0 – 0 0 0 – 1 0 0 – 0 0 0
Harriett GRANT, 0 0 0 – 0 0 0 – 0 1 0 – 0 0 0
Jane TRAPP, 0 0 0 – 0 0 0 – 0 1 0 – 0 0 0
Henry, 40.

#380: Thomas ROBINSON, 0 0 0 – 0 0 0 – 1 0 0 – 0 0 0
Harry ROBINSON, 0 0 0 – 0 0 0 – 0 0 1 – 0 0 0
Sophia ROBINSON, 0 0 0 – 0 0 0 – 0 1 0 – 0 0 0

p. 170:
#381: John GAMBOUR, 0 0 0 - 0 0 0 - 1 0 0 - 0 0 0
Mary BAILEY, 0 0 0 - 0 0 0 - 0 1 0 - 0 0 0
Jane BAILEY, 0 0 0 - 0 0 0 - 0 0 1 - 0 0 0

#382: Nicholas DE NOHAY family (a Pensioner)
S. N. DE NOHAY, 0 0 0 - 0 1 0 - 0 0 0 - 0 0 0 *(= DE NOYAI)*
Martin RECRUIT, 0 0 0 - 0 0 1 - 0 0 0 - 0 0 0
John MARTIN, 0 0 0 - 1 0 0 - 0 0 0 - 0 0 0

#383: Joseph NEAL, 0 0 0 - 0 0 0 - 1 0 0 - 0 0 0
Sedilla FLOWERS, 0 0 0 - 0 0 0 - 0 1 0 - 0 0 0
Ellena FLOWERS, 0 0 0 - 0 0 0 - 0 0 1 - 0 0 0

#384: Pablo JOSE, 0 0 0 - 0 0 0 - 1 0 0 - 0 0 0
Anna GOMBOA, 0 0 0 - 0 0 0 - 0 1 0 - 0 0 0

p. 171:
#385: Ado FLOWERS, 0 0 0 - 0 0 0 - 1 0 0 - 0 0 0
Harriot TENOR, 0 0 0 - 0 0 0 - 0 1 0 - 0 0 0 *(=TENAH, TINAH, TENA.)*
John FLOWERS, 0 0 0 - 0 0 0 - 0 0 1 - 0 0 0
James FLOWERS, 0 0 0 - 0 0 0 - 0 0 1 - 0 0 0

#386: Harriet TENAH, 0 0 0 - 0 0 0 - 0 1 0 - 0 0 0
Rebecca TENAH, 0 0 0 - 0 0 0 - 0 1 0 - 0 0 0
Cornelia TENAH, 0 0 0 - 0 0 0 - 0 1 0 - 0 0 0
Francis TENAH, 0 0 0 - 0 0 0 - 1 0 0 - 0 0 0
Jere.h FITZGIBBON, 0 0 0 - 0 0 0 - 1 0 0 - 0 0 0
James FLOWERS, 0 0 0 - 0 0 0 - 0 0 1 - 0 0 0
Lissy FLOWERS, 0 0 0 - 0 0 0 - 0 0 1 - 0 0 0
John FLOWERS, 0 0 0 - 0 0 0 - 0 0 1 - 0 0 0
Edward TRAPP, 0 0 0 - 0 0 0 - 0 0 1 - 0 0 0
Adne, 0 0 0 - 0 0 0 - 0 0 1 - 0 0 0 *(surname not given.)*

p. 172:
#387: Harriet MARTIS, 0 0 0 - 0 0 0 - 0 1 0 - 0 0 0
James PETA, 0 0 0 - 0 0 0 - 1 0 0 - 0 0 0

#388: Lewis McLENAN, 1 0 0 - 0 0 0 - 0 0 0 - 4 1 0:
Catherine McLENAN, 0 0 1 - 0 0 0 - 0 0 0 - 0 0 0
Lewis McLENAN, 0 0 1 - 0 0 0 -0 0 0 - 0 0 0
Arthur McLENAN, 0 0 1 - 0 0 0 -0 0 0 - 0 0 0
Cath'n Eliz'th McLENAN, 0 0 1 - 0 0 0 -0 0 0 - 0 0 0
Frederick C. McLENAN, 0 0 1 - 0 0 0 -0 0 0 - 0 0 0
See Meeting of Magistrates Sept 4 1826 p. 379 Book m – F – m *(sic)*

Adam, 90; Mars alias Martin, 40; Mary, 45, C.
Runaways: Boatswain, 38; Jemmy, 70.

#389: William GRANT, 0 0 0 – 0 0 0 – 1 0 0 – 0 0 0
Elizabeth BURKE, 0 0 0 – 0 0 0 – 0 1 0 – 0 0 0
George GRANT, 0 0 0 – 0 0 0 – 0 0 1 – 0 0 0

p. 173:
#390: Chance GRANT, 0 0 0 – 0 0 0 – 1 0 0 – 0 0 0
Molly GRANT, 0 0 0 – 0 0 0 – 0 1 0 – 0 0 0
William GRANT, 0 0 0 – 0 0 0 – 1 0 0 – 0 0 0
James GRANT, 0 0 0 – 0 0 0 – 1 0 0 – 0 0 0
George GRANT, 0 0 0 – 0 0 0 – 1 0 0 – 0 0 0
Maria GRANT, 0 0 0 – 0 0 0 – 0 1 0 – 0 0 0
Nancy GRANT 0 0 0 – 0 0 0 – 0 1 0 – 0 0 0

#391: Ann HINKS, 0 0 0 – 0 1 0 – 0 0 0 – 1 1 1:
Maria EVERETT, 0 0 0 – 0 0 1 – 0 0 0 – 0 0 0
Louisa SMITH, 0 0 0 – 0 0 1 – 0 0 0 – 0 0 0
George EVERETT, 0 0 0 – 0 0 1 – 0 0 0 – 0 0 0
Ann EVERETT, 0 0 0 – 0 0 1 – 0 0 0 – 0 0 0
Jacob EVERETT, 0 0 0 – 0 0 1 – 0 0 0 – 0 0 0
Joseph EVERETT, 0 0 0 – 0 0 1 – 0 0 0 – 0 0 0
Tom HINKS, 50; Sabina HINKS, 23; Richard HINKS, 5.

p. 174:
#392: John SLUSHER, 0 0 0 – 1 0 0 – 0 0 0 – 0 0 0
Nancy LOWRIE, 0 0 0 – 0 0 0 – 0 1 0 – 0 0 0
Fanny LOWRIE, 0 0 0 – 0 0 0 – 0 1 0 – 0 0 0
Betsey GRANT, 0 0 0 – 0 1 0 – 0 0 0 – 0 0 0
Nancy HEMMONS, 0 0 0 – 0 0 1 – 0 0 0 – 0 0 0
Thomas PARKS, 0 0 0 – 0 0 1 – 0 0 0 – 0 0 0
Peter PARKS, 0 0 0 – 0 0 1 – 0 0 0 – 0 0 0
William PARKS, 0 0 0 – 0 0 1 – 0 0 0 – 0 0 0
Lucy PARKS, 0 0 0 – 0 0 1 – 0 0 0 – 0 0 0

#393: George HENRY, 0 0 0 – 0 0 0 – 1 0 0 – 0 0 0
James HENRY, 0 0 0 – 0 0 0 – 0 0 1 – 0 0 0
George HENRY, 0 0 0 – 0 0 0 – 0 0 1 – 0 0 0
Mary HENRY, 0 0 0 – 0 0 0 – 0 1 0 – 0 0 0

p. 175:
#394: Joseph YOUNG, 0 0 0 – 1 0 0 – 0 0 0 – 0 0 0
Jane WILLIAMS, 0 0 0 – 0 0 0 – 0 1 0 – 0 0 0
Sophia WILLIAMS, 0 0 0 – 0 0 1 – 0 0 0 – 0 0 0

#395: John McGONACHIE, 0 0 0 – 0 0 0 – 1 0 0 – 0 0 0

#396: John STAY, 0 0 0 – 0 0 0 – 1 0 0 – 0 0 0

#397: Duckey GABOUREL, 0 0 0 – 0 0 0 – 0 1 0 – 0 0 0

#398: William HENRY, 0 0 0 – 0 0 0 – 1 0 0 – 0 0 0

#399: William BIBBEE, 0 0 0 – 0 0 0 – 1 0 0 – 0 0 0

#400: Joseph DAVIS, 0 0 0 – 0 0 0 – 1 0 0 – 0 0 0

p. 176:
#401: Joseph Thos. FLOWERS, 0 0 0 – 0 0 0 – 1 0 0 – 0 0 0
Leonah *(or Seonah?)* BETORIAH, 0 0 0 – 1 0 0 – 0 0 0 – 0 0 0
Fanny FLOWERS, 0 0 0 – 0 0 0 – 0 1 0 – 0 0 0

#402: Robert SMITH *(no numbers given. for this household)*
Louisa *(surname not given.)*
Bella SMITH
Sarah SMITH
See this Return in page 280 in this book.

#403: Maria BILLERY, 0 0 0 – 0 1 0 – 0 0 0 – 0 0 0
Andrew BILLERY, 0 0 0 – 0 0 1 – 0 0 0 – 0 0 0
John GEORGE, 0 0 0 – 0 0 1 – 0 0 0 – 0 0 0
Charles BILLERY, 0 0 0 – 0 0 1 – 0 0 0 – 0 0 0
Jacob BILLERY, 0 0 0 – 0 0 1 – 0 0 0 – 0 0 0

p. 177:
#404: Providence FLOWERS, 0 0 0 – 0 0 0 – 1 0 0 – 0 0 0
Maria BETORIA, 0 0 0 – 0 0 0 – 0 1 0 – 0 0 0
S. FLOWERS, 0 0 0 – 0 0 0 – 0 1 0 – 0 0 0
Edward FLOWERS, 0 0 0 – 0 0 0 – 1 0 0 – 0 0 0
Toney FLOWERS, 0 0 0 – 0 0 0 – 1 0 0 – 0 0 0
Nancy FLOWERS, 0 0 0 – 0 0 0 – 0 1 0 – 0 0 0
Patience FLOWERS, 0 0 0 – 0 0 0 – 0 1 0 – 0 0 0
Adam FLOWERS, 0 0 0 – 0 0 0 – 1 0 0 – 0 0 0
John FLOWERS, 0 0 0 – 0 0 0 – 1 0 0 – 0 0 0
Abraham FLOWERS, 0 0 0 – 0 0 0 – 1 0 0 – 0 0 0
Rebecca FLOWERS, 0 0 0 – 0 0 0 – 0 0 1 – 0 0 0
Precilla ROSEY, 0 0 0 – 0 0 0 – 0 1 0 – 0 0 0

#405: Frederick COFFIN, 1 0 0 – 0 0 0 – 0 0 0 – 0 0 0
Phoebe TUCKER, 0 0 0 – 0 0 0 – 0 1 0 – 0 0 0
Eliza COFFIN, 0 0 0 – 0 0 1 – 0 0 0 – 0 0 0
Susan COFFIN, 0 0 0 – 0 0 1 – 0 0 0 – 0 0 0
Elizabeth COFFIN, 0 0 0 – 0 0 1 – 0 0 0 – 0 0 0

p. 178:
#406: Dixon TENA, 0 0 0 – 0 0 0 – 1 0 0 – 0 0 0

#407: Caeser FLOWERS, 0 0 0 – 0 0 0 – 1 0 0 – 1 0 0:
Joseph FLOWERS, 0 0 0 – 0 0 0 – 1 0 0 – 0 0 0
Jervase GILLETT, 0 0 0 – 0 0 0 – 0 1 0 – 0 0 0 *(sic)*
George GILLETT, 0 0 0 – 0 0 0 – 1 0 0 – 0 0 0
Thomas GILLETT, 0 0 0 – 0 0 0 – 1 0 0 – 0 0 0
Molly FLOWERS, 0 0 0 – 0 0 0 – 0 0 1 – 0 0 0
    Quamina, 30.

#408: David B. LOCKWARD, 1 0 0 – 0 0 0 – 0 0 0 – 0 0 0
Margaret EMERY, 0 0 0 – 0 1 0 – 0 0 0 – 0 0 0
Charles N. LOCKWARD, 0 0 0 – 0 0 1 – 0 0 0 – 0 0 0
Cornelia LOCKWARD, 0 0 0 – 0 0 1 – 0 0 0 – 0 0 0

#409: Eleanor RANN, 0 0 0 – 0 0 0 – 0 1 0 – 0 0 0
Eatoe RANN, 0 0 0 – 0 0 0 – 1 0 0 – 0 0 0 *(sic, = Catto Rann.)*

p. 179:
#410: Elizabeth WELSH, 0 0 0 – 0 0 0 – 0 1 0 – 0 0 0
John HENRY, 0 0 0 – 0 0 1 – 0 0 0 – 0 0 0

#411: Joseph PARKES, 0 0 0 – 1 0 0 – 0 0 0 – 1 0 0:
Sarah PARKES, 0 0 0 – 0 1 0 – 0 0 0 – 0 0 0
Charles PARKES, 0 0 0 – 0 0 1 – 0 0 0 – 0 0 0
    Prince, 40.

#412: Property of John & Sarah PARKES, 1 0 0:
    John, 50.

#413: Property of Sarah PARKES, 1 3 3:
    Bob, 50; Molly, 40; Silvia, 40; Bessy, 20; Richmond, 12; Armanda, 1; Mary, 1.

p. 180:
#414: Catherine DE COSTA, 0 0 0 – 0 0 0 – 0 1 0 – 0 0 0

#415: Calis CLOUD, 0 0 0 – 0 0 0 – 1 0 0 – 0 0 0

#416: William HARE COATES, 1 0 0 – 0 0 0 – 0 0 0 – 0 0 0
William BONTUN, 1 0 0 – 0 0 0 – 0 0 0 – 0 0 0

#417: Gusta LAWRIE, 0 0 0 – 0 0 0 – 0 0 1* – 0 0 0
Robert BROSTER, 0 0 0 – 1 0 0 – 0 0 0 – 0 0 0
James LAWRIE, 0 0 0 – 0 0 0 – 1 0 0 – 0 0 0
William CROFT, 0 0 0 – 0 0 0 – 1 0 0 – 0 0 0
Maria CANNING, 0 0 0 – 0 1 0 – 0 0 0 – 0 0 0
sic. This mark must be a mistake. A child would not be head of household.

#418: James DIXON, 0 0 0 – 0 0 0 – 1 0 0 – 0 0 0

p. 181:
#419: James BELISLE, 0 0 0 – 1 0 0 – 0 0 0 – 0 0 0
Eliza BELISLE, 0 0 0 – 0 0 0 – 0 1 0 – 0 0 0
Sarah BELISLE, 0 0 0 – 0 1 0 – 0 0 0 – 0 0 0
Siddy BELISLE, 0 0 0 – 0 0 0 – 0 1 0 – 0 0 0
Eleanor BELISLE, 0 0 0 – 0 0 0 – 0 1 0 – 0 0 0
George BELISLE, 0 0 0 – 0 0 0 – 1 0 0 – 0 0 0
Joseph BELISLE, 0 0 0 – 1 0 0 – 0 0 0 – 0 0 0
Charlotte BELISLE, 0 0 0 – 0 0 0 – 0 1 0 – 0 0 0
Margaret BELISLE, 0 0 0 – 0 1 0 – 0 0 0 – 0 0 0
Joseph BELISLE, 0 0 0 – 1 0 0 – 0 0 0 – 0 0 0
Catherine BELISLE, 0 0 0 – 0 0 0 – 0 0 1 – 0 0 0
John SAVORY, 0 0 0 – 0 0 1 – 0 0 0 – 0 0 0
Eliza SAVORY, 0 0 0 – 0 0 1 – 0 0 0 – 0 0 0
Sedora BELISLE, 0 0 0 – 0 1 0 – 0 0 0 – 0 0 0
Amelia ROMAN, 0 0 0 – 0 1 0 – 0 0 0 – 0 0 0
John ROMAN, 0 0 0 – 0 0 1 – 0 0 0 – 0 0 0
Piere ROMAN, 0 0 0 – 0 0 1 – 0 0 0 – 0 0 0
Cecelia BELISLE, 0 0 0 – 0 0 1 – 0 0 0 – 0 0 0
George BELISLE, 0 0 0 – 0 0 1 – 0 0 0 – 0 0 0

p. 182:
#420: John Mars. CUNNINGHAM, 0 0 0 – 1 0 0 – 0 0 0 – 2 2 0:
Margaret CUNNINGHAM, 0 0 0 – 0 1 0 – 0 0 0 – 0 0 0
James CUNNINGHAM, 0 0 0 – 0 0 1 – 0 0 0 – 0 0 0
Mary CUNNINGHAM, 0 0 0 – 0 0 1 – 0 0 0 – 0 0 0
Wm. CUNNINGHAM, 0 0 0 – 0 0 1 – 0 0 0 – 0 0 0
Phillis.
Runaways: Chance; Frank; Mary. *(ages not given.)*

#421: James MAIDENBROOK, 0 0 0 – 0 0 0 – 1 0 0 – 0 0 0
Mary BARRING, 0 0 0 – 0 0 0 – 0 1 0 – 0 0 0
James MAIDENBROOK, 0 0 0 – 0 0 0 – 0 0 1 – 0 0 0

#422: Corrydon TIMMERMAN, 0 0 0 – 0 0 0 – 1 0 0 – 0 0 0
Louisa MEIGHAN, 0 0 0 – 0 0 0 – 0 1 0 – 0 0 0
James TIMMERMAN, 0 0 0 – 0 0 0 – 0 0 1 – 0 0 0
Joseph TIMMERMAN, 0 0 0 – 0 0 0 – 0 0 1 – 0 0 0

p. 183:
#423: Nathaniel HULSE, 1 0 0 – 0 0 0 – 0 0 0 – 0 0 0
Margaret JONES, 0 0 0 – 0 1 0 – 0 0 0 – 0 0 0
Anne LE ROY, 0 0 0 – 0 1 0 – 0 0 0 – 0 0 0
Catherine LE ROY, 0 0 0 – 0 1 0 – 0 0 0 – 0 0 0
Thomas ORD, 0 0 0 – 0 0 1 – 0 0 0 – 0 0 0
Mary Ann HULSE, 0 0 0 – 0 0 1 – 0 0 0 – 0 0 0
Eliza HULSE, 0 0 0 – 0 0 1 – 0 0 0 – 0 0 0
James JONES, 0 0 0 – 0 0 1 – 0 0 0 – 0 0 0

#424: Peter PEREZ, 0 0 0 – 1 0 0 – 0 0 0 – 0 0 0

#425: Corporal BELLAZAR's family (a Pensioner)
Elizabeth, 0 0 0 – 0 1 0 – 0 0 0 – 0 0 0
Eleanor, 0 0 0 – 0 0 1 – 0 0 0 – 0 0 0
Abel, 0 0 0 – 0 0 1 – 0 0 0 – 0 0 0
Rosette, 0 0 0 – 0 0 1 – 0 0 0 – 0 0 0
Louisa, 0 0 0 – 0 0 1 – 0 0 0 – 0 0 0 *(surnames not given.)*

p. 184:
#426: John LAURENT BERNARD Family (a Pensioner)
Marie LAURENT, 0 0 0 – 0 0 0 – 0 1 0 – 0 0 0
John PETER, 0 0 0 – 0 0 0 – 0 0 1 – 0 0 0
Rosalie, 0 0 0 – 0 0 0 – 0 0 1 – 0 0 0 *(surname not given.)*

#427: Thomas GLADDEN, 0 0 0 – 1 0 0 – 0 0 0 – 0 0 0
Anne GLADDEN, 0 0 0 – 0 0 1 – 0 0 0 – 0 0 0
Eliza GLADDEN, 0 0 0 – 0 0 1 – 0 0 0 – 0 0 0

#428: Mariana HARRON, 0 0 0 – 0 0 0 – 0 1 0 – 0 0 0
Monimia SPROAT, 0 0 0 – 0 1 0 – 0 0 0 – 0 0 0
Eliza WOOD, 0 0 0 – 0 0 1 – 0 0 0 – 0 0 0
Margaret HENDY, 0 0 0 – 0 0 1 – 0 0 0 – 0 0 0
Peter SPROAT, 0 0 0 – 0 0 0 – 1 0 0 – 0 0 0
Guy SPROAT, 0 0 0 – 0 0 0 – 1 0 0 – 0 0 0
Susanna HENDY, 0 0 0 – 0 1 0 – 0 0 0 – 0 0 0

p. 185:
#429: Jacob MUSLAAR, 1 0 0 – 0 0 0 – 0 0 0 – 0 0 0

Margaret MUSLAAR, 0 1 0 – 0 0 0 – 0 0 0 – 0 0 0
Ann PATERSON, 0 1 0 – 0 0 0 – 0 0 0 – 0 0 0
Harriett EVERITT, 0 0 0 – 0 1 0 – 0 0 0 – 0 0 0 – 0 0 0
Margaret McLELLAN, 0 0 1 – 0 0 0 – 0 0 0 – 0 0 0

#430: The Property of Francis & John GARBUTT and Margaret MUSLAAR, 1 0 0:
George. *(age not given.)*

Note: One would think from the shared ownership that Margaret, Mrs. Jacob Muslaar, was nee Garbutt, and that Francis and John Muslaar were her brothers.

#431: David DIXON, 0 0 0 – 1 0 0 – 0 0 0 – 1 0 0:
Maria CAMPBELL, 0 0 0 – 0 0 0 – 0 1 0 – 0 0 0
Thomas DIXON. *(age not given.)*

p. 186:
#432: Anthony BAILEY, 0 0 0 – 0 0 0 – 1 0 0 – 2 0 0:
Maria ENGLISH, 0 0 0 – 0 0 0 – 0 1 0 – 0 0 0
Thomas BAILEY, 0 0 0 – 0 0 0 – 0 0 1 – 0 0 0
Diana BAILEY, 0 0 0 – 0 0 0 – 0 0 1 – 0 0 0
John BAILEY, 0 0 0 – 0 0 0 – 0 0 1 – 0 0 0
James BAILEY, 0 0 0 – 0 0 0 – 0 0 1 – 0 0 0
William BAILEY, 0 0 0 – 0 0 0 – 0 0 1 – 0 0 0
Success, 40; Charley, 60.

#433: Reuben RAYBON, 1 0 0 – 0 0 0 – 0 0 0 – 2 0 0:
Lucinda WHITE, 0 0 0 – 0 1 0 – 0 0 0 – 0 0 0
William RAYBON, 0 0 0 – 0 0 1 – 0 0 0 – 0 0 0
Mary RAYBON, 0 0 0 – 0 0 1 – 0 0 0 – 0 0 0
Tom, 36; Chelsea, 35.

#434: Joseph BOURN, 1 0 0 – 0 0 0 – 0 0 0 – 0 0 0
James BENNY, 0 0 0 – 0 0 0 – 1 0 0 – 0 0 0

p. 187:
#435: Property of Mary HUGHES, returned before........

#436: Andrew MILLAR, 1 0 0 – 0 0 0 – 0 0 0 – 0 0 0
Margaret MILLAR, 0 1 0 – 0 0 0 – 0 0 0 – 0 0 0
R. J. ANDREW, 1 0 0 – 0 0 0 – 0 0 0 – 0 0 0
James GRANT, 1 0 0 – 0 0 0 – 0 0 0 – 0 0 0
Christian OAK, 1 0 0 – 0 0 0 – 0 0 0 – 0 0 0
Mary CHANCE, 0 0 0 – 0 0 0 – 0 1 0 – 0 0 0

#437: Hannah MYVETT, 0 0 0 – 0 0 0 – 0 1 0 – 4 2 1:
Eleanor MYVETT, 0 0 0 – 0 1 0 – 0 0 0 – 0 0 0
Jeremiah MYVETT, 0 0 0 – 1 0 0 – 0 0 0 – 0 0 0
Benjamin MYVETT, 0 0 0 – 1 0 0 – 0 0 0 – 0 0 0
    Scotland, 40; Bristoe, 36; Tom, 19; Neptune, 55; Amelia, Rabian, Margaret. *(ages not given.)*

p. 188:

#438: George LE GEYT, 1 0 0 – 0 0 0 – 0 0 0 – 0 0 0
Elizabeth LE GEYT, 0 1 0 – 0 0 0 – 0 0 0 – 0 0 0
Elizabeth LE GEYT, 0 0 1 – 0 0 0 – 0 0 0 – 0 0 0
Mary Ann LE GEYT, 0 0 1 – 0 0 0 – 0 0 0 – 0 0 0
Marte LA VERNAY, 0 0 0 – 0 0 0 – 1 0 0 – 0 0 0

#439: Elizabeth LAWRIE, 0 0 0 – 0 1 0 – 0 0 0 – 4 3 6:
    Quamina, 23; Pell Mell, 18; Quashie, 15; Thomas, 13; William, 8; Edward, 4; Lucretia, 40; Juba, 28; Mimba, 24; Sarah, 7; Elizabeth, 7; Lucretia, 5; Harriet, 8 months.

p. 189:

#440: Edward MOODY, 0 0 0 – 1 0 0 – 0 0 0 – 0 0 0
Prue PERIE, 0 0 0 – 0 0 0 – 0 1 0 – 0 0 0
Anny MOODY, 0 0 0 – 0 0 1 – 0 0 0 – 0 0 0
Edward MOODY, 0 0 0 – 0 0 1 – 0 0 0 – 0 0 0
Jane MOODY, 0 0 0 – 0 0 1 – 0 0 0 – 0 0 0
Catherine MOODY, 0 0 0 – 0 0 1 – 0 0 0 – 0 0 0
Lucretia MOODY, 0 0 0 – 0 0 1 – 0 0 0 – 0 0 0

#441: Property of Thomas & Edward MOODY, 1 0 0:
    Charles, 60.

#442: Francis WOOD, 1 0 0 – 0 0 0 – 0 0 0 – 4 0 0:
    Billy PEPPER, 34; Jem GUY, 32; Nugent, 31; Harry, 50.

p. 190:

#443: John STAIN, 0 0 0 – 1 0 0 – 0 0 0 – 3 1 1:
James STAIN, 0 0 0 – 1 0 0 – 0 0 0 – 0 0 0
Catherine STAIN, 0 0 0 – 0 1 0 – 0 0 0 – 0 0 0
Jeanette STAIN, 0 0 0 – 0 1 0 – 0 0 0 – 0 0 0
Stephen STAIN, 0 0 0 – 0 0 1 – 0 0 0 – 0 0 0
John STAIN, 0 0 0 – 0 0 1 – 0 0 0 – 0 0 0
Francis STAIN, 0 0 0 – 0 0 1 – 0 0 0 – 0 0 0
    Toney, 50; Alick, 50; Scotland, 44; William, 9; Mary, 38.

#444: Elizabeth GOFF, 0 0 0 – 0 1 0 – 0 0 0 – 1 1 0:
Elizabeth AUTHORS, 0 0 0 – 0 1 0 – 0 0 0 – 0 0 0
Cliante AUTHORS, 0 0 0 – 0 1 0 – 0 0 0 – 0 0 0
Will.m MUCKLEHANY, 0 0 0 – 0 0 1 – 0 0 0 – 0 0 0
Thomas TOOTH, 0 0 0 – 0 0 1 – 0 0 0 – 0 0 0
Richmond, 50; Patience, 50.

p. 191:
#445: Leah McAULAY, 0 0 0 – 0 0 0 – 0 1 0 – 4 10 8:
Bill, 56; Ned, 38; Jem, 36; Patty, 56; Sue, 46; Lucy, 41; Fibber or Pheba, 36; Mary, 24; Fatimer, 24; Jessy, 22; Sarah, 13, C; Maria, 9, C; Catherine, 7, C; Amelia, 1, C; Thomas, 8; Betsey, 15; Frank, 19; Jenny, 16; George, 13; Thomas, 4; Phillis, 3; Bess, 1 ½.

p. 192:
#446: Ann SMITH, 0 0 0 – 0 1 0 – 0 0 0 – 5 4 8:
Amelia SAFE, 0 0 0 – 0 1 0 – 0 0 0 – 0 0 0
Tobey SWASEY, 29; William, 20; Tom or Christmas, 18; James, 16; Robert, 15; Mallego, 12; George, 10; Henry, 7; Francis, 6; Maria, 6; Benjamin, 7; Margaret, 13; Daphne, 8; Cuba, 4 1/2; Charity, 40; Nancy, 36; Eve, 23.

p. 193:
#447: James WOOD, 1 0 0 – 0 0 0 – 0 0 0 – 5 2 3:
Sam, 46; Port Royal, 36; Jasper, 26; Limas, 27; Margaret, 27; John WOOD, 14; William, 10; Josey, ½; Henrietta, 18, C; Robert, 4, C.

#448: Henry GRANT, 0 0 0 – 0 0 0 – 1 0 0 – 0 0 0
Caroline GRANT, 0 0 0 – 0 0 0 – 0 1 0 – 0 0 0
Chloe GRANT, 0 0 0 – 0 0 0 – 0 0 1 – 0 0 0
Alex GRANT, 0 0 0 – 0 0 0 – 0 0 1 – 0 0 0
Chloe, 0 0 0 – 0 0 0 – 0 1 0 – 0 0 0 *(surname not given.)*

#449: Mary ELRINGTON, 0 0 0 – 0 0 0 – 0 1 0 – 0 0 0

p. 194:
#450: William WALSH, 1 0 0 – 0 0 0 – 0 0 0 – 5 1 1:
Eliza WALL, 0 0 0 – 0 1 0 – 0 0 0 – 0 0 0
Janet YOUNG, 0 0 0 – 0 0 1 – 0 0 0 – 0 0 0
Lucretia, 0 0 0 – 0 0 0 – 0 1 0 – 0 0 0
Maria, 0 0 0 – 0 0 0 – 0 0 1 – 0 0 0 *(surnames not given.)*
John DAUTHY?, 0 0 0 – 1 0 0 – 0 0 0 – 0 0 0
Frank MASKALL, 42; John WALSH, 25; Henry alias Darby PASLOW, 31; Fortune PASLOW, 44; Nancy, 16; Toby, 11; Punch, 47.

#451: Daniel WAGNER, 0 0 0 – 1 0 0 – 0 0 0 – 1 0 0:
Phileda BAILEY, 0 0 0 – 0 0 0 – 0 1 0 – 0 0 0
Hesther WAGNER, 0 0 0 – 0 1 0 – 0 0 0 – 0 0 0
Jack, 45.

#452: William L. OLIVER, 0 0 0 – 1 0 0 – 0 0 0 – 0 0 0
Lovelyberry FERRELL, 0 0 0 – 0 0 0 – 0 1 0 – 0 0 0

p. 195:
#453: John TUCKER, 0 0 0 – 0 0 0 – 1 0 0 – 0 0 0
Benjamin TUCKER, 0 0 0 – 0 0 0 – 1 0 0 – 0 0 0

#454: Susannah BURRELL, 0 0 0 – 0 1 0 – 0 0 0 – 0 2 1:
Janet DUNWELL, 0 0 0 – 0 1 0 – 0 0 0 – 0 0 0
William USHER, 0 0 0 – 0 0 1 – 0 0 0 – 0 0 0
Harriet, Patience, Jenny *(ages not given.)*

#455: Francis HAYLOCK, 0 0 0 – 1 0 0 – 0 0 0 – 0 0 0
Catherine COFFIL, 0 0 0 – 0 1 0 – 0 0 0 – 0 0 0 *(= COFFIN and SCUFFLE.)*
Francis HAYLOCK 0 0 0 – 0 0 1 – 0 0 0 – 0 0 0
Eliza HAYLOCK 0 0 0 – 0 0 1 – 0 0 0 – 0 0 0
James HAYLOCK 0 0 0 – 0 0 1 – 0 0 0 – 0 0 0

p. 196:
#456: John WAGNER, 0 0 0 – 1 0 0 – 0 0 0 – 0 0 0
Elizabeth WAGNER, 0 0 0 – 0 1 0 – 0 0 0 – 0 0 0
Francis WAGNER, 0 0 0 – 0 0 1 – 0 0 0 – 0 0 0
Sarah WAGNER, 0 0 0 – 0 0 1 – 0 0 0 – 0 0 0
Robert WAGNER, 0 0 0 – 0 0 1 – 0 0 0 – 0 0 0
Daniel WAGNER, 0 0 0 – 0 0 1 – 0 0 0 – 0 0 0
William WAGNER, 0 0 0 – 0 0 1 – 0 0 0 – 0 0 0
Louisa WAGNER, 0 0 0 – 0 0 1 – 0 0 0 – 0 0 0

#457: James HEMSLEY, 0 0 0 – 1 0 0 – 0 0 0 – 0 0 0
James HEMSLEY, 0 0 0 – 0 0 1 – 0 0 0 – 0 0 0
Elizabeth DAW, 0 0 0 – 0 0 0 – 0 1 0 – 0 0 0

#458: George GRANT, 0 0 0 – 0 0 0 – 1 0 0 – 1 0 0:
William GRANT, 0 0 0 – 0 0 0 – 1 0 0 – 0 0 0
R. GRANT, 0 0 0 – 0 0 0 – 0 1 0 – 0 0 0
Jack, 45.

p. 197:
#459: William HEMSLEY, 1 0 0 – 0 0 0 – 0 0 0 – 2 0 0:

Abigail HEMSLEY, 0 0 0 – 0 0 0 – 0 1 0 – 0 0 0
James HEMSLEY, 0 0 0 – 1 0 0 – 0 0 0 – 0 0 0
George HEMSLEY, 0 0 0 – 1 0 0 – 0 0 0 – 0 0 0
Catherine HEMSLEY, 0 0 0 – 0 1 0 – 0 0 0 – 0 0 0
George SALT, 0 0 0 – 0 0 1 – 0 0 0 – 0 0 0
Goodluck, 40; Jemmy, 56.

#460: Andrew ROSS, 1 0 0 – 0 0 0 – 0 0 0 – 0 0 0
Andrew ROSS Junr, 0 0 0 – 1 0 0 – 0 0 0 – 0 0 0
Daniel ROSS, 0 0 0 – 1 0 0 – 0 0 0 – 0 0 0
Ann FORSTER, 0 0 0 – 0 0 1 – 0 0 0 – 0 0 0
Eleanor ROSS, 0 0 0 – 0 0 1 – 0 0 0 – 0 0 0

#461: Jane GORDON, 0 0 0 – 0 1 0 – 0 0 0 – 0 0 2:
Hannah GORDON, 0 0 0 – 0 0 0 – 0 1 0 – 0 0 0
Tenah, 8; Henry, 2.

p. 198:
#462: The Property of Major General CODD, H. M. Super't, 0 1 0:
Clara. *(age not given.)*

#463: William MORRISON, 0 0 0 – 1 0 0 – 0 0 0 – 0 0 0

#464: Colin CAMPBELL, 0 0 0 – 1 0 0 – 0 0 0 – 0 0 0
Eliza DAVIS, 0 0 0 – 0 1 0 – 0 0 0 – 0 0 0
Samuel JONES, 0 0 0 – 0 0 1 – 0 0 0 – 0 0 0
Esther JONES, 0 0 0 – 0 0 1 – 0 0 0 – 0 0 0

#465: John KEENE, 1 0 0 – 0 0 0 – 0 0 0 – 0 0 0
George KEENE, 0 0 1 – 0 0 0 – 0 0 0 – 0 0 0
Mariann KEENE, 0 1 0 – 0 0 0 – 0 0 0 – 0 0 0
Elizabeth KEENE, 0 1 0 – 0 0 0 – 0 0 0 – 0 0 0

p. 199:
#466: Property of Mariann KEENE, 0 0 1:
Mary, 6.

#467: George BECK, 1 0 0 – 0 0 0 – 0 0 0 – 0 0 0
John BECK, 0 0 0 – 0 0 1 – 0 0 0 – 0 0 0

#468: Joseph DOMAT, 0 0 0 – 1 0 0 – 0 0 0 – 0 0 0

#469: Maria DAVIS, 0 0 0 – 0 0 0 – 0 1 0 – 0 0 0

#470: Maria EDWARDS, 0 0 0 – 0 0 0 – 0 1 0 – 0 0 0
Harry RANN. 0 0 0 – 0 0 0 – 1 0 0 – 0 0 0

#471: James CRUICKSHANKS, 1 0 0 – 0 0 0 – 0 0 0 – 0 0 0
(blank) WHITNEY, 1 0 0 – 0 0 0 – 0 0 0 – 0 0 0

p. 200:
#472: Elizabeth SNOWDEN, 0 0 0 – 0 1 0 – 0 0 0 – 3 0 0:
William YOUNG, 1 0 0 – 0 0 0 – 0 0 0 – 0 0 0
George YOUNG, 0 0 0 – 0 0 1 – 0 0 0 – 0 0 0
Nancy YOUNG, 0 0 0 – 0 0 1 – 0 0 0 – 0 0 0
Jeanette YOUNG, 0 0 0 – 0 0 1 – 0 0 0 – 0 0 0
Catherine YOUNG, 0 0 0 – 0 0 1 – 0 0 0 – 0 0 0
Maria YOUNG, 0 0 0 – 0 0 1 – 0 0 0 – 0 0 0
Margaret YOUNG, 0 0 0 – 0 0 1 – 0 0 0 – 0 0 0
Elizabeth YOUNG, 0 0 0 – 0 0 1 – 0 0 0 – 0 0 0
Amelia YOUNG, 0 0 0 – 0 0 1 – 0 0 0 – 0 0 0
Maria CADLE, 0 0 0 – 0 1 0 – 0 0 0 – 0 0 0
Flora CAMPBELL, 0 0 0 – 0 1 0 – 0 0 0 – 0 0 0
Thomas BENNETT, 0 0 0 – 0 0 1 – 0 0 0 – 0 0 0
James DUNCAN, 0 0 0 – 0 0 0 – 0 0 1 – 0 0 0
George HARRIS, 55; Quashie, 70; Wilson, 22.

#473: Henry TRAPP, 0 0 0 – 0 0 0 – 1 0 0 – 0 0 0

p. 201:
#474: Sarah NEAL, 0 0 0 – 0 1 0 – 0 0 0 – 0 0 0
William HAMILTON, 0 0 0 – 1 0 0 – 0 0 0 – 0 0 0
Richard BULL, 0 0 0 – 0 0 1 – 0 0 0 – 0 0 0
Lydia BULL, 0 0 0 – 0 1 0 – 0 0 0 – 0 0 0
Harriett BULL, 0 0 0 – 0 0 1 – 0 0 0 – 0 0 0

#475: Mary GROSS, 0 0 0 – 0 0 0 – 0 1 0 – 0 0 0
Mary MAGDALEN, 0 0 0 – 0 0 0 – 0 1 0 – 0 0 0
John GEORGE, 0 0 0 – 0 0 0 – 1 0 0 – 0 0 0
Gabourel GEORGE, 0 0 0 – 0 0 0 – 1 0 0 – 0 0 0
Betsey GEORGE, 0 0 0 – 0 0 0 – 0 1 0 – 0 0 0
Jane GEORGE, 0 0 0 – 0 0 1 – 0 0 0 – 0 0 0

#476: Kitty DUNBAR, 0 0 0 – 0 0 0 – 0 1 0 – 0 0 0

#477: Margaret PEDRO, 0 0 0 – 0 0 0 – 0 1 0 – 0 0 0

p. 202:
#478: Charles FLOWERS, 0 0 0 – 0 0 0 – 1 0 0 – 0 0 0

Fanny FLOWERS, 0 0 0 – 0 0 0 – 0 0 1 – 0 0 0
Caesar FLOWERS, 0 0 0 – 0 0 0 – 0 0 1 – 0 0 0
Richard FLOWERS, 0 0 0 – 0 0 0 – 0 0 1 – 0 0 0
Prudence FLOWERS, 0 0 0 – 0 0 0 – 0 0 1 – 0 0 0
Robert FLOWERS, 0 0 0 – 0 0 0 – 0 0 1 – 0 0 0
Joseph FLOWERS, 0 0 0 – 0 0 0 – 0 0 1 – 0 0 0

#479: Mary SAVORY, 0 0 0 – 0 1 0 – 0 0 0 – 0 0 0
Eliza GRANT, 0 0 0 – 0 1 0 – 0 0 0 – 0 0 0
Richard BULL, 0 0 0 – 0 0 1 – 0 0 0 – 0 0 0
James BULL, 0 0 0 – 0 0 1 – 0 0 0 – 0 0 0

#480: Horne? GOMBO, 0 0 0 – 0 0 0 – 1 0 0 – 0 0 0

p. 203:
#481: William BONNARD, 0 0 0 – 0 0 0 – 1 0 0 – 0 0 0
Johana BONNARD, 0 0 0 – 0 0 0 – 0 1 0 – 0 0 0
Bessey BONNARD, 0 0 0 – 0 0 0 – 0 1 0 – 0 0 0
William BONNARD, 0 0 0 – 0 0 0 – 1 0 0 – 0 0 0
Charles BONNARD, 0 0 0 – 0 0 0 – 1 0 0 – 0 0 0
Thomas BONNARD, 0 0 0 – 0 0 0 – 1 0 0 – 0 0 0
James BONNARD, 0 0 0 – 0 0 0 – 1 0 0 – 0 0 0
Joseph BONNARD, 0 0 0 – 0 0 0 – 1 0 0 – 0 0 0
Richard BONNARD, 0 0 0 – 0 0 0 – 1 0 0 – 0 0 0
George BONNARD, 0 0 0 – 0 0 0 – 1 0 0 – 0 0 0

#482: Harriet CHAISE, 0 0 0 – 0 1 0 – 0 0 0 – 0 0 0
Eliza GODFREY, 0 0 0 – 0 0 1 – 0 0 0 – 0 0 0
Elizabeth GODFREY, 0 0 0 – 0 0 1 – 0 0 0 – 0 0 0
George GODFREY, 0 0 0 – 0 0 1 – 0 0 0 – 0 0 0

#483: Harriet COURTNEY, 0 0 0 – 0 0 0 – 0 1 0 – 0 1 0:
Henrietta, 40.

p. 204:
#484: Robert BROHIER, 0 0 0 – 1 0 0 – 0 0 0 – 0 0 0
Jane EDWARDS, 0 0 0 – 0 0 0 – 0 1 0 – 0 0 0
Abigail BROHIER, 0 0 0 – 0 0 1 – 0 0 0 – 0 0 0
Elizabeth BROHIER, 0 0 0 – 0 0 1 – 0 0 0 – 0 0 0
Johanna BROHIER, 0 0 0 – 0 0 1 – 0 0 0 – 0 0 0
Robert BROHIER, 0 0 0 – 0 0 1 – 0 0 0 – 0 0 0
Cinderella BROHIER, 0 0 0 – 0 0 1 – 0 0 0 – 0 0 0
Maria BROHIER, 0 0 0 – 0 0 1 – 0 0 0 – 0 0 0

#485: Louisa LAWRIE, 0 0 0 – 0 1 0 – 0 0 0 – 0 0 0
Catherine LAWRIE, 0 0 0 – 0 1 0 – 0 0 0 – 0 0 0
Grace LAWRIE, 0 0 0 – 0 0 1 – 0 0 0 – 0 0 0
Eve LAWRIE, 0 0 0 – 0 0 1 – 0 0 0 – 0 0 0
Fanny LAWRIE, 0 0 0 – 0 0 1 – 0 0 0 – 0 0 0
Francis LAWRIE, 0 0 0 – 0 0 1 – 0 0 0 – 0 0 0
William LAWRIE, 0 0 0 – 0 0 1 – 0 0 0 – 0 0 0
William LAWRIE, 0 0 0 – 0 0 1 – 0 0 0 – 0 0 0 *(sic)*
Eliza LAWRIE, 0 0 0 – 0 0 1 – 0 0 0 – 0 0 0

p. 205:
#486: Joanna BROHIER, 0 0 0 – 0 0 0 – 0 1 0 – 0 0 0
Anne WILLIAMS, 0 0 0 – 0 0 0 – 0 1 0 – 0 0 0
James WILLIAMS, 0 0 0 – 0 0 0 – 1 0 0 – 0 0 0
John WILLIAMS, 0 0 0 – 0 0 0 – 1 0 0 – 0 0 0
Eleanor WILLIAMS, 0 0 0 – 0 0 0 – 0 1 0 – 0 0 0
Hagar WILLIAMS, 0 0 0 – 0 0 0 – 0 1 0 – 0 0 0
Rosanna WILLIAMS, 0 0 0 – 0 0 0 – 0 0 1 – 0 0 0
Elizabeth WILLIAMS, 0 0 0 – 0 0 0 – 0 0 1 – 0 0 0
Joseph WILLIAMS, 0 0 0 – 0 0 0 – 0 0 1 – 0 0 0
Robert WILLIAMS, 0 0 0 – 0 0 0 – 0 0 1 – 0 0 0
Henry WILLIAMS, 0 0 0 – 0 0 0 – 0 0 1 – 0 0 0
Thomas WILLIAMS, 0 0 0 – 0 0 0 – 0 0 1 – 0 0 0
Catherine MIDDLETON, 0 0 0 – 0 0 0 – 0 0 1 – 0 0 0

#487: Edward BARTIE, 0 0 0 – 1 0 0 – 0 0 0
Maria A. BEMENTON, 0 0 0 – 0 1 0 – 0 0 0 – 0 0 0
Jenny JONES, 0 0 0 – 0 0 0 – 0 1 0 – 0 0 0

p. 206:
#488: Joseph FLOWERS, 0 0 0 – 0 0 0 – 1 0 0 – 0 0 0
Abbey FLOWERS, 0 0 0 – 0 0 0 – 0 1 0 – 0 0 0
Maria FLOWERS, 0 0 0 – 0 0 0 – 0 1 0 – 0 0 0
Catherine FLOWERS, 0 0 0 – 0 0 0 – 0 1 0 – 0 0 0
Michael FLOWERS, 0 0 0 – 0 0 0 – 1 0 0 – 0 0 0
Syrus FLOWERS, 0 0 0 – 0 0 0 – 0 0 1 – 0 0 0
Simon FLOWERS, 0 0 0 – 0 0 0 – 0 0 1 – 0 0 0
Johnny FLOWERS, 0 0 0 – 0 0 0 – 0 0 1 – 0 0 0
Johnny FLOWERS, 0 0 0 – 0 0 0 – 0 0 1 – 0 0 0 *(sic)*
Sarah FLOWERS, 0 0 0 – 0 0 0 – 0 0 1 – 0 0 0

#489: Archibald W. FLOWERS, 0 0 0 – 0 0 0 – 1 0 0 – 0 0 0
Mary ARCHIBALD, 0 0 0 – 0 0 0 – 0 1 0 – 0 0 0
Margaret ARCHIBALD, 0 0 0 – 0 0 0 – 0 0 1 – 0 0 0

Nora ARCHIBALD, 0 0 0 - 0 0 0 - 0 0 1 - 0 0 0
John HEWLETT, 0 0 0 - 0 0 0 - 0 0 1 - 0 0 0

p. 207:
#490: Quamino FLOWERS, 0 0 0 - 0 0 0 - 1 0 0 - 0 0 0
M. A. MIDDLETON, 0 0 0 - 0 0 0 - 0 1 0 - 0 0 0
E. FLOWERS, 0 0 0 - 0 0 0 - 0 0 1 - 0 0 0

#491: Mary WINTER, 0 0 0 - 0 1 0 - 0 0 0 - 1 5 4:
Mary TUCKER, 0 0 0 - 0 0 0 - 0 1 0 - 0 0 0
Catherine GADDIS, 0 0 0 - 0 0 0 - 0 1 0 - 0 0 0
George GRISTOCK, 0 0 0 - 0 0 1 - 0 0 0 - 0 0 0
C. H. K. N. BALDWIN, 0 0 0 - 0 0 1 - 0 0 0 - 0 0 0
Those Slaves marked G against their names are the property of Mary TUCKER alias GADDIS. That marked CG is the property of Catherine GADDIS.
    Fedelia, G, 35; Behavour, G, 35; Adam, G, 15; Daphne, CG, 30; Amelia, G, 13; Anne, G, 12; Lucy, G, 9; William, G, 10; Frank, G; Sophia, G, 3.

#492: Property of C. H. K. N. BALDWIN, 1 0 0:
Ben, 13.

---- Property of M. WINTER, 0 1 0:
Evelina, 15.

p. 208:
#493: Mary TATE, 0 1 0 - 0 0 0 - 0 0 0 - 1 4 0:
Mary TATE, 0 1 0 - 0 0 0 - 0 0 0 - 0 0 0
Matilda TATE, 0 1 0 - 0 0 0 - 0 0 0 - 0 0 0
    Philip, 18; Catherine, 48; Eliza, 17; Margaret or Belvey, 13; Harriot, 11.

#494: Stephen LAURIE, 0 0 0 - 0 0 0 - 1 0 0 - 0 0 0

#495: John COURTNAY, 0 0 0 - 1 0 0 - 0 0 0 - 0 0 0
Sarah FLOWERS, 0 0 0 - 0 1 0 - 0 0 0 - 0 0 0

#496: William BROWN, 0 0 0 - 0 0 0 - 1 0 0 - 0 0 0

#497: Manuel PETER, 0 0 0 - 0 0 0 - 1 0 0 - 0 0 0
Sarah LAWRIE, 0 0 0 - 0 0 0 - 0 1 0 - 0 0 0

p. 209: *The right half of this page has not survived.*
#498: Property of Elizabeth KELLY
    8 blank lines separate Elizabeth from #499, indicating that 8 slaves were listed.

#499: James TRAPP, 0 0 0 - 0 0 0 - 1 0 0 - 0 0 0

#500: Thomas SMITH, 0 0 0 – 1 0 0 – 0 0 0 – 0 0 0

#501: Joseph NOEL, 0 0 0 – 1 0 0 – 0 0 0 – 0 0 0 *(indexed as Neil)*

As mentioned earlier, this census is incomplete. The heads of household index which follows lists people on pages 210-233; these pages, and the recapitulation of population which followed, have not survived. The totals at the bottom of pages 208 and 209 are:

Whites, 127 men, 44 women, 43 children - 156 white males, 58 white females
- total Whites, 214.

Coloured, 178 men, 234 women, 370 children, total colored males 369, colored females 413 – total Colored, 782.

Black men 169, black women 235, black children 190, black males 265, black females, 328 - total Blacks, 593.

Slave men 1226, slave women 518, slave children 410 – total male slaves 1426, female slaves 728, total Slaves 2154, among them 76 colored slaves.

1826 CENSUS, INDEX TO HEADS OF HOUSEHOLD ONLY

A

AUGUST, John Samuel, page 4
ARMSTRONG, John, 37 & 5
ALTEREITH, James, 41
ARMSTRONG, Agnes, 68
AUDINETTE, Maria, 121
ANDERSON, A., Estate of, 138
ALEXANDER, Rob't, 154
ASKEW, Catherine, 162
ARTHURS, Amelia, 232

ADAM, John, 36
ARMSTRONG & LEWIS, 36
AUGUST, Elizabeth, 51
AUGUST, S. F., 86
ARTHURS, JA.S, 129
AVILLA, Francis, 152
ALEXANDER, John 158
ALEXANDER, Marg't, 167

B

BURN, William, 16
BURN, James, 25
BULL, Charles, 28
BEATTIE, Tinah, 28
BETSON, David, 29
BAKER, Mrs., 35
BENNETT, Marshal, 54
BOWEN, Matilda, 83
BOWEN, Catherine, 83
BOWEN, Richard, 83
BESS, Harriet, 93
BURRELL, Sue, 106
BAILEY, Henry, 116
BARNES, Isaac, 119
BLAKE, W. T., 125
BELISLE, Marcus, 133
BAGSHAW, James, 136
BELISLE, Thomas, 145
BURRELL, S., 147
BELONY, Cath'e, 148
BENOIT, M. L., 156
BEATRICE, Louis, 163
BELISLE, Eve, 165
BILLERRY, Maria, 176
BELLIZAR, Corp'l., 183
BAILEY, Arthur, 186
BURRELL, Sus'h., 195
BONNARD, W., 203

BRADICK, George, 27
BULL, James, 27
BULL, CHAS. Junr., 28
BIRD, Sarah, 20
BETSON, D. & J. P., 30
BURN, Samuel, 37
BOWEN, M. W., 80
BOWEN, Sophia, 83
BOWEN, Jenny, 83
BOWEN, Charley, 83
BETSON, John D., 104
BENNETT, Charles, 112
BESS, Jane, 116
BEATRAM, Joseph, 122
BELISLE, Aberdeen, 126
BURN, George, 136
BALLARD, Byran, 137
BERNADINA, 147
BENNETT, M. Junr., 148
BOADE, Ann, 151 & 149
BERNARD, Louis, 157
BAYNTUN, A., 164
BIBBEE, Henry, 175
BELISLE, James, 181
BERNARD, Jmo. S., 184
BOURNE, Joseph, 186
BECK, George, 199
BROHEIR, Robert, 204

BROHEIR, Joanna, 205
BALDWIN, C. H., 207
BELISLE, Smart, 220
BROHIER, John, 226
BARNES, Thos., 229
BROWN, Wm. Thos., 233

BARTIE, Edward, 205
BROWN, W., 208
BULL, Chas., 222
BATES, Thos., 227
BARNES, Jane, 229

C

CROZIER, Henry James, 3
CUNNINGHAM, Jas. R, 19
CHERRINGTON, William, 24
CRAFT, William, 42
CARD, Quamina, 44
CAMPBELL, Duncanette, 45
CRAFT, Benjamin, 50
CRAIG, Jno. Armstrong &)
CRAIG, Jane A.,   ) 69
CROSBIE, William, 93
CARTER, J. B. dec'd, 99
CLARE, Rachel, 117
COLQUHOUN, Mary, 120
COURTNAY, William, 129
COFFIN, WM. H., 130
CUNNINGHAM, Catherine, 150
CASWELL, N. J., 155
CARD, William, 164
CALIS, Clara, 180
CUNNINGHAM, J. M., 182
CAMPBELL, Colin, 198
CHAISE, Harriet, 203
COURTNEY, John, 208
COLQUHOUN, Mary, 222

CROSBY, Bridget J., 16
CHERRINGTON, W. T., 23
COFFIN, Edwin, 35
COLLINS, John, 43
COX, Rachel, 44
CUNNINGHAM, C., 47
CRAIG, Chas., 69
CARD, Elizabeth, 70
CURRANT, John, 71
CONNOR, John, 96
CRABB, William, 111
CADDLE, Edw'd, Estate of, 118
CRUMP, Peter, 122
CARD, Lucretia, 129
CARMICHAEL, Jas. A., 136
CROFT, John A., 154
CAESAR, Bessy, 160
COFFIN, F'k., 177
COATES, W. H., 180
CODD, Major Gen'l., 198
CRUICKSHANK, J., 199
COURTNEY, Harris, 203
CAMERON, Duncan, 222
CRAWFORD, Rose, 226
CODD, P. C., 233

D

DAWSON, Abigail, 26
DE SOURCE, Renee, 105
DUNN, Eleanor, 119
DUBECK, 143
DAVID, Joseph, 175
DIXON, James, 180
DOMAT, Joseph, 199
DUNBAR, Kitty, 201

DODSON, James, 101
DE NOYAI, S, 116
DOFF, Clara, 134
DE NOHAY, N, 170
DE COSTA, Cath'n, 180
DIXON, DAVID, 185
DAVIS, Maria, 199
DE BAPTISTE, R'D., 221

E

EVANS, Charles, 85
EDWARDS, Quamina, 124
ELRINGTON, Ann, 164
EDWARDS, Maria, 199
EMERY, Will'm, 228

EVE, Thomas, 95
EVE, Wm. S., 158
ELRINGTON, Mary, 193
EMERY, Maria, 213

F

FERRELL, Catherine, Estate of, 53
FLOWERS, Henry, 106
FOX, Sylvia, 111.
FISHER, Nunette, 123
FLOWERS, William, 131
FLOWERS, William, 133
FLOWERS, Ann, 142
FERRELL, Marg't & M. A., 146
FLOWERS, Robert, 151
FLOWERS, John, 161
FLOWERS, John, 166
FLOWERS, Joseph Thos., 176
FLOWERS, Casar, 178
FLOWERS, Joseph, 206
FLOWERS, Quamina, 207
FELIX, Elizabeth, 226

FORT, Francis, 96
FERRELL, Joseph, 110
FARROW, William, 116
FISHER, John, 130
FLOWERS, Eliz'th, 132
FRAZER, George, 134
FERRELL, John, 145
FREEMAN, Rosalie, 151
FRAIN, Thomas, 156
FLOWERS, Adam, 164
FLOWERS, Addo, 171
FLOWERS, Providence, 177
FLOWERS, Charles, 202
FLOWERS, Arch.d W., 206
FLOWERS, Adam, 223
FRANCES, Alex., 210

G

GIBSON, George, 3
GARNETT, George, 8
GOFF, Sarah, 20
GORDON, Grace, 23
GIBSON, John, Estate of, 39
GORDON, Susannah, 42
GODFREY, Henrietta, 70
GABOUREL, William, 74
GENTLE, William, 88
GRAHAM, John, 104
GAMBLE, Letta, 134
GLADDEN, Rob't, 142
GILL, William, 150
GREEN, Margaret, 155
GRANT, Catto, 168

GAVIN, Michael, 11
GRISTOCK, Geo. L., 17
GORDON, Patience, 23
GABOUREL, Anne, 29

GORDON, Amelia, 53
GODFREY, William, 70
GABOUREL, Joshua, 84
GRIZZEL, Catherine, 99
GOFF, Joseph, 132
GODFREY, Elizabeth, 142
GRAY, Francis, 146
GILLETT, James, 153
GRANT, Dan'l, 161
GAMBOUR, John, 170

GRANT, William, 172
GABOUREL, Duckey, 175
GARBUTT, Jno, & Francis) 185
  & Margaret MUSLAAR,)
GRANT, George, 196
GROSS, Mary, 201
GADDIS, C., 207
GRANT, Samuel, 215
GRANT, Donald, 226
GRAHAM, Isabella, 228

GRANT, Chance, 173
GLADDEN, Thomas, 184
GOFF, Elizabeth, 190
GRANT, Henry, 193
GORDON, Jane, 197
GOMBO, H., 202
GADDIS, Mary alias TUCKER, 207
GORDON, C., 221
GIBSON, Eliza, 228

H

HOME, George, 6
HOARE, Jno. S., Estate, 7
HEWLETT, Margaret, 22
HEMSLEY, Eliz.th, 36
HUME, Mary, 48.
HUME, Catherine, 72
HYDE, James & George, 78
HYDE, James, 79 & 36
HENDERSON, Capt., children of, 84
HARDY, Thomas, 94
HUGHES, John, 101
HAINES, Joseph, 104
HUME, Jane, 113
HOWARD, Samuel 115
HUME, James, Estate of, 130
HUNT, Ann, 135
HARMAN, Mary, 148
HARRIS, John, 152
HEWLETT, George, 159
HINKS, Ann, 173
HENRY, Willliam, 175
HERRAN, Marianna, 184
HAYLOCK, Frances, 195
HEMSLEY, William, 197
HUME, George, 224
HEWLETT, E., 231

HOME, Ann, 11
HARRAN, Cesar, 18
HYDE, James, 36 & 79
HINKS, George, 44
HICKEY, Thisby, 50
HYDE, George & Company, 75
HYDE, George, 79
HICKEY, M., Estate of, 81

HUGHES, Mary, 95
HARRIS, Peter, 102
HEMSLEY, Wm., 110
HYDE, Fanny, 115
HEMMINGS, Mary, 125
HAYLOCK, Rob.t., 131
HARDY, William, 45
HENDERSON, J. E., 151
HARRISON, Rich'd, 155
HINKS, Jane, 160
HENRY, George, 174
HULSE, Nathaniel, 183
HUGHES, Mary, 187
HEMSLEY, James, 196
HARRIS, William, 221
HEMMONS, John, 225

I - J

ILES, Thomas, 1 & 44
JEFFEREYS, Jane, 8
JONES, Sarah, 32

ILES, Thomas, a minor, 2
JEFFEREYS, Charles, 17
JECKELL, William, 52

JONES, Joseph, 91
JEFFREYS, Eliz'th, 104
JAMES, Catherine, 117
JONES, Joshus, 124
JOHNSON, Eliza, 130
JOHNSON, John, 154
JAMES, Dolly, 166
JEFFREYS, Rachel, 168

ILEY, Robert, 96
JONES, William, 116
JONES, Joseph, 123
JACKSON, Elizabeth, 127
JACKSON, Francis, 146
JOSEPH, Cath'e, 163
JONES, Marg't, 167
JOSE Pablo, 170

K

KENEDY, Mary, 15
KEENE, John, 198
KELLY, Elizabeth, 209

KEEFE, Sarah, 97
KEENE, Mariann, 199

L

LEWIS, William, 22
LONGSWORTH, Wm. Senr., 27
LEPINAL, P., 117
LORD, Joseph, 126
LAWRIE, Elizabeth, 148
LONGSWORTH, William, 165
LOCKWARD, David B., 178
LE GEYT, Geo., 188
LOURIE, Louisa, 204
LORD, Francis, 213
LEITER, Sally, 225

LONGSWORTH, Amelia, 27
LAMB, Catherine, 66
LINDO, Mary, 122
LORIANNO, Antonio, 133
LONGSWORTH, Benj., 158
L'BRUN, 167
LAWRIE, G., 180
LAWRIE, Elizabeth, 188
LAWRIE, Stephen, 208
LAWRIE, Mary, 223
LAWRIE, Robert, 227

M

MITCHELL, Geo. B., 19
MOODY, Thomas, 30
McDONALD, James, 43
McDONALD, Geo. Will'm, 44
McARTHUR, Duncan, 85
McKAY, Mary, 92
MEIGHAN, Mintas, 94
MEIGHAN, Devonshire, 105
MEIGHAN, Franklin, 113
MARTINY, F. W., 134
MILES, Lucretia, 137
MORRIS, John, 151
MAHIAR, John, 163
McLENAN, Lewis, 172

McKAY, William, 25
MEIGHAN, Philip, 38
McDONALD, James, RT., 43
MEIGHAN, Anna, 52
MASKALL, W., 87
McKAY, Adrianna, 93
MOORE, John, 100
MORREL, John, 107
McAULAY, Phoebe, 128
MARTINY, Eliza, 124
MEIGHAN, Cath'n, 137
MAIDEN, John, 150
MARTIS, H., 172
McCONACHIE, John, 175

MAIDENBROOK, James, 182
MUSLAAR, Mary & Jno. &
    Fras. GARBUTT, 185
MYVETT, Hannah, 187
MOODY, Edw.d. & Thos, 189
MORRISON, William, 198
McKAY, M., 229

MUSLAAR, Jacob, 185

MILLAR, Andrew, 187
MOODY, Edwd., 189
McAULAY, Leah, 191
MANUEL, Peter, 208

N

NICHOLSON, George, 14
NORO, John, 49
NEWPORT, Matthew, 115
NEAL, Jane, 162
NEAL, Sarah, 201

NEAL, William, 33
NEAL, Duncan, 103
NEAL, George, 147
NEAL, Joseph, 170
NEIL, Joseph, 209

O

OLIVER, William A., 194

P - Q

PASLOW, Clarissa, 9
POTTS, John, 38
POTTS, Catherine F., 39
PARKER, James, 45
POTTS, William, 96
PITT, James, 102
PASLOW, Thos., Estate of, 108
PITTS, James, 128
PITTS, Sophia, 144
PARKES, John, 179
PARKES, Sarah, 179
PEDRO, Margaret, 201
POTTS, Hero, 214

PICKSTOCK, Thomas, 17
POTTS, Marianne, 39
POTTS, Elizabeth 42
PETZOLD, John, 73
PATNETT, *(sic)* Lucy, 100
POTTS, Helen, 106
POTTS, Andrew, 123
POTTER, Henrietta, 131
PIPERSBURG, Sarah, 149
PARKES, Jno. & Sarah, 179
PEREZ, Peter, 183
PRICE, Mary, 213

R

ROGERS, S. W., Estate, 12
ROSS, Jane E., 17
ROBINSON, Catherine, 34
RUMBOLD, James, 107
RUNNALS, George, 119
RABAN, Charles, 153
ROBINSON, Thomas, 169

RENAUD, Joseph, 15
RAYBON, John, 33
ROY, William, 93
ROBINSON, Ellen, 109
RABATEAU, James, 151
RANN, H. M. 160
RANN, Eleanor, 178

RAYBAN, Reuben, 186
ROBINSON, Benjamin, 220

ROSS, Andrew, 197
ROTHERHAM, 226 *(sic - no given. name.)*

S

SMITH, Levie, 2
SWEASEY, Joseph E., 25
SLATON, Mary, 35
SPROAT, George, 46
STAIN, Peter, 69
SNELLING, Lillias, 95
SPENCER, Hugh, 107
STEBBENS, James, 110
SUTHERLAND, J., 121
SIMMONS, Abraham, 127
SHIEL, Edward, 145
SIMMONS, John, 151
SMITH, Violet, 158
SWEASEY, Eliz.th, 165
STAY, John, 175
STAIN, John, 190
SNOWDEN, Eliz.th, 200
SMITH, Thomas, 209
SMITH, R., 230
SIMMONS, Ann, 231

STANN, Elizabeth, 15
SMITH, Hannah, 29
SMITH, William, 44
SKEDDEN, Robert, 51
SEDDON, Eliz.th, 91
SMITH, J. H., 105
SAVERY, Catherine, 107
SLUSHER, Simon, 112
SMITH, H. C., 127
SMALL, Thomas, 132
STAIN, Stephen, 145
SMITH, Richard, 151
SMITH, Elizabeth, 161
SLUSHER, John, 174
SMITH, Rob.t 176
SMITH, Ann, 192
SAVORY, Mary, 202
STEWART, Tray, 222
SMITH, Robert, 230

T

TOOTH, William B., 19
THURSTON, Elizabeth, 24
TILLETT, George, 30
TILLETT, William, 32
TUCKER, Hannah, 41
TURNBULL, Robert, 92
TUXEY, William, 99
TUCKER, Sarah, 111
TIDESLEY, Daniel, 126
TURNER, James, 148
TUCKER, Martha, 165
TENAH, Harriet, 171
TIMMERMAN, C., 182
TRAPP, Henry, 200
TATE, Mary, 208
TRAPP, James, 227

TRAPP, Jane, 21
THENS, Benjamin, 25
TILLETT, Mary, 46 & 31
TILLETT, Elizabeth, 40
TILLETT, Catherine, 47
TUCKER, James, 95
THOMPSON, Cath'n, 103
TAYLOR, Daniel, 116
TUCKER, Tamia, 127
TINKHAM, P., 162
TRAPP, Uriah, 169
TENA, Dixon, 178
TUCKER, John, 195
TUCKER, M. alias Gaddis, 207
TRAPP, James, 209

U – V

USHER, George, 12
USHER, James, 26
USHER, Susanna W., 46
VERNON, Joseph, 80
VERNON, Adelaide, 101
VAUGHAN, William, 101

USHER, John, 18
USHER, George A., 45
USHER, Diana, 74
VERNON, Benjamin, 85
VALPY, Fras. & Company, 101
USHER, William, 216

W

WESTBY, George, 9
WRIGHT, John Waldron, 13
WARD, Sarah, 52
WHITE, Catherine, 73
WAGNER, Robert, 103
WINTER, Thomas, 131
WESTBY, Geo. A. & Caroline, 136
WINTER, Cumberland, 143
WHITE, James, 153
WILSON, Francis, 162
WILLIAMS, Joseph, 169
WOOD, Francis, 189
WAGNER, Daniel, 194
WINTER, Mary, 207
WARRIOR, John, 215

WESTBY, Mary Ann, 9
WRIGHT, John Waldron, 37
WALDRON, Jane, 72
WALL, Mary, 93
WILLIAMS, John, 122
WAGNER, James, 132
WATERS, Jane, 143
WAIGHT, James, 144
WINTER, Sarah, 160
WALL, Rose, 163
WALSH, Eliz.th, 179
WOOD, James, 193
WALSH, William, 194
WAGNER, John, 196
WALDRON, John, 228

X Y Z

YOUNG, Ann, 14
YOUNG, Frances, 101
YOUNG, Margaret, 126
YOUNG, Joseph, 175

YOUNG, Prue, 16
YOUNG, John, 124
YOUNG, John, 135
YOUNG, Sarah, 225.

INDEX TO THE REGISTER AND CENSUSES

This is primarily a surname index, with the following exceptions. When the Register shows a child baptized to a woman identified only as Clemence, or to Mr. Doe and a woman identified only as Jane, the names Clemence and Jane are indexed. All persons named in the censuses who have surnames, highly unusual given. names, or tribal, geographical, or occupational prefixes or suffixes which may help to identify them are indexed. The very large number of people having only common given names (for example, John, Betsey, etc.) are not indexed. The first 51 page numbers are those of the Register; the remainder are of the censuses.

ABEL, 34
ABRAHAM, 19, 43, 173
ABRAHAMS, 43, 48, 159. 218
ABRAMS, 20, 49
ADAM, 196, 197
AKERSLY, 44
ALEX, 165, 204
ALEXANDER, 19, 24, 26, 29, 31, 34, 46, 69, 88, 94, 126, 129, 158, 172, 179, 203, 229, 233, 234, 238
ALLEN, 33
ALTEREITH, 130, 198
ALTHORPE, 179
America, 4, 38, 60, 63, 74, 88, 99, 131, 201, 207
American, 37, 54, 99, 149, 201
an American, 20, 30, 50
ANDERSON, 11, 12, 16, 17, 20, 26, 28, 34, 39, 49, 51, 57, 81, 90, 91, 102, 115, 121, 135, 136, 144, 154, 158, 176, 207, 208, 218, 220, 227
ANDINETTE, 221
ANDREW, 245
ANN (illegible), 12
Antigua, 56, 94, 118, 160, 186
ANTONE, 145
ANTONIO, 77, 124, 152, 168, 238
APPLEBY, 165
Arabian, 81, 97, 169
ARCHIBALD, 252, 253
ARCHY, 154

ARMSTRONG, 19, 29, 32, 33, 37, 42, 44, 48, 54, 64, 66, 83, 95, 96, 106, 114, 137, 155, 182, 186, 197, 204, 205, 220
ARNOLD, 175
ARTHUR, 32, 138, 174, 192, 217
ARTHURS, 43, 101, 224, 255
ASKEW, 12, 79, 98, 120, 133, 229, 236,
AUGUST, 5, 11, 13, 16, 55, 56, 94, 95, 102, 114, 118, 126, 166, 186, 188, 202, 210
AUGUSTIN, 201
AUSTEN, 172
AUTHORS, 247
AVILLA, 67, 158, 232
BABTISTE, 171
BAGLEY, 21
BAGLY, 32
BAGSHAW, 227
BAILEY, 20, 27, 49, 73, 78, 85, 134, 160, 161, 185, 220, 233, 239, 245, 248
BAILLEY, 137, 141
BAILLY, 119, 160, 167
BAILY, 40, 41, 49
BAKER, 2, 132, 196
BALDWIN, 253
BALLARD, 168, 227
BAMBANE, 128
BANBARA, 203
BANGER, 53, 136
BAPTIST, 158, 165
BAPTISTE, 69, 203

Barber, 81, 91, 115, 208
BARNARD, 163
BARNES, 23, 80, 117, 143, 144, 147, 163, 221
BARRAT, 128
BARRELL, 217
BARRETT, 7, 31, 72, 88, 203
BARRING, 243
BARTIE, 252
BASSOY, 24
BASTIAN, 159
BATES, 6, 32, 39, 134, 143, 234
Battle of St. George's Key, 37
BAYLEY, 147
BAYLY, 35
BAYNTUN, 131, 236
BEARD, 2
BEATRICE, 236
BEATTIE, 100, 120, 124, 194
BEATTY, 62
BECK, 135, 249
BELISE, 38
BELISLE, 38, 53, 70, 74, 76, 88, 90, 135, 142, 143, 146, 150, 159, 163, 169, 208, 223, 225, 226, 228, 229, 237, 243
BELL, 19
BELLAZAR, 244
BELONY, 231
BEMENTAN, 237
BEMENTON, 252
BENJAMIN, 73, 157
BENJIMAN, 223
BENNETT, 18, 21, 23, 31, 34, 36, 38, 39, 47, 63, 69, 71, 72, 87, 88, 91, 106, 127, 128, 130, 131, 139, 156, 157, 171, 183, 194, 202, 203, 204, 217, 218, 219, 224, 228, 229, 230, 231, 250
BENNY, 245
BENOIT, 233
BERK. See Bourke
BERNALDO, 202
BERNARD, 147, 180, 234, 244
BERRIAN, 2
BERRYAN, 6, 26
BERRYON, 24
BERTIE, 171, 183, 213
BESS, 151, 205, 212, 220
BEST, 40
BETORIA, 241
BETORIAH, 241
BETSON, 100, 117, 161, 172, 194, 195, 215
BETTY, 238
BEVANS, 22, 31
BEVERIDGE, 2
BEVINS, 134, 177
BIBBEE, 241
BILLERY, 241
BILLY, 185
BIRD, 17, 33, 46, 49, 100, 105, 126, 175, 194
BISET, 149
BIVANS, 31
BLACK, 37
BLACKLEY, 115
BLADDEN, 138
BLAKE, 44, 161, 219, 223
BLANCHO, 232
BLANDFORD, 21, 177
BLIGH, 32
Bluefield, 83, 111, 178, 206
BLYTH, 56, 57
BLYTHE, 10, 15, 110, 111, 149
BOAD, 202, 233
BOADE, 231
BOARK, 89
Boatswain, 53, 57, 59, 65, 68, 81, 82, 90, 102, 105, 109, 111, 114, 116, 121, 135, 136, 154, 160, 189, 207, 208, 211, 227, 240
BOB, 47
BODE, 8, 19, 26, 33, 34, 48, 81, 107, 146, 232
BOGLE, 102
BONATTA, 9
BONNARD, 251
BONNER, 19, 21, 48, 49, 76, 108, 124
BONTUN, 243
BORNOE, 223
BOURK, 87, 105, 221

BOURKE, 46, 71, 72, 87, 108, 128, 151, 163, 187, 196
BOURN, 245
BOURNE, 158
BOURRE, 158
BOWEN, 1, 32, 40, 82, 91, 92, 115, 208, 209
BOWENS, 115
BOYD, 2
BRADDICK, 194
BRADFIELD, 42
BRADLEY, 185
BRATTAM, 222
BRENARD, 161
BRENNAN, 61, 87, 128, 203
BREWER, 29
BRIEN, 149
Brig
Fortune, 2
Frederick, 2
George, 33
BRIGGS, 2
BRINSLEY, 42, 45
BRINTON, 75
BRION, 108, 203, 208
BRISTOL, 21, 47
BRISTOW, 228
BRITTON, 2, 27
BROASTER, 146, 148, 156, 160, 186
BROHIER, 76, 78, 138, 161, 162, 165, 251, 252
BROMLEY, 31, 39, 41, 145
BROMMELL, 2
BROOKE, 77
BROOKS, 6, 14
BROSTER, 28, 31, 33, 34, 41, 47, 55, 104, 231, 243
BROWN, 12, 23, 80, 97, 176, 234, 253,
BRUCE, 1, 171
BRUNO, 175
BRUNTON, 44
BRYAN, 58, 93, 116, 211
Buca, 85
BUCKNOR, 47

BULL, 21, 33, 52, 79, 106, 144, 146, 159, 173, 190, 193, 194, 207, 250, 251
BURDOCK, 180
BURGESS, 41
BURKE, 24, 31, 52, 216, 240
BURKES, 119
BURN, 69, 109, 159, 189
BURNAHM, 91, 95
BURNHAM, 21, 49, 135, 208
BURNS, 1, 35, 40, 44, 69, 121, 157, 192, 197, 227, 237
BURNSHAM, 60, 95
BURREL, 45, 123, 175, 178, 216, 217, 230
BURRELL, 19, 20, 40, 42, 45, 68, 72, 86, 104, 108, 232, 248
BURRILL, 21, 22
BUTCHER, 71, 129, 204
BUTLER, 163
BYRON, 118
CADDLE, 2, 22, 27, 90, 123, 126, 192, 220, 232
CADE, 22
CADLE, 38, 90, 114, 189, 250
CADOGAN, 197
CAESER, 130, 235
CAINE, 192
CALDWELL, 176
CALTHORPE, 179
CAMERON, 82
CAMMEL, 79
CAMPBELL, 2, 12, 18, 20, 32, 38, 39, 43, 48, 50, 57, 62, 98, 102, 108, 135, 154, 165, 169, 173, 200, 222, 235, 236, 245, 249, 250
CANNING, 243
Captain, 7, 9, 24, 27, 36, 39, 53, 82, 88, 90, 128, 135, 207, 209
CARD, 17, 19, 23, 27, 31, 43, 45, 46, 47, 71, 87, 91, 110, 122, 127, 129, 132, 133, 140, 141, 172, 173, 199, 201, 204, 205, 207, 215, 224, 235, 236
Carmichael, 209
CARMICHAEL, 95, 165, 227
CARMICHAL, 165

265

CARNEY, 16
CARR, 11, 155
CARROTHERS, 9, 15, 16
CARTER, 27, 28, 41, 73, 79, 152, 187, 213, 214
CARTOUCH, 187
CARTOUCHE, 231
CARTY, 33, 124
CASEY, 32, 41
CASIMERE, 72
CASSIMERE, 87, 128, 203
CASWELL, 233
CATER, 5
CATERICK, 142
CATES, 152
CATOR, 43
CATTO, 79, 83, 142, 157, 165, 166
Caulker, 63, 119
CAULKER, 72, 87, 128, 203
CAWLEY, 201
CEASAR, 130
CHAISE, 251, 256
Chamba, 53, 60, 71, 87, 90, 138, 204, 207
Chambo, 127, 136
CHAMPAGNE, 56, 165
CHANCE, 245
CHAPMAN, 16
CHARLES, 128, 163
CHARTER, 225
CHATHAM, 71, 87, 128
CHATTER, 219
CHENY, 82
CHERINGTON, 65, 95, 137, 192
CHERRINGTON, 137, 183
CHERRY, 82, 171
CHILCOTT, 9
CHRISTIE, 222
CHRISTOPHER, 22, 120
CLARE, 220, 256
CLARK, 20, 32, 84, 160, 194
CLARKE, 2, 27, 46, 50, 98
CLEARY, 182
CLEAVER, 29
CLEMANE, 38
CLEMENCE, 26

CLEMENT, 177, 188
CLIMENE, 38
CLOUD, 242
COATES, 144, 243, 256
COATQUELIN, 106, 129
COATQUELIRN, 204
COATS, 4
COCHRAIN, 87
COCHRANE, 71
COCKRAN, 222
COCKRANE, 127
CODD, 200, 249, 256
COFFIL, 248
COFFIN, 63, 98, 132, 150, 157, 180, 196, 224, 242
COLE, 42, 124, 191
COLLARD, 81, 91, 115, 208
COLLIN, 40
COLLINS, 28, 30, 42, 54, 77, 82, 89, 91, 92, 101, 116, 136, 149, 150, 164, 199, 209
COLLUM, 30
COLQUHOUN, 29, 33, 39, 45, 68, 73, 89, 96, 117, 138, 139, 158, 164, 179, 198, 221, 223
COLQUOHOUN, 17
COLVERT, 23
Colville, 65, 95, 183
Congo, 53, 54, 55, 57, 58, 61, 71, 88, 89, 90, 91, 93, 95, 116, 135, 204, 207, 211
CONGO, 129
CONNERY, 14
CONNOR, 170, 176, 213
COOK, 88, 204
COOKE, 129, 203
COONEY, 2, 47
COONY, 18
COOPER, 44, 93, 176, 219
COOTE, 58, 131, 187
COPELY, 132
CORK, 85, 197
Coromantee, 53, 57, 58, 81, 90, 91, 103, 115, 122, 135, 155, 227
COURANT, 83, 84, 110, 111, 161, 166, 169, 172, 173, 178

COURTENAY, 80
COURTNAY, 71, 87, 127, 153, 162, 253
COURTNEY, 22, 28, 203, 224, 251
COUTQUELIN, 88
COX, 199, 203, 256
CRABB, 29, 218, 256
CRAFT, 12, 14, 17, 73, 80, 133, 134, 154, 157, 199, 201, 202
CRAFTS, 5
CRAIG, 66, 106, 181, 182, 205
CRAIN, 159
CRAPPER, 21, 50, 173
CRAWFORD, 8, 10, 15, 31, 59, 79, 83, 87, 88, 107, 110, 127, 128, 136, 150, 174, 196, 203, 204, 220
Creole, 53, 57, 89, 90, 135
CRETIA, 43
CROFT, 191, 233, 243
Cromantee, 207, 208
CROOKLEG, 102
CROOKLEY, 57
CROOKSHANK, 79
CROPPER, 215
CROSBIE, 212
CROSBY, 114, 189
CROZIER, 143, 185
CRUICKSHANKS, 250
CRUIKSHANK, 188
CRUMP, 179, 222
CULLUM, 27, 29
CULP, 30
CUMMIN, 18
CUMMING, 47
CUMMINGS, 208
CUNA, 72
CUNNINGHAM, 26, 32, 34, 43, 44, 49, 61, 69, 100, 102, 103, 106, 122, 125, 141, 149, 151, 191, 200, 201, 213, 231, 243
CURANT, 161
CURRANT, 28, 206, 219
CURRENT, 212
CURTIS, 193
CURTNAY, 162
CUTLER, 16, 17

D. BRIEN, 146
D. WATER, 116
D'BRION, 42, 149, 165
DALY, 3, 15
DAN, 175, 176
DAPHNE, 234
DARLING, 42
DARLINGTON, 12, 17
DAUTHY, 247
DAVIDSON, 120, 201, 213
DAVILA, 38
DAVIS, 1, 22, 23, 25, 31, 37, 40, 60, 71, 72, 88, 106, 128, 154, 174, 175, 182, 227, 241, 249
DAW, 236, 248
DAWKINS, 35, 79, 94
DAWSON, 44, 86, 120, 176, 182, 193,
DE BRIEN, 115
DE BRION, 128
DE COSTA, 242
DE NOHAY, 239
DE NOYAE, 220
DE SOURCE, 216
DEAN, 147
DEARLEY, 181
DeBRION, 56, 105
DECENCY, 33, 160, 181, 214
DEIGO, 148
DELANY, 221, 222
DENNIS, 82, 139
DERIXON, 103, 126, 210
DERRIXON, 26
DESOURCE, 222
DICKSON, 26, 31
DILL, 43, 55
DINGADERRY, 26
DISMO, 197
DISMORE, 118
DISNAYERS, 177
DIXON, 92, 96, 114, 163, 180, 211, 243, 245
DOBSON, 13
DOCKINSON, 14
Doctor, 7, 10, 20, 35, 40, 46, 47, 128
DODGSON, 150

DODSON, 215
DOFF, 226
DOLLY, 182
DOMAT, 249
DOMINGO, 19, 174, 194
DON, 54, 91, 133
DORINDA, 5
DOROTHY, 153
DORSET, 228
DOUGLAS, 24, 36, 43, 44, 69, 72, 77, 87, 101, 105, 120, 128, 172, 203
DRACKSON, 143, 225
Drummer, 66
DRYDEN, 27, 29
DRYES, 220
DUBUCK, 182, 228
DUETT, 11
DUFF, 33
DUN, 29
DUNBAR, 43, 250
DUNCAN, 43, 140, 163, 187, 250
DUNDAS, 20, 49
DUNN, 38, 221, 256
DUNWELL, 181, 216, 248
DURELL, 38
DURING, 20
Eabo, 90
EALES, 7
EALS, 14
EARNEST, 52, 164
EAST, 33
EASTERBROOK, 16
Ebo, 127
Eboe, 53, 55, 59, 63, 69, 71, 87, 90, 95, 97, 115, 121, 127, 129, 135, 197, 204, 207, 208
EDWARDS, 22, 26, 39, 75, 78, 80, 84, 143, 146, 151, 161, 162, 170, 222, 250, 251
ELIZA, 22
ELKIN, 36
ELLICE, 87, 100, 128, 172, 194, 203, 204
ELLIOT, 72, 87, 186, 204, 227
ELLIOTT, 128, 170
ELLIS, 21, 57, 71, 103

ELLRINGTON, 9, 16
ELMLY, 17
ELMSLEY, 12
ELRINGTON, 10, 11, 17, 30, 36, 71, 87, 113, 127, 131, 203, 236, 247
ELY, 10, 15
EMERY, 39, 40, 47, 70, 154, 242
EMMERY, 6, 27, 28, 30
EMORY, 18, 33, 139, 163
ENGLAND, 181
ENGLISH, 9, 80, 245
ERNEST, 19, 31, 33
ESMOND, 3, 12
EVANS, 20, 30, 37, 49, 76, 170, 209
EVE, 102, 143, 161, 179, 234, 238
EVERETT, 105, 109, 146, 189, 240
EVERITT, 109, 167, 245
EVES, 212
EVINS, 124, 191
EWING, 25, 27, 35, 148, 174, 193
FAGAN, 115, 203
FAIRWEATHER, 34, 160
FARREL, 88, 128
FARRELL, 88, 93
FARROW, 177, 220
FERRAL, 22, 31, 37, 39, 40
FERRALL, 93
FERREL, 123, 139, 157, 162, 174, 198
FERRELL, 93, 189, 202, 218, 229, 248,
FERRILL, 51, 62, 63, 67, 201
FERRINGTON, 31
FIELDING, 180
FISHER, 31, 32, 33, 75, 82, 88, 124, 136, 200, 212, 222, 224
FITZGIBBON, 5, 7, 8, 14, 15, 19, 21, 23, 37, 41, 49, 144, 172, 239
FITZPATRICK, 23
FLANNAGHAN, 202
FLINT, 75, 141
FLORA, 8
FLORENCE, 187
FLOWER, 1
FLOWERS, 26, 37, 42, 43, 44, 58, 70, 71, 73, 76, 83, 100, 123, 130, 132, 138, 147, 150, 151, 152, 153, 155, 156, 162,

163, 167, 168, 169, 170, 172, 174, 175, 183, 187, 192, 216, 222, 225, 228, 232, 235, 236, 237, 239, 241, 242, 250, 251, 252, 253
FLOYD, 30
FOOT, 68, 88
FORBES, 197
FORSTER, 26, 27, 187, 249
FORT, 59, 101, 120, 213
FORTE, 44
FORTUNE, 117
FOSTER, 46, 135
FOX, 5, 14, 27, 29, 58, 71, 74, 87, 89, 111, 117, 171, 218
FRAIN, 64, 96, 116, 117, 223, 234
FRANCE, 78, 156
FRANCIS, 33, 143
FRANCOIS, 234
FRANKLIN, 219
FRAZER, 20, 27, 33, 43, 63, 95, 139, 226
FREDERICK, 201, 219
FREEMAN, 89, 164, 182, 208, 232
FREMAN, 197
FREW, 2
FRICK, 6
FROST, 9, 15
GABOUREL, 6, 10, 13, 14, 15, 17, 45, 46, 58, 74, 93, 99, 101, 116, 117, 131, 153, 154, 195, 207, 209, 211, 241
GABRIEL, 181
GADDES, 79, 106
GADDIES, 28
GADDIS, 253
GADDY, 83
GALE, 2
GALIMERE, 72
GALLEN, 153
GALLIMORE, 87, 128, 203
GALLON, 169, 170
GAMBLE, 179, 226
GAMBOA, 168
GAMBOUR, 239
Gapper, 11, 65, 207
GAPPER, 2, 24, 39, 53, 74, 91, 135
GARBUT, 26, 27, 29, 44

GARBUTT, 6, 11, 13, 16, 77, 139, 224, 245
GARNET, 155
GARNETT, 53, 57, 90, 102, 135, 136, 163, 181, 187, 227
GARRAT, 10
GARRET, 15
GARRETT, 12, 17
GARTSHORE, 122
GARVEN, 82
GASSEY, 120
GAVIN, 124, 188, 225, 237
GEDDIES, 4, 24, 25, 30, 38, 42
Genius, 232
GENTLE, 58, 93, 116, 196, 210, 211
GEORGE, 44, 207, 241, 250
GIBBON, 24
GIBSON, 24, 53, 63, 65, 73, 76, 89, 93, 104, 117, 119, 122, 123, 148, 173, 185, 186, 198, 203, 231, 236
GIDEON, 179
GILES, 81
GILL, 65, 117, 154, 175, 231
GILLET, 222
GILLETT, 79, 123, 178, 232, 242
GINGER, 72, 128
GLADDEN, 169, 171, 173, 216, 228, 231, 244
GLADDING, 6, 19, 43, 48, 58, 77, 78, 167
GLIYN, 17
GLYNN, 45
GODFREY, 20, 21, 22, 26, 49, 50, 74, 78, 89, 125, 147, 149, 157, 205, 213, 228, 251
GODWIN, 17
GOFF, 8, 15, 21, 22, 24, 30, 35, 49, 64, 72, 76, 79, 91, 95, 105, 108, 115, 122, 123, 138, 139, 140, 152, 162, 165, 186, 191, 199, 201, 203, 225, 229, 247
GOMBO, 251
GOMBOA, 239
GOODCHEAR, 41
GOODWIN, 47

GORDON, 10, 15, 19, 24, 26, 38, 39, 42, 43, 44, 48, 58, 69, 71, 74, 87, 91, 95, 96, 100, 105, 117, 126, 127, 133, 135, 139, 161, 164, 173, 192, 199, 202, 207, 223, 228, 249
GOUGH, 19, 31, 37, 40, 48
GOULD, 18, 37, 48
GOURLIE, 36
GRAHAM, 13, 17, 30, 36, 50, 53, 57, 58, 67, 71, 83, 84, 87, 90, 93, 102, 103, 105, 116, 127, 151, 154, 155, 175, 203, 210, 211, 216, 221, 227
GRANT, 7, 9, 15, 20, 21, 22, 25, 29, 33, 36, 40, 48, 49, 50, 67, 68, 69, 70, 71, 73, 75, 76, 78, 80, 85, 106, 134, 141, 143, 144, 145, 146, 147, 148, 149, 155, 156, 157, 160, 165, 169, 170, 171, 180, 186, 218, 219, 220, 235, 238, 240, 245, 247, 248, 251
GRAY, 40, 41, 42, 45, 79, 85, 89, 94, 126, 139, 162, 210, 218, 229
GREATRICK, 28
GREAVES, 43
GREEN, 7, 14, 21, 24, 53, 66, 71, 87, 90, 97, 122, 129, 135, 178, 208, 233
GREGORIA, 194
GREGORIO, 174
GRENEL, 71
GRENNEL, 88
GREY, 154, 176
GRIEVE, 186
GRISTOCK, 190, 253
GRIZLE, 45
GRIZZLE, 1, 50, 152, 213
GROSS, 250
GRUSE, 121
GUASE, 63
GUCES, 197
Guel, 97
GUERNOT, 77, 96
GUEST, 72
GUNN, 20, 23
Gunner, 39, 44, 81
GURINOT, 44
GUTHRIE, 35, 79, 94

GUY, 246
H.M.S
Albacore, 46
Albicore, 9, 20, 21, 46
Fly, 24
Merlin, 7, 8, 10
Pelican, 20, 50
Port Mahon, 21
Rattler, 47
Serpent, 28
HAGGAR, 138
HAINES, 216
HALL, 2, 33, 166, 182
HAMET, 11
HAMILTON, 18, 21, 27, 28, 29, 31, 44, 47, 49, 77, 174, 250
HAMOND, 32, 37
HAMPSHIRE, 138
HANDYSIDE, 124, 199, 238
HANES, 80
HANNON, 175
HARDY, 37, 44, 174, 176, 212, 229
HARE, 3, 61, 94, 118, 125, 131, 186, 243
HARMAN, 230
HARRAN, 190
HARRINGTON, 40, 181
HARRIS, 1, 8, 21, 25, 57, 67, 88, 99, 102, 111, 128, 129, 145, 151, 171, 197, 203, 215, 228, 232, 250
HARRISON, 26, 44, 45, 47, 99, 114, 141, 163, 188, 233
HARRON, 244
HART, 1, 2
HASSE, 228
HAW, 94
HAWES, 45
HAWKINS, 11, 32, 49, 56, 154
HAWKINS., 11, 49
HAWS, 84
HAYCOCK, 14
HAYLOCK, 7, 8, 25, 30, 32, 33, 150, 158, 180, 192, 225, 237, 248
HAZELGROVE, 36, 39, 41
HAZLEGROVE, 38
HELMSLEY, 22

HELSELM, 17
HEMING, 120
HEMMINGS, 66, 169, 223
HEMMONS, 176, 240
HEMSLEY, 27, 33, 83, 93, 111, 118, 119, 120, 185, 197, 218, 248, 249
HENDERSON, 82, 92, 115, 116, 157, 158, 209, 221, 231, 232
HENDY, 244
HENRY, 149, 177, 181, 237, 240, 241, 242
HENSLEY, 45
HERCULES, 7, 14, 93, 116, 210
HESTER, 24
HEWELL, 30
HEWLET, 30, 36, 42, 203
HEWLETT, 1, 8, 15, 28, 41, 42, 55, 66, 75, 103, 104, 128, 136, 143, 145, 156, 170, 182, 191, 204, 234, 235, 253
HEWM, 6, 12, 14, 17, 20, 33, 39, 44, 45, 47
HEYLAND, 28
HEYLEY, 30
HEYLOCK, 12, 43, 44, 48
HIBBATT, 87
HIBBERT, 71, 127, 203, 206
HICKEY, 25, 31, 35, 38, 40, 81, 91, 92, 115, 140, 141, 201, 208, 209
HICKY, 18, 48
HILL, 2, 23, 33, 34, 37, 43, 48, 100, 111, 119, 180, 185
HINKS, 17, 21, 25, 45, 68, 74, 82, 110, 153, 154, 155, 156, 167, 177, 199, 233, 235, 240
HOARE, 20, 23, 25, 39, 42, 45, 50, 68, 72, 87, 119, 128, 142, 187, 199, 200
HOASICK, 181
HODDLE, 7, 8, 15
HODSKINSON, 7, 53
HOLLADAY, 72, 128
HOLLYDAY, 88
HOLWELL, 26, 31, 41, 64, 97, 186
HOME, 1, 12, 34, 35, 44, 79, 88, 94, 124, 148, 186, 187, 188
HONEYCUTT, 16
HOOPER, 42
HOPE, 57, 102, 155, 228
HOSMER, 37, 38
HOUGHTON, 9
HOWARD, 131, 174, 219, 220
HUDSON, 41
HUGHES, 22, 39, 53, 72, 75, 90, 109, 117, 135, 144, 155, 157, 202, 213, 214, 231, 245
HULSE, 136, 244
HUME, 11, 32, 36, 37, 38, 39, 54, 55, 73, 79, 80, 94, 96, 99, 100, 102, 140, 149, 158, 164, 179, 201, 206, 219, 224
HUMPHREYS, 1, 3, 80
HUNT, 19, 33, 52, 56, 92, 109, 132, 167, 172, 207, 214, 226
Hunter, 52, 53, 55, 90, 98, 104, 118, 136, 139, 156, 198, 207
Hunterman, 61
HURDY, 22
HURRY, 21
HURST, 39
HYDE, 18, 31, 33, 41, 42, 43, 47, 53, 54, 60, 90, 91, 133, 135, 136, 197, 207, 208, 219, 230
Iboe, 94
IGUAL, 73, 221
ILES, 92, 108, 119, 169, 185, 200, 258
ILEY, 213
Indian, 3, 5, 36, 71, 87, 125, 127, 197, 198, 203
Indians, 5, 18, 66, 100, 178, 192, 200, 204, 214, 221
INGLIS, 187, 188
INNIS, 181
ISLES, 185
JACK, 204
JACKSON, 3, 4, 5, 8, 10, 13, 15, 16, 19, 22, 26, 30, 31, 38, 39, 42, 45, 55, 58, 64, 66, 68, 87, 88, 93, 97, 128, 131, 137, 140, 153, 158, 176, 190, 203, 214, 223, 230
Jamaica, 27, 50, 53, 61, 63, 65, 71, 74, 82, 87, 88, 90, 91, 94, 95, 105, 111, 127, 128, 135, 136, 140, 199, 203, 207

JAMES, 22, 28, 36, 74, 182, 237
JAMIESON, 33
JAN, 115
JECKELL, 145, 202
JEFFEREYS, 95, 100, 190,
JEFFREY, 28
JEFFREYS, 7, 14, 17, 28, 31, 42, 119, 187, 216, 238
JEFFRIES, 12, 68, 70, 120, 123, 124, 174, 191
JEM, 44
JENNINGS, 83
JINKINGS, 8
JOHN, 43, 90, 208
JOHNSON, 2, 4, 12, 20, 38, 39, 41, 87, 155, 180, 205, 224, 233
JOHNSTON, 55, 72, 128, 172
JONES, 1, 2, 4, 10, 18, 21, 22, 23, 24, 25, 28, 33, 35, 40, 41, 47, 53, 57, 61, 66, 67, 71, 72, 76, 84, 87, 88, 95, 101, 102, 126, 127, 135, 136, 137, 139, 142, 150, 153, 161, 170, 171, 172, 176, 195, 203, 204, 208, 210, 211, 220, 222, 238, 244, 249, 252
JORDAIN, 11
JORDAN, 175
JOSE, 239
JOSEPH, 32, 43, 129, 167, 175, 230, 236
JOSHUA, 74
JOURNEAR, 154
KEEF, 24
KEEFE, 34, 43, 60, 125, 213
KEENE, 82, 128, 129, 145, 200, 203, 204, 234, 249
KEITH, 19
KELLY, 27, 46, 54, 82, 91, 107, 115, 166, 181, 226, 253
KENEDY, 189
KENNEDY, 10, 16, 40, 68, 147, 150, 151, 212, 220, 230
KENNEY, 32, 180
KERR, 29, 37, 177
KIDD, 56, 94, 118, 186
KING, 37, 61
Kingston, 1, 56, 71, 87, 127, 204

KINGSTON, 2, 4, 83, 139
KNOTH, 203
KNOX, 36, 113
L' BRUN, 237
L'ESTRANGE, 45
LA CASE, 234
LA ROSE, 177
LA VERNAY, 246
LACASE, 180
LAMB, 21, 22, 32, 73, 88, 130, 204
LAMBDEN, 26
LANCASTER, 47
LANE, 144
LARNER, 43
LARUSA, 43
LAUREANO, 69
LAURENT, 244
LAURIE, 253
LAVILLE, 182
LAWER, 230
LAWLESS, 9, 10, 38, 54, 56, 78, 107
LAWRIE, 1, 8, 9, 21, 24, 36, 37, 42, 45, 57, 60, 61, 69, 75, 77, 81, 83, 91, 98, 101, 103, 136, 145, 151, 152, 155, 157, 168, 169, 207, 230, 243, 246, 252, 253
LE GEYT, 122, 134, 246
LEANDER, 40
LEAVER, 49, 159
LEBRUN, 183
LEE, 30, 163, 236
LEMON, 159
LENA, 75
LENOX, 190
LEPINAL, 220
LESLY, 75
LESTER, 138
LEVER, 192
LEWIS, 11, 16, 19, 21, 23, 24, 30, 32, 33, 58, 64, 75, 77, 82, 88, 93, 108, 116, 122, 135, 191, 192, 197, 211
LIGHTFOOT, 182
LILE, 34
LINDO, 222
LISTER, 53, 54, 90, 135
LITTLE, 71, 87, 203

LIVINGSTON, 82, 202
LIZAPHO, 234
LOCK, 5, 7, 14, 76, 154, 231
LOCKWARD, 132, 196, 242
LOFTHOUSE, 143, 221
LONG, 36, 71, 87, 129
LONGSWORTH, 2, 8, 15, 18, 20, 23, 25, 27, 30, 33, 48, 49, 62, 68, 70, 130, 136, 139, 148, 149, 155, 159, 192, 193, 234, 237
LOOSELY, 108, 217
LORD, 223
LORIANNO, 225
LORIANO, 131
LOUIS, 167, 180
LOVE, 210
LOVEL, 93, 116
LOVELL, 20, 22, 33, 49, 50, 58
LOWES, 222
LOWRIE, 26, 27, 29, 115, 240
LOWRY, 128, 148, 229
LUTHER, 11
M. COUSLAND, 50
M'KENNY, 127
M'VAY, 165
MACAM, 63
MacAULAY, 35, 44, 56, 81, 110
MacDONALD, 19
MACKAY, 36, 127
MACKEY, 81
MACKS, 173
Maco, 91
MAGDALEN, 250
MAHIAR, 236
MAIDEN, 235
MAIDENBROOK, 243
MAJOR, 30, 207
MALCOLM, 6, 13
Mandingo, 87, 91, 95, 115, 186, 228
MANIBA, 82
MANUEL, 33, 78, 157
MARBLE, 117
MARDEAN, 128
MARTIN, 34, 56, 71, 72, 87, 88, 94, 118, 128, 132, 156, 177, 186, 203, 214, 239

MARTINY, 226
MARTIS, 239
MASCALL, 26, 35, 36
MASKAL, 38, 47
MASKALL, 35, 36, 58, 97, 103, 118, 126, 127, 210, 211, 227, 247
MASON, 20, 50
MASSY, 215
MATHIESON, 168
MATILDA, 49, 210
MAUGER, 39
MAYNE, 3, 5, 14, 20, 21
McARTHUR, 41, 164
McAULAY, 18, 35, 38, 47, 54, 76, 91, 115, 130, 149, 201, 208, 247
McAULEY, 224
McAUTHER, 210
McBEAN, 72, 87, 128
McCALLY, 7
McCONACHIE, 172
McCOUSLAND, 19
McCREA, 178
McCRUSLAND, 21
McCULLOCH, 39
McCULLOCK, 32, 132, 214
McCULLY, 14
McCUSLAND, 21
McDALLE, 33
McDONALD, 37, 105, 140, 181, 182, 199, 220, 228
McGILVERY, 233
McGILVRAY, 178
McGONACHIE, 241
McHARG, 46
McKAY, 35, 36, 37, 39, 44, 103, 108, 114, 119, 144, 193, 211, 212
MCKAY, 196
McKENNY, 62, 103
McKENZIE, 3, 15, 23, 32, 39, 49, 57, 236, 238
MCKENZIE, 225
McKINNEN, 117
McKINZIE, 20
McLELLAN, 245
McLENAN, 111, 159, 160, 239

McLeuchlan, 207
McMURDOCK, 33
McPHERSON, 9, 215
McRAY, 41
McREY, 164
McVEY, 7, 14
McVIE, 36, 72, 88, 128, 204
McWHORTER, 226
MEANEY, 26
MEANY, 58, 70, 91, 93, 113, 115, 116, 176, 189, 208
MEENY, 210
MEIGHAN, 9, 10, 12, 13, 15, 19, 24, 25, 30, 33, 34, 48, 64, 65, 70, 72, 81, 82, 84, 87, 89, 91, 92, 101, 107, 110, 111, 115, 128, 136, 140, 146, 151, 152, 153, 155, 157, 164, 172, 176, 183, 197, 201, 202, 208, 212, 216, 219, 227, 231, 238, 244
MENEY, 212
MERCER, 35, 37, 39
MIDDLETON, 27, 34, 170, 252, 253
MILES, 76, 142, 227
MILLAR, 201, 245
MILLER, 7, 14, 214
MIMMY, 43
Mindingo, 208
MITCHEL, 20, 191
MITCHELL, 16, 26, 39, 46, 50, 119, 221
Mocco, 57, 61, 81, 87, 97
Moco, 53, 54, 57, 59, 60, 62, 63, 66, 71, 81, 87, 88, 89, 90, 91, 95, 102, 103, 108, 115, 118, 121, 125, 127, 135, 136, 164, 195, 203, 208, 213, 228
MOHAIR, 163
Mondingo, 53, 81, 90, 129, 135, 136, 204
Mongala, 65
Mongola, 53, 55, 57, 61, 72, 81, 87, 90, 91, 92, 95, 99, 102, 103, 115, 131, 135, 139, 140, 204, 207, 208
MONK, 77, 213, 228
MOODIE, 72, 87, 203, 204
MOODY, 30, 32, 68, 97, 128, 133, 142, 195, 217, 246
MOORE, 148, 209, 214

MORAVIA, 128, 203
MORGAN, 32, 39
MORRELL, 177
MORRIS, 71, 146, 176
MORRISON, 42, 227, 249
MORRISS, 232
MORTEN, 53
Moskito men, 9
Mosquito, 11, 17, 33, 45
Mosquito Chiefs, 11
Mosquito Chiefs and 13 of their People, 17
Mosquito Indians, 26, 33
Mosquito man, 32
Mosquito Men, 11
MosquitoRoyalty, 23
MOYER, 12, 28, 29, 42, 44, 49
MOYERS, 175, 181, 230
MUCKELHANY, 33, 64, 123, 138, 247
MUCKLEHENNY, 232
Mulatto, 29, 60, 85, 88, 95, 108, 128, 203
Mundingo, 71, 91, 204, 207
Mungola, 53, 57, 86, 128
Mungola NANCY, 86
MUNRO, 33
MURPHY, 6, 9, 14, 16
MURRAY, 1, 2, 10, 15, 21, 35, 36, 41, 81, 111
MUSLAAR, 141, 244, 245
MYERS, 232
MYNOTT, 82
MYSEL, 27
MYVETT, 78, 81, 97, 117, 144, 164, 169, 221, 225, 246
Naga, 228
Nago, 53, 69, 90, 135, 139, 207
NATURSIN, 158
Neal, 52
NEAL, 12, 26, 27, 32, 35, 39, 49, 52, 56, 70, 74, 83, 109, 119, 129, 146, 147, 153, 156, 158, 162, 165, 173, 182, 189, 196, 197, 215, 223, 226, 230, 235, 237, 239, 250
NEALE, 17, 40, 43, 208
NEELEY, 231

NESBIT, 36
NEVILLE, 21, 50
New Providence, 143, 196
NICE, 181
NICHAL, 91
NICHOLSON, 44, 48, 82, 109, 114, 125, 188, 189, 231
NICOLE, 24
NOBLE, 11
NOEL, 254
NORO, 201
NUGENT, 23
O'BRIEN, 28, 53, 71, 72, 78, 87, 88, 90, 91, 98, 128, 129, 139
O'BRION, 135
O'CONNOR, 9, 11, 15, 16, 17, 18, 24, 27, 34, 45, 47, 57, 77, 102, 146, 155
OAK, 245
OBRIEN, 1, 34
OGIS, 230
OLIVARES, 35
OLIVE, 154
OLIVER, 174, 248
ORD, 66, 95, 136, 139, 244
ORGALL, 70
ORGIL, 235
ORGILE, 133, 144, 150
ORGILL, 89, 133
ORGLES, 237
OWEN, 181, 220
PALINET, 95
PALMER, 121
PANTIN, 189
PANTING, 103, 107, 147, 175, 189
PAPPOE, 63
PARK, 17, 45, 222
PARKER, 45, 46, 63, 70, 82, 88, 101, 134, 149, 163, 164, 197, 198, 200, 229, 233
PARKES, 105, 140, 242
PARKS, 67, 141, 240
PARSLOW, 213
PARSONS, 30, 63
PASCALL, 175, 224

PASLOW, 84, 85, 92, 107, 131, 183, 187, 203, 204, 207, 217, 247
PATERSON, 141, 149, 163, 245
PATNETT, 214
PATTERSON, 187
PATTINET, 2, 40
PATTINETT, 84, 96, 132, 133
PATTINNETT, 23
PAYES, 201
PEACHY, 85, 108, 118, 186
PEDDIE, 183, 213
PEDRO, 250
PEEBLES, 62, 131, 236
PENNY, 142
PEPPER, 246
PERCY, 215
PEREZ, 244
PERIE, 117, 246
PERRIE, 183
PERRY, 7, 8, 14, 15, 37, 171, 212
PETA, 239
PETER, 147, 168, 244, 253
PETZOLD, 127, 206
PHILIPS, 203
PHILLIPS, 177, 180
PICKSTOCK, 74, 109, 113, 190
PIERE, 154, 165
PIERRE, 78
PINKS, 139, 218
PIPERSBOURG, 187
PIPERSBURG, 163, 231
PIRIE, 64
PIT, 199
PITKETHLY, 229
PITT, 2, 36, 76, 81, 85, 91, 101, 115, 150, 162, 167, 185, 208, 215
PITTS, 137, 224, 229, 237
PITZEL, 18
PITZOL, 20, 47
PLUMBER, 2
POINDESTRE, 6
POINDEXTER, 32
POLITE, 173
POLITO, 173
POLLARD, 175

POLLYNARD, 163
POOL, 179
PORAH, 84
PORETTO, 168
Port Royal, 21, 50, 53, 57, 61, 64, 82, 88, 89, 97, 102, 103, 126, 131, 155, 166, 210, 227, 230, 247
PORTER, 67, 147
Portugal, 57
POTTAGE, 174
POTTER, 8, 15, 16, 225
POTTS, 1, 5, 30, 40, 42, 50, 51, 62, 63, 75, 78, 91, 93, 95, 104, 108, 117, 118, 120, 121, 123, 128, 130, 158, 164, 181, 193, 197, 198, 203, 204, 213, 216, 217, 222
POUSNAL, 8, 16
POWELL, 111
POYNDESTRE, 6, 7, 14
PRATT, 26, 39, 43, 71, 168
PRICE, 26, 29, 30, 43, 71, 80, 97, 102, 109, 113, 121, 127, 148, 165, 174, 186, 204, 234
PUPPO, 118
PURCELL, 37
PYE, 196
QUARL, 32
QUIN, 20
QUINTY, 140
RABON, 57, 233
RABOTEAU, 59, 145, 232
RADCLIFFE, 9
RADFORD, 215
RAINEY, 192
RAMPENDOLPH, 50
RAMPENDORFF, 9
RAMPERDOLPH, 9, 20
RAMSAY, 59
RAN, 32
RANDLE, 10, 15
RANFORD, 207
RANN, 144, 146, 235, 242, 250
RAYBON, 136, 137, 174, 180, 196, 245
READ, 45
RECRUIT, 239

REDDEN, 7
REDDON, 14
REES, 145
REID, 102
REMINGTON, 53, 143, 171
RENAUD, 189
RENNIE, 131, 187
RETA, 237
REYNOLDS, 6, 13, 20, 27, 29, 32
RICHARD, 129
RICHARDS, 9, 11
RICHARDSON, 2, 16, 18, 48, 166, 212
RICHIE, 79
Rigby, 87, 127, 203
RIGHT, 22
RILY, 16
ROBERTSON, 21, 26, 50, 78, 102, 126, 210
ROBINSON, 24, 29, 31, 33, 40, 41, 52, 79, 105, 119, 120, 122, 123, 135, 164, 168, 175, 185, 196, 216, 217, 228, 238
ROBSON, 34, 36, 37
RODGERS, 79, 94, 201
RODNEY, 43
ROGERS, 71, 150, 188, 192
ROLIND, 41
ROMAN, 243
ROSA, 44
ROSE, 13, 82, 143, 216
ROSEY, 241
ROSS, 3, 23, 26, 27, 84, 113, 134, 135, 140, 190, 249
ROSSALEAU, 167
ROTHERAM, 25, 161
ROVER, 91, 207
ROWAN, 108
ROWLING, 159
ROWLINS, 192
ROY, 55, 152, 175, 212, 244
RUMBOLD, 174, 217
RUMBOLE, 24
Runaway, 131, 187, 188, 190, 193, 194, 195, 196, 197, 200, 201, 202, 205, 207, 209, 210, 212, 213, 214, 219, 221, 224, 225, 230, 233, 236

RUNNALS, 133, 221
RUNNELS, 89
RUSSEL, 163
RYAN, 4
SAFE, 21, 32, 48, 163, 247
SALT, 61, 152, 249
Sambo, 6, 12, 35, 53, 60, 76, 84, 85, 90, 92, 95, 96, 108, 117, 124, 131, 133, 135, 168, 191, 214
SAND-FLY, 42
SANTA, 11
SARREY, 224
SAVORY, 37, 43, 77, 105, 110, 144, 164, 217, 243, 251
Schenectody in North America, 48
Schooner, 97, 135
SEARLE, 40
SEBASTIAN, 22, 45
SEBASTIANA, 19
SEDDON, 23
SEDDONS, 81, 116, 211
SENNETT, 122
SHARP, 21
SHAW, 3
SHEARS, 147
SHEERS, 28, 78
SHIEL, 229
Ship
  Boyd, 2
  Brilliant, 42
  Calypso, 20, 50
  Eliza, 33
  Mars, 7
  (name not given), 20, 23
  Perseverence, 19
  Sarah, 7
  Star, 41
  Swan, 2
  Vigilant, 2
  Vigilent, 2
  Welton, 44
  Zephyr, 2
SHOEMAKER, 72, 87, 129
SIDDONS, 116
SILLICK, 27

SIMMONS, 160, 163, 223
SKEDDEN, 202
SKELTON, 52, 105
SLADE, 75, 120, 194
SLATER, 72, 87, 128, 203
SLATON, 196
SLOASHER, 65, 71, 80
SLOSHER, 48
SLUSHER, 18, 65, 80, 87, 129, 141, 157, 160, 164, 169, 188, 209, 218, 219, 240
SMALL, 65, 116, 225
SMART, 204
SMILEY, 82, 91
SMITH, 2, 8, 11, 20, 23, 25, 26, 28, 29, 31, 32, 35, 42, 44, 46, 49, 59, 66, 67, 69, 72, 75, 76, 78, 79, 80, 85, 87, 97, 104, 106, 120, 122, 124, 126, 128, 131, 134, 135, 144, 147, 148, 156, 158, 163, 165, 167, 169, 185, 191, 194, 196, 197, 199, 204, 216, 223, 225, 232, 234, 235, 238, 240, 241, 247, 254
SNAPE, 16, 17
SNELLING, 7, 8, 30, 78, 107, 183, 195, 212
SNOWDEN, 22, 62, 93, 118, 197, 250
SOHAXIBA, 13
SOLLISTON, 177
SOMERSALL, 143
SPARKS, 139
SPENCER, 175, 217, 230
SPINKS, 4
SPROAT, 21, 23, 45, 53, 56, 57, 58, 60, 72, 84, 87, 91, 93, 94, 103, 115, 118, 125, 128, 135, 200, 204, 213, 227, 244
ST. JAMES, 155
ST. JOHN, 11
ST.JOHN, 11
STAIN, 94, 109, 133, 134, 140, 146, 149, 173, 174, 203, 205, 219, 229, 231, 235, 246
STAINER, 49
STAN, 25, 43
STANE, 99

STANFORD, 1, 4, 13, 22, 23, 26, 27, 29, 31, 32, 33, 35, 43, 44, 50, 51, 75, 79, 94, 117, 169, 170, 171, 195, 211
STANN, 53, 61, 62, 70, 131, 132, 189
STARK, 8
STARKE, 16
STAY, 241
STAYNER, 3
STEBBINS, 62
STELLA, 183
STEPHEN, 94, 118, 186
STEPHENSON, 145
STEVEN, 174
STEWART, 9, 16, 17, 18, 46, 47, 96, 140, 173, 190
STIBBINS, 159, 218
STOTT, 7
Succohanna, 63
SUFA, 20
SULLIVAN, 4, 162
SUNDERLAND, 6, 14
SUTHERLAND, 41, 67, 79, 117, 134, 216, 221
SUTTILL, 171
SUTTON, 105
SWAN, 181
SWASEY, 8, 15, 17, 32, 37, 46, 67, 73, 80, 89, 104, 110, 114, 117, 150, 176, 197, 237, 247
SWEASEY, 193, 221
SWEATON, 9
SYMONDS, 6, 14, 21, 26, 47, 232
SYRA, 138
TAITE, 16
TALBOT, 17, 45, 46
TANDY, 65, 69, 204
TATE, 16, 17, 46, 57, 104, 126, 154, 209, 253
TAYLER, 57, 220
Taylor, 20, 94, 118, 119
TAYLOR, 4, 19, 50, 109, 172
TEASEY, 76
TEMPEST, 26, 32
TENA, 73, 83, 242
TENAH, 239

TENLY, 217
TENOR, 239
TERRY, 42
THAMES, 98
THENS, 119, 193
THOMAS, 23, 25, 58, 78, 93, 116, 129, 155, 160, 211
THOMPSON, 33, 46, 52, 86, 118, 133, 181, 215, 220
THOMSON, 152
THORN, 121
THORNTON, 181
THURSTING, 11
THURSTON, 110, 159, 192
TIDESLEY, 223
TILDSLEY, 134
TILLET, 27, 33
TILLETT, 5, 13, 37, 59, 61, 62, 76, 96, 98, 118, 123, 138, 141, 195, 198, 200
TIMMERMAN, 244
TIMMONS, 29, 76, 238
TIMONS, 27
TINAH, 172, 173
TINKAM, 132
TINKEM, 5
TINKHAM, 214, 236
TINKUM, 14, 84
TOMPSON, 1, 4, 17, 20, 22, 29, 33, 45, 46, 74, 101, 139
TOMSON, 46
TONASTON, 176
TONEY, 32, 41, 139
TONY, 42
TONYA, 41
TOOL, 219
TOOMY, 7
TOOTH, 39, 42, 45, 66, 94, 122, 137, 145, 148, 190, 191, 247
TOWNSEND, 13, 79, 87, 94, 128, 188
TOWNSHEND, 204
TOWNSON, 9, 15
TOXEY, 22, 34, 40
TRAHON, 174
TRAP, 1, 45

TRAPP, 1, 5, 19, 21, 22, 32, 48, 60, 72, 87, 100, 128, 134, 149, 151, 155, 169, 170, 171, 191, 203, 238, 239, 250, 253
TRAVER, 80
TRESSENARD, 201
TRINBETH, 2
TRISSCOFF, 218
TROAQUEZ, 159
TROY, 45
TUCKER, 1, 4, 8, 10, 11, 12, 15, 17, 19, 21, 28, 29, 35, 40, 48, 49, 57, 60, 67, 72, 73, 78, 80, 85, 86, 98, 103, 134, 139, 142, 147, 150, 155, 157, 198, 212, 218, 223, 228, 229, 237, 242, 248, 253
TURENNE, 5, 14
TURNBULL, 135, 211
TURNER, 230
TURTY, 221
TUXEY, 160, 214,
Tyger, 63, 93, 118, 197
TYLER, 1, 4, 11, 16, 35, 71, 87, 108, 127, 204, 217
TYSON, 6
UNDERWOOD, 152, 173
UPINGTON, 65
UQUAHART, 203
USHER, 5, 6, 13, 14, 21, 29, 31, 38, 41, 42, 43, 60, 61, 82, 95, 96, 97, 98, 99, 101, 125, 136, 137, 138, 139, 145, 148, 153, 158, 181, 188, 190, 193, 200, 207, 248
UTER, 201
VALPY, 154, 214, 238
VAUGHAN, 23, 138, 214
VEALE, 23
VENSOMPATRIA, 142
VENTURE, 67
VERNON, 2, 8, 15, 70, 152, 153, 155, 156, 208, 210, 214
VIOLET, 6
VISCHER, 44
VISOCHER, 48
VISSCHER, 18
WADDRELL, 174
Wade, 38, 62, 118, 124, 158, 182

WADE, 33, 37, 51, 118, 198
WAGER, 19
WAGNER, 19, 49, 59, 64, 68, 73, 101, 106, 141, 144, 145, 215, 225, 248
WAIGHT, 229
WALCOT, 177
WALDRON, 32, 43, 53, 55, 73, 96, 110, 140, 144, 173, 186, 188, 203, 204, 206
WALKER, 26, 37, 41, 72, 87, 128, 203
WALL, 3, 5, 17, 21, 23, 24, 25, 29, 35, 36, 41, 42, 46, 53, 54, 55, 60, 64, 90, 92, 97, 107, 113, 115, 116, 118, 127, 135, 166, 189, 190, 197, 198, 201, 207, 212, 221, 236, 247
WALLACE, 132
WALLAN, 87
WALLER, 72, 128
WALLIS, 54
WALSH, 19, 48, 50, 85, 97, 115, 220, 247
WARD, 130, 131, 202, 236
WARREN, 36, 38, 131, 236
WARRIOR, 70
WASHBOURN, 63
WATERS, 228
WATSON, 71, 87, 127, 200, 203
WATT, 35
WELLCOAT, 212
WELLFORD, 16, 17, 45
WELLINGTON, 79, 197
WELLS, 3
WELSH, 177, 242
WESTBY, 52, 86, 102, 112, 134, 156, 157, 184, 187, 226, 237
WHEELER, 25, 41, 183, 213
WHITE, 5, 7, 14, 18, 19, 21, 23, 29, 30, 37, 45, 46, 49, 66, 72, 74, 82, 87, 97, 99, 100, 113, 121, 128, 137, 139, 144, 153, 169, 190, 195, 199, 203, 206, 209, 228, 233, 245
WHITNEY, 250
WHYTE, 43
WILKINS, 21, 50
WILKINSON, 202
WILKS, 71, 87, 129, 204
WILLIAM, 109, 130, 132

WILLIAMS, 16, 21, 25, 70, 81, 83, 110, 138, 152, 155, 159, 160, 161, 164, 166, 170, 171, 180, 214, 221, 231, 233, 238, 240, 252
WILLSON, 12, 39
WILSON, 33, 63, 81, 93, 100, 115, 118, 120, 176, 190, 198, 208, 235
WILTON, 20, 61, 171
WINTER, 6, 27, 41, 73, 77, 86, 87, 99, 104, 128, 129, 151, 154, 172, 193, 204, 209, 225, 229, 235, 253
WINTERS, 32
WITTICK, 23
WOLLARD, 177
WOOD, 38, 55, 89, 96, 113, 131, 139, 144, 153, 166, 244, 246, 247
Woodman, 82, 167
WRIGHT, 26, 52, 58, 90, 91, 113, 114, 115, 150, 188, 197, 208, 236, 237
WYAT, 11
WYNTER, 11, 17, 42, 43, 45, 47
YARBOROUGH, 1, 36
YATES, 71, 128, 203
YEATES, 72, 87
YOUNG, 6, 14, 17, 18, 22, 23, 24, 26, 27, 33, 37, 39, 40, 41, 42, 43, 44, 46, 47, 58, 69, 72, 83, 89, 113, 114, 118, 136, 140, 141, 146, 154, 155, 161, 163, 176, 187, 189, 192, 197, 203, 204, 215, 222, 223, 226, 240, 247, 250